Juristische Fall-Lösungen

Geis

Fälle zum Polizei- und Ordnungsrecht

Fälle zum Polizei- und Ordnungsrecht

von

Dr. Max-Emanuel Geis

o. Professor an der Friedrich-Alexander-Universität Erlangen-Nürnberg,
Mitglied des Bayerischen Verfassungsgerichtshofs

zusammen mit
Ass. jur. Thomas Herbein, Akademischer Rat a. Z.
Ass. jur. Tamara Kegel, wiss. Mitarbeiterin
Dipl. jur. Anja Brückner, wiss. Mitarbeiterin
Dipl. jur. Markus Schweyer, wiss. Mitarbeiter

3. Auflage, 2019

www.beck.de

ISBN 978 3 406 74079 4

© 2019 Verlag C.H. Beck oHG
Wilhelmstraße 9, 80801 München
Druck und Bindung: Druckhaus Nomos
In den Lissen 12, 76547 Sinzheim

Satz: Druckerei C.H. Beck Nördlingen
Umschlaggestaltung: Martina Busch, Grafikdesign, Homburg Saar

Gedruckt auf säurefreiem, alterungsbeständigem Papier
(hergestellt aus chlorfrei gebleichtem Zellstoff)

Vorwort zur 3. Auflage

Die Rückmeldungen und Rezensionen zur 2. Auflage haben das hier verfolgte Konzept der Darstellung des Stoffes anhand unterschiedlicher Länderrechte weiter bestätigt. Für die 3. Auflage wurden die Fälle aktualisiert und sprachlich überarbeitet; für die neue – und nicht unumstrittene – Kategorie der „drohenden Gefahr" wurde ein zusätzlicher Fall aufgenommen. Bewährt haben sich auch die vorangestellte Einführung in die Polizeirechtsklausur mit dogmatischen Hinweisen für den Aufbau in den „typischen" Fragestellungen und die für das Polizeirecht wichtigsten verwaltungsprozessualen Aufbauschemata.

Das Fallbuch ist in der vorliegenden Gestalt Ausdruck von Lehrstuhlspirit und teamGEISt. Für ihre tatkräftige Mitwirkung danke ich sehr herzlich Herrn Ass. jur. Thomas Herbein, Akademischer Rat a. Z., Frau Ass. jur. Tamara Kegel, wiss. Mitarbeiterin, Frau Dipl. jur. Anja Nestler, wiss. Mitarbeiterin, und Herrn Dipl. jur. Markus Schweyer, wiss. Mitarbeiter. Ebenso danke ich Frau Alexandra Lörinczy, wiss. Hilfskraft, und den studentischen Mitarbeitern Frau Yvonne Baumgärtner und Frau Yasemin Demirhan für ihre sorgfältige und geduldige lektorische Betreuung des Manuskripts.

Dank schulde ich schließlich auch allen Leserinnen und Lesern der bisherigen Auflagen, die mir in Zuschriften und Rezensionen Anregungen und Verbesserungsvorschläge zukommen ließen. Auch die 3. Auflage ist auf diesen Dialog angewiesen. Ich freue mich daher auf Ihr Feedback an meine Adresse:

Prof. Dr. Max-Emanuel Geis
Institut für Deutsches, Europäisches und Internationales Öffentliches Recht
Friedrich-Alexander-Universität Erlangen-Nürnberg
Schillerstr. 1
91054 Erlangen
Email: max-emanuel.geis@fau.de

Erlangen, im April 2019 *Prof. Dr. Max-Emanuel Geis*

Vorwort zur 1. Auflage

Das Polizei- und Sicherheitsrecht (Ordnungsrecht) gehört zu den klassischen Domänen des Landesverwaltungsrechts. Gleichwohl entstand im Interesse der bundesweiten Effektivität von Gefahrabwehrmaßnahmen – stärker als in anderen Bereichen – das Bedürfnis zu einer gewissen Einheitlichkeit in den Instrumentarien. Dies hatte u.a. zu den bekannten Musterentwürfen der Innenministerkonferenz von 1976 (MEPolG) und von 1986 (VEMPolG) geführt. Gleichwohl bleiben markante Unterschiede, vor allem in Hinsicht auf den Dualismus Einheitsprinzip – Trennungsprinzip, aber auch den Kontrast zwischen norddeutsch-preußischer und süddeutscher Polizeirechtstradition.

Dieses Fallbuch möchte repräsentative Fallgestaltungen vorstellen. Jeder Fall wird anhand eines landestypischen „Referenzrechts" besprochen, wobei auf ausufernde Fussnoten, die alle Länderrechte zitieren, aus Platzgründen verzichtet wird. Stattdessen werden wichtige Abweichungen am Ende jedes Falls aufgeführt. Nachdrücklich wird dabei empfohlen, auch Fälle eines „fremden" Landesrechts durchzuarbeiten. Zum einen schadet der Blick über den föderalen Tellerrand nicht – namentlich, weil man nicht wissen kann, in welchem Bundesland man die Zukunft verbringen wird. Zum anderen schärft der Blick auf andere Regelungssysteme das Verständnis für das „eigene".

Dank schulde ich meinen wissenschaftlichen Mitarbeitern, Frau Dipl. jur. Heidrun Meier, Herrn Dipl. jur. Oliver Schmidt und Herrn Dipl. jur. Stephan Thirmeyer, die bei der Planung und Realisierung dieses Fallbuchprojekts weit überobligationsmäßige Arbeit geleistet haben sowie den studentischen Mitarbeitern meines Lehrstuhls, Mila Atanasova, Victoria Bockisch, Michael Heinzelmann, Sebastian Held, Sabine Meyer, Sina Quindeau und Roland Walter, die sich nicht nur um viele manuskriptbetreuende Arbeiten verdient gemacht haben, sondern auch als Repräsentanten des Adressatenkreises viele wertvolle Tips beigesteuert haben.

Erlangen, im Juli 2011 *Prof. Dr. Max-Emanuel Geis*

Inhaltsverzeichnis

Literaturverzeichnis XI

Einführung in die Polizeirechtsklausur 1

Fall 1. Keine Macht den Drogen
(Streifenfahrtfälle / Abgrenzung der Gefahrbegriffe / Befugnisse
und Aufgaben) 15

Fall 2. Ding-Dong, die Cocktails sind da!
(Durchsuchung von Personen / gefährdete Objekte /
Straftaten als Gefahr für die öffentliche Sicherheit und Ordnung /
Ingewahrsamnahme / milderes Mittel) 23

Fall 3. GameOver HannOver
(Rechtmäßigkeit von Verordnungen / abstrakte Gefahr /
unbestimmter Rechtsbegriff) 36

Fall 4. Haben Sie schon mal an Online-Schutz gedacht?
(Grundrecht auf informationelle Selbstbestimmung /
personenbezogene Datenerhebung / Maßnahmerichtung /
Online-Durchsuchung / Verhältnismäßigkeit) 43

Fall 5. Schule aus
(Abschleppfälle / Rechtmäßigkeit eines Kostenbescheides / Unmittelbare Ausführung) 54

Fall 6. Drogen und Durchsuchung
(Identitätsfeststellung / Durchsuchung und Untersuchung /
Gefahrbegriffe) 65

Fall 7. Das Radarwarngerät
(Sicherstellung / Schwerpunkt der Maßnahme) 77

Fall 8. Freier Blick auf den Bahnhofsplatz
(Rechtsträgerprinzip / Rechtmäßigkeit eines Kostenbescheids /
vertretbare Handlung / Allgemeinverfügung / Unaufschiebbarkeit /
Konnexitätsprinzip) 85

Fall 9. Der potentielle Selbstmörder
(Sofortvollzug / öffentliche Sicherheit bei Selbstmordfällen /
Anscheinsgefahr / Eindringen in Wohnungen) 97

Fall 10. Ein Chemiestudent auf Abwegen
(Verhältnismäßigkeit / Durchsetzung eines Verwaltungsakts mit
Zwangsmitteln / Rechtmäßigkeit der Grundverfügung / unmittelbarer Zwang) 106

Fall 11. Randale im Studentenwohnheim
(Wohnungsdurchsuchung / Erforderlichkeit / konkrete Gefahr /
Inanspruchnahme Nichtverantwortlicher) 114

Fall 12. Wohin mit den Obdachlosen?
(Eingriff in Art. 14 GG / Obdachlosigkeit als Gefahr
für die öffentliche Sicherheit und Ordnung / Subsidiarität der
Inanspruchnahme des Nichtstörers) 125

Fall 13. Beziehungskrach im Erdgeschoss
(Wohnungsverweisung / hinreichend bestimmter Verwaltungsakt /
Vorrang des staatlichen Schutzauftrages aus Art. 2 II GG /
Übermaßverbot / Grundrechte) 132

Fall 14. Die Nacht in Haft
(Gestrecktes Vollstreckungsverfahren / Rechtmäßigkeit einer
Ingewahrsamnahme / Entbehrlichkeit der Androhung unmittelbaren Zwangs) 146

Fall 15. Finaler Rettungsschuss
(Verfassungsmäßigkeit des § 63 II 2 PolG NRW / konkrete Gefahr /
relativ mildere Mittel zum finalen Rettungsschuss) 156

Fall 16. Freier Auslauf für freie Hunde
(Kampfhundefall / Nichtvorliegen von Erlaubnisvoraussetzungen /
intendiertes Ermessen) 164

Fall 17. Pfändung mit Polizeigriff
(Begriff des „Gewahrsams" / Vorliegen eines Eilfalls / Amtshilfe /
Zweck der Grundmaßnahme) 174

Fall 18. Der künstliche Stau
(Feststellen des Maßnahmencharakters nach der Schwerpunkttheorie / Gefahr im Verzug / Möglichkeiten der Gefahrenabwehr /
Opfergrenze Unbeteiligter) 181

Fall 19. Die Sintflut
(Gefahrenabwehr durch Sicherstellung und Beschlagnahme /
Abgrenzung von Ersatzvornahme und unmittelbarer Ausführung /
Adressatenloser Verwaltungsakt) 187

Fall 20. Festliches Betteln
(Zuständigkeit beim Erlass von Polizeiverordnungen / Betteln als
Störung der öffentlichen Sicherheit und Ordnung / Erscheinungsformen des Bettelns / Bestimmtheit einer Verordnung) 193

Fall 21. Techno up your life (Versammlungsrecht)
(Abgrenzung Aufzug und Versammlung / Begriff der Versammlung)   204

Fall 22. Versammlung ante portas (Versammlungsrecht)
(Versammlungsverbot vs. Versammlungsauflagen / Unversehrtheit
der Rechtsordnung / Funktionsfähigkeit des Parlaments) 209

Fall 23. Chaostage in Stuttgart (Versammlungsrecht)
(Vorfeldmaßnahmen bei Versammlungen / Identitätsfeststellung /
Beschlagnahme als Abwehr von Gefahren) 216

Fall 24. Unser Bahnhof soll schöner werden (Bundespolizeirecht)
(Rechtmäßigkeit des Grundverwaltungsakts / Unerlässlichkeit der
Ingewahrsamnahme / Entbehrlichkeit der Androhung) 226

Fall 25. Picknick in Gefahr
(Durchsuchung / Gefahrverdacht / drohende Gefahr) 233

Stichwortverzeichnis 241

Literaturverzeichnis

Becker, Ulrich/*Heckmann,* Dirk/*Kempen,* Bernhard/*Manssen,* Gerrit: Öffentliches Recht in Bayern, 7. Aufl. 2017 (zit. als: *Becker/Heckmann/Kempen/Manssen,* ÖR Bay)

Beck'scher Online-Kommentar zum Grundgesetz: Hrsg. Volker Epping und Christian Hillgruber, Stand: 15.11.2018, 39. Edition (zit. als *Bearbeiter,* in: BeckOK GG)

Beck'scher Online-Kommentar zum Polizeirecht Baden-Württemberg: Hrsg. Markus Möstl und Christoph Trurnit, Stand: 15.12.2018, 13. Edition (zit. als *Bearbeiter,* in: BeckOK PolR BW)

Beck'scher Online-Kommentar zum Polizei- und Ordnungsrecht Nordrhein-Westfalen: Hrsg. Dieter Kugelmann und Markus Möstl, Stand: 1.11.2018, 11. Edition (zit. als *Bearbeiter,* in: BeckOK PolR NRW)

Beck'scher Online-Kommentar zum Polizei- und Sicherheitsrecht Bayern: Hrsg. Markus Möstl und Thomas Schwabenbauer, Stand: 1.4.2018, 8. Edition (zit. als *Bearbeiter,* in: BeckOK PolR Bayern)

Beck'scher Online-Kommentar zum Verwaltungsverfahrensgesetz: Hrsg. Johann Bader und Michael Ronellenfitsch, Stand: 1.1.2019, 42. Edition (zit. als *Bearbeiter,* in: BeckOK VwVfG)

Belz, Reiner/*Mußmann,* Eike/*Kahlert,* Henning/*Sander,* Gerald G.: Polizeigesetz für Baden-Württemberg, 8. Aufl. 2015 (zit. als *Belz/Mußmann/Kahlert/Sander,* PolG BW)

Berner, Georg/*Köhler,* Gerd Michael/*Käß,* Robert: Polizeiaufgabengesetz, 20. Aufl. 2010 (zit. als *Berner/Köhler/Käß,* PAG)

Bohnert, Joachim (Begr.)/*Krenberger,* Benjamin/*Krumm,* Carsten: Kommentar zum Ordnungswidrigkeitengesetz, 5. Aufl. 2018 (zit. als *Krenberger/Krumm,* OWiG)

Dietel, Alfred/*Gintzel,* Kurt/*Kniesel,* Michael: Versammlungsgesetze, 17. Aufl. 2016 (zit. als *Dietel/Gintzel/Kniesel,* VersG)

Dietlein, Johannes/*Hellermann,* Johannes: Öffentliches Recht in Nordrhein-Westfalen, 6. Aufl. 2016 (zit. als *Dietlein/Hellermann,* ÖR NRW)

Dirnberger, Frank/*Henneke,* Hans-Günter/*Meyer,* Hubert/ u.a. (Hrsg.): Praxis der Kommunalverwaltung Bayern, Bayerisches Verwaltungszustellungs- und Vollstreckungsgesetz (VwZVG), 3. Fassung 2017 (zit. als *Bearbeiter,* in: PdK Bayern)

Dreier, Horst (Hrsg.): Grundgesetz Kommentar, Band 1, 3. Aufl. 2013 (zit. als *Bearbeiter,* in: Dreier, GG)

Drewes, Michael/*Malmberg,* Karl Magnus/*Walter,* Bernd: Bundespolizeigesetz, 6. Aufl. 2019 (zit. als *Bearbeiter,* in: Drewes/Malmberg/Walter, BPolG)

Elzermann, Hartwig/*Schwier,* Henning: Polizeigesetz des Freistaates Sachsen, 5. Aufl. 2014 (zit. als *Elzermann/Schwier,* PolG Sachsen)

Engelhardt, Hanns/*App,* Michael/*Schlatmann,* Arne: Verwaltungs-Vollstreckungsgesetz/Verwaltungszustellungsgesetz, 10. Aufl. 2014 (zit. als *Bearbeiter,* in: Engelhardt/App/Schlatmann, VwVG/VwZG)

Epping, Volker: Grundrechte, 7. Aufl. 2017 (zit. als *Epping,* Grundrechte)

Friauf, Karl Heinrich/*Höfling,* Wolfram (Hrsg.): Berliner Kommentar zum Grundgesetz, Loseblatt, Stand: Dezember 2018 (zit. als *Bearbeiter,* in: Friauf/Höfling, GG)

Gallwas, Hans-Ullrich/*Lindner,* Josef Franz/*Wolff,* Heinrich Amadeus: Bayerisches Polizei- und Sicherheitsrecht, 4. Aufl. 2015 (zit. als *Gallwas/Lindner/Wolff,* Bay. Polizei- u. SicherheitsR)

Götz, Volkmar/*Geis,* Max-Emanuel: Allgemeines Polizei- und Ordnungsrecht, 16. Aufl. 2017 (zit. als *Götz/Geis,* Allg. Polizei- u. OrdnungsR)

Gusy, Christoph: Polizei- und Ordnungsrecht, 10. Aufl. 2017 (zit. als *Gusy,* Polizei- und OrdnungsR)

Hufen, Friedhelm: Verwaltungsprozessrecht, 11. Aufl. 2019 (zit. als *Hufen,* VerwaltungsprozessR)

Ipsen, Jörn: Niedersächsisches Polizei- und Ordnungsrecht, 4. Aufl. 2014 (zit. als *Ipsen,* Niedersächsisches Polizei- und OrdnungsR)

Ipsen, Jörn: Staatsrecht II, 21. Aufl. 2018 (zit. als *Ipsen,* Staatsrecht II)

Jarass, Hans D./*Pieroth,* Bodo: Grundgesetz Kommentar, 15. Aufl. 2018 (zit. als *Bearbeiter,* in: Jarass/ Pieroth, GG)

Kingreen, Thorsten/*Poscher,* Ralph: Polizei- und Ordnungsrecht, 10. Aufl. 2018 (zit. als *Kingreen/Poscher,* Polizei- und OrdnungsR)

Knemeyer, Franz-Ludwig: Polizei- und Ordnungsrecht, 11. Aufl. 2007 (zit. als *Knemeyer,* Polizei- und OrdnungsR)

Kopp, Ferdinand O. /*Ramsauer,* Ulrich: VwVfG Kommentar, 19. Aufl. 2018 (zit. als *Bearbeiter,* in: Kopp/ Ramsauer, VwVfG)

Kopp, Ferdinand O./*Schenke,* Wolf-Rüdiger: VwGO Kommentar, 24. Aufl. 2018 (zit. als *Bearbeiter,* in: Kopp/Schenke, VwGO)

Lisken, Hans/*Denninger,* Erhard: Handbuch des Polizeirechts, 6. Aufl. 2018 (zit. als *Bearbeiter,* in: Lisken/Denninger, PolR-HdB)

Maunz, Theodor/*Dürig,* Günter: Grundgesetz Kommentar, Loseblatt, Stand: November 2018, 85. Ergänzungslieferung (zit. als *Bearbeiter,* in: Maunz/Dürig, GG)

Maurer, Hartmut/*Waldhoff,* Christian: Allgemeines Verwaltungsrecht, 19. Aufl. 2017 (zit. als *Maurer/Waldhoff,* AllgVwR)

Münch, Ingo/*Kunig,* Philip: Grundgesetz Kommentar, 6. Aufl. 2012 (zit. als *Bearbeiter,* in: Münch/Kunig, GG)

Pewestorf, Adrian/*Söllner,* Sebastian/*Tölle,* Oliver: Allgemeines Sicherheits- und Ordnungsgesetz (Berlin) Kommentar, 2. Aufl. 2017 (zit. als *Bearbeiter,* in: Pewestorf/Söllner/Tölle, ASOG, Berlin)

Rauscher, Thomas/*Krüger*, Wolfgang (Hrsg.): Münchener Kommentar zur Zivilprozessordnung mit Gerichtsverfassungsgesetz und Nebengesetzen, Bd. 2 §§ 355–945b, 5. Aufl. 2016 (zit. als *Bearbeiter*, in: MüKo ZPO)

Ruder, Karl-Heinz/*Schmitt*, Steffen: Polizeirecht in Baden-Württemberg, 7. Aufl. 2011 (zit. als *Ruder/Schmitt*, PolizeiR BW)

Sachs, Michael: Grundgesetz Kommentar, 8. Aufl. 2018 (zit. als *Bearbeiter*, in: Sachs GG)

Sadler, Gerhard: Verwaltungs-Vollstreckungsgesetz/ Verwaltungszustellungsgesetz: Kommentar anhand der Rechtsprechung, 9. Aufl. 2014 (zit. als *Sadler* VwVG/ VwZG)

Schenke, Wolf-Rüdiger: Polizei- und Ordnungsrecht, 10. Aufl. 2018 (zit. als *Schenke*, Polizei- und OrdnungsR)

Schmidbauer, Wilhelm/*Steiner*, Udo: Bayerisches Polizeiaufgabengesetz Kommentar, 4. Aufl. 2014 (zit. als *Bearbeiter*, in: Schmidbauer/Steiner, Bay PAG)

Schoch, Friedrich: Besonderes Verwaltungsrecht, 1. Aufl. 2018 (zit. als *Bearbeiter*, in: Schoch, Besonderes VerwaltungsR)

Sodan, Helge/*Ziekow*, Jan: Nomos Kommentar VwGO, 5. Aufl. 2018 (zit. als *Bearbeiter*, in: Sodan/Ziekow, NK-VwGO)

Stein, Ekkehart/*Denninger*, Erhard/*Hoffmann-Riem*, Wolfgang: Grundgesetz Kommentar, Loseblatt, Stand: 2001 (zit. als *Bearbeiter*, in: Stein/Denninger/Hoffman-Riem, GG)

Steiner, Udo/ *Brinktrine*, Ralf: Besonderes Verwaltungsrecht, 9. Aufl. 2018 (zit. als *Bearbeiter*, in: Steiner/Brinktrine, Besonderes VerwaltungsR)

Stelkens, Paul/*Bonk*, Heinz Joachim/*Sachs*, Michael: VwVfG Kommentar, 9. Aufl. 2018 (zit. als *Bearbeiter*, in: Stelkens/Bonk/Sachs, VwVfG)

Stephan, Ulrich/*Deger*, Johannes: Polizeigesetz für Baden-Württemberg, 7. Aufl. 2014 (zit. als *Stephan/Deger*, PolG BW)

Tegtmeyer, Henning/*Vahle*, Jürgen: Polizeigesetz Nordrhein-Westfalen, 12. Aufl. 2018 (zit. als *Tegtmeyer/Henning*, PolG NRW)

Trierweiler, Tobias: Wohnungsverweisung und Rückkehrverbot zum Schutz vor häuslicher Gewalt: eine Untersuchung am Beispiel von § 34a PolG NRW, 1. Aufl. 2006 (zit. als *Trierweiler*, Wohnungsverweisung und Rückkehrverbot zum Schutz vor häuslicher Gewalt)

Von Mangoldt, Hermann/*Klein*, Friedrich/*Starck*, Christian: Grundgesetz Kommentar, 7. Aufl. 2018 (zit. als *Bearbeiter*, in: v. Mangold/Klein/Starck, GG)

Wächtler, Hartmut/*Heinhold*, Hubert/*Merk*, Rolf: Bayerisches Versammlungsgesetz, 1. Aufl. 2011 (zit. als *Wächtler/Heinhold/Merk*, Bayerisches VersammlungsG)

Würtenberger, Thomas/*Heckmann*, Dirk/*Tanneberger*, Steffen: Polizeirecht in Baden-Württemberg, 7. Aufl. 2017 (zit. als *Würtenberger/Heckmann/Tanneberger*, PolR BW)

Einführung in die Polizeirechtsklausur

A. Allgemeines

Polizeirecht ist besonderes Verwaltungsrecht. Die Lösung von Polizeirechtsklausuren sollte daher dem typisch verwaltungsrechtlichen dreistufigen Prüfungsschema folgen:[1] Rechtsgrundlage, formelle Rechtmäßigkeit, materielle Rechtmäßigkeit.

Einige Besonderheiten sind hierbei zu beachten:

In Polizeirechtsklausuren gilt es häufig, mehrere aufeinander aufbauende behördliche Maßnahmen zu prüfen. Die dabei erforderlichen inzidenten (geschachtelten) Prüfungen gibt es zwar auch in anderen Rechtsgebieten, für Polizeirechtsklausuren sind sie aber geradezu prototypisch. Hintergrund ist die hier recht häufig anzutreffende Situation, dass eine behördliche Verfügung (Primärebene) nicht befolgt wird und deshalb Maßnahmen der mit Zwang verbundenen Verwaltungsvollstreckung notwendig werden (Sekundärebene = Vollstreckungsebene). Die hierdurch entstehenden Kosten holt sich die Polizei typischerweise von demjenigen zurück, der die Verfügung ursprünglich hätte befolgen müssen (Tertiärebene = Kostenebene).

Ein typischer Fall mag diese gestufte Prüfung verdeutlichen:

Adressat eines Platzverweises (Primärebene) weigert sich, den Ort zu verlassen. Er wird daher von einer Polizeibeamtin zwangsweise vom Gelände geführt (Sekundärebene). Für diese Maßnahme erhält A später einen Kostenbescheid (Tertiärebene) über 50 Euro. Ist dieser Kostenbescheid rechtmäßig?

Jede dieser drei Ebenen kann für sich nach dem üblichen dreistufigen Schema von Rechtsgrundlage, formeller und materieller Rechtmäßigkeit geprüft werden. Wichtig und bei sorgfältiger Prüfung nicht weiter schwer ist dabei, streng zwischen den Ebenen zu unterscheiden. Da die Zuständigkeit und das Verfahren bis zu dreimal geprüft werden müssen, gilt es sich knapp zu fassen, dabei aber die ggf. unterschiedlichen Zuständigkeiten und Verfahrensvorschriften nicht zu durchmischen. Dies bereitet mitunter auch bei der Subsumtion Schwierigkeiten, gilt es doch bspw. eine erfolgte oder unterbliebene Anhörung der richtigen Ebenen zuzuordnen.

Komplex wird die Prüfung nur insoweit, als die Ebenen aufeinander aufbauen und zwischen ihnen bestimmte Abhängigkeiten bestehen, die zur Notwendigkeit einer inzidenten Prüfung einer früheren Ebene führen können. So setzt bspw. der Tatbestand der Rechtsgrundlagen für die Kostenerhebung regelmäßig voraus, dass die Maßnahme für die Kosten erhoben werden sollen, rechtmäßig war. Dies nötigt in der materiellen Rechtmäßigkeit der Kostenerhebung zu einer kompletten inzidenten Prüfung der Rechtmäßigkeit der kostenpflichtigen Maßnahme (hier das

---

[1] In Bayern wurde lange Zeit der sog. bayerische Aufbau bevorzugt, der aus einer linearen Prüfungsreihenfolge besteht: (1) Handeln der Polizei im eingeschränkt-institutionellem Sinn (was der sachlichen Zuständigkeit entspricht), (2) örtliche Zuständigkeit, (3) Aufgabe (die praktisch identisch mit der sachlichen Zuständigkeit ist), (4) Befugnis, (5) Maßnahmerichtung, (6) Verhältnismäßigkeit und (7) Ermessen gliedert. Dieser Aufbau wird noch anerkannt, wird aber immer mehr vom dreistufigen Prüfungsaufbau abgelöst. Vgl. dazu einerseits *Knemeyer*, Polizei- und OrdnungsR, Rn. 398; andererseits krit. *Wehr*, JuS 2006, 582 ff., und *Heidebach*, BayVBl. 2010, 170 ff.

zwangsweise Abführen). Auch die Sekundärebene ist von der Primärebene abhängig, das genaue Verhältnis aber teilweise umstritten und für eine Einführung zu komplex (vgl. hierzu die Fälle 5, 8, 9, 10,14, 15 und 19).

Neben diesen besonderen Aufbauschwierigkeiten wird das klassische dreistufige Schema im Polizeirecht um einige wenige Prüfungspunkte verfeinert. Dies gilt insbesondere für die Notwendigkeit einer Androhung als Verfahrensvorschrift oder die Bestimmungen der zulässigen Adressaten einer polizeilichen Maßnahme in der materiellen Rechtmäßigkeit.

B. Rechtmäßigkeit einer Gefahrenabwehrmaßnahme – Primärmaßnahme

Eine polizeiliche Maßnahme ist rechtmäßig, wenn sie auf einer tauglichen Rechtsgrundlage beruht und diese rechtsfehlerfrei angewandt wurde.

I. Rechtsgrundlage

Die Rechtsgrundlage ergibt sich entweder aus dem Polizeigesetz bzw. Sicherheitsgesetz des einschlägigen Bundeslandes oder aus einem besonderen Gesetz. Nach dem Grundsatz *„lex specialis derogat legi generali"* („Das spezielle Gesetz geht dem allgemeinen vor.") sind zunächst Normen außerhalb der Polizei- und Sicherheitsgesetze zu prüfen; im Studium wird dies vor allem die Versammlungsgesetze des Bundes oder einiger Länder sein.[2] Weitere Eingriffsnormen ergeben sich z.B. aus dem Straßenverkehrsrecht (§ 26 Abs. 1 StVG), dem Ausländerrecht (§ 71 Abs. 4 und 5 AufenthG), dem Lebensmittelrecht (§ 43 Abs. LFGB) und dem Schulrecht (z.B. § 86 Abs. 2 Satz 2 LSchG BW). Im Übrigen gelten die Polizei- und Sicherheitsgesetze der Länder. Diese enthalten durchgehend[3] Standardbefugnisse und eine Generalklausel. In den ersteren werden typische, besonders häufige Handlungen der Polizei bzw. der Sicherheitsbehörden konkretisiert und spezielle Befugnisse dafür verliehen. Falls keine der Standardbefugnisse einschlägig ist, kann auf die Generalklausel zurückgegriffen werden.[4]

II. Formelle Rechtmäßigkeit

Hierunter fällt die geläufige Trias: Zuständigkeit, Verfahren und Form. Zwar liegen hier selten echte Schwerpunkte einer Polizeirechtsklausur, sodass die Ausführungen eher kurz zu halten sind.

---

[2] Siehe Fälle 21–23. Die Bundesländer Bayern, Niedersachsen, Sachsen und Sachsen-Anhalt haben im Zuge der Föderalismusreform eigene landesspezifische Versammlungsgesetze erlassen, die das Versammlungsgesetz des Bundes ersetzen. In den anderen Bundesländern verbleibt es nach Art. 125a Abs. 1 GG bis zu einer Ersetzung durch Landesrecht vorläufig bei der Geltung des Versammlungsgesetzes des Bundes.

[3] Die inhaltliche Vergleichbarkeit ist Ergebnis des 1977 formulierten Musterentwurfs, der 1985 um die Regelungen zur informationellen Selbstbestimmung ergänzt fortgeschrieben wurde.

[4] Falls jedoch die Rechtsfolge einer Standardbefugnis gewählt wird, aber deren Tatbestand im konkreten Fall nicht vorliegt, sperrt die Standardbefugnis als lex specialis den Rückgriff auf die Generalklausel.

1. Zuständigkeit

Die Zuständigkeitsprüfung muss stets mit großer Sorgfalt erfolgen und sollte immer mit den einschlägigen Normen garniert werden. In der sachlichen Zuständigkeit ist im Einheitsprinzip zwischen den Zuständigkeiten der Polizeibehörden und der Polizeivollzugsbehörden, im Trennungsprinzip zwischen denen der Sicherheits-/Ordnungsbehörden und der Polizei im institutionellen Sinne einzugehen.[5] Diese stehen in einem Subsidiaritätsverhältnis. Die örtliche Zuständigkeit der Sicherheitsbehörden richtet sich dem VwVfG des Landes, die Zuständigkeit der (Vollzugs-) Polizei ist dagegen regelmäßig landesweit gegeben.[6]

2. Verfahren

Einige Standardbefugnisse haben besondere Verfahrensanforderungen,[7] die einzuhalten sind. Daneben sind die allgemeinen Verfahrensvoraussetzungen, insbesondere die Anhörung nach § 28 Abs. 1 VwVfG zu beachten.

3. Form

Polizeiliche Verwaltungsakte sind regelmäßig formlos (§ 10 VwVfG), und ergehen in nicht seltenen Fällen auch in nonverbaler, gestischer Form (Verkehrsregelungen, Anhaltegebot) oder konkludent.

III. Materielle Rechtmäßigkeit

1. Voraussetzungen der Rechtsgrundlage

Kern der Rechtmäßigkeitsprüfung sind die materiellen Tatbestandsvoraussetzungen der jeweiligen Rechtsgrundlage.[8] Die Generalklausel beschränkt sich hierbei regelmäßig auf das Vorliegen einer konkreten Gefahr für ein polizeiliches Schutzgut. Standardbefugnisse erweitern und konkretisieren dies um zusätzliche Eingriffsvoraussetzungen.

a) Gefahr für ein polizeiliches Schutzgut

Polizeirecht ist Gefahrenabwehrrecht. Grundlage jeder polizeilichen Befugnis ist daher das Vorliegen einer Gefahr für ein polizeiliches Schutzgut. Polizeiliche Schutzgüter sind die öffentliche Sicherheit und die öffentliche Ordnung. Eine konkrete Gefahr liegt vor bei einer Sachlage, bei der im einzelnen Fall die hinreichende Wahrscheinlichkeit besteht, dass in absehbarer Zeit ein Schaden für die öffentliche Sicherheit oder Ordnung eintreten wird.

Die Bestimmung des Schutzguts der Befugnisnorm ist Voraussetzung für die Subsumtion unter den Gefahrbegriff. Zum Schutzgut der öffentlichen Sicherheit zählen der Schutz der Unversehrtheit der Rechtsordnung, die Funktionsfähigkeit der staatlichen Einrichtungen und der Schutz der subjektiven Rechtsgüter des Einzelnen

---

[5] Zur Unterscheidung nachstehend Einführung, V. Landesrechtliche Besonderheiten.
[6] Vgl. Art. 3 BayPOG; § 75 PolG BW; §§ 100, 101 HessSOG; § 100 Nds SOG; § 7 POG NRW; § 70, 76 SächsPolG; § 4 ThürPOG.
[7] Insb. das Erfordernis einer richterlichen Entscheidung bei Freiheitsentziehungen, Art. 18 BayPAG, § 19 Nds SOG, § 36 PolG NRW, § 22 Abs. 7 SächsPolG.
[8] Auch als Befugnisnorm oder Rechtsgrundlage bezeichnet.

(vgl. die Legaldefinition in § 2 Nr. 2 BremPolG). Der Begriff der öffentlichen Ordnung wird herkömmlich als „Gesamtheit der ungeschriebenen Regeln für das Verhalten des Einzelnen in der Öffentlichkeit betrachtet, deren Beobachtung nach den jeweils herrschenden Anschauungen als unerlässliche Voraussetzung eines geordneten staatsbürgerlichen Gemeinschaftslebens betrachtet wird".[9] Seine inhaltliche Unbestimmtheit und die in ihm angelegte Vermischung von Recht und Moral machen ihn zu einem der umstrittensten Elemente des Polizeirechts.[10]

Neben der oben dargestellten konkreten Gefahr kennt das Polizeirecht noch eine Fülle anderer Gefahrbegriffe, die jeweils voneinander abzugrenzen sind.[11] Ihnen gemeinsam ist die Zweiteilung des Gefahrbegriffs in eine Tatsachengrundalge und eine hierauf aufbauende Prognose. Die einzelnen Gefahrbegriffe modifizieren die Ansprüche an die Tatsachengrundlage, die Belastbarkeit der Prognose oder die zeitliche Nähe der befürchteten Schutzgutverletzung.

Für Verordnungen von Polizei- oder Sicherheitsbehörden genügt bspw. das Vorliegen einer abstrakten Gefahr aus. Darunter versteht man eine Sachlage, die nach allgemeiner Lebenserfahrung oder fachlichen Erkenntnissen typischerweise mit hinreichender Wahrscheinlichkeit das Eintreten einer konkreten Gefahr möglich erscheinen lässt, wenn nicht eingeschritten wird.[12]

Neu eingeführt in Bayern mit Wirkung vom 1.8.2017 wurde die drohende Gefahr, die anders als die konkrete Gefahr noch keine hinreichend konkretisierte Tatsachenlage voraussetzt, sondern bei der die Anforderungen an die Vorhersehbarkeit des Kausalverlaufs und damit an das Wahrscheinlichkeitsurteil reduziert sind.[13] Dadurch sollte eine Vorverlagerung der Eingriffsbefugnisse ermöglicht werden (vgl. dazu neu den Fall 25).

b) Besondere Tatbestandsvoraussetzungen

Neben der Gefahr für ein polizeiliches Schutzgut formulieren die Rechtsgrundlagen regelmäßig zusätzliche Tatbestandsvoraussetzungen, deren Vorliegen Rechtmäßigkeitsvoraussetzung ist.

2. Maßnahmerichtung

Die Polizei- und Sicherheitsgesetze sehen regelmäßig gesetzliche Regelungen vor, gegen wen die Polizei ihre Maßnahmen richten darf. Im allgemeinen Polizei- und Ordnungsrecht wird zwischen Verhaltensverantwortlichen (verantwortlich für eigenes Tun) und Zustandsverantwortlichen (verantwortlich für eine bestimmte Sache) unterschieden. Üblich ist auch die Bezeichnung als „Störer". Die Standardbefugnisse definieren den Störer meistens mit.

Dagegen ist die Inanspruchnahme eines nichtverantwortlichen Dritten („Nichtstörer") nur als ultima ratio möglich. Auch können einem Nichtstörer keine Kosten

---

[9] *PrOVGE* 91, 139 (140). Vertiefend *Denninger,* in: Lisken/Denninger, PolR-HdB Kap. D Rn. 35.
[10] Vgl. *Götz/Geis,* Allg. Polizei- u. OrdnungsR, § 5; *Schoch,* in: Schoch, Besonderes VerwaltungsR, Kap. 1 Rn. 268 ff.
[11] So die Legaldefinition in §§ 2 Nr. 3a BremPolG, 2 Nr. 1a NdsSOG, 3 Nr. 3a SOG LSA, 2 Nr. 3a ThürOBG, § 8 I ME.
[12] Vgl. *Götz/Geis,* Allg. Polizei- u. OrdnungsR, § 6 Rn. 19 ff.
[13] *Holzner,* DÖV 2018, 946 (947 f.).

auferlegt werden. Im Gegenteil sehen die Polizeigesetze regelmäßig einen Entschädigungsanspruch des Nichtstörers (als normierter Sonderfall des öffentlich-rechtlichen Aufopferungsanspruches) vor (z. B. Art. 70 BayPAG).

Wenn mehrere Störer für die Gefahr verantwortlich sind, ist die Polizei berechtigt, die Maßnahme *nach pflichtgemäßem Ermessen* gegen den Störer zu richten, von dem sie sich die sicherste und effektivste Beseitigung der Störung verspricht. Vorrangiger Ermessenszweck ist die wirksame und schnelle Gefahrenabwehr, nicht dagegen der Verursachungsgrad, der zeitliche Eintritt in die Kausalkette oder gar das (dem Polizeirecht fremde) Verschulden. Nicht ermessensfehlerhaft ist es jedoch, den Handlungsstörer vor den Zustandsstörer in Anspruch zu nehmen, wenn beide gleichermaßen zur Abwehr der konkreten Gefahr in der Lage sind.[14] Für die interne Kostenverteilung auf die Störer gilt aber den Grundsatz der gerechten Lastenverteilung (Gedanke des § 254 BGB), auch wenn das Vorliegen eines Gesamtschuldverhältnisses zwischen den Störern bundesweit uneinheitlich behandelt wird.[15]

3. Rechtsstaatliche Handlungsgrundsätze

Die Polizei muss sich bei der Ausführung ihrer Maßnahmen an die allgemeinen rechtsstaatlichen Grundsätze halten, wie Bestimmtheit und Grundrechtskonformität. Darüber hinaus sind die Prinzipien der Verhältnismäßigkeit und das richtig ausgeübte Ermessen zu beachten. Im Regelfall liegen hier die Schwerpunkte einer Klausur, die durch sauberes Subsumieren und Argumentieren meist solide gelöst werden können und damit die Möglichkeit guter Bewertungen eröffnen. Der Aufbau kann hier nach Zweckmäßigkeit gewählt werden. Ob bspw. die Verhältnismäßigkeit als Teil der Ermessensprüfung oder als eigener Prüfungspunkt gewählt wird, ist nicht zwingend vorgegeben.

C. Rechtmäßigkeit der Vollstreckungsmaßnahme – Sekundärmaßnahme

Als Sekundärmaßnahmen werden solche Maßnahmen bezeichnet, mit denen die gesetzlichen Zwangsmittel der Verwaltungsvollstreckung angewandt werden. Je nach Bundesland und handelnder Behörde sind das Vollstreckungsverfahren und die Zwangsmittel entweder in den allgemeinen Vollstreckungsgesetzen (auf Bundesebene z. B. BVwVG, BUZwG) oder in den Polizei- und Sicherheitsgesetzen geregelt.

Die Rechtmäßigkeit der Vollstreckungsmaßnahme orientiert sich am Grundfall mit den im Folgenden beschriebenen Abweichungen.

I. Rechtsgrundlage

Die Rechtsgrundlagen der jeweiligen Gesetze benennen ausdrücklich welche Zwangsmittel unter welchen Voraussetzungen angewandt werden können. Dabei muss zwischen den verschiedenen Zwangsmitteln differenziert und jedes Zwangsmittel einzeln geprüft werden; üblicherweise sind dies Zwangsgeld, Ersatzvornahme

---

14 *VGH Mannheim*, NVwZ-RR 1991, 27 f.
15 Neuere Polizeigesetze nehmen ein Gesamtschuldverhältnis unter Störern an (vgl. § 8 Abs. 2 HessSOG, § 9 Abs. 2 SOG LSA, § 9 Abs. 2 ThürPAG), während *BGH*, DÖV 1981, 843 f. dies noch abgelehnt hatte.

und – im Polizeirecht besonders wichtig – unmittelbarer Zwang (mit dem der Vollzugspolizei vorbehaltenen Privileg des Waffeneinsatzes).

II. Formelle Rechtmäßigkeit

Innerhalb der formellen Rechtmäßigkeit ist darauf zu achten, dass sich die Prüfung von Zuständigkeit, Verfahren und Form auf die Vollstreckungsmaßnahme zu richten haben, nicht auf die zu vollstreckende Grundverfügung (falls eine solche vorhanden ist).

Zusätzlich zu den allgemeinen Anforderungen an die formelle Rechtmäßigkeit ist im Zwangsvollstreckungsrecht regelmäßig eine vorherige Androhung der Zwangsmittel erforderlich.[16] Die Gesetze regeln dabei auch die Voraussetzungen, unter denen von der Androhung im Ganzen oder von einzelnen Anforderungen an die Androhung abgesehen werden kann. Eine typische nonverbale Form der Androhung ist die Abgabe eines Warnschusses (z. B. Art. 64 Abs. 1 S. 3 BayPAG).

III. Materielle Rechtmäßigkeit

Auch im Vollstreckungsrecht kann zwischen Tatbestand der Rechtsgrundlage und der zulässigen Rechtsfolge einschließlich Ermessen und Verhältnismäßigkeit getrennt werden. Im Rahmen des Tatbestandes kann der Prüfungsaufbau noch in allgemeine (stets zu prüfende) und besondere (vom Zwangsmittel abhängige) Vollstreckungsvoraussetzungen unterteilt werden.

Kontroverse und nicht in allen Ländern erforderliche Abgrenzungen zwischen gestrecktem Verfahren, sofortigem Vollzug und unmittelbarer Ausführung wird nachstehend unter V. Landesrechtliche Besonderheiten (sowie in den Fällen 14 und 24) behandelt.

Soweit das Vollstreckungsrecht der Durchsetzung eines Verwaltungsaktes dient („gestrecktes Verfahren"), muss dieser regelmäßig wirksam und vollstreckbar sein. Er muss also entweder bestandskräftig sein, oder Rechtsbehelfe dürfen keine aufschiebende Wirkung haben. Die Rechtmäßigkeit des durchzusetzenden Verwaltungsakts ist nur in spezifischen Fällen erforderlich (Konnexität) und muss deshalb nur in diesen Fällen inzident geprüft werden.

Es gibt aber auch Konstellationen, in denen ein sog. „gekürztes Verfahren" („Sofortvollzug") zur Anwendung kommt.[17] Dies ist dann der Fall, wenn aufgrund der Situation keine vollziehbare Grundverfügung vorhanden ist. Die Polizei muss zum Schutz des Rechtsguts in den oben beschriebenen Fällen des Sofortvollzugs oft sofort Zwang anwenden, wenn etwa eine Verfügung gegen den anwesenden Verantwortlichen aus tatsächlichen Gründen nicht in Betracht kommt. Dann entfällt im Unterschied zum oben beschriebenen regulären Verfahren zwar die Androhung, dafür muss aber im Rahmen der materiellen Rechtmäßigkeit zusätzlich die Rechtmäßigkeit einer fiktiven Grundverfügung geprüft werden.[18]

---

[16] Es ist auch vertretbar, die Androhung in der materiellen Rechtmäßigkeit zu prüfen.
[17] Dies sehen alle Länder mit Ausnahme von Baden-Württemberg, Hamburg und Sachsen vor; vgl. *Kingreen/Poscher*, Polizei- und OrdnungsR, § 24 Rn. 37.
[18] Siehe auch Fall 9.

D. Rechtmäßigkeit eines Kostenbescheides – Tertiärmaßnahme

Die Polizei kann die Aufwendungen für ihre Maßnahmen in bestimmten Fällen auf den Bürger umlegen.[19]

I. Rechtsgrundlage

Die meisten Ländergesetze sehen die Möglichkeit der Kostenerhebung vor. Hier kann zwischen der Kostenerhebung wegen der Inanspruchnahme polizeilicher Einrichtungen und Amtshandlungen sowie der Kostenerhebung wegen einer polizeilichen Maßnahme unterschieden werden. Nur letztere sind flächendeckend in den Polizeigesetzen bzw. Sicherheitsgesetzen genannt. Teilweise wird dort auch auf das einschlägige Kostengesetz verwiesen.

II. Formelle Rechtmäßigkeit

Diese richtet sich nach den allgemeinen verwaltungsrechtlichen Grundsätzen.

III. Materielle Rechtmäßigkeit

Im Rahmen der materiellen Rechtmäßigkeit ist zunächst inzident auf die Rechtmäßigkeit des dem Kostenbescheid zugrundeliegenden Handelns einzugehen. Dies kann je nach Rechtsgrundlage und Fallgestaltung die Grundverfügung oder die Vollstreckungshandlung sein. Dabei muss der Sachverhalt genau gelesen werden, damit nicht die falsche Maßnahme geprüft wird! Anschließend müssen die Voraussetzungen der Rechtsgrundlage subsumiert werden, um zum Abschluss auch hier die polizeilichen Handlungsgrundsätze zu behandeln. Zusätzlicher Prüfungspunkt ist die Kostenpflichtigkeit des Adressaten und die Rechtmäßigkeit der Kostenhöhe. Dazu ist der vom jeweiligen Kostengesetz gesetzte Rahmen zu beachten sowie zu fragen, ob die Höhe auch im konkreten Fall angemessen war.

E. Landesrechtliche Besonderheiten

Polizei ist Landesrecht. Trotz der Musterentwürfe der Innenministerkonferenz von 1976 (MEPolG) und von 1986 (VEMPolG) haben sich in der föderalen Bundesrepublik markante Unterschiede im Polizei- und Sicherheitsrecht der Länder erhalten, vor allem in Hinsicht auf den Dualismus Einheitsprinzip – Trennungsprinzip, aber auch den Kontrast zwischen norddeutsch-preußischer und süddeutscher Polizeirechtstradition.

I. Einheitsprinzip und Trennungsprinzip

Terminologie, Dogmatik und Zuständigkeiten sind in den Bundesländern uneinheitlich, was zu Missverständnissen führen kann. Hintergrund ist die „Entpolizeilichung" der Verwaltung nach dem zweiten Weltkrieg. Die Uniform und Waffen tragenden Vollzugspolizei und die allgemeinen Verwaltungsbehörden sollten so weit als möglich getrennt werden.

---

[19] Zur Vertiefung *Götz/Geis*, Allg. Polizei- u. OrdnungsR, § 14 Rn. 1 ff. sowie Fälle 5 und 8.

In den Bundesländern, die dem Trennungsprinzip folgen, wird in den Rechtsgrundlagen zwischen der Polizei (= Polizeivollzugsdienst mit Uniform & Waffen) und den Ordnungsbehörden[20] (Schreibtischverwaltung) unterschieden. Während der Polizeivollzugsdienst als eigene Behörde aufgebaut ist, werden die Aufgaben der Sicherheitsbehörden von den Gemeinden und der Landesverwaltung übernommen.

Im Einheitsprinzip[21] werden die polizeilichen Aufgaben insgesamt den „Polizeibehörden" übertragen; die Rechtsgrundlagen unterscheiden lediglich in der Zuständigkeit danach, ob die jeweilige Aufgabe vom organisatorisch selbstständigen Polizeivollzugsdienst wahrgenommen werden, oder von den „allgemeinen" Polizeibehörden. Letztere sind, wie im Trennungssystem, die Gemeinden und die unmittelbare Landesverwaltung.

Abgesehen von den Begrifflichkeiten folgen aus diesen Ansätzen keine erheblichen Unterschiede.

II. Unmittelbare Ausführung und sofortiger Vollzug

Ebenfalls historisch bedingt sind die verschiedenen Regelungen zur sogenannten unmittelbaren Ausführung und zum sofortigen Vollzug. Zwischen beiden Instituten bestehen hinsichtlich der Voraussetzungen keine Unterschiede. Hinsichtlich der Rechtsfolge ist die unmittelbare Ausführung auf die Ersatzvornahme beschränkt.

Die „sofortige Vollziehung" ist Teil des Vollstreckungsrechts (Sekundärebene) und ermöglicht eine Verwaltungsvollstreckung auch ohne vorausgehenden Verwaltungsakt.[22] Das Institut der „unmittelbaren Ausführung" ist nur in einigen Landespolizeigesetzen[23] enthalten. Es regelt eine polizeiliche Primärmaßnahme und entspricht inhaltlich dem Zwangsmittel der Ersatzvornahme. Die Polizei wird für die Fälle, in denen eine Inpflichtnahme der eigentlich Verantwortlichen nicht oder nicht rechtzeitig möglich ist, ermächtigt, die Gefahr selbst abzuwehren.

Es gibt Bundesländer, die entweder nur die unmittelbare Ausführung[24] oder nur den Sofortvollzug[25] kennen. Eine Abgrenzung bedarf es also nur dann, wenn das jeweilige Landesrecht beide Institute kennt und eine Ersatzvornahme im Raum steht. Daran, dass manche Bundesländer auf das eine oder das andere Institut ohne weiteres verzichten können, zeigt sich, dass die Abgrenzung eher akademischer Natur ist. Nach einer Auffassung ist danach abzugrenzen, ob die Maßnahme gegen den Willen des Betroffenen (dann Sofortvollzug) oder mit seiner hypothetischen Zustimmung (dann unmittelbare Ausführung) erfolgt.[26] Nach anderer Auffassung ist die unmittelbare Ausführung als Primärmaßnahme in ihrem Anwendungsbe-

---

20 In Bayern Sicherheitsbehörden genannt (Art. 6 BayLStVG).
21 In Baden-Württemberg, in Bremen, im Saarland und in Sachen.
22 Art. 53 Abs. 2 BayPAG; § 53 Abs. 2 BbG PolG; § 80 Abs. 2 SOG MV; § 64 Abs. 2 Nr. 1 NdsSOG; § 50 Abs. 2 PolG NRW; § 50 Abs. 2 PolG RP; § 44 Abs. 2 SaarlPolG; § 53 Abs. 2 SOG LSA; § 229 Abs. 2 LVwG SH; § 51 Abs. 2 ThürPolG.
23 Art. 9 BayPAG; § 6 PolG RP; §§ 6 SächsPolG, § 7 HmbSOG.
24 PolG BW; HmbSOG, BerlASOG, SächsPolG.
25 BremPolG, NdsSOG, PolG NRW, SaarlPolG, LVwG SH.
26 *Oldiges*, JuS 1989, 619; *Kästner*, JuS 1994, 364; *Dienelt*, NVwZ, 1994, 665; krit. *Rachor/Graulich*, in: Lisken/Denninger, PolR-HdB, Kap. E Rn. 39 f., 822, 850.

reich gegenüber der sofortigen Vollziehung als Sekundärmaßnahme systematisch vorrangig.[27]

F. Prozessuale Einkleidung /Besonderheiten im Polizeirecht

I. Statthafte Klagearten

Verwaltungsprozessual sind Polizeirechtsklausuren relativ einfach zu behandeln. Zunächst ist die Rechtsnatur des polizeilichen Handelns zu klären. Handelt es sich um einen belastenden Verwaltungsakt, so ist dagegen grundsätzlich die Anfechtungsklage nach (§ 42 Abs. 1 Alt. 1 VwGO) statthaft; handelt es sich um einen Realakt, so ist grundsätzlich die allgemeine Leistungsklage in Form der Unterlassungsklage statthaft. Allerdings ist zu beachten, dass sich die Wirkung einer polizeilichen Primärmaßnahme, meist auch einer Vollstreckungsmaßnahme (Sekundärmaßnahme), in der Regel auf die Zeit der Durchführung beschränkt und danach erledigt ist. Daher ist in der Mehrzahl der Fälle die Fortsetzungsfeststellungsklage (§ 113 Abs. 1 S. 4 VwGO) „typische" Klageart; bei erledigten Realakten (z.B. die unmittelbare Ausführung einer Maßnahme) ist die allgemeine Feststellungsklage richtige Klageart (§ 43 Abs. 2 VwGO).[28] Der früher aufwändige, auch heute immer noch begangene Weg, bei unmittelbarer Ausführung oder Sofortvollzug einen vorgeschalteten (Duldungs-)verwaltungsakt zu konstruieren, ist heute angesichts des lückenlosen Systems der Klagearten nicht mehr notwendig.[29] Auch für die Einhaltung der Klagefrist spielt die Unterscheidung keine Rolle mehr, da das Bundesverwaltungsgericht in seinem Urteil vom 14.7.1999 bei Erledigung vor Eintritt der Bestandskraft aus teleologischen Gründen auch noch das Fristerfordernis für entbehrlich gehalten.[30]

In einer Entscheidung vom 25.9.2008[31] hat das Bundesverwaltungsgericht allerdings die Auffassung vertreten, dass bei einem Verwaltungsakt jedenfalls so lang keine Erledigung eintrete, solange er die Behörde berechtige, die Erstattung der Kosten der Vollstreckung zu verlangen (Rechtsgrund); in diesem Falle ist die Anfechtungsklage weiter statthaft.

Ganz regulär verhält es sich mit Rechtsbehelfen gegen Kostenbescheide, da deren belastende Wirkung als Rechtsgrund (causa) der staatlichen Forderung über die Zahlung hin andauert. Hier bleibt es bei der Statthaftigkeit der Anfechtungsklage mit allen besonderen Zulässigkeitsvoraussetzungen.

II. Klagebefugnis und Feststellungsinteresse

Die Klagebefugnis stellt in der Polizeirechtsklausur kein großes Problem dar: Da es sich bei den polizeilichen Maßnahmen so gut wie immer um eingreifende Verwal-

---

[27] Vgl. *Schoch,* in: Schoch, Besonderes VerwaltungsR, Kap. 1 Rn. 936 m.w.N.
[28] Vgl. dazu ausf. *Buchberger,* in: Lisken/Denninger, PolR-HdB, Kap. L Rn. 51 ff.
[29] Diese Konstruktion erklärt sich daraus, dass ursprünglich nur Verwaltungsakte angefochten werden konnten, nicht aber Realakte. Dies war aber nicht mit der Rechtsschutzgarantie des Art. 19 Abs. 4 GG vereinbar, denn auch Realakte sind „Akte der öffentlichen Gewalt".
[30] *BVerwGE* 103, 203.
[31] *BVerwG,* NVwZ 2009, 122.

tungsakte oder Realakte handelt, ist die Klagebefugnis (§ 42 Abs. 2 VwGO) nach der sog. Adressatentheorie[32] regelmäßig gegeben. Dies gilt auch für die Fortsetzungsfeststellungsklage (§ 113 Abs. 1 S. 4 VwGO analog) als „verlängerte Anfechtungsklage".[33] Das besondere Feststellungsinteresse ergibt sich im Polizeirecht i. d. R. aus Wiederholungsgefahr oder einem Rehabilitationsinteresse (insb. bei Anwesenheit von Dritten).[34]

Nach der herrschenden Rechtsprechung wird § 42 Abs. 2 VwGO auf allgemeine Feststellungsklagen analog angewandt.[35] Die Literatur bestreitet dies überwiegend, da es an einer planwidrigen Gesetzeslücke fehle,[36] und lässt das allgemeine Feststellungsinteresse genügen. Im Ergebnis ist der Streit für das Polizeirecht eher akademischer Natur, da in Fällen belastender Wirkung regelmäßig auch ein berechtigtes Interesse an der Klärung der Rechtmäßigkeit des polizeilichen Handelns besteht. Es ist jedoch zu empfehlen, in der Klausur kurz (!) auf die Kontroverse einzugehen.[37]

III. Widerspruchsverfahren

Das Widerspruchsverfahren spielt im Polizeirecht keine große Rolle. In einigen Bundesländern ist es ohnehin mittlerweile ganz oder teilweise abgeschafft.[38] Ist das Widerspruchsverfahren prinzipiell noch anwendbar, ist es doch in Fällen der Fortsetzungsfeststellungsklage entbehrlich, weil ein Fortsetzungsfeststellungswiderspruch bei erledigten Maßnahmen wenig Sinn macht.[39] Damit beschränkt sich seine Durchführung auf die Anfechtung von Kostenbescheiden.

IV. Normenkontrollantrag

Handelt es sich um die Prüfung einer sicherheitsrechtlichen oder einer Polizeiverordnung, so ist der Normenkontrollantrag nach § 47 Abs. 1 Ziff. 2 VwGO statthaft, sofern das Landesrecht dies zulässt.[40] Gelegentlich ergibt sich die Fallkonstellation, dass sowohl der Polizeiverwaltungsakt, als auch die Verordnung, auf die er gestützt wird, angefochten werden sollen. In diesem Fall ist eine Klagehäufung nach § 44 VwGO nicht zulässig, da für die Klagebegehren Gerichte unterschiedlicher Instanz zuständig sind.

---

[32] *Hufen,* VerwaltungsprozessR, § 14 Rn. 60; dies gilt nach *BVerwG,* NJW 2004, 698 auch für „dingliche" Verwaltungsakte wie Verkehrszeichen, sobald der Betroffene erstmals damit konfrontiert wird.

[33] *BVerwGE* 65, 167 (170 f.); 77, 70 (73); NJW 1982, 2513; *Hufen,* VerwaltungsprozessR, § 18 Rn. 54.

[34] Vgl. *Wolff,* in: Sodan/Ziekow, NK-VwGO, § 113 Rn. 265 ff.

[35] *BVerwGE* 74, 1 (4); 99, 64 (66); zust. *Brüning,* JuS 2004, 882.

[36] *Sodan,* in: Sodan/Ziekow, NK-VwGO, § 43 Rn. 72; *Hufen,* VerwaltungsprozessR, § 18 Rn. 17.

[37] Vgl. auch *Geis/Schmidt,* JuS 2012, 599 ff. (sub I 3b).

[38] In Bayern, Hessen, Niedersachsen, Nordrhein-Westfalen, Thüringen. Vertiefend *Hufen,* VerwaltungsprozessR, § 18 Rn. 4 f.

[39] H.M. seit *BVerwGE* 36, 161 (165 f.) – Schwabinger Krawalle; 81, 229; *Buchberger,* in: Lisken/Denninger, PolR-HdB, Kap. L Rn. 103.

[40] Das ist in Bayern, Baden-Württemberg, Brandenburg, Bremen, Hessen, Mecklenburg-Vorpommern, Niedersachsen, Rheinland-Pfalz, Saarland, Sachsen, Sachsen-Anhalt, Schleswig-Holstein und Thüringen der Fall.

V. Wiederherstellung der aufschiebenden Wirkung

Eine Besonderheit des Polizeirechts ergibt sich schließlich aus § 80 Abs. 2 Nr. 1 VwGO. Danach haben Widerspruch und Anfechtungsklage bei unaufschiebbaren Anordnungen und Maßnahmen von Polizeivollzugsbeamten keine aufschiebende Wirkung i. S. d. § 80 Abs. 1 VwGO. Soll in diesen Fällen die Vollstreckung vor Eintritt der Bestandskraft verhindert werden, kann die aufschiebende Wirkung durch einen Antrag beim Gericht der Hauptsache nach § 80 Abs. 5 S. 1 VwGO ganz oder teilweise angeordnet werden. Ein vorheriger Antrag bei der Polizeibehörde ist nicht notwendig (arg. e § 80 Abs. 6 S. 1 VwGO, der nicht auf Abs. 2 Nr. 2 verweist).

G. Aufbauschemata

I. Anfechtung einer Primärmaßnahme (Grundmaßnahme)

In der Regel werden Primärmaßnahmen mithilfe der Fortsetzungsfeststellungsklage (FFK) angegriffen. Da sich der jeweilige Verwaltungsakt der Grundverfügung bereits *vor* Klageerhebung erledigt hat, wird die FK oder FFK analog angewandt.

Fortsetzungsfeststellungsklage (§ 113 Abs. 1 S. 4 VwGO analog)

A. Sachentscheidungsvoraussetzungen[41]
    I. Eröffnung des Verwaltungsrechtswegs, § 40 Abs. 1 S. 1 VwGO
        – aufdrängende Sonderzuweisung
        – öffentlich-rechtliche Streitigkeit nichtverfassungsrechtlicher Art
        – keine abdrängende Sonderzuweisung
    II. Statthafte Klageart
        – belastender VA
        – Erledigung des VA *vor* Klageerhebung
    III. Klagebefugnis, § 42 Abs. 2 VwGO analog
        – Addressatentheorie[42]
    IV. Fortsetzungsfeststellungsinteresse
        – Wiederholungsgefahr
        – Rehabilitationsinteresse
        – schwerwiegender Grundrechtseingriff
    V. Vorverfahren, § 68 Abs. 1 VwGO analog
        – in einigen Bundesländern nicht statthaft
        – in den übrigen Bundesländern nach der Rspr. des BVerwG entbehrlich
    VI. Klagefrist, § 74 Abs. 1 VwGO analog
        – nach h. M. nicht erforderlich, da Rechtssicherheit durch Bestandskraft bei einem erledigen Verwaltungsakt nicht mehr erreicht werden kann

---

[41] Weit verbreitet ist auch der „dreistufige Aufbau", der Verwaltungsrechtsweg und Zuständigkeit vor der Zulässigkeit und der Begründetheit gesondert prüft. Dieses Aufbauschema war eine Reaktion auf die Änderung des § 17a GVG.

[42] Der Adressat einer belastenden Maßnahme ist stets klagebefugt, da er zumindest in Art. 2 Abs. 1 GG möglicherweise verletzt ist.

VII. Beteiligten- und Prozessfähigkeit, §§ 61, 62 VwGO

VIII. Ordnungsgemäße Klageerhebung, §§ 81, 82 VwGO

IX. Zuständiges Gericht

[B. Objektive Klagehäufung, § 44 VwGO]

C. Begründetheit

I. Passivlegitimation, § 78 VwGO[43]

II. Rechtswidrigkeit der Primärmaßnahme(n)

III. Verletzung des Klägers in eigenen Rechten

II. Anfechtung einer Sekundärmaßnahme (Vollstreckungsakt)

Will der Kläger gegen ein ihm auferlegtes Zwangsgeld vorgehen, ist die Anfechtungsklage statthaft (siehe unten). Will er sich aber gegen eine Ersatzvornahme, eine unmittelbare Ausführung oder die Anwendung von unmittelbarem Zwang wehren, so kann er dies mit der allgemeinen Feststellungsklage tun.

Allgemeine Feststellungsklage (§ 43 Abs. 1 VwGO)

A. Sachentscheidungsvoraussetzungen

I. Eröffnung des Verwaltungsrechtswegs, § 40 Abs. 1 S. 1 VwGO

II. Statthafte Klageart, § 43 Abs. 1 Alt. 1 VwGO
  – hinreichend konkretes Rechtsverhältnis[44] (Vollzugsakt)
  – Subsidiarität der allg. Feststellungsklage, § 43 Abs. 2 S. 1 VwGO

III. Klagebefugnis, § 42 Abs. 2 VwGO analog (h. M.)
  – Adressatentheorie

IV. (Qualifiziertes) Feststellungsinteresse
  – Wiederholungsgefahr
  – Rehabilitationsinteresse
  – schwerwiegender Grundrechtseingriff

V. Beteiligten- und Prozessfähigkeit, §§ 61, 62 VwGO

VI. Ordnungsgemäße Klageerhebung, §§ 81, 82 VwGO

VII. Zuständiges Gericht

[B. Objektive Klagehäufung, § 44 VwGO]

C. Begründetheit

I. Passivlegitimation, § 78 VwGO

II. Rechtswidrigkeit der Sekundärmaßnahme(n) (Vollzugsakt)

III. Verletzung des Klägers in eigenen Rechten

---

[43] Nach a. A. bezeichnet § 78 VwGO die Prozessführungsbefugnis.

[44] Unter Rechtsverhältnis sind die aus einem konkreten Sachverhalt aufgrund einer Rechtsnorm (des Öffentlichen Rechts) sich ergebenden rechtlichen Beziehungen einer Person zu einer anderen Person oder zu einer Sache zu verstehen (*BVerwGE* 40, 323).

III. Anfechtung einer Tertiärmaßnahme (Kostenbescheid)

Da in diesen Fällen – selbst durch Begleichung des Kostenbescheides – keine Erledigung eintritt, werden diese Maßnahmen im Wege der Anfechtungsklage angegriffen.

Anfechtungsklage nach § 42 Abs. 1 Alt. 1 VwGO

A. Sachentscheidungsvoraussetzungen
  I. Eröffnung des Verwaltungsrechtswegs, § 40 Abs. 1 S. 1 VwGO
  II. Statthafte Klageart
    – belastender VA
    – keine Erledigung des VA
  III. Klagebefugnis, § 42 Abs. 2 VwGO
    – Adressatentheorie
  IV. Vorverfahren, § 68 Abs. 1 S. 1 VwGO
    – Erforderlichkeit des Vorverfahrens
    – form- und fristgerechte Erhebung des Widerspruchs
  V. Klagefrist, § 74 Abs. 1 VwGO
    – Monatsfrist
  VI. Beteiligten- und Prozessfähigkeit, §§ 61, 62 VwGO
  VII. Ordnungsgemäße Klageerhebung, §§ 81, 82 VwGO
  VIII. Zuständiges Gericht

[B. Objektive Klagehäufung, § 44 VwGO[45]]

C. Begründetheit
  I. Passivlegitimation, § 78 VwGO
  II. Rechtswidrigkeit der Tertiärmaßnahme (Kostenbescheid)
  III. Verletzung des Klägers in eigenen Rechten

IV. Anfechtung einer Polizeiverordnung/sicherheitsrechtlichen Verordnung

Gegen Polizeiverordnungen bzw. sicherheitsrechtliche Verordnungen kann durch einen Normenkontrollantrag vorgegangen werden, wenn das Landesrecht dies vorsieht.

Normenkontrollantrag (§ 47 VwGO)

A. Sachentscheidungsvoraussetzungen
  I. Eröffnung des Verwaltungsrechtswegs (§§ 40, 47 Abs. 1 VwGO)
  II. Statthaftigkeit (§ 47 Abs. 1 VwGO)
    – VO als überprüfungsfähige Rechtsnorm nach Maßgabe des Landesrechts (§ 47 Abs. 1 VwGO)

---

45 Denkbar, wenn neben dem Kostenbescheid auch die Grundverfügung angegriffen werden soll.

III. Antragsbefugnis (§ 47 Abs. 2 S. 1 VwGO)
- mögliche Verletzung in eigenen Rechten
- Bei Behörden wird vorausgesetzt, dass sie die betreffende Rechtsnorm auszuführen haben (kann auch unter „Rechtsschutzbedürfnis" geprüft werden).

IV. Antragsfrist, § 47 Abs. 2 S. 1 VwGO
- Jahresfrist (Berechnung nach § 222 ZPO, §§ 187, 188 BGB)

V. Rechtsschutzbedürfnis

VI. Beteiligten- und Prozessfähigkeit
- Beteiligtenfähigkeit (§ 47 Abs. 2 VwGO – lex specialis zu § 61 VwGO!)
- Prozessfähigkeit (§ 62 VwGO)

VII. Ordnungsgemäße Antragstellung, §§ 81, 82 VwGO

VIII. Zuständiges Gericht, §§ 47 Abs. 1, 3, 184 VwGO (i. V. m. AGVwGO des Landes)
- Oberverwaltungsgericht/Verwaltungsgerichtshof

B. Begründetheit

I. Passivlegitimation, § 47 Abs. 2 S. 2 VwGO

II. Rechtswidrigkeit der Verordnung
- formelle Rechtswidrigkeit (Zuständigkeit, Form, Verfahren)
- materielle Rechtswidrigkeit (Verstoß gegen höherrangiges Recht)

Fall 1. Keine Macht den Drogen*

Sachverhalt

Armin Anstand (A) ist Gemeinderat in der Gemeinde Grünkraut (Landkreis Ravensburg). Als Mitglied des Bauausschuses inspiziert er in einem weniger gastlichen Teil des Ortes ein Grundstück, auf dem in einer alten Maschinenhalle Sozialwohnungen entstehen sollen. Davon verspricht sich die Gemeinde eine Entspannung der Wohnsituation und zugleich die Beseitigung eines Drogenbrennpunktes, an dem regelmäßig größere Mengen harte Drogen verkauft und konsumiert werden. Dieser ist ihr, ebenso wie der Polizei, schon seit Langem ein Dorn im Auge.

Auch A trifft bei seiner Besichtigung der Lokalitäten an einem Freitagabend gegen 19:00 Uhr auf einige ausgesprochen zwielichtige Gestalten, die das Grundstück aber fluchtartig verlassen, als sich eine Polizeistreife nähert. Wegen der Drogenproblematik führt die Polizei verstärkt Streifenfahrten in dieser Gegend durch, um Präsenz zu zeigen. Nachdem A glaubt, genug Eindrücke von der Wohngegend gesammelt zu haben, begibt er sich zu seinem Wagen, um heimzufahren. Bevor er ihn erreicht, wird er von PM Meinzelmann und POMin Turm aufgefordert, stehenzubleiben und sich auszuweisen.

A ist davon wenig begeistert. Schließlich habe er doch nichts getan und überhaupt sollte die Polizei nicht ihn, sondern doch eher „das ganze Drogengesocks" kontrollieren. Dass er kein Drogendealer sei, wäre doch offensichtlich, da er (zutreffend) mit einer Kamera den baulichen Zustand der Anlage dokumentiert und sich immer wieder Notizen auf einem Übersichtsplan des Geländes gemacht habe. Jeder Blindgänger habe doch erkennen müssen, dass er aus dienstlichen Gründen auf dem Gelände gewesen sei. Da er aber kein unnötiges Aufsehen erregen will, weist er sich schließlich doch widerstrebend aus und zieht schnaubend von dannen.

Am Montag nach diesem Vorfall möchte er von dem ihm zugeteilten Rechtsreferendar wissen, ob die verschiedenen Maßnahmen der Polizei eigentlich rechtmäßig waren.

Bearbeitervermerk: Erstellen Sie das Gutachten des Referendars. Gehen Sie dabei davon aus, dass es sich bei den gehandelten Drogen um verbotene Betäubungsmittel i. S. d. BtMG handelt. Sonstige Vorschriften des StGB und des BtMG bleiben außer Betracht.

Auszug aus dem Betäubungsmittelgesetz (BtMG)
§ 29 BtMG (Straftaten)
(1) Mit Freiheitsstrafe bis zu fünf Jahren oder mit Geldstrafe wird bestraft, wer
1. Betäubungsmittel unerlaubt anbaut, herstellt, mit ihnen Handel treibt, sie, ohne Handel zu treiben, einführt, ausführt, veräußert, abgibt, sonst in den Verkehr bringt, erwirbt oder sich in sonstiger Weise verschafft,

[…]

---

* Gelöst nach dem Recht in Baden-Württemberg; Besonderheiten in anderen Ländern siehe unten Rn. 30 ff.

Fall 1. Keine Macht den Drogen

Vorüberlegung

1 Zu unterscheiden sind drei Maßnahmen: Die Streifenfahrt der Polizei, das Anhalten des A und die Aufforderung sich auszuweisen. Hinsichtlich der beiden letztgenannten ist zu beachten, dass beide auf § 26 Abs. 1, 2 PolG BW zu stützen und somit gemeinsam zu prüfen sind.

Lösung

A. Streifenfahrt

I. Rechtsgrundlage

2 Mangels einschlägiger Spezialgesetze oder Standardmaßnahmen (§§ 26 ff. PolG BW) wäre nach dem allgemeinen Vorgehen auf die Generalklausel in §§ 3, 1 PolG BW als Befugnisnorm zurückzugreifen.

3 Die Streifenfahrt wirft hier jedoch Probleme beim Vorliegen einer Gefahr sowie der Maßnahmerichtung auf, da es noch nicht darum geht, konkrete Sachverhalte zu regeln, sondern darum, die Polizei tatsächlich in die Lage zu versetzen, vor Ort zügig tätig zu werden. Die Streifenfahrt an sich stellt also ein faktisches Handeln der Polizei dar.

4 Nach ganz überwiegender Ansicht bedarf ein reiner Realakt, der keinen Rechtsingriff beinhaltet, auch keiner Befugnisnorm. Vielmehr genügt hierfür die Aufabenzuweisung als ausreichende Rechtsgrundlage für schlicht-hoheitliches Handeln.[1]

5 Die Streifenfahrt dient hier lediglich abstrakt der Gefahrenabwehr, da es laut Schverhalt ausschließlich darum geht, „Präsenz zu zeigen", um den Drogenbrennpunkt zu entschärfen. Die Maßnahme richtet sich auch nicht gegen eine bestimmte Person, sondern betrifft die faktische Präsenz der Beamten vor Ort. Ein Regelungsgehalt ist nicht ersichtlich. Die Streifenfahrt kann damit allein auf die Aufgabeneröffnung gestützt werden, § 1 Abs. 1 PolG BW.

6 Da ein Handeln der Polizei zu Zwecken der Strafverfolgung ausscheidet, kommt § 1 Abs. 2 PolG BW i.V.m. § 163 StPO hier nicht in Betracht. Rechtsgrundlage für die Streifenfahrt ist damit § 1 Abs. 1 PolG BW.

II. Formelle Rechtmäßigkeit

1. Zuständigkeit

7 Sachlich zuständig für die Streifenfahrt ist vorliegend gem. § 60 Abs. 2 PolG BW der Polizeivollzugsdienst, da einsofortiges Tätigwerden erforderlich ist. Die örtliche Zuständigkeit des Polizeivollzugsdienstes ergibt sich aus § 75 S. 1 PolG BW.

---

[1] *Ruder/Schmitt*, PolizeiR BW, Rn. 347 ff.

2. Verfahren und Form

Verfahrensfehler sind nicht ersichtlich. Insbesondere fehlt es hier an einer Regelung und damit an einem Verwaltungsakt, so dass eine Anhörung nicht erforderlich ist. Gleichfalls bestehen keine Formerfordernisse.

III. Materielle Rechtmäßigkeit

1. Voraussetzungen der Rechtsgrundlage

Materiell müsste die Streifenfahrt der Abwehr einer Gefahr für die öffentliche Sicherheit oder Ordnung dienen. Das Rechtsgut der öffentlichen Sicherheit umfasst den Schutz zentraler Rechtsgüter wie Leben, Ehre, Freiheit und Vermögen der Bürger, die Unverletzlichkeit des Staates, seiner Einrichtungen und Veranstaltungen sowie die Unversehrtheit der Rechtsordnung.[2] Die öffentliche Ordnung wird als Gesamtheit der ungeschriebenen Regeln angesehen, deren Befolgung nach den jeweils herrschenden und mit dem Wertgehalt des Grundgesetzes zu vereinbarenden sozialen und ethischen Anschauungen als unerlässliche Voraussetzung eines geordneten Zusammenlebens innerhalb eines Gebiets angesehen wird.[3]

Eine Gefahr besteht, wenn nach allgemeiner Lebenserfahrung ein Schaden für die polizeilichen Schutzgüter hinreichend wahrscheinlich erscheint, wobei der zu fordernde Wahrscheinlichkeitsgrad von der Intensität des Eingriffs sowie vom drohenden Ausmaß des Schadens abhängt.[4]

Hier stellt das Fabrikgelände einen bekannten Drogenbrennpunkt dar, an dem in der Vergangenheit bereits mehrfach Drogen gehandelt wurden. Auch in Zukunft sind nach allgemeiner Lebenserfahrung weitere BtMG-Verstöße zu befürchten. Die Polizei beabsichtigt, durch ihre Streifenfahrten Präsenz zu zeigen und erhofft sich davon eine Reduzierung des Drogenkonsums an diesem Ort. Da der Schutz der Gesundheit und des Lebens der Konsumenten als hohes Rechtsgut gegenüber einer Maßnahme der Polizei, die nicht einmal als Eingriff zu qualifizieren ist, ein hohes Gewicht hat, sind an die Gefahrenintensität nur geringe Anforderungen zu stellen. Mithin genügt vorliegend die abstrakte Gefahr weiteren Drogenkonsums an einem bekannten Drogenbrennpunkt auch ohne Anhaltspunkte für eine konkrete Tat für die Annahme einer Gefahr i. S. d. § 1 Abs. 1 PolG BW.

2. Rechtsstaatliche Handlungsgrundsätze

Anhaltspunkte für die Unverhältnismäßigkeit der Streifenfahrt sind dem Sachverhalt ebenso wenig zu entnehmen wie Anhaltspunkte für Ermessensfehler, § 3 PolG BW. Fragen der Maßnahmerichtung sind mangels Eingriffsqualität der Streifenfahrt irrelevant.

IV. Ergebnis

Die Streifenfahrt war damit rechtmäßig.

---

[2] Vgl. *VGH Mannheim*, NVwZ 2001, 1299; vgl. zum Gefahrbegriff *Götz/Geis*, Allg. Polizei- und OrdnungsR, § 6 Rn. 1 ff.
[3] *BVerfGE* 69, 315 (352).
[4] Vgl. *Ruder/Schmitt*, PolizeiR BW, Rn. 213.

B. Rechtmäßigkeit des Anhaltens des A
I. Rechtsgrundlage

14 Rechtsgrundlage für das Anhalten des A könnte entweder eine Ingewahrsamnahme nach § 28 Abs. 1 oder ein Festhalten zur Identitätsfeststellung gem. § 26 Abs. 1 Nr. 1, 2, Abs. 2 PolG BW sein. Ingewahrsamnahme ist das Unterbringen oder Festhalten einer Person an einem eng umgrenzten Ort durch die öffentliche Gewalt ohne oder gegen ihren Willen.[5] Bei der Ingewahrsamnahme steht der bewusste Entzug der Freiheit im Vordergrund. Hier ist jedoch fraglich, ob es den Beamten gerade darum ging, den A in Gewahrsam zu nehmen. Die Maßnahme zielte eher darauf ab, den A lediglich für die Dauer der Identitätsfeststellung am Entfernen zu hindern. Die Freiheit wird ihm somit nicht entzogen, sondern lediglich zum Zwecke der Feststellung der Identität temporär beschränkt. Somit ist eine Ingewahrsamnahme des A abzulehnen und die Maßnahme auf § 26 Abs. 1 Nr. 1, 2, Abs. 2 PolG BW zu stützen.

II. Formelle Rechtmäßigkeit
1. Zuständigkeit

15 Sachlich zuständig für die Identitätsfeststellung gem. § 26 Abs. 1, 2 als Standardmaßnahme ist gem. § 60 Abs. 3 PolG BW neben den Polizeibehörden auch der Polizeivollzugsdienst. Die örtliche Zuständigkeit des Polizeivollzugsdienstes ergibt sich aus § 75 S. 1 PolG BW.

2. Verfahren und Form

16 Verfahrensfehler sind nicht ersichtlich. Die grds. erforderliche Anhörung war gem. § 28 Abs. 2 Nr. 1 LVwVfG entbehrlich. Formverstöße sind nicht ersichtlich.

III. Materielle Rechtmäßigkeit
1. Voraussetzungen der Rechtsgrundlage
a) § 26 Abs. 1 Nr. 1 PolG BW

17 Materiell müsste die Identitätsfeststellung gem. § 26 Abs. 1 Nr. 1 PolG BW der Abwehr einer im Einzelfall bestehenden Gefahr für die öffentliche Sicherheit oder Ordnung oder der Beseitigung einer Störung der öffentlichen Sicherheit oder Ordnung dienen. Zu den Begriffen der öffentlichen Sicherheit und Ordnung wird auf die obigen Ausführungen verwiesen. Weiter ist eine konkrete Gefahr erforderlich, die dann vorliegt, wenn im konkreten Einzelfall bei ungehindertem Ablauf des objektiv zu erwartenden Geschehens eine Verletzung der öffentlichen Sicherheit oder Ordnung droht.

18 Hier kommen unter dem Gesichtspunkt der Verletzung der Rechtsordnung eine Verletzung von § 29 BtMG sowie mögliche Gefahren für die Gesundheit des A und anderer Personen in Betracht. Problematisch ist jedoch, ob im konkreten Einzelfall eine Situation vorliegt, von der Gefahren für diese Rechtsgüter ausgehen. Zwar be-

---

[5] *Stephan/Deger*, PolG BW, § 28 Rn. 1 m.w.N.

findet sich A an einem Ort, an dem es regelmäßig zu Verstößen gegen das BtMG kommt, jedoch hat er durch sein Verhalten noch keinerlei Anlass dazu gegeben anzunehmen, es stünde ein BtMG-Verstoß oder eine Gesundheitsgefährdung bevor. Vielmehr hält er sich tatsächlich aus einem legitimen Grund am betreffenden Ort auf. Eine konkrete Gefahr liegt damit nicht vor.

Es könnte jedoch eine Anscheinsgefahr gegeben sein. Eine solche liegt vor, wenn der handelnde Amtswalter im Zeitpunkt des behördlichen Einschreitens (ex ante) aufgrund hinreichend gesicherter objektiver Anhaltspunkte von einer Gefahr ausgehen durfte.[6] Hier ist fraglich, ob zum Zeitpunkt der Entscheidung hinreichend gesicherte Anhaltspunkte für eine Gefahr vorlagen. A gibt bereits aufgrund der äußeren Umstände (Kamera, Hantieren mit Plänen) keinesfalls Anhaltspunkte für die Vermutung, er handle oder konsumiere Drogen. 19

Denkbar wäre allenfalls, auf einen Gefahrenverdacht abzustellen. Ein Gefahrenverdacht liegt vor, wenn aus der Sicht ex ante nach dem Urteil eines fähigen und sachkundigen (Durchschnitts-)Beamten Anlass für die Annahme einer möglichen Gefahr oder Störung besteht, wobei nicht ohne weitere Ermittlungen erkennbar ist, ob wirklich eine gefährliche Situation oder Störung eingetreten ist.[7] In diesen Fällen kommen vorläufige Maßnahmen, insbesondere Gefahrerforschungseingriffe in Betracht. Hier gibt A jedoch durch sein Verhalten keinerlei Anlass für die Annahme einer Gefahr für die öffentliche Sicherheit (s. o.), so dass auch ein Gefahrenverdacht abzulehnen ist. Die Voraussetzungen des § 26 Abs. 1 Nr. 1 PolG BW liegen damit nicht vor. 20

Hinweis: Eine andere Ansicht erscheint hier vertretbar. Letztlich kann die Frage aber offenbleiben, da die Identitätsfeststellung jedenfalls auf § 26 Abs. 1 Nr. 2 PolG BW gestützt werden kann. 21

b) § 26 Abs. 1 Nr. 2 PolG BW

Hierzu müsste A an einem Ort i. S. d. § 26 Abs. 1 Nr. 2 PolG BW angetroffen worden sein.[8] Diese Orte sind davon geprägt, dass dort nach Erkenntnissen der Behörde tatsächliche Anhaltspunkte dafür vorliegen, dass Straftaten verübt werden. Laut Sachverhalt handelt es sich bei dem fraglichen Fabrikgelände um einen allgemein bekannten Drogenbrennpunkt, an dem regelmäßig größere Mengen harte Drogen verkauft und konsumiert werden. Dieses Verhalten ist gem. § 29 BtMG als Straftat anzusehen. Dieser Umstand ist auch der Polizei bekannt, so dass nach ihren Erkenntnissen von der Begehung weiterer Straftaten auszugehen ist. A wird von der Polizei an diesem Ort angetroffen. Von A selbst muss kein Gefahrenverdacht ausge- 22

---

6 Vgl. *Ruder/Schmitt*, PolizeiR BW, Rn. 225; *Götz/Geis*, Allg. Polizei- u. OrdnungsR, § 6 Rn. 42 ff.
7 Vgl. *Ruder/Schmitt*, PolizeiR BW, Rn. 227 ff. In diesem Fällen handelt die Behörde folglich, obwohl sie sich bewusst ist, dass der Sachverhalt nicht vollständig ermittelt ist; *Götz/Geis*, Allg. Polizei- u. Ordnungs, § 6 Rn. 30 ff.
8 Während in Baden-Württemberg das „Antreffen" bereits ausreicht (so auch in Bremen, siehe § 11 Abs. 1 Nr. 2 BremPolG, Hamburg, siehe § 4 Abs. 1 Nr. 2 HmbDatenVPolG und Niedersachsen, siehe § 13 Abs. 1 Nr. 2 Nds. SOG), verlangen die meisten anderen Landesregelungen einen „Aufenthalt", somit einen Moment des Verweilens, siehe § 21 Abs. 2 Nr. 1 ASOG Bln; § 12 Abs. 1 Nr. 2 BbgPolG; § 18 Abs. 2 Nr. 1 HSOG; § 12 Abs. 1 Nr. 2 PolGNRW; § 9 Abs. 1 Nr. 2 SPolG; Art. 13 Abs. 1 Nr. 2 BayPAG; § 29 Abs. 1 Nr. 1 SOG M-V; § 10 Abs. 1 Nr. 1 RhPfPOG; § 19 Abs. 1 Nr. 2 SächsPolG; § 191 Abs. 1 Nr. 1 SchlHLVwG; § 20 Abs. 2 Nr. 1 SOG LSA; § 14 Abs. 1 Nr. 2 ThürPAG.

hen, da grundsätzlich jeder, der sich an diesem sog. gefährlichen Ort aufhält, polizeilich kontrolliert werden kann. Die Regelung beinhaltet dahingehend eine „Ortshaftung". Da durch die verdachtsunabhängige Ortshaftung nicht zwischen Störer und Nichtstörer unterschieden wird, muss die Vorschrift jedoch restriktiv ausgelegt werden.[9] Allerdings rechtfertigen das Vorliegen des Drogenbrennpunkts und die Gefährlichkeit des Ortes den Eingriff, so dass die Voraussetzungen des § 26 Abs. 1 Nr. 2 PolG BW gegeben sind.

aa) Finalität des Anhaltens

23 Das Anhalten erfolgt hier allein zum Zweck der Identitätsfeststellung, § 26 Abs. 2 S. 1 PolG BW.

bb) Maßnahmerichtung

24 Die Maßnahmerichtung ergibt sich direkt aus § 26 Abs. 1 Nr. 2 PolG BW, der Maßnahmen gegen alle Personen ermöglicht, die an einem bestimmten Ort tatsächlich angetroffen werden. Er geht insoweit den allgemeinen Vorschriften in §§ 6 ff. PolG BW vor. Die Maßnahme war somit gegen A als Angetroffenen zu richten.

cc) Rechtsstaatliche Handlungsgrundsätze

25 Anhaltspunkte dafür, dass das Anhalten des A unverhältnismäßig gewesen wäre, sind nicht ersichtlich.

26 Fehler bzgl. des Gebrauchs des Entschließungs- und Ausübungsermessens sind nicht ersichtlich, § 3 Abs. 1 PolG BW. Das Anhalten des A und die Identitätsfeststellung waren damit rechtmäßig.

IV. Ergebnis

27 Die Maßnahmen der Polizei waren rechtmäßig.

Lernhinweis

28 **Grundlagen – Aufgaben und Befugnisse:**[10] An dieser Stelle ist nochmals auf den Unterschied zwischen Aufgaben und Befugnissen hinzuweisen. Die **Aufgabenzuweisung** ermächtigt die Polizei *überhaupt*, im Bereich der Gefahrenabwehr zu handeln, soweit eine Maßnahme nicht verboten ist oder einen Eingriff in die Rechte der Bürger darstellt. Sie ermächtigt damit nur zu Maßnahmen ohne Eingriffscharakter, worunter praktisch nur Realakte fallen. Probleme bereiten vor allem behörd-

---

[9] Die Polizeigesetze Berlins, Brandenburgs, Bremens, Hamburgs, Niedersachsens, Nordrhein-Westfalens und des Saarlands enthalten sogar eine Einschränkung dahingehend, dass eine solche Ortshaftung nur bei Straftaten mit erheblicher Bedeutung angenommen werden kann, siehe § 12 Abs. 2 Nr. 1 lit. a, aa ASOG Bln; § 12 Abs. 1 Nr. 2 lit. a BbgPolG; § 11 Abs. 1 Nr. 2 lit. a BremPolG; § 4 Abs. 1 Nr. 2 lit. a HmbDatenVPolG; § 13 Abs. 1 Nr. 2 lit. a Nds. SOG; § 12 Abs. 1 Nr. 2 lit. a PolGNRW; § 9 Abs. 1 Nr. 1 lit. a, aa SPolG. Bei den übrigen Bundesländern gilt genannte restriktive Auslegung.

[10] Vgl. zu diesem Thema: *Würtenberger/Heckmann/Tanneberger,* PolR BW, § 4 Rn. 47 ff. sowie im Allgemeinen *Götz/Geis,* Allg. Polizei- u. OrdnungsR, § 7.

liche Warnungen, da hier je nach dem Grad der Konkretisierung ein Eingriff vorliegen kann.[11]

Alle Maßnahmen, die in Rechte der Bürger eingreifen, bedürfen dagegen wegen des Vorbehalts des Gesetzes einer **Befugnisnorm**. Diese sind vor allem spezialgesetzliche Regelungen, die Standardmaßnahmen gem. §§ 26 ff. PolG BW sowie die Generalklausel in §§ 3, 1 PolG BW. Wegen des Vorrangs des spezielleren Gesetzes stellt es einen klaren methodischen Fehler dar, eine Maßnahme vorschnell auf die Generalklausel zu stützen. Zudem enthalten spezialgesetzliche Regelungen häufig besondere Verfahrensbestimmungen, die deutlich von den allgemeinen Bestimmungen abweichen können (z.B. Richtervorbehalt oder Belehrungspflichten). 29

Landesrechtliche Besonderheiten

Bayern: Auch hier ist die Streifenfahrt der Polizei ohne Eingriffsqualität, dient aber der Abwehr abstrakter Gefahren. Die Streifenfahrt kann daher allein auf die Aufgabeneröffnung gestützt werden, Art. 2 PAG. Sie war auch formell und materiell rechtmäßig. Es gelten die obigen Ausführungen entsprechend. 30

Bzgl. des Anhaltens des A kommt Art. 13 Abs. 1 S. 2 PAG als Rechtsgrundlage in Frage. Von der formellen Rechtmäßigkeit ist auszugehen. Eine möglicherweise erforderliche Anhörung kann gem. Art. 45 Abs. 1 Nr. 3 BayVwVfG geheilt werden. Im Rahmen der materiellen Rechtmäßigkeit ist zunächst festzustellen, dass eine konkrete Gefahr nicht vorliegt. Es ist daher das Vorliegen einer Anscheins- oder Putativgefahr bzw. eines Gefahrenverdachts zu prüfen. Letztlich kann die genaue Einordnung offenbleiben, da Art. 13 Abs. 1 Nr. 2 PAG einschlägig ist. Weiterhin ist im bayerischen Recht ein Aufenthalt am gefährlichen Ort notwendig. Der Aufenthalt ist gekennzeichnet durch das Element des Verweilens. Da A den Ort nicht nur passierte, sondern die Lokalitäten besichtigte, liegen die Voraussetzungen der Ermächtigungsnorm vor. Auf die gemachten Ausführungen kann entsprechend verwiesen werden. 31

Niedersachsen: Auch hier ist die Polizeifahrt mangels Eingriffscharakters auf die Aufgabeneröffnungsnorm, § 1 Abs. 1 Nds SOG, zu stützen. Hinsichtlich der formellen und der materiellen Rechtmäßigkeit ergeben sich keine Besonderheiten. 32

Das Anhalten des A lässt sich auf § 13 Abs. 1, 2 Nds SOG stützen. Im Rahmen der Prüfung der materiellen Rechtmäßigkeit ist zu fragen, ob eine Anscheinsgefahr vorliegt. Aber auch hier kann dies offen gelassen werden, da sich A an einem verrufenen Ort i. S. d. § 13 Abs. 1 Nr. 2 Nds SOG befindet. Da die Maßnahme gegen den Angetroffenen zu richten und ein Verstoß gegen die polizeilichen Handlungsgrundsätze nicht ersichtlich ist, war die Maßnahme rechtmäßig. 33

---

11 Vgl. dazu umfassend *Würtenberger/Heckmann/Tanneberger*, PolR BW, § 4 Rn. 49 ff.; Beispielsweise stellt eine Werbekampagne der Polizei, die darauf abzielt, dass der Bürger sein Auto mit einer Alarmanlage schützen soll sicherlich noch keinen Eingriff dar, da sie lediglich generell im Bereich der Gefahrenabwehr agiert. Dieses faktische Verwaltungshandeln kann sich aber zu einem Eingriff verdichten, wenn die Polizei aufgrund ihrer Erfahrung vor einem bestimmten Produkt als unsicher warnen würde. In diesem Fall wäre eine Befugnisnorm erforderlich.

34 Nordrhein-Westfalen: Rechtsgrundlage für die Streifenfahrt ist § 1 Abs. 1 PolG NRW, Rechtsgrundlage für das Anhalten ist § 12 Abs. 1 Nr. 1, 2, lit. a, Abs. 2 PolG NRW. Zwar ist die Formulierung des § 12 Abs. 1 Nr. 1 PolG NRW („Abwehr einer Gefahr") enger als die des § 26 Abs. 1 Nr. 1 PolG BW. Allerdings ist dieser i.V.m. der Legaldefinition des Begriffs „Gefahr" in § 8 Abs. 1 PolG NRW aber identisch auszulegen. Anders als bei § 26 Abs. 1 Nr. 2 PolG BW verlangt § 12 Abs. 1 Nr. 2, lit. a PolG NRW jedoch eine Straftat von erheblicher Bedeutung. § 8 Abs. 3 PolG NRW enthält eine nicht abschließende Aufzählung von Straftaten erheblicher Bedeutung, nennt bzgl. Straftaten aus dem BtMG aber nur § 29 Abs. 3 Nr. 1 BtMG, der den besonders schweren Fall der gewerbsmäßigen Tatbegehung enthält. Aufgrund der Angaben im Sachverhalt ist hier daher sowohl die Annahme als auch die Ablehnung einer Straftat von erheblicher Bedeutung vertretbar; wird eine solche aber abgelehnt, so wäre die Maßnahme materiell rechtswidrig.

35 Sachsen: Rechtsgrundlage für die Streifenfahrt ist § 1 Abs. 1 SächsPolG, Rechtsgrundlage für das Anhalten ist § 19 Abs. 1 Nr. 1, 2, Abs. 2 SächsPolG. Hier wird ebenfalls ein Aufhalten am gefährlichen Ort gefordert, somit kann auf die landesrechtlichen Besonderheiten Bayerns verwiesen werden.

Fall 2. Ding-Dong, die Cocktails sind da!*

Sachverhalt

Bastian Braustnicht ist ein überzeugter Kriegsgegner und hat schon vielfach an Antikriegsdemonstrationen teilgenommen. Zunehmend frustriert davon, dass die Politik sich seiner Sichtweise nicht angeschlossen hat, beschließt er eine deutlichere Sprache zu wählen.

Dazu begibt er sich gegen 3:00 Uhr morgens in dunkler Bekleidung und mit einigen Molotowcocktails unter der Jacke zum Gebäude des Luftwaffenmusikkorps in Karlsruhe. Er hat vor, den in Renovierungsarbeiten befindlichen Gebäudekomplex in Brand zu setzen, um den „Kriegstreibern" eine Lektion zu erteilen. Ihm ist allerdings nicht bekannt, dass es dort bereits in der Vergangenheit immer wieder zu Schmierereien und kleineren Sachbeschädigungen gekommen ist, so dass die Polizei das Gelände seitdem gründlich beobachtet.

Nachdem B schon einige Zeit um das Gebäude des Luftwaffenmusikkorps herumgestrichen ist und sich nun anschickt, einen Sicherheitszaun zu überspringen, wird er von drei Polizeibeamten eingekreist, die ihn auffordern, stehenzubleiben und sich auszuweisen. B sieht keine Möglichkeit zur Flucht und beschließt, obwohl es ihm innerlich widerstrebt, seine Haut zu retten, indem er sich kooperativ zeigt. Während die Beamten seinen Ausweis prüfen, bemerken sie die auffälligen Ausbeulungen an der Jacke des B. Als sie diese daraufhin durchsuchen, findet POM Hase die Molotowcocktails, die er auch sofort beschlagnahmt.

Unter dem Eindruck dieses Fundes nehmen die Beamten den B ferner in Gewahrsam und verbringen ihn zur nächstgelegenen Polizeidienststelle. Dort übergeben sie ihm die Broschüre „Erwischt! Was nun?" sowie ein Formular, das neben dem Grund der Ingewahrsamnahme auch eine ordnungsgemäße Rechtsbehelfsbelehrung enthält. Am nächsten Morgen wird B gegen 8:00 Uhr wieder entlassen. Im Bezirk des (zuständigen) Amtsgerichts Karlsruhe existiert ein richterlicher Bereitschaftsdienst nur im Zeitraum zwischen 9:00 und 21:00 Uhr, was den Beamten auch bekannt ist.

B glaubt, dass zumindest die Durchsuchung und die Beschlagnahme der Molotowcocktails nicht ganz rechtmäßig gewesen sein können. Zum einen sei das alles völlig unnötig gewesen, denn er habe schließlich sein Vorhaben sofort aufgegeben, nachdem ihn die Polizisten eingekreist hatten. Zum anderen hält er die Durchsuchung seiner Person durch den Polizeibeamten für rechtswidrig. Diese hätte allenfalls ein Arzt vornehmen dürfen. Schließlich sei auch die Ingewahrsamnahme völlig überzogen gewesen, denn er hätte doch mit den Beamten kooperiert.

Bearbeitervermerk: In einem Gutachten, das auf alle aufgeworfenen Rechtsfragen eingeht, ist die Rechtmäßigkeit der Durchsuchung, der Beschlagnahme sowie der Ingewahrsamnahme zu prüfen. Auf andere polizeiliche Maßnahmen ist ausdrücklich nicht einzugehen.

---

* Gelöst nach dem Recht in Baden-Württemberg; Besonderheiten in anderen Ländern siehe unten Rn. 94 ff.

Fall 2. Ding-Dong, die Cocktails sind da!

Gehen Sie davon aus, dass das Werfen der Molotowcocktails als Brandstiftung i. S. v. § 306 Abs. 1 StGB und das Übersteigen des Zauns als Hausfriedensbruch gem. § 123 Abs. 1 StGB strafbar ist. Auf den umseitig abgedruckten Auszug aus dem Waffengesetz wird hingewiesen. Weitere Vorschriften des Waffenrechts sowie des Strafrechts bleiben außer Betracht.

Auszug aus dem Waffengesetz (WaffenG)

§ 2 Grundsätze des Umgangs mit Waffen oder Munition, Waffenliste

[…]

(3) Der Umgang mit Waffen oder Munition, die in der Anlage 2 Abschnitt 1 zu diesem Gesetz genannt sind, ist verboten.

§ 52 Strafvorschriften

(1) Mit Freiheitsstrafe von sechs Monaten bis zu fünf Jahren wird bestraft, wer
1. entgegen § 2 Abs. 1 oder 3, jeweils i. V. m. Anlage 2 Abschnitt 1 Nr. 1.1 oder 1.3.4, eine dort genannte Schusswaffe oder einen dort genannten Gegenstand erwirbt, besitzt, überlässt, führt, verbringt, mitnimmt, herstellt, bearbeitet, instand setzt oder damit Handel treibt,
2. […]

Anlage 2 zum WaffenG
Abschnitt 1:
[…]
1.3.4 Gegenstände, bei denen leicht entflammbare Stoffe so verteilt und entzündet werden, dass schlagartig ein Brand entstehen kann; oder in denen unter Verwendung explosionsgefährlicher oder explosionsfähiger Stoffe eine Explosion ausgelöst werden kann.
[…]

Vorüberlegung

36 Zu prüfen sind die Rechtmäßigkeit der Durchsuchung, der Beschlagnahme der Molotowcocktails sowie der Ingewahrsamnahme des B.[12]

Lösung

A. Rechtmäßigkeit der Durchsuchung

I. Rechtsgrundlage

37 Als Rechtsgrundlage kommen mangels spezialgesetzlicher Regelungen nur § 29 oder § 30 PolG BW bzw. § 26 Abs. 1, 2 PolG BW in Betracht. Gem. § 26 Abs. 1, 2 PolG BW können die zur Feststellung der Identität erforderlichen Maßnahmen getroffen werden und hierzu auch der Betroffene und die von ihm mitgeführten Sachen durchsucht werden. Vorliegend scheidet eine Maßnahme nach § 26 Abs. 1, 2 PolG BW jedoch aus, da hiernach nur Maßnahmen zur Feststellung der Identität hätten getroffen werden dürfen. Hier hatte sich jedoch B laut Sach-

---

[12] Zur Prüfung einer Identitätsfeststellung vgl. Fall 1.

verhalt bereits ausgewiesen und damit eine Identitätsfeststellung ermöglicht, so dass § 26 Abs. 1, 2 PolG BW keinen Raum mehr für weitere Maßnahmen lässt.

Gem. § 30 Abs. 1 Nr. 1 PolG BW können die von einer Person mitgeführten Sachen durchsucht werden. Sachen i.S.d. § 30 Abs. 1 Nr. 1 PolG BW sind bewegliche und unbewegliche Gegenstände, soweit es sich nicht um Wohnungen handelt.[13] Am Körper getragene Kleidungsstücke kommen nicht als Durchsuchungsobjekt in Betracht. Vorliegend ist zwar die Jacke des B als Sache i.S.d. § 30 Abs. 1 Nr. 1 PolG BW anzusehen, jedoch trägt er diese zum Zeitpunkt der Maßnahme am Körper, so dass sie als tauglicher Gegenstand der Durchsuchung nach § 30 PolG BW ausscheidet. Die Durchsuchung ist damit als Durchsuchung einer Person zu qualifizieren, die sich nach § 29 Abs. 1 PolG BW richtet.[14] § 29 Abs. 1 PolG BW ermöglicht der Polizei das Abtasten des bekleideten Körpers des B, um gegebenenfalls Gegenstände oder Spuren aufzufinden. **38**

II. Formelle Rechtmäßigkeit

1. Zuständigkeit

Sachlich zuständig für die Durchsuchung nach § 29 Abs. 1 ist vorliegend gem. § 60 Abs. 3 PolG BW neben den Polizeibehörden auch der Polizeivollzugsdienst. Die örtliche Zuständigkeit des Polizeivollzugsdienstes ergibt sich aus § 75 S. 1 PolG BW. **39**

2. Verfahren

Problematisch könnte sein, dass die Durchsuchung durch den Polizeibeamten und nicht durch einen Arzt erfolgte.[15] Gem. § 29 Abs. 3 PolG BW dürfen Personen grds. nur von Personen gleichen Geschlechts oder von Ärzten durchsucht werden. Vorliegend wurde B (männlich) von POM Hase (männlich) durchsucht. Ein Verfahrensfehler lag damit nicht vor. Die Hinzuziehung eines Arztes ist zwar möglich, § 29 Abs. 3 PolG BW, jedoch nicht zwingend. Weitere Verfahrensfehler sind nicht ersichtlich. Insbesondere konnte eine Anhörung gem. § 28 Abs. 2 Nr. 1 LVwVfG unterbleiben. **40**

3. Form

Die Polizeiverfügung ist an keine besondere Form gebunden und bedarf soweit sie mündlich ergeht keiner Begründung, § 39 Abs. 1 LVwVfG. **41**

---

[13] *Belz/Mußmann/Kahlert/Sander*, PolG BW, § 30 Rn. 3. Zu beachten ist hierbei, dass der Begriff der Sache weit zu verstehen ist und etwa auch Grundstücke umfassen kann. Bei Wohnungen sind wegen Art. 13 GG besondere Anforderungen zu erfüllen, denen § 31 (insb. Richtervorbehalt, Abs. 5!) PolG gerecht wird.

[14] Zu beachten ist in diesem Zusammenhang auch die Abgrenzung der Personendurchsuchung von einer Untersuchung nach § 81a StPO als (repressive) Ermittlungsmaßnahme der Strafverfolgungsbehörden. Die Abgrenzung erfolgt dabei nach dem Gegenstand der Durchsuchung: § 29 PolG ermöglicht die Durchsuchung der (getragenen) Kleidung sowie ohne weiteres zugänglicher Körperöffnungen (z. B. Mundhöhle, Ohren). Die Durchsuchung im Körperinneren ist auf § 81a StPO zu stützen.

[15] Diese Frage könnte auch als Frage der Verhältnismäßigkeit gesehen werden, so dass eine Prüfung auch dort vertretbar erscheint.

Fall 2. Ding-Dong, die Cocktails sind da!

III. Materielle Rechtmäßigkeit

1. Voraussetzungen der Rechtsgrundlage

a) § 29 Abs. 1 Nr. 2 Alt. 2 PolG BW

42 In Betracht kommt zunächst § 29 Abs. 1 Nr. 2 Alt. 2 PolG BW. Dazu müssten (konkrete) Tatsachen vorliegen, die die Annahme rechtfertigen, dass B Sachen mit sich führt, die beschlagnahmt werden dürfen. Erforderlich ist hierzu ein nachvollziehbarer und hinreichend auf Tatsachen gestützter Verdacht.[16]

43 **Hinweis:** Eine vollständige Inzidentprüfung der Rechtmäßigkeit der Beschlagnahme erscheint hier kaum vertretbar, weil im Rahmen der Gefahrprognose ein auf entsprechende Tatsachen gestützter Verdacht genügt und nicht die tatsächliche Rechtmäßigkeit einer (hypothetischen) Beschlagnahme erforderlich ist.

44 Vorliegend bemerkten die Polizeibeamten bei der Befragung des B laut Sachverhalt auffällige Ausbeulungen an den Taschen seiner Jacke. Zusammen mit den weiteren Tatumständen (versuchtes Eindringen in ein umfriedetes Gelände, Nachtzeit, dunkle Kleidung) musste davon ausgegangen werden, dass hier Gegenstände verborgen werden, die mit der verübten (§ 123 StGB) sowie etwaiger noch zu verübenden Straftaten in Verbindung stehen. Auch war es naheliegend anzunehmen, dass möglicherweise gefährliche oder verbotene Gegenstände wie Waffen und dergleichen gezielt verborgen werden sollten. Derartige Gegenstände können gem. § 33 Abs. 1 Nr. 1 PolG BW beschlagnahmt werden, da im Falle des zutreffenden Verdachts eine Gefahr für die öffentliche Sicherheit unproblematisch zu bejahen ist. Die Voraussetzungen des § 29 Abs. 1 Nr. 2 Alt. 2 PolG BW lagen damit vor.

b) § 29 Abs. 1 Nr. 2 Alt. 1 PolG BW

45 Nicht einschlägig ist dagegen § 29 Abs. 1 Nr. 2 Alt. 1 PolG BW, da dieser nur die Sicherstellung zugunsten des Eigentümers oder des rechtmäßigen Besitzers gestattet, also letztlich auf den Schutz und Erhalt des sichergestellten Gegenstands abzielt.[17] Hier zielt die polizeiliche Maßnahme jedoch auf den Schutz der Öffentlichkeit vor den durch den Gegenstand selbst drohenden Gefahren ab.

c) § 29 Abs. 1 Nr. 3 i.V.m. § 26 Abs. 1 Nr. 2 PolG BW

46 Weiter könnte das Gebäude des Luftwaffenmusikkorps ein gefährlicher Ort i.S.d. § 26 Abs. 1 Nr. 2 gewesen sein. Darunter fallen solche Orte, an denen es nach den örtlichen Verhältnissen und den Erkenntnissen der Polizeibehörden tatsächliche Anhaltspunkte dafür gibt, dass dort Handlungen i.S.d. § 26 Abs. 1 Nr. 2 begangen werden. Da es laut Sachverhalt bereits in der Vergangenheit mehrfach zu Straftaten im Bereich des Gebäudes gekommen war und die Polizei darauf sogar mit verstärkten Patrouillen reagiert hatte, lagen der Polizei hinreichende Tatsachen vor, die nach kriminalistischer Erfahrung darauf hindeuteten, dass weitere Straftaten zu erwarten waren. Ein gefährlicher Ort lag damit vor. Auch hielt sich B an diesem Ort auf. Die Voraussetzungen des § 29 Abs. 1 Nr. 3 PolG BW waren damit gegeben.

---

[16] Vgl. *Ruder/Schmitt*, PolizeiR BW, Rn. 586 f.
[17] *Ruder/Schmitt*, PolizeiR BW, Rn. 618; *Götz/Geis*, Allg. Polizei- u. OrdnungsR, § 8 Rn. 72.

d) §§ 29 Abs. 1 Nr. 4 i. V. m. 26 Abs. 1 Nr. 3 Alt. 6 PolG BW

Fraglich erscheint, ob die Durchsuchung auf §§ 29 Abs. 1 Nr. 4 i. V. m. 29 Abs. 1 Nr. 3 Alt. 6 PolG BW gestützt werden kann. 47

Dazu müsste es sich bei dem Gebäude des Luftwaffenmusikkorps um ein gefährdetes Objekt handeln. Zwar sind militärische Einrichtungen prinzipiell als besonders gefährdete Objekte i. S. v. § 26 Abs. 1 Nr. 3 Alt. 6 PolG BW anzusehen, jedoch ist zweifelhaft, ob das auch für Musikeinrichtungen der Bundeswehr gilt. Diese widmen sich überwiegend der Kulturpflege und agieren in der Regel nicht im Kernbereich militärischen Handelns. Ihre Gefährdungslage ist damit abweichend von jenen Dienststellen der Bundeswehr zu beurteilen, die primär Verteidigungsaufgaben wahrnehmen. 48

Nach der hier vertretenen Ansicht ist das Gebäude des Luftwaffenmusikkorps damit nicht als gefährdetes Objekt einzustufen. Die Durchsuchung kann damit nicht auf §§ 29 Abs. 1 Nr. 4 i. V. m. 29 Abs. 1 Nr. 3 Alt. 6 PolG BW gestützt werden. 49

Hinweis: Eine a. A. erscheint an dieser Stelle bei entsprechender Begründung vertretbar. 50

e) § 29 Abs. 2 PolG BW

Ebenso wenig kann die Maßnahme auf § 29 Abs. 2 PolG BW gestützt werden, da nach den Umständen des Falles die Maßnahme zum Schutz der Polizeibeamten nicht erforderlich war. Zum einen befanden sich die Polizeibeamten in der deutlichen Überzahl, zum anderen genügt das bloße Herumstreifen des B um das Gebäude der Bundeswehr noch nicht zur Annahme einer Gefahr für Leib und Leben der Polizeibeamten. 51

2. Maßnahmerichtung

Die Maßnahme ist gem. § 6 Abs. 1 PolG BW gegen B zu richten. 52

3. Verhältnismäßigkeit

Die Maßnahme diente der Abwehr von Gefahren, die von verborgenen Gegenständen ausgehen können, und damit einem legitimen Zweck. Sie war auch geeignet und mangels milderer Mittel erforderlich. Ein Verstoß gegen das Übermaßverbot ist nicht ersichtlich. 53

Insbesondere ist die Kooperationsbereitschaft des B hier unerheblich, da sie nicht geeignet ist, die Annahme gem. § 29 Abs. 1 Nr. 2 Alt. 2 PolG BW hinsichtlich des Mitführens von zu beschlagnahmenden Sachen zu widerlegen. Gleiches gilt für das Antreffen des B an einem gefährlichen Ort i. S. d. § 29 Abs. 1 Nr. 3 i. V. m. § 26 Abs. 1 Nr. 2 PolG BW, da das Bedürfnis für die Durchsuchung nicht primär vom Verhalten des Maßnahmenadressaten herrührt, sondern im Interesse der Abwehr einer abstrakt bestehenden Gefährdungslage besteht. 54

4. Ermessen

Fehler bzgl. des Gebrauchs des Entschließungs- und Ausübungsermessens sind nicht ersichtlich, § 3 PolG BW. 55

IV. Ergebnis

56 Die Durchsuchung war damit rechtmäßig.

B. Rechtmäßigkeit der Beschlagnahme
I. Rechtsgrundlage

57 Als Rechtsgrundlage kommt mangels spezialgesetzlicher Regelungen nur § 33 Abs. 1 Nr. 1 PolG BW in Betracht. Da der Schwerpunkt des polizeilichen Handelns vorliegend auf Gefahrenprävention lag, lag auch kein repressives polizeiliches Handeln i.S.v. § 163 StPO vor.

II. Formelle Rechtmäßigkeit
1. Zuständigkeit

58 Sachlich zuständig für die Beschlagnahme gem. § 33 Abs. 1 ist gem. § 60 Abs. 3 PolG BW neben den Polizeibehörden auch der Polizeivollzugsdienst. Die örtliche Zuständigkeit des Polizeivollzugsdienstes ergibt sich aus § 75 S. 1 PolG BW.

2. Verfahren

59 Verfahrensfehler sind nicht ersichtlich. Es ist davon auszugehen, dass die Begründung mit Rechtsbehelfsbelehrung erteilt wurde oder demnächst erteilt werden wird, § 33 Abs. 3 PolG BW. Die grds. erforderliche Anhörung konnte gem. § 28 Abs. 2 Nr. 1 LVwVfG unterbleiben.

3. Form

60 Die Beschlagnahme ist an keine besondere Form gebunden und bedarf soweit sie mündlich ergeht keiner Begründung, § 39 Abs. 1 LVwVfG.

III. Materielle Rechtmäßigkeit
1. Voraussetzungen der Rechtsgrundlage

61 In materieller Hinsicht erfordert § 33 Abs. 1 Nr. 1 PolG BW, dass die Sache beschlagnahmt worden sein muss, um eine gegenwärtige Gefahr abzuwenden. Dazu ist eine bereits bestehende oder unmittelbar bevorstehende konkrete Störung der öffentlichen Sicherheit oder Ordnung erforderlich.

62 Die öffentliche Sicherheit umfasst den Schutz zentraler Rechtsgüter wie Leben, Ehre, Freiheit und Vermögen der Bürger, die Unverletzlichkeit des Staates, seiner Einrichtungen und Veranstaltungen sowie die Unversehrtheit der Rechtsordnung.[18] Die öffentliche Ordnung wird als Gesamtheit der ungeschriebenen Regeln angesehen, deren Befolgung nach den jeweils herrschenden und mit dem Wertgehalt des Grundgesetzes zu vereinbarenden sozialen und ethischen Anschauungen als unerlässliche Voraussetzung eines geordneten Zusammenlebens innerhalb eines Gebiets angesehen wird.[19]

---

[18] Vgl. *VGH Mannheim*, NVwZ 2001, 1299; didaktisch aufbereitet: *Götz/Geis*, Allg. Polizei- u. OrdnungsR, § 4.

[19] *BVerfGE* 69, 315 (352); zur Vertiefung: *Götz/Geis*, Allg. Polizei- u. OrdnungsR, § 5.

Eine Störung steht unmittelbar bevor, wenn der Schadenseintritt nach allgemeiner 63
Erfahrung sofort oder in allernächster Zeit als gewiss anzusehen ist, falls nicht eingeschritten wird.[20] Vorliegend beging B bereits durch den Besitz der Molotowcocktails eine Straftat i.S.v. §§ 52 Abs. 1 Nr. 1 Alt. 1; 2 Abs. 3 WaffenG, da es sich bei Molotowcocktails um Waffen i.S.d. Waffengesetzes (vgl. Anlage 2 Nr. 1.3.4. zum WaffenG) handelt. Diese Störung für die Rechtsordnung und damit für die öffentliche Sicherheit besteht, solange der rechtswidrige Zustand aufrechterhalten wird.

Ferner stand auch eine Brandstiftung i.S.v. § 306 StGB den Umständen nach un- 64
mittelbar bevor, da nach allgemeiner Erfahrung davon auszugehen ist, dass jemand, der in dunkler Bekleidung zu dieser Tageszeit um ein Gebäude herumstreift und Molotowcocktails bei sich führt, diese auch alsbald benutzen wird. Die drohende Brandstiftung stellt damit eine unmittelbar bevorstehende Störung der öffentlichen Sicherheit dar. Die Beschlagnahme der Molotowcocktails dient final der Beseitigung der Straftat nach dem Waffengesetz sowie der Abwehr der Brandstiftung.

Der ebenfalls unmittelbar bevorstehende Hausfriedensbruch gem. § 123 StGB ist 65
zwar als gegenwärtige Gefahr zu qualifizieren, jedoch erfolgt die Beschlagnahme der Molotowcocktails nicht zur Abwehr gerade dieser Gefahr (a.A. vertretbar). Die Voraussetzungen des § 33 Abs. 1 Nr. 1 PolG BW sind damit erfüllt.

2. Rechtsstaatliche Handlungsgrundsätze

Die Maßnahme diente der Abwehr von Gefahren für Leib, Leben und Sacheigen- 66
tum, die von besonders gefährlichen Gegenständen wie Molotowcocktails ausgehen können und insoweit einem legitimen Zweck. Sie ist auch geeignet und mangels milderer Mittel erforderlich.

Bezüglich der Angemessenheit ist darauf zu verweisen, dass die Kooperationsbereit- 67
schaft des B hier im Lichte der von den Molotowcocktails drohenden Gefahren berücksichtigt werden muss. Aufgrund der massiven Gefahren für Leib und Leben der Öffentlichkeit sowie der Gefahr erheblicher Sachbeschädigungen überwiegt hier das staatliche Interesse an einer Beschlagnahme gegenüber dem individuellen Interesse des V, seine Molotowcocktails behalten zu dürfen. Anhaltspunkte für einen Verstoß gegen das Übermaßverbot sind dem Sachverhalt nicht zu entnehmen.

3. Maßnahmerichtung

Fehler bzgl. des Gebrauchs des Entschließungs- und Ausübungsermessens sind 68
nicht ersichtlich. Die Maßnahme ist gem. § 6 Abs. 1 PolG BW gegen den Besitzer der Sache zu richten.

IV. Ergebnis

Die Beschlagnahme der Molotowcocktails war damit rechtmäßig. 69

Hinweis: In der Praxis würden die Molotowcocktails bald im Anschluss an die Beschlagnahme vernich- 70
tet werden. Da B im Moment der Rückgabe durch den bloßen Besitz der Molotowcocktails eine Straftat begehen würde und sie deshalb sofort wieder beschlagnahmt werden müssten, wären sie gem. § 34 Abs. 1 S. 1 PolG BW einzuziehen. Eine Verwertung durch öffentliche Versteigerung i.S.d. § 34 Abs. 2

---

[20] *VGH Mannheim*, VBlBW 2001, 103, Rz. 219.

Fall 2. Ding-Dong, die Cocktails sind da!

PolG BW scheidet offensichtlich aus. Damit wären sie gem. § 34 Abs. 3, 4 PolG BW auf Kosten des B zu vernichten.

C. Rechtmäßigkeit der Ingewahrsamnahme

I. Rechtsgrundlage

71 Fraglich ist, auf welche Rechtsgrundlage die Ingewahrsamnahme des B zu stützen ist. Es könnte sich beim Aufgreifen des B einerseits um eine Freiheitsentziehung i.S.d. Art. 104 Abs. 2, 3 GG oder lediglich um eine Freiheitsbeschränkung handeln, die nicht an den Anforderungen des Art. 104 Abs. 2, 3 GG zu messen wäre und demnach keinen Polizeigewahrsam darstellen würde.[21] Freiheitsbeschränkungen sind alle Maßnahmen, die die körperlich-räumliche Bewegungsfreiheit aufheben, ohne bereits Freiheitsentziehung, also das Festhalten einer Person an einem bestimmten eng umgrenzten Ort, zu sein.[22]

72 Zur Abgrenzung wird nach überwiegender Ansicht auf eine Gesamtbetrachtung der Umstände der Maßnahme und im Besonderen die zeitliche Dauer des Eingriffs abgestellt.[23] Ein Eingriff in die Fortbewegungsfreiheit bis zu einer Stunde wäre demnach regelmäßig eine bloße Freiheitsbeschränkung,[24] während ein länger fortdauernder Eingriff als Freiheitsentziehung anzusehen wäre.[25] Vorliegend ist davon auszugehen, dass der B wenigstens bis zum nächsten Morgen und damit länger als nur eine Stunde in polizeilichen Gewahrsam verblieb und dass demzufolge eine Freiheitsentziehung vorlag.

73 Die Rechtsgrundlage für die Ingewahrsamnahme des B musste demnach den Anforderungen des Art. 104 Abs. 2, 3 GG in Hinblick auf Verfahrensabsicherungen (Richtervorbehalt!) gerecht werden. Angesichts dessen kommt hier mangels spezialgesetzlicher Regelungen nur § 28 Abs. 1 Nr. 1 PolG BW in Betracht.

74 **Hinweis:** Diese Ausführungen wären auch im Rahmen der materiellen Rechtmäßigkeit vertretbar. Methodisch sauberer erscheint aber die hier vertretene Lösung, da die Abgrenzung zwischen Freiheitsentziehung und Freiheitsbeschränkung schon für die Wahl der Rechtsgrundlage von Bedeutung ist.

II. Formelle Rechtmäßigkeit

1. Zuständigkeit

75 Sachlich zuständig für die Standardmaßnahme der Ingewahrsamnahme gem. § 28 Abs. 1 PolG BW ist neben den Polizeibehörden auch der Polizeivollzugsdienst, § 60 Abs. 3 PolG BW. Die örtliche Zuständigkeit des Polizeivollzugsdienstes ergibt sich aus § 75 S. 1 PolG BW.

---

[21] Soweit nach dem jeweiligen Landesprüfungsrecht zulässig, empfiehlt es sich dringend, den Art. 104 GG an die entsprechende Vorschrift zur Ingewahrsamnahme zu kommentieren.
[22] Vgl. *Stephan/Deger*, PolG BW, § 4 Rn. 12; *Götz/Geis*, Allg. Polizei- u. OrdnungsR, § 48 Rn. 34 f.
[23] *Gusy*, NJW 1992, 457 (458 f.) m.w.N.
[24] *Belz/Mußmann/Kahlert/Sander*, PolG BW, § 28 Rn. 4, *Stephan/Deger*, PolG BW, § 4 Rn. 12.
[25] Zu beachten ist hierzu, dass etwa beim Einsperren in eine Gefängniszelle aufgrund der Umstände bereits bei einer Dauer von weniger als einer Stunde eine Freiheitsentziehung anzunehmen sein kann.

2. Verfahren

Fraglich ist, ob für die Anordnung der Ingewahrsamnahme eine richterliche Entscheidung erforderlich gewesen wäre. Gem. Art. 104 Abs. 2 GG ist eine richterliche Entscheidung grds. vor einer geplanten Freiheitsentziehung einzuholen.[26]   76

Bei einer nicht geplanten Freiheitsentziehung, für die keine richterliche Anordnung vorliegt, ist gem. § 28 Abs. 3 S. 3 PolG BW (vgl. Art. 104 Abs. 2 S. 2 GG) eine richterliche Entscheidung über den Gewahrsam unverzüglich herbeizuführen. Unverzüglichkeit liegt vor, wenn die richterliche Entscheidung ohne jede Verzögerung, die sich nicht aus sachlichen Gründen rechtfertigen lässt, beim zuständigen Gericht anhängig gemacht wird.[27] Die Entscheidung ist jedoch entbehrlich, wenn anzunehmen ist, dass diese erst nach Wegfall des Grundes ergehen würde, § 28 Abs. 3 S. 4 PolG BW. Vorliegend ist davon auszugehen, dass die Gefahr, dass B Brandsätze auf das Gebäude des Luftwaffenmusikkorps wirft, insoweit vermindert ist, als sich die Begehung bei Tag erheblich schwieriger darstellt als bei Nacht. Zudem hat die Polizei genügend Zeit, um der erhöhten Gefahr für derartige Einrichtungen bis zum Abend durch verstärkte Streifenfahrten und andere Überwachungsmaßnahmen rechtzeitig zu begegnen. Der Grund für die Ingewahrsamnahme des B ist damit am nächsten Morgen erledigt und eine richterliche Entscheidung somit entbehrlich. Dieses Ergebnis überzeugt auch wertungsmäßig, denn die richterliche Entscheidung dient vor allem dem Schutz des Gefangenen. Dieser Schutz darf aber keinesfalls dazu führen, dass sich die Freiheitsentziehung verlängert.[28]   77

Weitere Verfahrensfehler sind nicht ersichtlich. Insbesondere wurde die Maßnahme B gegenüber begründet und eine ordnungsgemäße Rechtsbehelfsbelehrung erteilt, § 28 Abs. 2 PolG BW. Die grds. erforderliche Anhörung konnte gem. § 28 Abs. 2 Nr. 1 LVwVfG unterbleiben.   78

3. Form

Die Ingewahrsamnahme ist an keine besondere Form gebunden und bedarf keiner Begründung, § 39 Abs. 1 LVwVfG.   79

III. Materielle Rechtmäßigkeit

1. Voraussetzungen der Rechtsgrundlage

In materieller Hinsicht müsste eine unmittelbar bevorstehende erhebliche Störung der öffentlichen Sicherheit oder Ordnung auf andere Weise nicht verhindert („Verhinderungsgewahrsam") oder eine bereits eingetretene erhebliche Störung auf andere Weise nicht beseitigt („Beseitigungsgewahrsam") werden können. Erforderlich ist dazu eine erhebliche Störung der öffentlichen Sicherheit oder Ordnung. Eine erhebliche Störung muss sich aus dem Umfang und der Intensität der Störung ergeben und liegt in der Regel bei der Begehung von Straftaten vor.[29]   80

---

26 Zu beachten ist hierbei, dass sich dies aus § 28 PolG BW nicht direkt ergibt, dieser aber insoweit verfassungskonform auszulegen ist.
27 *Stephan/Deger*, PolG BW, § 28 Rn. 34 f.
28 Vgl. *Stephan/Deger*, PolG BW, § 28 Rn. 36.
29 *Belz/Mußmann/Kahlert/Sander*, PolG BW, § 28 Rn. 6.

Fall 2. Ding-Dong, die Cocktails sind da!

81 Nach dem Urteil des EGMR v. 7.3.2013[30] sind erhöhte Anforderungen sowohl an die Erheblichkeit der Störung, als auch an die Prognoseentscheidung und die Verhältnismäßigkeit der Maßnahme zu stellen, um eine völkerrechtskonforme Rechtsanwendung im Hinblick auf Art. 5 EMRK zu garantieren. Gefordert wird eine hinreichende Konkretisierung der bevorstehenden Straftat durch das Unternehmen aktiver Schritte.

82 Vorliegend werden bei der Durchsuchung des B mehrere Molotowcocktails aufgefunden. Derartige Brandsätze werden fast ausschließlich für Brandstiftungsdelikte oder für den Einsatz gegen polizeiliche Einsatzkräfte mitgeführt. Aus den Umständen (Nachtzeit, Antreffen des B ohne Begleitung, Einrichtung der Bundeswehr, Übersteigen des Zaunes) war davon auszugehen, dass eine Brandstiftung des B gem. § 306 StGB unmittelbar bevorsteht (s. o.).

83 Brandstiftungen sind auch Straftaten und stellen damit erhebliche Störungen i.S.v. § 28 Abs. 1 Nr. 1 PolG BW dar, da von einer Brandstiftung jedenfalls bei nicht ganz übersichtlichen Gebäuden stets eine abstrakte Gefahr für Leib und Leben Dritter besteht.

Zwar verhielt sich B der Polizei gegenüber kooperativ, sodass er möglicherweise durch weniger belastende Abwehrmaßnahmen vom Begehen der Straftat abgehalten worden wäre. Allerdings hatten die Polizeibeamten weiterhin Grund zur Annahme, dass ohne ihr Einschreiten die Prognoseentscheidung zugunsten der Straftat ausgefallen wäre.

84 **Hinweis:** Nicht vertretbar wäre hier ein (alleiniges) Abstellen auf den verbotenen Besitz der Molotowcocktails, weil sich diese Störung durch die Beschlagnahme beseitigen lässt, ohne dass es einer Ingewahrsamnahme bedarf. Vertretbar wäre jedoch aufgrund der einschränkenden Rechtsprechung des EGMR den Tatbestand des Präventivgewahrsams als nicht erfüllt anzusehen, da B sich den Polizeibeamten kooperativ zeigte und ein Schadenseintritt möglicherweise nicht zu erwarten war. In diesem Fall wäre die Prognoseentscheidung der Polizeibeamten ausführlicher zugunsten des B zu diskutieren.

a) Rechtsstaatliche Handlungsgrundsätze

85 Die Maßnahme muss ferner gem. § 28 Abs. 1 Nr. 1 PolG BW unerlässlich zur Verhinderung der Straftat gewesen sein. Vorliegend diente die Ingewahrsamnahme der Abwehr von Gefahren für Leib, Leben und Sacheigentum und insoweit einem legitimen Zweck. Auch hinsichtlich der Geeignetheit der Maßnahme bestehen keine Zweifel. Fraglich ist jedoch, ob sie erforderlich war, d.h. ob möglicherweise mildere Mittel in Betracht kommen.

86 Ein solches Mittel könnte in einem Platzverweis, gegebenenfalls i.V.m. mit einem Aufenthaltsverbot gem. § 27a Abs. 1, 2 PolG BW liegen, der für B zweifelsohne einen weniger einschneidenden Eingriff dargestellt hätte. Allerdings ist zu beachten, dass B zu einer Brandstiftung angesetzt hatte und damit zu einem Verbrechen, das gemeinhin eine erhebliche kriminelle Energie indiziert.

87 Dass der durch B drohenden Gefahr durch einen bloßen Platzverweis und ein Aufenthaltsverbot wirkungsvoll hätte begegnet werden können, ist stark zu bezweifeln, da nicht unwahrscheinlich ist, dass ein potenzieller Brandstifter sich auch über ein Aufenthaltsverbot hinwegsetzen würde.

---

[30] *EGMR*, Urt. v. 7.3.2013, NVwZ 2014, 43; siehe zudem *Heidebach*, NVwZ 2014, 554.

Fall 2. Ding-Dong, die Cocktails sind da!

Daran vermag auch die Beschlagnahme der Molotowcocktails nach § 33 Abs. 1 Nr. 1 PolG BW nichts zu ändern, weil nicht ausgeschlossen werden konnte, dass B weitere Brandsätze an anderer Stelle bereithielt, oder dass er das Gebäude auf andere Weise in Brand setzen würde. **88**

In Ermangelung sonstiger milderer Mittel ist die Ingewahrsamnahme damit auch erforderlich. Ein Verstoß gegen das Übermaßverbot ist auch unter dem Gesichtspunkt der Kooperationsbereitschaft des B nicht ersichtlich, denn angesichts der Schwere der von B ins Auge gefassten Brandstiftung muss bezweifelt werden, dass die Kooperationsbereitschaft im Moment des polizeilichen Aufgreifens die Gefahr für Leib, Leben und Sacheigentum zuverlässig zu beseitigen vermag. **89**

Hinweis: Die Annahme der Unverhältnismäßigkeit aufgrund der Kooperation des B mit der Polizei wäre gerade im Hinblick auf die verschärften Anforderungen durch das Urteil des EGMR vertretbar. **90**

b) Maßnahmerichtung

Fehler bzgl. des Gebrauchs des Entschließungs- und Ausübungsermessens sind nicht ersichtlich. Die Maßnahmerichtung gegen B ergibt sich aus § 28 Abs. 1 PolG BW. **91**

2. Zwischenergebnis

Die Maßnahme war materiell rechtmäßig. **92**

IV. Ergebnis

Die Ingewahrsamnahme des B war somit insgesamt rechtmäßig. **93**

Landesrechtliche Besonderheiten

Bayern: Die Rechtsgrundlage für die Durchsuchung einer Person ist Art. 21 Abs. 1 PAG. Da der männliche Polizeibeamte den B durchsuchte ist auch das Erfordernis des Art. 21 Abs. 3 PAG gewahrt. Die Maßnahme war im Übrigen formell rechtmäßig. Im Rahmen der materiellen Rechtmäßigkeit wäre zunächst auf Art. 21 Abs. 1 Nr. 1 PAG einzugehen. Dazu müssten (konkrete) Tatsachen vorliegen, die die Annahme rechtfertigen, dass A Sachen mit sich führt, die nach Art. 25 PAG sichergestellt werden dürften.[31] Der Molotowcocktail des B kann gem. Art. 25 Nr. 1 PAG sichergestellt werden, da eine Gefahr für die öffentliche Sicherheit besteht. Vertretbar erscheint daneben die Einordnung des Tatorts als gefährlicher Ort i.S.d. Art. 13 Abs. 1 Nr. 2 PAG, da es laut Sachverhalt bereits in der Vergangenheit mehrfach zu Straftaten im Bereich der Baustelle gekommen war und insofern hinreichende Tatsachen vorliegen, die nach kriminalistischer Erfahrung darauf hindeuten, dass weitere Straftaten zu erwarten sind. Im Übrigen kann auf die obigen Ausführungen entsprechend verwiesen werden. **94**

---

31 Beachten Sie die Terminologie! Während in Baden-Württemberg zwischen der Sicherstellung und der Beschlagnahme unterschieden wird, unterscheidet das bayerische PAG innerhalb der Sicherstellung selbst, siehe Art. 25 Abs. 1 Nr. 1 und 2 PAG.

Fall 2. Ding-Dong, die Cocktails sind da!

95 Mangels spezialgesetzlicher Regelungen kommt für die Sicherstellung nur Art. 11 Abs. 3 S. 2 i.V.m. 25 Nr. 1 PAG in Betracht. Art. 25 Nrn. 2, 3 PAG scheiden vorliegend aus (s.o.). Im Übrigen ergeben sich keine weiteren Besonderheiten.

96 Die Freiheitsentziehung ist auf Art. 11 Abs. 3 S. 2 i.V.m. 17 Abs. 1 Nr. 2b PAG zu stützen. Die bayerische Norm fordert keine bevorstehende Störung der öffentlichen Sicherheit und Ordnung,[32] sondern eine Straftat oder Ordnungswidrigkeit von erheblicher Bedeutung. Dies erleichtert die völkerrechtskonforme Rechtsanwendung hinsichtlich Art. 5 EMRK. Art. 17 Abs. 1 Nrn. 1, 3 PAG scheiden vorliegend aus, da die Maßnahme nicht dem Schutz des B dient bzw. kein Platzverweis ausgesprochen wurde. Auf die obigen Ausführungen kann im Weiteren entsprechend verwiesen werden.

97 Niedersachsen: Die Rechtsgrundlage für die Durchsuchung des B ist § 22 Abs. 1 Nds SOG. Hinsichtlich der formellen Rechtmäßigkeit bestehen zu oben keine weiteren Bedenken. Im Rahmen der materiellen Rechtmäßigkeit kommen sowohl § 22 Abs. 1 Nr. 2 Nds SOG als auch § 22 Abs. 1 Nr. 4 i.V.m. § 13 Abs. 1 Nr. 2 Nds SOG in Betracht. Es ergeben sich hierzu keine weiteren Besonderheiten.

98 Richtige Rechtsgrundlage für die Sicherstellung ist hier § 26 Abs. 1 Nr. 1 Nds SOG.[33]

99 Die Freiheitsentziehung ist an den Voraussetzungen des § 18 Abs. 1 Nr. 2a) Nds SOG zu messen. Auch hier sind die besonderen Anforderungen der §§ 29f. Nds SOG zu berücksichtigen. Im Übrigen kann auf die bereits erfolgten Ausführungen verwiesen werden.

100 Nordrhein-Westfalen: Die Rechtsgrundlage für die Durchsuchung ist § 39 Abs. 1 PolG NRW. Die Durchsuchung muss gem. § 39 Abs. 3 PolG NRW durch Personen gleichen Geschlechts oder durch einen Arzt erfolgen. Die Voraussetzungen von § 39 Abs. 1 Nr. 2 PolG NRW und § 39 Abs. 1 Nr. 4 PolG NRW liegen wie im Ausgangsfall vor, § 39 Abs. 1 Nr. 5 PolG NRW scheidet aus den gleichen Gründen aus.

101 Die Rechtsgrundlage ist die Sicherstellung gem. § 43 Nr. 1 i.V.m. § 8 Abs. 1 PolG NRW. Ansonsten bestehen keine Unterschiede.

102 Für die Ingewahrsamnahme kommt als Rechtsgrundlage § 35 Abs. 1 Nr. 2 PolG NRW in Betracht, der die unmittelbar bevorstehende Begehung oder Fortsetzung einer Straftat verlangt. Im Gegensatz zu den ebenfalls genannten Ordnungswidrigkeiten müssen die Straftaten nicht von erheblicher Bedeutung sein; unmittelbar bevorstehen entspricht dem Vorliegen einer gegenwärtigen Gefahr.[34] Ansonsten bestehen keine Unterschiede zur Falllösung.

103 Sachsen: Rechtsgrundlage für die Durchsuchung ist § 23 Abs. 1 SächsPolG. Die Durchsuchung muss dabei gem. § 23 Abs. 3 SächsPolG durch Personen gleichen Geschlechts oder durch einen Arzt erfolgen. Die Voraussetzungen von § 23 Abs. 1 Nr. 2 SächsPolG und § 23 Abs. 1 Nr. 3 SächsPolG liegen wie im Ausgangsfall vor, § 23 Abs. 1 Nr. 4 PolG NRW scheidet aus den gleichen Gründen aus.

---

[32] Baden-Württemberg und Mecklenburg-Vorpommern (§ 55 Abs. 1 Nr. 3 SOG M-V) sind die einzigen beiden Bundesländer, die sich noch an der öffentlichen Sicherheit und Ordnung orientieren.
[33] Auch hier ist die Terminologie zu beachten.
[34] *Tegtmeyer/Vahle*, PolG NRW, § 35 Rn. 7.

Die Rechtsgrundlage ist die Beschlagnahme gem. § 27 Abs. 1 Nr. 1 SächsPolG. **104**
Ansonsten bestehen keine Unterschiede.

Die Rechtsgrundlage ist § 22 Abs. 1 Nr. 1 SächsPolG. Weitere Abweichungen von **105**
der Lösung des Ausgangsfalls bestehen nicht.

Fall 3. GameOver HannOver*

Sachverhalt

Die Stadt Hannover beobachtet schon seit längerem mit Besorgnis, dass besonders an Wochenenden und vor Feiertagen die jüngeren Leute ab etwa 22:00 Uhr in der Innenstadt umherziehen und dabei große Mengen Alkohol konsumieren, bevor sie sich ins Nachtleben stürzen. Auch kommt es im Laufe der Nacht im Kneipenviertel „GameOver HannOver" überproportional häufig zu Rangeleien und Schlägereien.

Die Stadt ist der Auffassung, dass diese Gewaltdelinquenz direkt mit dem „Vorglühen", also dem Konsum von mitgebrachtem Alkohol vor dem eigentlichen Kneipen- oder Discobesuch, zusammenhängt. Durch den im Vergleich weitaus billigeren Alkohol würden BAK-Werte erreicht, die in den einschlägigen Lokalitäten für die Zielgruppe kaum bezahlbar wären. Das rasche Trinken führe dabei zu einer ungewöhnlich heftigen Enthemmung, die ursächlich für die gewalttätigen Vorfälle sei. Zum Schutz der körperlichen Unversehrtheit erlässt die Stadt Hannover im ordnungsgemäßen Verfahren die Sicherheitsverordnung zur Begrenzung des Alkoholkonsums im öffentlichen Straßenraum (SVO). Die Verordnung wurde unterzeichnet und enthält das Datum der Ausfertigung. Sie hat unter Anderem folgenden Inhalt:

Die Stadt Hannover erlässt gemäß § 55 Abs. 1 Nr. 1 des Nds. SOG folgende Sicherheitsverordnung zur Begrenzung des Alkoholkonsums im öffentlichen Straßenraum (SVO):

§ 1 Geltungsbereich

(1) Die Sicherheitsverordnung gilt für das Gebiet der Innenstadt, begrenzt durch folgende Straßen:

a) Nach Norden und Süden die Universitätsstraße und die Friedrichstraße.

b) Von West nach Ost der Bahnhofsplatz und der Marktplatz.

(2) Der beigefügte Lageplan ist Bestandteil dieser Sicherheitsverordnung.

§ 2 Alkoholverbot

(1) Im Geltungsbereich der Verordnung ist es auf den öffentlich zugänglichen Flächen außerhalb konzessionierter Freisitzflächen verboten:

a) Alkoholische Getränke jeder Art zu konsumieren,

b) Alkoholische Getränke jeder Art mit sich zu führen, wenn aufgrund der konkreten Umstände die Absicht erkennbar ist, diese im Geltungsbereich der Verordnung konsumieren zu wollen.

(2) Dieses Verbot gilt in den Nächten von Freitag auf Samstag, Samstag auf Sonntag und Sonntag auf Montag jeweils von 22:00 Uhr bis 06:00 Uhr. Entsprechendes gilt an gesetzlichen Feiertagen und der einem gesetzlichen Feiertag vorhergehenden Nacht.

[§ 3 Inkrafttreten]

Jurastudent Viktor ist von dieser Verordnung empört und hält das Alkoholverbot für „triefend rechtswidrig." Zum einen könnte die Stadt nicht darlegen, dass die Alkoholisierung der Kneipenbesucher im Regelfall zu Gewaltausbrüchen führe.

---

* Gelöst nach dem Recht in Niedersachsen; Besonderheiten in anderen Ländern siehe unten Rn. 130 ff.

Dass die Stadt im Alkoholgenuss beziehungsweise bereits im bloßen Mitführen von Alkohol quasi als logische Folge eine abstrakte Gefahr für die öffentliche Sicherheit sehe, sei schon ein starkes Stück. Zum anderen enthalte § 55 Abs. 1 Nr. 1 Nds. SOG keine Rechtsgrundlage für die vorgelagerte Abwehr möglicher Beeinträchtigung im Gefahrenvorfeld. Schließlich sei die Verordnung auch in Hinblick auf das Bestimmtheitsgebot bedenklich, da insbesondere die Begriffe der „konkreten Umstände" und der „Absicht" in § 2 Abs. 1 Nr. b SVO viel zu vage gefasst seien.

Die Stadt Hannover ist der Auffassung, eine abstrakte Gefahr für die öffentliche Sicherheit läge sehr wohl vor. Tatsächlich liegt der Stadt eine Studie vor, die belegt, dass etwa die Hälfte aller Straftaten unter Alkoholeinfluss begangen würde. Zudem habe es 2010 einen sechsmonatigen Probelauf mit einer zeitlich befristeten aber im Übrigen wortgleichen Verordnung gegeben, die zu einem Rückgang der alkoholbedingten Straftaten um fast 13 % von 150 auf 131 erfasste Delikte geführt habe.

Auch sei das Verbot nicht unverhältnismäßig, da es sich in zeitlicher und örtlicher Hinsicht lediglich auf das Maß beschränke, das zur wirksamen Bekämpfung der Gefahr nun einmal nötig sei.

Viktor ist davon nicht überzeugt und fragt sich weiterhin, ob die Verordnung überhaupt rechtmäßig sein kann. Er bittet Sie daher, in einem Gutachten die Rechtmäßigkeit der SVO unter Berücksichtigung der im Vorfeld gewechselten Argumente zu prüfen.

Bearbeitervermerk: Erstellen Sie das Gutachten!

Lösung

Die SVO ist rechtmäßig, wenn eine Rechtsgrundlage vorliegt und sie formell und materiell rechtmäßig ist.

I. Rechtsgrundlage

Rechtsgrundlage für die Polizeiverordnung ist mangels ersichtlicher Spezialregelungen[35] § 55 Abs. 1 Nr. 1 Nds. SOG.

Hinweis: Soweit die Verordnung für den Fall der Zuwiderhandlung die Verfolgung als Ordnungswidrigkeit vorsieht, ist sie insoweit auf § 59 Nds. SOG zu stützen.

II. Formelle Rechtmäßigkeit

1. Zuständigkeit

a) Sachliche und instanzielle Zuständigkeit

Sachlich zuständig für den Erlass der Polizeiverordnung sind gem. §§ 1 Abs. 1 S. 1, 55 Abs. 1 Nr. 1 Nds SOG die Gemeinden. Nach § 55 Abs. 2 Nds SOG werden Verordnungen durch Gemeinden nach den für die Satzungen geltenden Vorschriften erlassen, siehe §§ 10 ff., 58 ff. NKomVG.

Die Stadt Hannover ist vorliegend die sachlich zuständige Verwaltungsbehörde.

---

[35] Zu beachten wäre insbesondere: § 28 Abs. 2 WG, § 70 LWaldG, § 15 Abs. 2 BestattungsG.

b) Örtliche Zuständigkeit

110 Die Stadt Hannover ist als Verwaltungsbehörde für Verordnungen, die wie vorliegend auf das Stadtgebiet beschränkt sind und mithin in ihrem Dienstbezirk liegen, örtlich zuständig, § 100 Abs. 1 S. 1 Nds SOG.

2. Verfahren

111 Laut Sachverhalt wurde das ordnungsgemäße Verfahren gewahrt.

3. Form

112 Die Polizeiverordnung ist in der Form des § 58 Nds SOG zu erlassen. Die Formerfordernisse des § 58 Nds SOG sind zwingend. Die Verletzung der Formerfordernisse führt unheilbar zur Nichtigkeit der SVO.

113 Vorliegend enthält die SVO der Stadt Hannover eine ihren Inhalt kennzeichnende Überschrift mit der Bezeichnung „Verordnung", die Erlassbehörde, die Rechtsgrundlage und den räumlichen Geltungsbereich. Zudem wurde sie unterzeichnet und enthält das Datum der Ausfertigung. Die zwingenden Formvorschriften sind damit gewahrt.

4. Zwischenergebnis

114 Die SVO ist formell rechtmäßig.

III. Materielle Rechtmäßigkeit

115 Die Polizeiverordnung ist materiell rechtmäßig, wenn sie die Voraussetzungen des § 55 Abs. 1 Nr. 1 Nds SOG erfüllt und nicht gegen den Bestimmtheitsgrundsatz oder das Verhältnismäßigkeitsgebot verstößt, §§ 4, 57 Abs. 1 Nds SOG.

1. Voraussetzungen der Rechtsgrundlage

a) Vorliegen einer abstrakten Gefahr für die öffentliche Sicherheit und Ordnung

116 Der Tatbestand der Verordnungsermächtigung fordert das Vorliegen einer abstrakten Gefahr für die öffentliche Sicherheit und Ordnung, siehe § 55 Abs. 1 Nr. 1 Nds SOG und § 2 Nr. 2 Nds SOG. Die öffentliche Sicherheit umfasst den Schutz zentraler Rechtsgüter wie Leben, Ehre, Freiheit und Vermögen der Bürger, die Unverletzlichkeit des Staates, seiner Einrichtungen und Veranstaltungen sowie die Unversehrtheit der Rechtsordnung. Die öffentliche Ordnung wird als Gesamtheit der ungeschriebenen Regeln angesehen, deren Befolgung nach den jeweils herrschenden und mit dem Wertgehalt des Grundgesetzes zu vereinbarenden sozialen und ethischen Anschauungen als unerlässliche Voraussetzung eines geordneten Zusammenlebens innerhalb eines Gebiets angesehen wird.

Vorliegend verfolgt die Stadt zwar mit ihrer SVO den Schutz der körperlichen Unversehrtheit ihrer Bürger. Jedoch ist problematisch, ob der beanstandete Konsum mitgebrachten Alkohols tatsächlich eine geforderte abstrakte Gefahr für dieses Rechtsgut darstellt.

Eine abstrakte Gefahr meint nach der Legaldefinition des § 2 Nr. 2 Nds SOG eine nach allgemeiner Lebenserfahrung oder den Erkenntnissen fachkundiger Stellen mögliche Sachlage, die im Fall ihres Eintritts eine Gefahr nach § 2 Nr. 1 Nds SOG darstellt. Sie ist gegeben, wenn eine generell-abstrakte Betrachtung für bestimmte Arten von Verhaltensweisen oder Zuständen zu dem Ergebnis führt, dass mit hinreichender Wahrscheinlichkeit ein Schaden im Einzelfall einzutreten pflegt und daher Anlass besteht, dieser Gefahr mit generell-abstrakten Mitteln entgegenzuwirken.[36] Die Feststellung einer abstrakten Gefahr verlangt demnach eine in tatsächlicher Hinsicht genügend abgesicherte Prognose: es müssen – bei abstrakt-genereller Betrachtung – hinreichende Anhaltspunkte vorhanden sein, die den Schluss auf den drohenden Eintritt von Schäden rechtfertigen.[37]

117

Laut Sachverhalt liegt der Stadt eine Studie vor, die belegt, dass im Bereich der Verordnung etwa die Hälfte der Straftaten unter Alkoholeinfluss begangen wurde. Die Stadt verweist ferner auf die unter Jugendlichen verbreitete Praxis des „Vorglühens" mit mitgebrachtem Alkohol als Ursache. Auch dokumentiere eine weitere Studie während eines Probelaufs des Verbots einen Rückgang von Straftaten unter Alkoholeinfluss von 150 auf 131 erfasste Fälle.

118

Hierzu ist zu bemerken, dass die erste Studie zwar einen gewissen Zusammenhang zwischen Alkoholkonsum und der Begehung von Straftaten nahelegt, jedoch sagt die Studie gerade nicht aus, welche Form des Alkoholkonsums zugrunde liegt. Gerade angesichts der in einem Kneipenviertel vielfältig bestehenden Möglichkeiten des Alkoholkonsums und der durchaus nicht unüblichen Praxis bereits zuhause „vorzuglühen" drängt sich eine hinreichende Wahrscheinlichkeit dahingehend, dass gerade der Konsum mitgebrachten Alkohols im räumlichen Bereich der SVO zu Gewaltdelikten führen soll, nicht auf.

119

Daneben ist nicht auszuschließen, dass im Bereich der Gewaltdelinquenz auch andere äußere Umstände, die unabhängig vom Alkoholkonsum bestehen können, das Täterverhalten beeinflussen. So wirken bei abendlichen Kneipenbesuchen häufig gruppendynamische Prozesse erheblich auf das Verhalten der Beteiligten ein und können zu gewalttätigen Verhaltensweisen führen, die üblicherweise nicht zu erwarten wären.

120

Auch die zweite Statistik, die einen gewissen Rückgang der Gewaltdelikte während einer Testphase des Alkoholverbots belegte, vermag die erforderliche hinreichende Wahrscheinlichkeit zwischen dem gefährdeten Rechtsgut und dem Konsum mitgebrachten Alkohols nicht zu begründen. Ein Rückgang um 19 erfasste Delikte dürfte vielmehr der Streuungsbreite entsprechen und kann auch völlig andere Ursachen (z.B. regnerischer Sommer) haben. Würde der beanstandete Alkoholkonsum tatsächlich mit hinreichender Wahrscheinlichkeit zu Gewaltdelikten führen, wäre ein drastischer Rückgang zu erwarten gewesen. Zudem schließt auch die zweite Studie andere Gründe für den Rückgang der Gewaltdelinquenz nicht aus. Eine abstrakte Gefahr für die körperliche Unversehrtheit lag damit nicht vor.

121

---

[36] *OVG Lüneburg*, Urt. v. 30.11.2012 – 11 KN 187/12.
[37] *OVG Lüneburg*, Urt. v. 30.11.2012 – 11 KN 187/12.

b) Zwischenergebnis

122 Mangels abstrakter Gefahr kann die Sicherheitsverordnung damit nicht auf § 55 Abs. 1 Nr. 1 Nds SOG gestützt werden und ist somit nichtig.

Hilfsgutachten:

2. Kein Verstoß gegen das Bestimmtheitsgebot und den Grundsatz der Verhältnismäßigkeit

123 **Hinweis zum Hilfsgutachten:** Hilfsgutachten sind, je nach Bundesland, im ersten Staatsexamen eher selten anzutreffen. Sie können jedoch indiziert sein, wenn sich die Bearbeitung andernfalls von weiteren wesentlichen Klausurproblemen abschneiden würde. Hier sind im Sachverhalt offensichtlich Probleme zur Bestimmtheit sowie zur Verhältnismäßigkeit der SVO angelegt, zu denen Stellung genommen werden sollte, auch wenn die Nichtigkeit der SVO bereits festgestellt ist.

124 Ferner könnte die Verordnung auch dadurch nichtig sein, dass ihre Beschreibung des verbotenen Verhaltens zu unbestimmt ist und damit gegen das Bestimmtheitsgebot aus § 57 Abs. 1 Nds SOG verstößt. Dieses fordert, dass Rechtsnormen so klar zu formulieren sind, dass die Rechtslage für den Betroffenen erkennbar ist und er sein Verhalten darauf einrichten kann.[38]

125 Vorliegend beanstandet V, dass die Fassung des § 2 Abs. 1 lit. b SVO in Hinblick auf die „konkreten Umstände" und die „Absicht" zu vage gefasst sei.

126 Hierzu ist zunächst festzuhalten, dass es dem Normgeber nicht verboten ist, unbestimmte Rechtsbegriffe zu verwenden, solange sich aus Wortlaut, Zweck und Zusammenhang objektive Kriterien ergeben, die einen verlässlichen Vollzug der Norm erlauben.[39] Maßgeblich für den zu fordernden Grad der Konkretisierung ist dabei die Intensität der Norm auf Rechtspositionen der Adressaten.[40]

127 Hier verbietet die SVO das Mitführen von Alkohol nur dann, wenn sich aus konkreten Umständen die Absicht erkennen lässt, den Alkohol vor Ort zu konsumieren. Solche Umstände können sich etwa aus angebrochenen Flaschen, mitgeführten Sitzgelegenheiten oder Trinkgefäßen ergeben.[41] Welche Umstände im Einzelfall geeignet sind, eine solche Absicht nahezulegen ist jedoch für einen verständigen Bürger ohne weiteres ersichtlich. Weiter ist für ihn erkennbar, dass Verhaltensweisen, die keine konkreten Indizien für eine Konsumabsicht bieten (z. B. bloßes Mitführen einer verschlossenen Weinflasche) nicht unter die Verordnung fallen. Ein Verstoß gegen das Bestimmtheitsverbot ergibt sich damit nicht. Auch gibt es keine Zweifel hinsichtlich des zeitlichen und räumlichen Anwendungsbereichs der SVO, da die Sperrzeiten in § 2 Abs. 2 genau festgelegt sind und der räumliche Geltungsbereich gem. § 1 SVO sowohl durch Straßennamen als auch die in Bezugnahme eines Lageplans eindeutig ausgewiesen wird. Die Sicherheitsverordnung ist damit hinreichend bestimmt.

---

[38] *BVerfG*, Beschl. v. 12.1.1967 – 1 BvR 169/63, BVerfGE 52, 1 = NJW 1967, 619 (619); *Götz/Geis*, Allg. Polizei- u. OrdnungsR, § 22 Rn. 36 f.
[39] Vgl. *VGH Mannheim*, NVwZ-RR 2010, 55 (55).
[40] *BVerfG*, Urt. v. 27.7.2005 – 1 BvR 668/04 Rn. 30.
[41] Vgl. *VGH Mannheim*, NVwZ-RR 2010, 55 (56).

3. Rechtsstaatliche Handlungsgrundsätze

Schließlich könnte die Polizeiverordnung wegen Unverhältnismäßigkeit nichtig sein, siehe § 4 Nds SOG. Vorliegend verfolgt sie mit dem Schutz der körperlichen Unversehrtheit vor bestimmten, angeblich alkoholbedingten Straftaten ein legitimes Ziel. Jedoch bestehen Zweifel an der Geeignetheit des Verbots. Ausweislich der von der Stadt angeführten Studie über die Entwicklung der in Zusammenhang mit Alkohol stehenden Straftaten während der Probephase des Alkoholverbots fehlt es am Nachweis, dass der eingetretene leichte Rückgang an Straftaten gerade auf das Verbot des „Vorglühens" im räumlichen Anwendungsbereich der Verordnung beruht (s. o.).

128

Jedenfalls fehlt es aber an der Erforderlichkeit einer solchen Regelung, da der gewünschte Effekt durch schlichte Polizeiverfügungen als milderes Mittel ebenso erreicht werden kann. Soweit im Einzelfall durch Alkoholkonsum die behauptete Gefahr für die körperliche Unversehrtheit tatsächlich besteht, kann der Polizeivollzugsdienst die erforderlichen Maßnahmen auch ohne ein generelles Verbot durch die SVO treffen. Dieses Mittel ist auch nicht weniger effektiv als die SVO, da auch diese auf den tatsächlichen Vollzug durch den Polizeivollzugsdienst angewiesen ist. Die Polizeiverordnung ist damit auch unverhältnismäßig.

129

IV. Ergebnis

Die Sicherheitsverordnung ist rechtswidrig und nichtig.

Landesrechtliche Besonderheiten

Bayern: Dieser Fall ist nicht auf Bayern übertragbar. Grund dafür ist, dass es im bayerischen Sicherheitsrecht eine Spezialermächtigung für den Verzehr alkoholischer Getränke auf öffentlichen Flächen gibt, siehe Art. 30 LStVG.

130

Nordrhein-Westfalen: Rechtsgrundlage ist hier § 27 Abs. 1 OBG NRW.

131

In der formellen Rechtmäßigkeit ist zu beachten, dass sich die sachliche und örtliche Zuständigkeit aus §§ 27 Abs. 1 und 4, 4 Abs. 1, 5 Abs. 1 S. 1 OBG NRW ergibt. Die Formvoraussetzungen ergeben sich aus § 30 OBG NRW, der allein zwingende Formerfordernisse festlegt. Die vorliegende Verordnung ist formell rechtswidrig, da sie nicht als ordnungsbehördliche Verordnung bezeichnet wurde, § 30 Nr. 2 OBG NRW. Weiterhin enthält § 32 Abs. 1 S. 1 OBG NRW die Soll-Vorschrift, dass die Geltungsdauer der Verordnung angegeben werden soll; diese erfüllt die vorliegende Verordnung nicht, was aber keine Auswirkungen auf die Rechtmäßigkeit hat.

In der materiellen Rechtmäßigkeit ermächtigt § 27 Abs. 1 OBG NRW bei Vorliegen einer Gefahr für die öffentliche Sicherheit oder Ordnung. Somit bestehen keine Unterschiede zur Falllösung.

Sachsen: Rechtsgrundlage ist hier der mit der Gesetzesänderung vom G v. 4.10.2011 neu eingefügte § 9a Abs. 1 i. V. m. § 1 Abs. 1 SächsPolG.

132

133 In der formellen Rechtmäßigkeit ist zu beachten, dass die Zuständigkeit gem. § 12 SächsPolG i.V.m. § 64 Abs. 1 Nr. 3 und 4 SächsPolG gegeben ist. Da die Verordnung länger als einen Monat gelten soll ist der Gemeinderat gem. § 14 Abs. 1 S. 1 i.V.m. Abs. 2 S. 1 SächsPolG für den Erlass zuständig. Die Formvoraussetzungen ergeben sich aus § 11 SächsPolG, der sich jedoch zum Teil andere Muss- und Soll-Voraussetzungen festlegt als § 12 PolG BW. Im Unterschied zu § 12 Abs. 1 PolG BW ist die Angabe des örtlichen Geltungsbereichs zwingend, was aber in § 1 der Verordnung geschehen ist.

134 Im Rahmen der materiellen Rechtmäßigkeit sind die detaillierten Voraussetzungen des § 9a SächsPolG zu subsumieren. Nachdem, anders als im Landesrecht Niedersachsens, eine eigene Rechtsgrundlage für die Verordnung geschaffen wurde, muss nicht auf die öffentliche Sicherheit und Ordnung abgestellt werden, sondern auf den in der Spezialbefugnis geregelten Aufenthalt von Personen, die alkoholbedingt Straftaten gegen das Leben, die körperliche Unversehrtheit oder das Eigentum begehen, § 9a Abs. 1 SächsPolG. Laut Sachverhalt ist dies unproblematisch erfüllt. Auch die weiteren Erfordernisse des § 9a Abs. 1 SächsPolG sind gegeben.

Doch auch hier ist nach den polizeilichen Handlungsgrundsätzen zu fragen, namentlich nach der Bestimmtheit, die den Ausführungen des Ausgangsfalles entsprechen, sowie der Verhältnismäßigkeit, an der es im Gegensatz zum Ausgangsfall keine Zweifel gibt. Daher ist die Polizeiverordnung nach SächsPolG rechtmäßig.

135 Hier entsteht die spannende Situation, dass mit der Einführung einer neuen Rechtsgrundlage durch den Landesgesetzgeber, eine Maßnahme, die in den übrigen Bundesländern rechtswidrig ist, zur rechtmäßigen Bestimmung wird.

Fall 4. Haben Sie schon mal an Online-Schutz gedacht?*

Sachverhalt

In Mannheim tobt seit mehreren Monaten ein heftiger Konflikt zwischen zwei rivalisierenden Mafia-Clans. Der Polizei stehen Informationen zur Verfügung, wonach das Oberhaupt des einen Clans, Mafiaboss Don Enrico (E), eine Aktion gegen Verilo von der rivalisierenden Fabbro-Familie vorbereitet. In der Vergangenheit hatte dieser mehrfach das operative Geschäft des Enrico-Clans mit seinen Schlägerbanden behindert. Die Polizei geht aufgrund ihrer Erfahrungen davon aus, dass Don Enrico die Sache persönlich in die Hand nehmen wird.

Als sich durch einen verlässlichen Hinweis aus der Szene die Hinweise auf einen bevorstehenden Mordanschlag gegen Verilo verdichten, ordnet der Präsident des Polizeipräsidiums Mannheim am 4. April 2011 an, am Unterboden von Don Enricos Limousine einen GPS-Tracker anzubringen. Dieser ermittelt satellitengestützt ständig den Aufenthaltsort des Wagens und übermittelt die Daten über einen eingebauten Mobilfunksender in Echtzeit an die Polizei, wo sie sodann abgespeichert werden.

Da er zudem weiß, dass der Enrico-Clan seine Operationen mit größter Sorgfalt auf seinen PCs plant, ordnet er eine sogenannte „Online-Durchsuchung" an. Dabei dringt ein Polizeivollzugsbeamter über eine bestehende Internetverbindung in den Rechner der Enrico-Familie ein, sucht dort nach den entsprechenden Daten und kopiert sie auf einen Datenträger der Polizei. Dieser Vorgang wird vom Eigentümer des betroffenen Rechners nicht bemerkt.

Der Polizeipräsident hält die Online-Durchsuchung für alternativlos, da das Haus (zutreffend) rund um die Uhr streng bewacht wird und es völlig ausgeschlossen ist, auf andere Weise an diese Daten zu gelangen. In der Vergangenheit hatten die Clanmitglieder bei Hausdurchsuchungen stets genügend Zeit gehabt, sensible Daten vor der Beschlagnahme zu vernichten.

Auf die Anordnung des Polizeipräsidenten wird der GPS-Tracker am 6. April 2011 heimlich an der Limousine des Don Enrico angebracht. Des Weiteren führt POK'in Miehler am 6. April 2011 die Online-Durchsuchung der Rechner der Enrico-Familie durch und kopiert dabei umfangreiches Datenmaterial, das neben Kaufbelegen für schwere automatische Waffen auch weit fortgeschrittene Planungen für einen Mordanschlag auf Verilo am Weltgesundheitstag (7. April) belegt.

Nachdem Verilo, dem Attentat knapp entronnen, in das Zeugenschutzprogramm der Polizei aufgenommen werden konnte, informiert die Polizei Don Enrico über die Maßnahmen. Dieser ruft seinen *Consigliere* Gomitolo zu sich und will wissen, ob die Maßnahmen rechtmäßig waren. Er hält es für überzogen, dass die Polizei immer seinen Standort gekannt habe. Zudem ist er entrüstet darüber, dass auch seine Frau und seine Kinder, mit denen er in der fraglichen Zeit mehrere Familien-

---

* Gelöst nach dem Recht in Baden-Württemberg; Besonderheiten in anderen Ländern siehe unten Rn. 190 ff.

Fall 4. Haben Sie schon mal an Online-Schutz gedacht?

ausflüge unternommen hatte, von der Erhebung der Positionsdaten betroffen gewesen seien. Für eine Online-Durchsuchung hätte es überdies keine hinreichende Rechtsgrundlage gegeben.

Bearbeitervermerk: In einem Gutachten, das auf alle aufgeworfenen Rechtsfragen eingeht, ist die Rechtmäßigkeit der vom Polizeipräsidenten angeordneten Maßnahmen zu prüfen. Etwa erforderliche Anträge sind als ordnungsgemäß gestellt und antragsgemäß entschieden anzusehen.

Lösung

136 Zu prüfen sind die Rechtmäßigkeit des Einsatzes des GPS-Trackers sowie der Online-Durchsuchung.

A. Rechtmäßigkeit des Einsatzes des GPS-Trackers

I. Rechtsgrundlage

137 Rechtsgrundlage für den Einsatz des GPS-Trackers ist § 22 Abs. 3, Abs. 1 Nr. 3 PolG BW, da es sich hierbei um ein technisches Mittel zur Feststellung des Aufenthaltsorts oder der Bewegungen einer Person oder einer beweglichen Sache handelt. Vorliegend könnten sowohl § 22 Abs. 3 Nr. 1 Alt. 2 als auch § 22 Abs. 3 Nr. 2 PolG BW in Betracht kommen.

138 § 22 Abs. 3 Nr. 2 PolG BW setzt eine Maßnahme gegen eine Person i.S.d. § 20 Abs. 3 Nr. 1 und 2 PolG BW zur vorbeugenden Bekämpfung von Straftaten mit erheblicher Bedeutung voraus, § 22 Abs. 5 PolG BW. Die vorbeugende Bekämpfung von Straftaten erfordert dabei lediglich die Geeignetheit und Erforderlichkeit der Maßnahme zur Verhütung künftiger Straftaten, die jedoch weder in Hinblick auf einen überschaubaren Zeitraum oder einen in Betracht kommenden Täter konkretisiert sein muss.[42]

139 Demgegenüber ermöglicht § 22 Abs. 3 Nr. 1 Alt. 2 PolG BW bei Vorliegen einer konkreten Gefahr für Leben, Gesundheit und Freiheit einer Person Maßnahmen gegen Personen gem. § 20 Abs. 2 i.V.m. §§ 6, 7 PolG BW.

140 Vorliegend erscheint § 22 Abs. 3 Nr. 1 Alt. 2, Abs. 1 Nr. 3 PolG BW vorzugswürdig, da der Polizei bereits konkrete Anhaltspunkte für einen unmittelbar bevorstehenden Mordanschlag vorliegen. Ihrem Ziel nach war die Maßnahme deshalb nicht mehr allgemein auf die Bekämpfung von etwaigen künftigen Straftaten gerichtet, sondern erfolgte in Hinblick auf einen konkreten Lebenssachverhalt.

141 Rechtsgrundlage ist damit § 22 Abs. 3 Nr. 1 Alt. 2, Abs. 1 Nr. 3 PolG BW. Ein Rückgriff auf die Generalklausel zur polizeilichen Datenerhebung in § 20 Abs. 2 PolG BW ist angesichts dieser Spezialregelung unzulässig.

---

[42] *Belz/Mußmann/Kahlert/Sander*, PolG BW, § 20 Rn. 39 ff.

II. Formelle Rechtmäßigkeit

1. Zuständigkeit

Der Polizeivollzugsdienst war für den Einsatz des GPS-Trackers gem. § 22 Abs. 3 PolG BW sachlich zuständig. Die örtliche Zuständigkeit ergibt sich aus § 75 S. 1 PolG BW. **142**

2. Verfahren

Wegen der Schwere des mit dieser Maßnahme verbundenen Eingriffs in das Grundrecht der informationellen Selbstbestimmung bedarf der Einsatz des GPS-Trackers gem. § 22 Abs. 6 S. 1 PolG BW der Anordnung durch den Regierungspräsidenten oder eines Behördenleiters des LKA, eines Polizeipräsidiums oder einer Polizeidirektion. Hiervon ist angesichts der Anordnung durch den Polizeipräsidenten von Mannheim auszugehen. **143**

Auch die Unterrichtung des Betroffenen gem. § 22 Abs. 8 PolG BW ist laut Sachverhalt rechtzeitig erfolgt. Die Maßnahme zielte hier darauf ab, das Leben des Verilo zu schützen, so dass nach dessen Aufnahme in das Zeugenschutzprogramm eine Unterrichtung des Don Enrico ohne Gefährdung dieses Zwecks erfolgen konnte. **144**

Hinweis: In der Praxis dürfte sich bei einer derartigen Fallkonstellation ein Ermittlungsverfahren der Staatsanwaltschaft anschließen. Hier kann von der Unterrichtung durch den Polizeivollzugsdienst abgesehen werden, wenn davon auszugehen ist, dass der Betroffene von der Staatsanwaltschaft (z.B. im Wege der Akteneinsicht) von der polizeilichen Maßnahme informiert wird.[43] **145**

Weitere Verfahrensfehler sind nicht ersichtlich. Insbesondere konnte die grds. erforderliche vorherige Anhörung des Betroffenen gem. § 28 Abs. 2 Nr. 1 LVwVfG unterbleiben. **146**

3. Form

Die Maßnahme ist an keine besondere Form gebunden. **147**

III. Materielle Rechtmäßigkeit

In materiell-rechtlicher Hinsicht müsste die Maßnahme den Voraussetzungen an eine Datenerhebung entsprechen sowie verhältnismäßig und ermessensfehlerfrei durchgeführt worden sein. **148**

1. Allgemeine Voraussetzungen der Datenerhebung

a) Erhebung personenbezogener Daten

Dazu müsste der Einsatz des GPS-Trackers zunächst als Erhebung personenbezogener Daten anzusehen sein. Gem. § 48 PolG BW i.V.m. § 3 LDSG sind personenbezogene Daten Einzelangaben über persönliche und sachliche Verhältnisse einer bestimmten oder bestimmbaren Person. **149**

---

[43] Vgl. *Belz/Mußmann/Kahlert/Sander*, PolG BW, § 22 Rn. 61.

150 Vorliegend besteht kein Zweifel daran, dass im Standort der Limousine des E sachbezogene Einzelangaben zu sehen sind. Diese beziehen sich auch auf eine bestimmte Person, da laut Sachverhalt ausschließlich E die Limousine fährt. Durch das Bestimmen, Übermitteln und Speichern des Standortes bei der Polizei liegt auch eine Datenerhebung vor.

b) Unmittelbarkeit, § 19 Abs. 1 S. 1 PolG BW

151 Zweifelhaft ist jedoch, ob die Datenerhebung nach dem in § 19 Abs. 1 S. 1 PolG BW niedergelegten Grundsatz der Unmittelbarkeit beim Betroffenen mit dessen Kenntnis erfolgt ist. Hier wurde der GPS-Tracker ohne die Kenntnis des E an seinem Auto angebracht und in der Folge die entsprechenden Positionsdaten erhoben.

152 **Hinweis:** Der Grundsatz der Unmittelbarkeit der Datenerhebung dient letztlich dem Schutz des Rechts auf informationelle Selbstbestimmung, wonach der Einzelne darüber bestimmen können soll, welche Daten preisgegeben werden sollen und wie die Daten verwendet werden.[44]

153 Jedoch kann eine Datenerhebung auch ohne Kenntnis des Betroffenen erfolgen, wenn die Wahrnehmung polizeilicher Aufgaben durch die Erhebung beim Betroffenen gefährdet würde, § 19 Abs. 1 S. 2 a. E. PolG BW. Nicht ausreichend ist ein lediglich höherer Aufwand an Zeit und Kosten. Vorliegend ist davon auszugehen, dass eine Erhebung der Positionsdaten mit Kenntnis des E diese Daten völlig unbrauchbar machen würde, weil davon auszugehen ist, dass E in diesem Fall entweder andere Verkehrsmittel nutzen oder die Aufzeichnung der Positionsdaten bewusst für Täuschungsmanöver einsetzen dürfte.

154 Das von den Beamten verfolgte Ziel, einen Mordanschlag gegen V zu vereiteln würde dadurch massiv gefährdet, da die Verfolgung der tatsächlichen Bewegungen des E als potenziellem Attentäter von zentraler Bedeutung ist. Insoweit liegt eine Ausnahme vom Unmittelbarkeitsgrundsatz vor.

c) Offenheit, § 19 Abs. 2 S. 1, Abs. 3 PolG BW

155 Fraglich ist ferner, ob die Erhebung der Positionsdaten dem Grundsatz der offenen Datenerhebung entspricht. Maßgeblich ist dabei, dass die Ermittlung personenbezogene Daten offen, also aus Sicht des Betroffenen oder Dritter als polizeiliche Maßnahme erkennbar, erfolgt.[45]

156 Hier wird der GPS-Tracker von den Beamten des Vollzugsdienstes am Unterboden des Fahrzeugs und mithin an verborgener Stelle angebracht, um gegenüber E bereits die Datenerhebung als solche zu verschleiern. Von einer erkennbaren polizeilichen Maßnahme kann deshalb nicht die Rede sein.

157 Jedoch ist auch hier zu beachten, dass eine verdeckte Datenerhebung gem. § 19 Abs. 2 S. 2 PolG BW zulässig ist, wenn durch die offene Datenerhebung die Wahrnehmung der polizeilichen Aufgabe gefährdet ist. Hier würde eine offene Datener-

---

[44] Vgl. *Belz/Mußmann/Kahlert/Sander*, PolG BW, § 19 Rn. 13; *Ruder/Schmitt*, PolizeiR BW, Rn. 407 ff.

[45] *Belz/Mußmann/Kahlert/Sander*, PolG BW, § 19 Rn. 23; *Ruder/Schmitt*, PolizeiR BW, Rn. 410; Beachte, dass „offen" auf die rein äußerliche Erkennbarkeit der Maßnahme als polizeiliches Handeln abstellt, während im Rahmen des Unmittelbarkeitsgrundsatzes grds. positive Kenntnis des Betroffenen von der Datenerhebung verlangt wird.

hebung mit hoher Wahrscheinlichkeit zur Entdeckung der Beamten führen und damit den Wert der Positionsdaten für die Abwehr des Mordanschlages vernichten (s. o.). Die verdeckte Datenerhebung war damit zulässig.

2. Besondere Voraussetzungen der Datenerhebung, § 22 Abs. 3 Nr. 1 PolG BW

a) Konkrete Gefahr für Leben, Gesundheit und Freiheit einer Person

Des Weiteren müsste eine konkrete Gefahr für das Leben einer Person vorgelegen haben. Eine konkrete Gefahr besteht, wenn im konkret zu beurteilenden Einzelfall eine Sachlage gegeben ist, die bei ungehindertem Geschehensablauf in absehbarer Zeit mit hinreichender Wahrscheinlichkeit zu einem Schaden führen wird.[46]

Hier hat die Polizei im Zeitpunkt der Anordnung durch den Polizeipräsidenten am 2. April 2011 starke Anhaltspunkte dafür, dass Verilo in allernächster Zukunft ein Mordanschlag durch E droht. Diese beruhen zum einen auf der kriminalistischen Erfahrung der Polizei, die davon ausgeht, dass demnächst eine Racheaktion für Störungen der Bandentätigkeit des Enrico-Clans durch Verilo bevorsteht. Zum anderen wird diese Befürchtung durch einen glaubwürdigen Hinweis bestätigt, der vor einem tatsächlich bevorstehenden Mordanschlag auf Verilo warnt. Infolgedessen ist davon auszugehen, dass eine konkrete Situation vorlag, in der bei ungehindertem Fortgang der Dinge mit größter Wahrscheinlichkeit ein Anschlag auf das Leben des Verilo zu erwarten war. Eine konkrete Gefahr für das Leben einer Person bestand damit.

Da bereits eine Gefahr für das Leben des Verilo besteht, kommt es auf die noch nicht abschließend geklärte Frage, ob kumulativ eine Gefahr für Gesundheit und Freiheit vorliegen muss oder ob alternativ eine Gefahr für Gesundheit oder Freiheit ausreicht, vorliegend nicht an.[47]

b) Maßnahmerichtung, § 20 Abs. 2 i. V. m. §§ 6, 7 PolG BW

Die Maßnahme ist gegen den richtigen Verantwortlichen gem. § 20 Abs. 2 i. V. m. §§ 6, 7 PolG BW zu richten. Vorliegend ist E als Verhaltensstörer gem. § 6 Abs. 1 PolG BW verantwortlich, da sein geplanter Mordanschlag und mithin sein Verhalten eine Bedrohung für die öffentliche Sicherheit darstellen. Die Positionsdaten des E waren damit zu erheben. Problematisch ist, wie es sich auswirkt, dass anlässlich der Erhebung der Positionsdaten des E zugleich Positionsdaten von unbeteiligten Familienmitgliedern erhoben wurden. Darin wäre insoweit eine Maßnahme gegen unbeteiligte Personen i. S. d. § 9 Abs. 1 PolG BW zu sehen, die jedoch nicht von der Verweisung in §§ 22 Abs. 3 Nr. 1, 20 Abs. 2 erfasst ist. Die Datenerhebung wäre damit insgesamt rechtswidrig.

---

[46] *VGH Mannheim,* VBlBW 2010, 29 (31).
[47] *Belz/Mußmann/Kahlert/Sander,* PolG BW, § 22 Rn. 33 geht hinsichtlich der Formulierung „**und Freiheit**" von einem redaktionellen Versehen des Gesetzgebers aus. Gemeint gewesen sei „**oder Freiheit**". Dieser Auffassung ist zuzustimmen, da „und" semantisch sogar auch die Alternative „Leben" einbeziehen würde und dem § 22 Abs. 3 Nr. 1 PolG BW dadurch nur ein äußerst enger Anwendungsbereich verbliebe, würde man das kumulative Vorliegen aller Alternativen fordern. Insoweit mehrdeutig: *Ruder/Schmitt,* PolizeiR BW, Rn. 440; *Stephan/Deger,* PolG BW, § 22 Rn. 20.

162 Gem. § 22 Abs. 4 PolG BW dürfen jedoch Daten unter den Voraussetzungen des § 22 Abs. 2 oder 3 PolG BW auch dann erhoben werden, wenn Dritte unvermeidbar betroffen werden. Dies ist der Fall, wenn sich das Betroffensein durch vertretbare technische Maßnahmen nicht ausschließen lässt.[48]

163 Vorliegend erscheint es angesichts der engen Beziehung zwischen E und seiner Familie schlechthin kaum denkbar, Positionsdaten des E derart zu erheben, dass die Familie nicht zumindest gelegentlich betroffen wird. Es liegt geradezu in der Natur einer Erhebung von Standortdaten von Kraftfahrzeugen, dass neben dem Fahrer als eigentlichen Maßnahmeadressaten auch alle Passagiere zwangsläufig mitbetroffen werden. Daher war die Maßnahmerichtung rechtmäßig.

c) Verhältnismäßigkeit

164 Die Erhebung der Daten müsste schließlich verhältnismäßig sein. Hier dient die Datenerhebung der Abwehr der dem Verilo drohenden unmittelbaren Gefahr für sein Leben und damit einem legitimen Zweck.

165 Sie ist auch geeignet, da laut Sachverhalt E selbst den Anschlag durchführen wird und durch die Kenntnis seines Aufenthaltsorts die Gefahr für Verilo wirksam minimiert werden kann. Fraglich ist jedoch, ob die Maßnahme erforderlich war, um das Leben des Verilo zu schützen. Denkbar wären etwa ein intensiver Polizeischutz zugunsten des Verilo oder die präventive Ingewahrsamnahme auf dessen Nachsuchen gem. § 28 Abs. 1 Nr. 2a PolG BW. Hierzu ist jedoch anzumerken, dass auch intensiver Polizeischutz niemals lückenlose Sicherheit gewährleisten kann und damit stets im Zusammenspiel mit anderen Maßnahmen erfolgen muss. Dasselbe gilt sinngemäß auch für den Schutzgewahrsam. Hinzu kommt, dass Verilo bereits aus normativen Erwägungen eine derart massive Einschränkung seiner persönlichen Freiheit kaum zugemutet werden könnte.

166 Hinsichtlich alternativer Erhebungsmittel ist zwar denkbar, den Aufenthaltsort des E auch auf anderem Wege, z.B. durch permanente Observation, zu bestimmen, jedoch sind alle denkbaren Maßnahmen keinesfalls weniger eingriffsintensiv sondern, wie im Falle ständiger Observation, sogar eingriffsintensiver, da neben der Position des Betroffenen auch dessen gesamtes Verhalten beobachtet werden würde. Die Datenerhebung durch den GPS-Tracker war damit erforderlich.

167 Die Datenerhebung müsste schließlich mit dem Eingriff in das Recht des E auf informationelle Selbstbestimmung gem. Art. 2 Abs. 1 i.V.m. 1 Abs. 1 GG in einen angemessenen Ausgleich gebracht werden. Dazu ist festzustellen, dass die Erhebung von Positionsdaten zwar einen nicht unerheblichen Eingriff in die informationelle Selbstbestimmung darstellt, jedoch letztlich in der Sozialsphäre stattfindet und den Betroffenen im Allgemeinen nicht im unantastbaren Kernbereich seiner privaten Lebensgestaltung betrifft. So enthalten reine Positionsdaten nur selten Informationen, die weitergehende Schlüsse zulassen. Regelmäßig treffen sie keine eindeutige Aussage darüber, was der von der Maßnahme Betroffene zu einem konkreten Zeitpunkt tut. Der Eingriff ist, insbesondere, wenn er wie vorliegend zeitlich begrenzt erfolgt, lediglich von beschränkter Intensität.

---

[48] *Belz/Mußmann/Kahlert/Sander*, PolG BW, § 22 Rn. 35.

Demgegenüber steht das Rechtsgut Leben auf Seiten des Verilo, dessen Schutz die Datenerhebung dient. Bereits eine abstrakte Wertigkeitsbetrachtung führt zum deutlichen Überwiegen dieses Rechtsguts. Es geht dem Recht auf informationelle Selbstbestimmung auch bei konkreter Betrachtung vor, da hier ein Anschlag auf das Leben des Verilo tatsächlich unmittelbar bevorsteht. Nachdem auch kein Verstoß gegen das Übermaßverbot ersichtlich ist, war die Erhebung der Positionsdaten verhältnismäßig.

d) Ermessen, § 3 PolG BW

Fehler bzgl. des Gebrauchs des Entschließungs- und Ausübungsermessens sind nicht ersichtlich.

IV. Ergebnis

Die Erhebung der Positionsdaten war damit rechtmäßig.

B. Rechtmäßigkeit der Online-Durchsuchung

Die Online-Durchsuchung ist rechtmäßig, wenn sie auf einer rechtmäßigen Rechtsgrundlage beruht sowie formell und materiell rechtmäßig ist.

I. Rechtsgrundlage

Fraglich ist jedoch die Rechtsgrundlage für die Online-Durchsuchung. In Betracht kommen §§ 31, 23b, 20 Abs. 2 PolG BW sowie subsidiär die allgemeine Generalklausel gem. §§ 1, 3 PolG BW.

1. Betreten und Durchsuchung von Wohnungen, § 31 PolG BW

Soweit die Online-Durchsuchung auf § 31 PolG BW gestützt werden soll, ist problematisch, dass bei einer Online-Durchsuchung laut Sachverhalt die Wohnung zu keinem Zeitpunkt von Polizeivollzugsbeamten physikalisch betreten wird, sondern lediglich ein Zugriff auf in der Wohnung befindliche Computerdaten über die Internetverbindung erfolgt. Da das Betreten und Durchsuchen von Wohnungen keine rein virtuelle Begehungsweise kennt, ist § 31 PolG BW damit nicht anwendbar.

Auch eine analoge Anwendung des § 31 PolG BW erscheint außerordentlich problematisch. Selbst wenn eine planwidrige Regelungslücke bejaht würde, fehlt es jedenfalls an der Vergleichbarkeit. Die Vorschriften zur (konventionellen) Durchsuchung enthalten besondere Regelungen etwa zur Nachtzeit (§ 31 Abs. 4), zu Anwesenheitsrechten des Betroffenen oder zu Zeugen der Durchsuchung (§ 31 Abs. 7), die der besonderen Situation Rechnung tragen, dass Polizeibeamte in die Wohnung als besonders geschützte räumliche Sphäre des Bürgers eindringen. Diese sind aber auf die Online-Durchsuchung nicht ohne weiteres übertragbar, da diese gerade unbemerkt vom Benutzer der Computeranlage erfolgt und damit der Schutzgehalt der Vorschriften weitgehend ins Leere laufen würden. So wäre es etwa fraglich, wie ein Anwesenheitsrecht bei einer rein im virtuellen Raum stattfindenden Maßnahme zu realisieren wäre. Die Online-Durchsuchung kann damit weder direkt noch analog auf § 31 PolG BW gestützt werden.

2. Überwachung der Telekommunikation, § 23b Abs. 2 PolG BW

174 Fraglich ist, ob § 23b Abs. 2 PolG BW die taugliche Rechtsgrundlage für die Maßnahme der Online-Durchsuchung darstellt. § 23b Abs. 2 Nr. 1 PolG BW verlangt jedoch die Überwachung einer ausschließlich laufenden Telekommunikation.[49] Sonstige Datenbestände eines Zielgeräts dürfen derzeit nicht heimlich gespeichert oder durchgesehen werden, da es an einer Rechtsgrundlage im badenwürttembergischen Polizeirecht fehlt.[50]

3. Generalklausel zur Datenerhebung, § 20 Abs. 2 PolG BW

175 Indessen könnte § 20 Abs. 2 PolG BW Rechtsgrundlage für die Maßnahme sein. Dieser erlaubt als Generalklausel Datenerhebungen zur Abwehr konkreter Gefahren, soweit keine spezielleren Datenerhebungsbefugnisse existieren.[51] Zweifelhaft ist jedoch, ob § 20 Abs. 2 PolG BW eine hinreichend bestimmte Schranke zum Grundrecht auf Gewährleistung der Vertraulichkeit und Integrität informationstechnischer Systeme darstellt.

176 Nach der Rechtsprechung des BVerfG umfasst das allgemeine Persönlichkeitsrecht auch die Integrität und Vertraulichkeit informationstechnischer Systeme.[52] Insbesondere soll das Interesse des Nutzers geschützt werden, dass die in einem informationstechnischen System erzeugten, verarbeiteten und gespeicherten Daten vertraulich bleiben.[53] Vorliegend handelt es sich bei dem Computer des E unproblematisch um ein informationstechnisches System in diesem Sinne. E ist als natürliche Person auch vom persönlichen Schutzbereich erfasst.

177 Ein Eingriff in dieses Grundrecht durch einen polizeilichen Zugriff auf die Daten bedarf deshalb der Rechtfertigung. Hierbei ist insbesondere zu berücksichtigen, dass angesichts der in den letzten Jahren durch die stark zunehmende Vernetzung und Digitalisierung von Lebensvorgängen (Nachrichtenbeschaffung, neue schriftliche und fernmündliche Kommunikationsformen, soziale Netzwerke) sowie der Tatsache, dass digitale Systeme nicht selten sehr weit zurückreichende Daten enthalten

---

[49] Würde der Enrico-Clan seine Operationen per verschlüsselten E-Mails oder WhatsApp-Nachrichten planen, wäre die Rechtsgrundlage des § 23b Abs. 2 PolG BW aufgrund einer erlaubten Quellen-TKÜ einschlägig. Zu diesem Zwecke hätte eine forensische Überwachungssoftware (sog. „Trojaner") auf dem Rechner der Enrico-Familie installiert werden müssen, um auf die unverschlüsselten Daten der E-Mails und Nachrichten direkt zugreifen zu können und diese zu verwerten. Der Einsatz dieser „Staatstrojaner" ist nicht unumstritten, siehe etwa *Singelnstein*, NStZ 2012, 593.
[50] *Von der Grün,* in: BeckOK, PolR BW, § 23b Rn. 4.
[51] *Belz/Mußmann/Kahlert/Sander,* PolG BW, § 20 Rn. 35ff.
[52] BVerfG, Urt. v. 27.2.2008 – 1 BvR 370/07, Rn 181ff. Das BVerfG führt aus, dass dieser Schutz erforderlich sei, da ein hinreichender Schutz der auf einem Computersystem gespeicherten Daten durch Art. 10 Abs. 1 und 13 Abs. 1 GG nicht gegeben sei: Art. 10 Abs. 1 GG schütze lediglich Kommunikationsvorgänge, in die bei einer Onlinedurchsuchung gerade nicht eingegriffen werde, da nicht in den laufenden Kommunikationsvorgang eingedrungen, sondern insoweit ein anderer Kommunikationsvorgang in Gang gesetzt werde. Demgegenüber erfasse Art. 13 Abs. 1 GG zwar in gewissen Grenzen auch von außen in die Wohnung hineinwirkende Eingriffe, jedoch werde kein genereller von Zugriffsmodalitäten unabhängiger Schutz vor Infiltration von Computersystemen vermittelt. Hier sei der Ort des Zielrechners für die Maßnahme letztlich vollkommen gleichgültig, so dass ein raumbezogener Schutz nicht geeignet sei, diese Gefahren abzuwehren.
[53] BVerfG, Urt. v. 27.2.2008 – 1 BvR 370/07, Rn. 204.

können, ein Eingriff regelmäßig eine besonders weitgehende Ausspähung der Privatsphäre des Betroffenen mit sich bringt.

Soweit eine Norm derartige heimliche Ermittlungstätigkeiten staatlicher Stellen vorsieht, ist deshalb nach Auffassung des BVerfG der Zugriff grds. unter einen Richtervorbehalt zu stellen, damit vorab eine unabhängige Kontrolle der Ermittlungsmaßnahme unter Abwägung aller Belange stattfinden könne.[54] Die Beauftragung einer anderen Stelle (z.B. Behördenleiter) dürfe nur erfolgen, wenn diese eine gleiche Gewähr für Unabhängigkeit und Neutralität gewähre wie ein Richter.[55] **178**

Dieser Auffassung des BVerfG ist uneingeschränkt zuzustimmen. Heutzutage enthalten informationstechnische Systeme nicht selten ein Konglomerat an teils grundrechtlich höchst sensiblen Datenbeständen, die häufig auch den Kernbereich privater Lebensgestaltung betreffen. Anders als bei einer konventionellen Wohnungsdurchsuchung, bei der durch Anwesenheitsrechte und Zeugenbestimmungen der Kernbereich noch einen gewissen Schutz erfährt, ist eine derartige Verfahrensgestaltung bei der Online-Durchsuchung nicht denkbar. Der staatliche Zugriff führt hier stattdessen praktisch unvermeidbar zu schwersten Eingriffen beim Betroffenen einer solchen Maßnahme, über den unter Umständen umfassende Daten über alle Ebenen seiner Lebensgestaltung zur Verfügung stehen. **179**

Angesichts dessen sind wegen der besonderen Grundrechtssensibilität des Vorganges höchste materielle Anforderungen an eine derartige Maßnahme zu stellen und die Einhaltung dieser Voraussetzungen durch einen Richtervorbehalt auch verfahrensrechtlich abzusichern. Ein solcher Richtervorbehalt ist im § 20 Abs. 2 PolG BW nicht vorgesehen. **180**

Hinzu kommt, dass Bedenken hinsichtlich der Verhältnismäßigkeit der Norm bestehen, soweit sie Online-Durchsuchungen ermöglichen sollte. Zwar erfolgt die Maßnahme gem. § 20 Abs. 2 PolG BW zur Abwehr einer konkreten Gefahr oder zur Beseitigung einer Störung der öffentlichen Sicherheit oder Ordnung und dient insoweit einem legitimen Zweck. Auch ist sie in Hinblick auf den Zweck der Maßnahme geeignet und erforderlich. **181**

Zweifelhaft ist jedoch ihre Angemessenheit. Aus der Natur einer Online-Durchsuchung ergibt sich, dass die effektive Durchführung der Maßnahme die Prüfung des gesamten Datenbestandes des Zielrechners erfordert. Insoweit wird regelmäßig ein schwerwiegender Eingriff in das Grundrecht auf Gewährleistung der Vertraulichkeit und Integrität informationstechnischer Systeme vorliegen (s.o.). **182**

Demgegenüber erfordert § 20 Abs. 2 PolG BW lediglich eine konkrete Gefahr oder Störung für die Öffentliche Sicherung oder Ordnung jeder Art. Prinzipiell erscheint damit die Durchführung einer Online-Durchsuchung auch wegen geringfügiger Beeinträchtigungen der öffentlichen Sicherheit oder gar der öffentlichen Ordnung denkbar, die angesichts der ausgeführten gravierenden Implikationen für den Betroffenen vollkommen übermäßig sind. **183**

Angesichts dessen kann die Online-Durchsuchung keinesfalls auf die Rechtsgrundlage des § 20 Abs. 2 PolG BW gestützt werden. **184**

---

[54] *BVerfG*, Urt. v. 27.2.2008 – 1 BvR 370/07, Rn. 257 ff.
[55] *BVerfG*, Urt. v. 27.2.2008 – 1 BvR 370/07, Rn. 250.

Fall 4. Haben Sie schon mal an Online-Schutz gedacht?

4. Generalklausel, §§ 1, 3 PolG BW

185 Der Rückgriff auf die Generalklausel gem. §§ 1, 3 PolG BW ist vorliegend wegen der spezielleren Generalklausel zur Datenerhebung in § 20 Abs. 2 PolG BW gesperrt.

II. Ergebnis

186 Mangels hinreichender Rechtsgrundlage ist die Online-Durchsuchung der Rechner des E rechtswidrig.

Klausurproblem

187 **Datenerhebung und Polizei:** Kein anderer Bereich des Polizeirechts hat in den letzten Jahren für eine größere Rechtsunsicherheit und für mehr Entscheidungen des Bundesverfassungsgerichts gesorgt als Datenerhebungen durch die Polizei im Zusammenhang mit neueren Medien wie Computer und Mobiltelefon. Wegen der Geschwindigkeit der technischen Entwicklung sowie Erfahrungen mit den bestehenden Regelungen ist davon auszugehen, dass dieser Bereich bis auf weiteres ein Feld hoher gesetzgeberischer Aktivität bleiben wird.

188 In Klausurbearbeitungen ist stets der mitunter gravierende Eingriff in das allgemeine Persönlichkeitsrecht des Betroffenen in Hinblick auf informationelle Selbstbestimmung sowie das Grundrecht auf Gewährleistung der Vertraulichkeit und Integrität informationstechnischer Systeme sowie das Zusammenspiel zwischen den allgemeinen landesdatenschutzrechtlichen Bestimmungen sowie den Spezialregelungen in den Länderpolizeigesetzen zu beachten.

189 Lohnend ist deshalb eine Auseinandersetzung mit den Grundzügen der jüngeren Judikatur des BVerfG in diesem Bereich:
– *BVerfGE* 109, 279: Wohnraumüberwachung
– *BVerfG*, NJW 2008, 1505: Automatische Erfassung und Auswertung von KFZ-Kennzeichen
– *BVerfG*, NJW 2008, 822: Online-Durchsuchung
– *BVerfG*, NVwZ 2009, 96: Vorratsdatenspeicherung I
– *BVerfG*, NJW 2010, 933: Vorratsdatenspeicherung II
– *BVerfG*, NJW 2012, 833: Telekommunikationsüberwachung

Landesrechtliche Besonderheiten

190 **Bayern:** A. Richtige Rechtgrundlage für den Einsatz des GPS-Trackers ist Art. 36 Abs. 1 Nr. 2b) BayPAG. Die Polizei ist gem. Art. 36 Abs. 2 Nr. 1 BayPAG sachlich zuständig. Hinsichtlich einer Anordnungpflicht siehe Art. 36 Abs. 5 S. 1 Nr. 2 BayPAG. Die besonderen tatbestandlichen Voraussetzungen wurden eingehalten, da eine konkrete Gefahr bestand. Hier kann auf obige Ausführungen verwiesen werden.

191 Im bayerischen Recht besteht mit dem neuen PAG eine Rechtsgrundlage für Online-Durchsuchungen, siehe Art. 45 BayPAG.

Niedersachsen: A. Der Einsatz des GPS-Trackers lässt sich auf § 35 Abs. 1 S. 1 a.E. **192** i.V.m. § 34 Abs. 1 Nr. 2 Nds SOG stützen. Die Zuständigkeit ergibt sich aus § 35 Abs. 4 Nds SOG. Aufgrund der Dringlichkeit ist von Gefahr im Verzug auszugehen. Damit die Maßnahme materiell rechtmäßig ist, müssen die allgemeinen und besonderen Voraussetzungen der Datenerhebung vorliegen. Hinsichtlich der Unmittelbarkeit und der Offenheit, § 30 Abs. 1, 2 Nds SOG, gelten die gemachten Ausführungen entsprechend. Auch im Rahmen der Prüfung der besonderen Voraussetzungen ergeben sich keine Besonderheiten. Eine konkrete Gefahr für das Leben des V lag vor. Die Maßnahme wurde gegen den Verantwortlichen gerichtet. Auf die Rechtmäßigkeit der Maßnahme hat es auch keinen Einfluss, dass auch die Familienmitglieder von der Maßnahme betroffen waren. Dies ergibt sich aus § 35 Abs. 1 S. 2 Nds SOG. Für die Verhältnismäßigkeit gelten die gemachten Ausführungen entsprechend.

B. Wie auch in Baden-Württemberg stellt die Frage nach der Rechtsgrundlage ein **193** Problem dar. Weder die Durchsuchung von Wohnraum gem. § 24 Nds SOG noch § 31 Abs. 2 Nds SOG kommen als Rechtsgrundlage in Betracht.

Nordrhein-Westfalen: A. Eine § 22 Abs. 3, Abs. 1 Nr. 3 PolG BW entsprechende, **194** spezielle Rechtsgrundlage für den verdeckten Einsatz technischer Mittel zur Bestimmung des Aufenthaltsortes besteht im PolG NRW nicht; eine elektronische Aufenthaltsüberwachung ist ausdrücklich nur für die Verhütung terroristischer Straftaten nach § 34c PolG NRW normiert. § 17 PolG NRW, der die Datenerhebung durch verdeckten Einsatz technischer Mittel regelt, ist hinsichtlich der gewährten Befugnisse enger gefasst und daher ebenfalls nicht einschlägig. Die Maßnahme könnte unter die Generalklausel des § 8 Abs. 1 i.V.m. § 1 Abs. 1 PolG NRW subsumiert werden. Jedoch sind in einem solchen Fall besondere Anforderungen an die Verhältnismäßigkeit zu stellen.[56]

B. Die Online-Durchsuchung kann aus den gleichen Gründen wie bei § 31 PolG **195** BW nicht auf § 41 PolG NRW gestützt werden. Eine der Generalklausel zur Datenerhebung des § 20 Abs. 2 PolG BW entsprechende Norm existiert im PolG NRW nicht.[57] Die Online-Durchsuchung war daher rechtswidrig.

Sachsen: A. Die verdeckte Bestimmung des Aufenthaltsorts könnte auf die Befug- **196** nis nach § 38 Abs. 1 Nr. 1 i.V.m. § 36 Abs. 5 SächsPolG gestützt werden. Die Erhebung personenbezogener Daten durch Observation darf jedoch nur dann verdeckt sein, wenn sonst die Wahrnehmung der polizeilichen Aufgabe gefährdet ist und eine Auskunftspflicht besteht. Zudem muss nach § 38 Abs. 2 Nr. 1 SächsPolG eine konkrete Gefahr vorliegen. Im Übrigen bestehen keine Unterschiede zur Lösung des Ausgangsfalls.

Die Online-Durchsuchung kann aus den gleichen Gründen wie bei § 31 PolG BW **197** nicht auf § 25 SächsPolG gestützt werden. Eine Online-Durchsuchung kann mangels einschlägiger Rechtsgrundlage nicht durchgeführt werden.

---

[56] *Kamp,* in: BeckOK PolR NRW, § 17 Rn. 10.
[57] An dieser Stelle ist erneut auf die Entscheidung des BVerfG zur Onlinedurchsuchung hinzuweisen, *BVerfG,* Urt. v. 27.2.2008 – 1 BvR 370/07.

Fall 5. Schule aus*

Sachverhalt

Auf der Straße vor der städtischen Grundschule in Eichstätt gilt zum Schutz der Kinder ein absolutes Halteverbot. Das Verkehrszeichen nach Bild 283 (§ 41 StVO) war ordnungsgemäß und gut sichtbar aufgestellt. Der aus München stammende Kreißler (K) hatte es an diesem Tag sehr eilig, da er pünktlich zu einem wichtigen Bewerbungsgespräch in Eichstätt erscheinen musste. Aufgrund eines Staus auf der Autobahn hatte er nicht mehr die Zeit, nach einem ausgewiesenen Parkplatz zu suchen. Um 11:30 Uhr stellte er daher seinen verschlossenen Pkw kurzerhand vor der Grundschule ab. Als er nach seinem Bewerbungsgespräch und einem kurzen Mittagessen um 13 Uhr wieder vor der Grundschule erschien, stellte er bestürzt fest, dass sein Auto abgeschleppt worden war. Der pflichtbewusste Polizeiobermeister Seifried (S) ließ das Kfz bereits um 12:00 Uhr von einem privaten Abschleppunternehmen abschleppen und auf einem nahegelegenen öffentlichen Parkplatz abstellen. Der Transport zu dem wesentlich weiter entfernt liegenden Verwahrplatz der Polizei war seiner Meinung nach unnötig. Er ließ das Fahrzeug entfernen, damit die mittags aus der Schule eilenden Kinder nicht gefährdet würden. Grundschulkinder könnten die Gefahren des Straßenverkehrs bekanntlich noch nicht richtig einschätzen. Insbesondere bestünde die Gefahr, dass sie hinter dem abgestellten Fahrzeug auf die Straße träten. Passierende Autofahrer könnten die Kinder daher erst sehr spät sehen und möglicherweise nicht mehr rechtzeitig bremsen. Das Halteverbotsschild wurde gerade deshalb aufgestellt, um die Übersichtlichkeit zu gewährleisten und so Gefahren vorzubeugen.

Nach ordnungsgemäß erfolgter Anhörung erließ die zuständige Behörde einen ordnungsgemäß begründeten Kostenbescheid für das Abschleppen des Kfz in Höhe von 190 €. Die Vergütung für das Abschleppunternehmen betrug dabei 120 €. Die restlichen 70 € wurden als Gebühren für das Abschleppen verlangt.

Bearbeitervermerk: Ist der Kostenbescheid rechtmäßig?

Lösung[58]

198 Der Kostenbescheid ist rechtmäßig, wenn er auf einer tauglichen Rechtsgrundlage beruht sowie formell und materiell rechtmäßig ist.

I. Rechtsgrundlage für den Kostenbescheid

199 Belastende Maßnahmen – also solche die in die Rechte des Bürgers eingreifen – bedürfen aufgrund des Vorbehaltes des Gesetzes aus Art. 20 Abs. 3 GG einer taugli-

---

* Gelöst nach dem Recht in Bayern; Besonderheiten in anderen Ländern siehe unten Rn. 253 ff.
[58] Zu den Abschleppfällen vgl. ausführlich *Mehde*, Jura 1998, 267 ff.; *Becker*, JA 2000, 677. Zu beachten ist, dass es nicht „den" Abschleppfall gibt, sondern eine Vielzahl möglicher Varianten, die jeweils anders zu lösen sind.

chen⁵⁹ Rechtsgrundlage. Der Kostenbescheid verpflichtet K zur Zahlung von 190 € und greift damit in dessen Rechte ein. Fraglich ist vorliegend, auf welcher Rechtsgrundlage der Kostenbescheid beruht.

1. Art. 28 Abs. 5, 93 BayPAG iVm BayKostG und §§ 1 Nr. 2, 2 PolKV – Kosten einer Sicherstellung

In Betracht kommt hier zunächst Art. 28 Abs. 5, 93 BayPAG i. V. m. BayKostG und §§ 1 Nr. 2, 2 PolKV. Dazu müsste es sich beim Abschleppen und Verbringen auf einen nahe gelegenen öffentlichen Parkplatz um eine „Sicherstellung" i. S. d. Art. 25 Abs. 1 BayPAG gehandelt haben. 200

Sicherstellung ist nach einhelliger Auffassung die Beendigung bisherigen Gewahrsams und die Begründung neuen (amtlichen) Gewahrsams durch die Polizei.⁶⁰ Streitig ist, ob der Zweck der Ingewahrsamnahme gerade den Ausschluss anderer – insbesondere Dritter – von der Einwirkungsmöglichkeit umfassen muss.⁶¹ Letzteres ist etwa dann der Fall, wenn das abgeschleppte Fahrzeug auf einen Verwahrplatz der Polizei verbracht und damit dem Zugriff Dritter entzogen wird.⁶² 201

Hinweis: Aufgrund des uneinheitlichen Sprachgebrauchs wird die Sicherstellung teilweise auch von der Beschlagnahme unterschieden, vgl. etwa § 33 PolG BW; § 33 SächsPolG. Die Sicherstellung umfasst nach § 33 PolG BW und § 33 SächsPolG primär den Schutz der privaten Interessen des Sachinhabers, ist also das Äquivalent zu § 26 Nr. 2 Nds SOG. § 26 Nr. 1 und Nr. 3 Nds SOG entspricht dagegen der Beschlagnahme nach § 33 PolG BW, § 33 SächsPolG. 202

Vorliegend ließ S das Fahrzeug von einem privaten Abschleppunternehmer auf einen nahe gelegenen, öffentlichen Parkplatz verbringen; es handelt sich um einen Fall bloßen „Versetzens". Dabei kam es ihm lediglich darauf an, dass die mittags aus der Schule eilenden Kinder nicht gefährdet würden. 203

Die Auffassung, nach der der Zweck der Ingewahrsamnahme gerade den Ausschluss anderer von der Einwirkungsmöglichkeit umfassen muss, lehnt in diesen Fällen eine Sicherstellung ab. Die Polizei verfolge beim bloßen Versetzen eines Fahrzeugs gerade nicht den Zweck, andere von der Besitzmöglichkeit auszuschließen.⁶³ 204

Innerhalb der anderen Auffassung, nach der für eine Sicherstellung der Ausschluss anderer von der Einwirkungsmöglichkeit gerade nicht bezweckt sein muss, wird differenziert: Der Großteil der Vertreter dieser Auffassung verneint in den Fällen des 205

---

59 Tauglich ist eine Rechtsgrundlage dann, wenn sie selbst rechtmäßig ist. Die Prüfung der Rechtmäßigkeit (bei formellen Gesetzen: die Verfassungsmäßigkeit) der Rechtsgrundlage ist in Klausuren jedoch regelmäßig nicht zu prüfen, sondern zu unterstellen. Etwas anderes gilt allerdings dann, wenn im Sachverhalt die Recht- bzw. Verfassungsmäßigkeit der Rechtsgrundlage von einem der Beteiligten angezweifelt wird.
60 *Götz/Geis*, Allg. Polizei- u. OrdnungsR, § 8 Rn. 58; *Becker/Heckmann/Kempen/Manssen*, ÖR Bay, Rn. 397; *Rachor/Graulich*, in: Lisken/Denninger, PolR-HdB, Kap. E Rn. 637 m. w. N.
61 **Bejahend:** *VGH Kassel*, NVwZ 1987, 909; *OVG Münster*, DVBl. 1991, 1373; *Rachor/Graulich*, in: Lisken/Denninger, PolR-HdB, Kap. E Rn. 637 f.; *Schmidbauer*, in: Schmidbauer/Steiner, BayPAG, Art. 15 Rn. 1; *Senftl*, in: BeckOK PolR Bayern, Art. 25 Rn. 8; *Knemeyer*, Polizei- und OrdnungsR, Rn. 252; *Schenke*, Polizei- und OrdnungsR, Rn. 158 ff.; **Verneinend:** *BayVGH*, NJW 1984, 2962 (2963 f.) = *BayVGH*, BayVBl. 1984, 630; BayVBl. 1989, 437; *Berner/Köhler/Käß*, PAG, Art. 25 Rn. 1; *Becker/Heckmann/Kempen/Manssen*, ÖR Bay, Rn. 397; *Schwabe*, NJW 1983, 369.
62 Vgl. hierzu *Michaelis*, Jura 1993, 298 (299).
63 Vgl. ebd. unter „Bejahend".

"bloßen Versetzens" eines Fahrzeugs bereits dessen Ingewahrsamnahme durch die Polizei und lehnt aus diesem Grund eine Sicherstellung ab.[64] Andere bejahen die polizeiliche Ingewahrsamnahme auch in diesen Fällen – sei sie auch noch so kurz. Die Sicherstellung setze nicht voraus, dass sichergestellte Sachen in Verwahrung genommen werden. In der Folge liege hiernach auch beim bloßen Versetzen eine Sicherstellung vor.[65]

206 Die letztgenannte Meinung ist abzulehnen. Sie verkennt den Zusammenhang zwischen Sicherstellung und Verwahrung, da die Verwahrung nach Art. 26 PAG nicht nur mögliche, sondern notwendige Folge der Sicherstellung ist.[66] Die Verpflichtung zur Verwahrung einer Sache bedeutet umgekehrt, dass immer dann, wenn eine Verwahrung nicht erforderlich oder möglich ist, nicht mehr von einer Sicherstellung gesprochen werden kann. Eine Sicherstellung ist vielmehr nur dann anzunehmen, wenn dem Fahrzeug selbst Gefahr droht bzw. unmittelbar vom Fahrzeug selbst eine Gefahr ausgeht; nicht hingegen, wenn die Gefahr vom Fahrzeug nur durch seine Lage im Raum gegeben ist.[67]

207 **Hinweis:** Ein Fall der Sicherstellung in Bezug auf das Abschleppen von Kraftfahrzeugen liegt beispielsweise vor, wenn das Auto aufgebrochen oder unverschlossen am Straßenrand steht und daher Dritte unproblematisch Zugang zum Inneren hätten.[68]

Insofern ist vorliegend keine Sicherstellung gegeben. Der Kostenbescheid kann nicht auf Art. 28 Abs. 5 BayPAG gestützt werden.[69]

208 **Hinweis:** Fraglich ist auch, wie das Anbringen einer Parkkralle einzuordnen ist.[70] Eine Parkkralle kommt insbesondere dann zum Einsatz, wenn das Abschleppen aus technischen Gründen nicht möglich ist oder wenn Forderungen gesichert werden sollen. Letzteres kommt beispielsweise dann in Betracht, wenn der Fahrzeughalter verreist ist und daher über einen längeren Zeitraum Strafzettel erhält, ohne aber sein Fahrzeug aus der Verbotszone fortzubewegen. Eine Sicherstellung kann nicht angenommen werden, da das Kfz nicht dem Zugriff Dritter entzogen werden soll. In einigen Landesgesetzen (§§ 32f. PolG BW, §§ 26f. SächsPolG) ist die Sicherstellung von der Beschlagnahme abzugrenzen. Während erstere dem Schutz des Berechtigten vor Verlust oder Beschädigung dient, dient die Beschlagnahme dem Schutz vor Gefahren, die von der in Beschlag zu nehmenden Sache ausgehen.[71] Auch eine Beschlagnahme wird man grds. wohl verneinen müssen. Wurde das Kfz etwa im Halteverbot abgestellt und kann es nicht abgeschleppt werden, bleibt trotz des Anbringens einer Parkkralle die Gefahr immer noch bestehen. Vorzugswürdig dürfte es daher sein, das Anbringen einer Parkkralle auf die Generalklausel zu stützen.

---

[64] *BayVGH*, NJW 1984, 2962 (2963f.) = *BayVGH*, BayVbl. 1984, 630; *Becker/Heckmann/Kempen/Manssen*, ÖR Bay, Rn. 547.

[65] *Berner/Köhler/Käß*, PAG, Art. 25 Rn. 9; *Schwabe*, NJW 1983, 369 (373).

[66] *Rachor/Graulich*, in: Lisken/Denninger, PolR HdB, Kap. E Rn. 638; vgl. zum Streit auch *Götz/Geis*, Allg. Polizei- u. OrdnungsR, § 8 Rn. 60.

[67] Vorsicht: Gleichwohl kann die Polizei ein Fahrzeug sicherstellen, auch wenn eine Gefahr nur durch seine Lage im Raum gegeben ist bspw., wenn sie durch Verbringen auf einen amtlichen Verwahrplatz in Verwahrung nimmt. In diesem Fall wird die Sicherstellung höchstwahrscheinlich mangels Verhältnismäßigkeit rechtswidrig sein.

[68] *BayVGH*, NJW 2001, 1960; vgl. ferner *Michaelis*, Jura 1993, 298 (299).

[69] Das Problem der Sicherstellung ist hier sehr ausführlich behandelt. Eine solch ausführliche Behandlung der Thematik dürfte in der Klausur regelmäßig nur dann angezeigt sein, wenn der Sachverhalt das Problem ausdrücklich aufwirft (*„P ist der Meinung, beim Abschleppen habe es sich um eine Sicherstellung gehandelt...")*.

[70] Zum allgemeinen (insb. zivilrechtlichen) Überblick vgl. *Paal/Guggenberger*, NJW 2011, 1036ff.

[71] *Rachor/Graulich*, in: Lisken/Denninger, PolR-HdB, Kap. E Rn. 639.

2. Art. 70 Abs. 1, 72 Abs. 1 S. 2 und 3, 93 BayPAG i.V.m. BayKostG iVm §§ 1 Nr. 4, 2 PolKV – Kosten einer Ersatzvornahme im Wege des gestreckten Vollstreckungsverfahrens

Fraglich ist, ob Art. 70 Abs. 1, 72 Abs. 1 S. 2 und 3, 93 BayPAG iVm BayKostG iVm §§ 1 Nr. 4, 2 PolKV als Rechtsgrundlage in Betracht kommt. Das wäre der Fall, wenn die Polizei einen existierenden Grundverwaltungsakt im Wege des sog. gestreckten Verfahrens mittels Verwaltungszwang vollstreckt hätte. **209**

P hat selbst keine Grundverfügung gegenüber K erlassen – K war abwesend als S das Fahrzeug abschleppen ließ, es fehlt somit an der Bekanntgabe einer Grundverfügung, Art. 43 Abs. 1 S. 1 BayVwVfG. Als vollstreckbare Grundverfügung bleibt daher nur das Verkehrsschild des absoluten Halteverbots.

Verkehrszeichen und Verkehrseinrichtungen haben Verwaltungsaktcharakter. Sie sind Allgemeinverfügungen i.S.d. Art. 35 S. 2 Var. 3 BayVwVfG, die neben der Anordnung eines Verbots auch ein Wegfahrgebot enthalten. Wirksamkeit gegenüber dem betroffenen Verkehrsteilnehmer („innere Wirksamkeit") erlangen sie, wenn sie „beim erstmaligen Herannahen" bekannt gemacht werden, d.h., wenn der Verkehrsteilnehmer in den Wirkungskreis des Verkehrszeichens gelangt.[72] **210**

Problematisch ist dabei allerdings, dass im Rahmen der Verwaltungsvollstreckung der Grundsatz der Selbstvollstreckung gilt, d.h. dass die den Verwaltungsakt erlassende Behörde diesen auch selbst vollstreckt. Das ergibt sich einerseits aus Art. 30 Abs. 1 S. 1 BayVwZVG sowie ergänzend aus Art. 70 Abs. 1 BayPAG („Der Verwaltungsakt der *Polizei*, …"). Verkehrszeichen werden jedoch nicht von der Polizei erlassen, sondern von den Straßenverkehrsbehörden (§ 44 Abs. 1 StVO), sodass eine Vollstreckung durch die Polizei grundsätzlich ausscheidet. **211**

Nach einer Ansicht ist die Polizei gleichwohl für die Vollstreckung von Verkehrszeichen zuständig. Ein (absolutes) Halteverbotszeichen enthalte nämlich auch ein Wegfahrgebot, was die (Einzel-)Weisung eines Polizeibeamten ersetze. Bei einer funktionellen Betrachtung sei deshalb der in dem Verkehrszeichen enthaltene Befehl (auch) der Vollzugspolizei zuzurechnen, was über die fehlende Identität von Ausgangs- und Vollstreckungsbehörde hinweghelfe.[73] **212**

Nach anderer Auffassung scheidet eine solche funktionelle Zuständigkeit der Polizei aus, da ihr das in einem Verkehrszeichen enthaltene Wegfahrgebot nicht zugerechnet werden kann. Die Vollzugspolizei dürfe deshalb schon aus formellen Gründen dieses Wegfahrgebot nicht vollstrecken.[74] **213**

---

[72] *BVerwG*, NJW 1997, 1021 (1022) = BVerwGE 102, 316; *Ramsauer*, in: Kopp/Ramsauer, VwVfG, § 35 Rn. 170 ff; siehe auch *Milker*, Jura 2017, 271.

[73] *OVG Greifswald*, LKV 2006, 225 (227); *Kugelmann/Alberts*, Jura 2013, 898 (907); *Becker/Heckmann/Kempen/Manssen*, ÖR Bay, Rn. 564, 555–558, allerdings auch nur dann, wenn das Verkehrszeichen dem Verkehrsteilnehmer gem. Art. 43 Abs. 1 S. 1 BayVwVfG bekanntgegeben wurde.

[74] *VGH Kassel*, NVwZ-RR 1999, 23 (25); *VGH Mannheim*, Urt. v. 17.6.2003 – 1 S 2025/01, BeckRS 2003, 22737 Rn. 23 = VBlBW 2004, 213; *Rachor/Graulich*, in: Lisken/Denninger, PolR-HdB, Kap. E Rn. 211; *Senftl*, in: BeckOK PolR Bayern, Art. 25 Rn. 26; *Schmidbauer*, in: Schmidbauer/Steiner, BayPAG, Art. 25 Rn. 92 f.

214 Der letztgenannten Auffassung ist zuzustimmen. Hierfür spricht bereits der eindeutige Wortlaut des Art. 30 Abs. 1 S. 1 BayVwZVG, der die Vollstreckung von Verwaltungsakten der Ausgangsbehörde zuweist.

Die funktionelle Betrachtungsweise wirkt zudem gekünstelt und lebensfremd, denn dabei handelt es sich um eine bloß hypothetische Betrachtungsweise, die davon ausgeht, dass auch ein Polizeibeamter ein Wegfahrgebot gem. §§ 44 Abs. 2, 36 Abs. 1 StVO hätte erteilen können. Diese Hypothese darf aber keine Rolle spielen, denn das Wegfahrgebot wurde eben gerade nicht von der Polizei, sondern durch ein Verkehrsschild angeordnet.

Eine funktionelle Betrachtung führt überdies zu einer unnatürlichen Trennung von den Fällen, in denen sich das Wegfahrgebot nicht aus einem Verkehrsschild ergibt, sondern unmittelbar aus dem Gesetz selbst folgt, bspw. beim Parken auf Gehwegen (§ 12 Abs. 4 StVO); hier fehlt es bereits an einer vollstreckbaren Grundverfügung, sodass hier ohnehin nur aufgrund polizeilicher Befugnisse gehandelt werden muss. Warum diese Fälle unterschiedlich behandelt werden sollten, ist nicht ersichtlich. Durch die Möglichkeit von Unmittelbarer Ausführung bzw. Sofortvollzug einer atypischen Maßnahme kann die Polizei bereits aufgrund eigener Befugnisse tätig werden, die Konstruktion der funktionellen Betrachtung ist damit schon gar nicht notwendig.

215 Demzufolge kann der Kostenbescheid nicht auf die Vollstreckung im Wege der Ersatzvornahme im gestreckten Verfahren gem. Art. 70 Abs. 1, 72 Abs. 1 S. 2 und 3, 93 BayPAG i.V.m. BayKostG i.V.m. §§ 1 Nr. 4, 2 PolKV gestützt werden.

216 **Hinweis:** Wer hier die Auffassung vertritt, die Polizei vollstrecke die aus einem Verkehrszeichen resultierende Grundverfügung, muss sich in der Folge mit der Bekanntgabe von Verkehrszeichen auseinandersetzen.[75] Ferner kommt es dann in der Klausurbearbeitung idR nicht mehr auf die Abgrenzung von Unmittelbarer Ausführung und Sofortvollzug an, da man dann ja im gestreckten Verfahren gem. Art. 70 Abs. 1 BayPAG bleibt. Im Zweifel sollte hier klausurtaktisch entschieden werden.

3. Art. 9 Abs. 2, 93 BayPAG i.V.m. BayKostG i.V.m. §§ 1 Nr. 1, 2 PolKV – Kosten der unmittelbaren Ausführung einer atypischen Maßnahme

217 Auch ohne vorausgehenden Grundverwaltungsakt der Polizei kommt ein Kostenersatz in Betracht. Als Rechtsgrundlage könnte dafür Art. 9 Abs. 2, 93 BayPAG i.V.m. BayKostG i.V.m. §§ 1 Nr. 1, 2 PolKV in Betracht kommen, sofern es sich beim Abschleppen um die unmittelbare Ausführung einer atypischen Maßnahme gehandelt hat.

218 Die meisten Bundesländer haben in ihren Polizeigesetzen entweder die unmittelbare Ausführung *oder* den Sofortvollzug normiert um ein Handeln der Polizei ohne vorhergehende Grundverfügung zu ermöglichen, während in Bayern beide Rechtsinstitute existieren.[76] Für den Sofortvollzug im Wege der Ersatzvornahme gem. Art. 70 Abs. 2, 72 Abs. 1 BayPAG ist in Art. 72 Abs. 1 S. 2 und 3 BayPAG eine eigene Kostenregelung vorgesehen, weshalb hier zunächst die unmittelbare Ausfüh-

---

[75] Vertiefend zur Bekanntgabe von Verkehrszeichen *Milker*, Jura 2017, 271.
[76] Zur Zweifelhaftigkeit dieser Doppelnormierung: *Schoch*, JuS 1995, 307 (312). Zur Rechtslage und Abgrenzung in Berlin siehe *Kaniess*, LKV 2013, 401.

rung einer atypischen Maßnahme von dem Sofortvollzug einer atypischen Maßnahme abgegrenzt werden muss.[77]

219 Während die unmittelbare Ausführung eine Adressatenregelung und damit auf Primärebene anzusiedeln ist, handelt es sich beim Sofortvollzug um eine besondere Form des Verwaltungszwangs und damit um eine Maßnahme auf Sekundärebene.[78] Insofern kommt es nach h.M.[79] darauf an, ob ein entgegenstehender Wille des Pflichtigen gebrochen werden muss, denn nur dann komme Verwaltungszwang im Wege des Sofortvollzugs in Betracht. Lässt sich kein bzw. kein entgegenstehender Wille des Pflichtigen ermitteln, so sei eine unmittelbare Ausführung anzunehmen.

220 Nach anderer Auffassung[80] ist systematisch abzugrenzen und Art. 9 Abs. 1 BayPAG als *lex specialis* zu Art. 70 Abs. 2 BayPAG anzusehen. Sofern die Voraussetzungen dafür vorliegen gehe die unmittelbare Ausführung gem. Art. 9 Abs. 1 BayPAG dem Sofortvollzug gem. Art. 70 Abs. 2 BayPAG vor. In der Folge kommt eine unmittelbare Ausführung nur in Betracht, wenn es sich bei der in Rede stehenden Maßnahme um eine vertretbare Handlung handelt, siehe Art. 9 Abs. 1 BayPAG: „Die Polizei kann eine Maßnahme *selbst oder durch einen Beauftragten ausführen…*". Diese Auslegung entspricht auch dem Wortlaut von Art. 70 Abs. 2 BayPAG, wonach ein Sofortvollzug nur in Betracht kommt, wenn „Maßnahmen gegen Personen nach den Art. 7 *bis* 10 nicht oder nicht rechtzeitig möglich sind oder keinen Erfolg versprechen…"; erfasst sind also gerade auch Maßnahmen nach Art. 9 BayPAG, sodass bei dessen Anwendbarkeit ein Sofortvollzug bereits *de jure* ausscheidet.

221 Vorliegend musste das Entfernen des Fahrzeugs nicht in Person des K erfolgen, sondern konnte – wie geschehen – auch durch Dritte erfolgen, sodass das Versetzen eine vertretbare Handlung darstellt. Nach letztgenannter Auffassung liegt deshalb eine unmittelbare Ausführung einer atypischen Maßnahme gem. Art. 9 Abs. 1 BayPAG vor. Es ist überdies anzunehmen, dass K – wenn er anwesend gewesen wäre – auf Geheiß des S sein Fahrzeug „freiwillig" aus dem Halteverbot entfernt hätte, sein Wille also nicht hätte gebrochen werden müssen. In der Folge liegt auch nach der erstgenannten Auffassung eine unmittelbare Ausführung einer atypischen Maßnahme vor. Insofern darf nicht darauf abgestellt werden, dass K durch das Parken im Halteverbot bereits rechtsbrüchig wurde und in der Konsequenz auf einen zu brechenden, entgegenstehenden Willen des K geschlossen werden. Wie oben bereits festgestellt,[81] ist das im Halteverbotsschild enthaltene Wegfahrgebot gerade nicht der Polizei zuzurechnen, sodass es hierauf bei der Beurteilung eines entgegenstehenden Willens nicht ankommen kann und im Zweifel davon auszugehen ist, dass der

---

[77] Die Abgrenzung hat für die Rechtsgrundlage des Kostenbescheids Konsequenzen und ist daher in der Klausur durchaus relevant. Rein praktisch wirkt sich diese Unterscheidung kaum aus, da die Beurteilung der Rechtmäßigkeit beider Maßnahmen in der Regel gleich ausfallen dürfte; so auch *Becker/Heckmann/Manssen/Kempen*, ÖR Bay, Rn. 279.
[78] *Götz/Geis*, Allg. Polizei- u. OrdnungsR, § 12 Rn. 20.
[79] *Lindner*, in: BeckOK PolR Bayern, Art. 9 Rn. 14; wohl auch *Schmidbauer*, in: Schmidbauer/Steiner, BayPAG, Art. 53 Rn. 13; *Rachor/Graulich*, in: Lisken/Denninger, PolR-HdB, Kap. E Rn. 837; *Schenke*, Polizei- und OrdnungsR, Rn. 564; *Gallwas/Lindner/Wolff*, Bay. Polizei- u. SicherheitsR, Rn. 551 ff; *Köhler*, BayVBl. 1999, 582 (586).
[80] *Becker/Heckmann/Kempen/Manssen*, ÖR Bay, Rn. 283; *Schoch*, in: Schoch, Besonderes VerwaltungsR, Kap. 1 Rn. 935 ff.; *Kugelmann*, DÖV 1997, 153.
[81] Siehe oben Rn. 217 ff.

Pflichtige der Aufforderung der Polizei nachkommen würde. Sonstige Anhaltspunkte, wonach K sein Fahrzeug bei Anwesenheit trotz Aufforderung durch S nicht wegfahren würde, sind nicht ersichtlich.

222 Beide Auffassungen kommen vorliegend zu dem Ergebnis, dass es sich um eine unmittelbare Ausführung einer atypischen Maßnahme handelt und die Rechtsgrundlage des Kostenbescheids in Art. 9 Abs. 2, 93 BayPAG i. V. m. BayKostG i. V. m. §§ 1 Nr. 1, 2 PolKV zu sehen ist. Ein Streitentscheid kann dahinstehen.

223 **Hinweis:** Im Rahmen der Rechtsgrundlage hätte auch ganz allgemein auf Art. 93 BayPAG i. V. m. BayKostG i. V. m. PolKV abgestellt und die Abgrenzung der in Betracht kommenden polizeilichen Maßnahmen in die materielle Rechtmäßigkeit verschoben werden können.

II. Formelle Rechtmäßigkeit des Kostenbescheids

224 Der Kostenbescheid müsste formell rechtmäßig sein. Laut Sachverhalt hat die zuständige Behörde den Kostenbescheid erlassen. K wurde vor Erlass ordnungsgemäß angehört (Art. 28 Abs. 1 BayVwVfG), sodass auch die Verfahrensvorschriften eingehalten wurden. Im Übrigen wurde der schriftliche Kostenbescheid ordnungsgemäß begründet (Art. 39 Abs. 1 BayVwVfG) und daher ist auch seine Form nicht zu beanstanden.

225 Der Kostenbescheid ist formell rechtmäßig.

226 **Hinweis:** Wäre K nicht angehört worden bzw. würde der Sachverhalt bzgl. der Anhörung schweigen, müsste hier festgestellt werden, dass die Anhörung weder gem. Art. 28 Abs. 2 Nr. 1 BayVwVfG noch nach Art. 28 Abs. 2 Nr. 5 BayVwVfG entbehrlich wäre. Eine sofortige Entscheidung über einen Kostenbescheid ist weder wegen Gefahr in Verzug noch im öffentlichen Interesse notwendig und im Übrigen zählt der Kostenbescheid nicht zu den Maßnahmen der Verwaltungsvollstreckung.

III. Materielle Rechtmäßigkeit des Kostenbescheids

227 Der Kostenbescheid ist materiell rechtmäßig, wenn die unmittelbare Ausführung des Abschleppens in Form der atypischen Maßnahme als fiktive Grundverfügung rechtmäßig gewesen wäre, K Kostenschuldner ist, der Kostenrahmen eingehalten wurde und kein Widerspruch gegen Billigkeit, Art. 93 S. 5 BayPAG, vorliegt.

1. Rechtmäßigkeit der unmittelbaren Ausführung

228 Die unmittelbare Ausführung des Abschleppens in Form der atypischen Maßnahme wäre rechtmäßig, wenn dafür eine Rechtsgrundlage besteht sowie im Übrigen formelle und materielle Rechtmäßigkeit gegeben wären.

a) Rechtsgrundlage

229 Rechtsgrundlage der unmittelbaren Ausführung der atypischen Maßnahme ist Art. 11 Abs. 1, Abs. 2 Nr. 2 BayPAG (Generalklausel) i. V. m. Art. 9 Abs. 1 BayPAG.

b) Formelle Rechtmäßigkeit

aa) Zuständigkeit

230 Die sachliche Zuständigkeit von S als Beamten der Vollzugspolizei ergibt sich aus Art. 11 Abs. 1, 2 i. V. m. Art. 1 BayPAG. S wurde vorliegend nicht zum Zwecke der

Verfolgung von Ordnungswidrigkeiten, sondern zum Zwecke der Gefahrenabwehr auf Grundlage der Befugnis gem. Art. 11 Abs. 2 BayPAG tätig, sodass auch die polizeilichen Aufgaben gem. Art. 2 Abs. 1 BayPAG eröffnet sind (Schluss von der Befugnis auf die Aufgabe). Im Übrigen ist die Eilbedürftigkeit polizeilichen Handelns gem. Art. 3 BayPAG gegeben, da ein Einschreiten der Sicherheitsbehörden kurz vor Schulschluss nicht mehr rechtzeitig möglich gewesen wäre.

Die örtliche Zuständigkeit ergibt sich aus Art. 3 Abs. 1 BayPOG. **231**

bb) Verfahren

Die Prüfung einer Anhörung gem. Art. 28 Abs. 1 BayPAG bei einer fiktiven Grundverfügung ist logisch ausgeschlossen. Ob gegen die Unterrichtungspflicht gem. Art. 9 Abs. 1 S. 2 BayPAG verstoßen wurde, kann – an dieser Stelle – dahinstehen, da es sich dabei um eine bloße Ordnungsvorschrift handelt, deren Nichtbeachtung nicht die (formelle) Rechtswidrigkeit der unmittelbaren Ausführung zur Folge hat.[82] **232**

Hinweis: Ob die unmittelbare Ausführung einer atypischen Maßnahme einen Verwaltungsakt darstellt ist umstritten: Nach wohl h. M.[83] handele es sich bei der unmittelbaren Ausführung einer Maßnahme um einen Realakt, da mangels Adressaten schon gar keine Bekanntgabe gem. Art. 43 Abs. 1 BayVwVfG erfolgen könne, weshalb ein Verwaltungsakt ausscheide. Nach anderer Auffassung[84] handele es sich gleichwohl um einen sog. „adressatenlosen" Verwaltungsakt, da bis auf die Bekanntgabe bei der unmittelbaren Ausführung alle Voraussetzungen von Art. 35 S. 1 BayVwVfG vorlägen, der dann auch ohne Bekanntgabe gem. Art. 43 Abs. 1 BayVwVfG wirksam sei. **233**

cc) Form

Formvorschriften wären nicht einzuhalten gewesen. **234**

c) Materielle Rechtmäßigkeit

Die fiktive Grundverfügung müsste auch materiell rechtmäßig gewesen sein. **235**

aa) Gefahr

Zunächst müsste eine Gefahr i. S. d. Art. 11 Abs. 1 BayPAG vorliegen. Nach allgemeiner Auffassung liegt eine Gefahr vor, wenn bei ungehindertem, objektiv zu erwartendem Geschehensablauf in absehbarer Zeit mit hinreichender Wahrscheinlichkeit ein Schaden für die öffentliche Sicherheit oder Ordnung eintritt.[85] Öffentliche Sicherheit ist dabei die Unversehrtheit der Rechtsordnung und der verfassungsmäßigen Ordnung, die Unversehrtheit von bestimmten Individualrechtsgütern, insbes. Leben, Gesundheit, Freiheit, Eigentum, Vermögen und Ehre, sowie diejenige von Gemeinschaftsgütern, wie das Funktionieren des Staates und seiner grundlegenden Einrichtungen.[86] **236**

---

[82] *BayVGH,* BayVBl. 1991, 433; *Schmidbauer,* in: Schmidbauer/Steiner, BayPAG, Art. 9 Rn. 32.
[83] *Schmidbauer,* in: Schmidbauer/Steiner, BayPAG, Art. 9 Rn. 29; *Lindner,* in: BeckOK PolR Bayern, Art. 9 Rn. 48 f.; *Rachor/Graulich,* in: Lisken/Denninger, PolR-HdB, Kap. E Rn. 40; *Becker/Heckmann/Kempen/Manssen,* ÖR Bay, 3. Teil Rn. 278; *Gallwas/Lindner/Wolff,* Bay. Polizei- und SicherheitsR, Rn. 555; *Schenke,* Polizei- und OrdnungsR, Rn. 566 f.; *Maurer/Waldhoff,* AllgVwR, § 20 Rn. 26.
[84] *BayVGH,* BayVbl. 1991, 433; *Berner/Köhler/Käß,* PAG, Vor Art. 9 Rn. 1, 7 ff.; *Köhler,* BayVBl. 1999, 582 (583 f.).
[85] *Götz/Geis,* Allg. Polizei- u. OrdnungsR, § 6 Rn. 1; *Holzner,* in: BeckOK PolR Bayern, Art. 11 Rn. 20; vgl. auch *BVerfG,* NJW 2008, 822, Rn. 251.
[86] *Holzner,* in: BeckOK PolR Bayern, Art. 11 Rn. 66.

237 Es besteht die Möglichkeit, dass die Kinder – ihrem Naturell entsprechend – nach Schulschluss ohne gehörige Vorsicht auf die Straße laufen und dabei von dem vor der Schule stehenden Fahrzeug des K verdeckt werden. Insofern sind sie für den Straßenverkehr erst im letzten Moment erkennbar, sodass eine hinreichende Wahrscheinlichkeit dafür besteht, dass ein rechtzeitiges Bremsen durch die vorbeifahrenden Autofahrer nicht mehr möglich ist und die Kinder dadurch an Leben oder Gesundheit verletzt werden. Bereits deshalb liegt eine Gefahr vor.

238 Durch das Parken im absoluten Halteverbot hat K zudem den Tatbestand einer Ordnungswidrigkeit gem. § 49 Abs. 3 Nr. 4 StVO i. V. m. der lfd. Nr. 62 der Anlage 2 zu § 41 Abs. 1 StV i. V. m. Art. 11 Abs. 2 S. 3 BayPAG verwirklicht, wodurch bereits eine Störung der öffentlichen Sicherheit eingetreten ist.

239 **Hinweis:** Das Problem einer möglicherweise fehlenden Kenntnisnahme von Verkehrsschildern – insbesondere bei mobilen Verkehrsschildern, die erst nachträglich aufgestellt wurden – spielt erst in der Verhältnismäßigkeitsprüfung eine Rolle, da es für die Ordnungswidrigkeit nur auf Verwirklichung des objektiven Tatbestands ankommen kann.[87]

bb) Voraussetzungen der unmittelbaren Ausführung, Art. 9 Abs. 1 BayPAG

240 Bei dem Versetzen des Fahrzeugs handelt es sich um eine vertretbare Handlung, da das Entfernen aus dem Halteverbot nicht durch K in Person erfolgen musste. K war gem. Art. 7 Abs. 1 BayPAG Verhaltensverantwortlicher, da er das Fahrzeug widerrechtlich im absoluten Halteverbot abgestellt hat. Überdies ist er als Halter und Eigentümer des Fahrzeugs auch Zustandsverantwortlicher gem. Art. 8 Abs. 2 S. 1 BayPAG. Aufgrund seiner Abwesenheit war er als solcher für S nicht rechtzeitig ausfindig zu machen bevor die Kinder aus der Schule kommen. Die Voraussetzungen der unmittelbaren Ausführung gem. Art. 9 Abs. 1 BayPAG hätten vorgelegen.

cc) Ermessensfehler- und Verhältnismäßigkeitsprüfung, Art. 4, 5 BayPAG

241 Ermessensfehler sind nicht ersichtlich. Zudem müsste das Abschleppen verhältnismäßig gewesen sein. Das Versetzen war geeignet, um die Ordnungswidrigkeit zu beseitigen und sicherzustellen, dass die herannahenden Autofahrer nach Schulschluss die Kinder frühzeitig erkennen können. Ein milderes, ebenso effektives Mittel ist nicht ersichtlich. Im Übrigen war das Versetzen auch angemessen, da das öffentliche Interesse an der Beseitigung der Gefahr für Leben und Gesundheit der Kinder sowie der Beseitigung der Ordnungswidrigkeit höher wiegt, als das Interesse des K. Insbesondere ist das Interesse des K nicht schützenswert, da er beim Parken die Möglichkeit hatte vom Halteverbotszeichen Kenntnis zu nehmen. Dass er aufgrund eines Staus keine Zeit mehr hatte sich einen geeigneten Parkplatz zu suchen kann hier keine Rolle spielen. Im Übrigen war es für S mangels konkreter Anhaltspunkte nicht möglich K rechtzeitig vor Schulschluss ausfindig zu machen, damit dieser selbst sein Fahrzeug entfernt.

d) Zwischenergebnis

242 Die fiktive Grundverfügung in Form der unmittelbaren Ausführung einer atypischen Maßnahme wäre rechtmäßig gewesen.

---

[87] *Holzner*, in: BeckOK PolR Bayern, Art. 11 Rn. 103.

2. Kostenschuldner

Als Verhaltens- und Zustandsverantwortlicher gem. Art. 7 Abs. 1 bzw. Art. 8 Abs. 2 S. 1 BayPAG ist K nach Art. 9 Abs. 2 BayPAG Kostenschuldner. **243**

3. Kostenhöhe

Hinsichtlich der Höhe der angesetzten Kosten bestehen keine Bedenken. Die Abschleppkosten betrugen 120 € und sind als Auslagen gem. Art. 10 Abs. 1 Nr. 5 BayKostG erstattungsfähig. Die Gebühr in Höhe von 70 € ist innerhalb der Grenzen von § 1 Nr. 1 PolkV. **244**

4. Billigkeit, Art. 93 S. 5 BayPAG

Umstände, die gegen die Billigkeit der Kostentragung durch K sprechen sind nicht ersichtlich. **245**

IV. Ergebnis

Der Kostenbescheid ist damit rechtmäßig. **246**

Landesrechtliche Besonderheiten

Baden-Württemberg: Rechtsgrundlage ist weder die Sicherstellung nach § 32 PolG BW noch die Beschlagnahme nach § 33 PolG BW, da es der Polizei nicht auf die Inbesitznahme des Fahrzeugs ankommt. Vielmehr stellt sich die (zeitweise) Inbesitznahme lediglich als unvermeidliche Nebenfolge des Umsetzens dar. **247**

Abzugrenzen waren beim Umsetzen des Kfz die Ersatzvornahme gem. §§ 2, 19 Abs. 1 Nr. 2, 25 PolG BW von der unmittelbaren Ausführung gem. §§ 3, 1 i.V.m. 8 PolG BW, die die h.M. nach dem mutmaßlichen Willen des Maßnahmenadressaten vornimmt. Hier war davon auszugehen, dass kein entgegenstehender Wille des K im Wege der Vollstreckung überwunden werden sollte, so dass das Umsetzen des Wagens als unmittelbare Ausführung auf die Generalklausel gem. §§ 3, 1 i.V.m. 8 PolG BW zu stützen ist. **248**

Der Polizeivollzugsdienst ist gem. §§ 2 Abs. 1, 60 Abs. 2, 3 PolG BW in sachlicher, gem. § 75 PolG BW in örtlicher Hinsicht für die unmittelbare Ausführung zuständig. **249**

Hinsichtlich der formellen Rechtmäßigkeit der auszuführenden Maßnahme gibt es keine Bedenken. In materieller Hinsicht liegt eine Gefahr für die öffentliche Sicherheit in Gestalt der Gefährdung der Schulkinder durch das parkende Fahrzeug vor. K als Zustandsverantwortlicher ist vorliegend auch nicht erreichbar, § 8 Abs. 1 i.V.m. § 6 Abs. 1 PolG BW. Die Höhe der angesetzten Kosten richtet sich nach §§ 6, 8 LVwVGKO **250**

Niedersachsen: In Niedersachsen kommt eine Ersatzvornahme, § 64 i.V.m. § 66 Nds SOG der zu vollstreckenden Grundverfügung in Betracht. In § 66 Abs. 1 Nds SOG wird die Kostenfolge direkt geregelt. Die Ersatzvornahme ist möglich, da ein **251**

vollstreckbarer Grundverwaltungsakt (Wegfahrgebot aufgrund des Verkehrsschilds) vorliegt. Das Instrument der unmittelbaren Ausführung ist in Niedersachsen dagegen nicht vorgesehen. Aufbautechnisch wäre daher zunächst auf die formelle Rechtmäßigkeit der Vollstreckung einzugehen. Die Polizei ist dafür zuständig, da der Grundsatz der Selbstvollstreckung gilt, § 64 Abs. 3 Nds SOG. Im Übrigen kann auf die oben gemachten Ausführungen verwiesen werden. Im Rahmen der materiellen Rechtmäßigkeit ist zwischen den allgemeinen und den besonderen Vollstreckungsvoraussetzungen zu differenzieren. Hier ist die Rechtmäßigkeit der Grundverfügung zu prüfen. Es gelten die oben gemachten Ausführungen entsprechend. Im Rahmen der besonderen Vollstreckungsvoraussetzungen ist auf die speziellen Voraussetzungen des Zwangsmittels einzugehen.

252 Die Ersatzvornahme ist als ein bestimmtes Zwangsmittel gem. § 70 Abs. 1, 3 Nds SOG vorher grds. anzudrohen. Die voraussichtlichen Kosten müssen nach § 70 Abs. 4 Nds SOG angegeben werden. Lassen die Umstände eine vorherige Androhung nicht zu, kann auf sie verzichtet werden, Art. 70 Abs. 1 S. 3 Nds SOG. Im Weiteren sind die polizeilichen Handlungsgrundsätze (also Ermessen und Verhältnismäßigkeit) zu prüfen.

253 Nordrhein-Westfalen: Die Sicherstellung ist in § 43 PolG NRW geregelt, die Verwahrung in § 44 PolG NRW. Auch nach nordrhein-westfälischem Landesrecht liegt aber lediglich eine Versetzung und keine Sicherstellung vor, weshalb § 46 Abs. 3 PolG NRW i.V.m. §§ 43, 44 PolG NRW nicht als Rechtsgrundlage in Frage kommt. Die unmittelbare Ausführung ist im nordrhein-westfälischen Polizeirecht nicht geregelt. Es liegt daher eine Ersatzvornahme gem. § 52 Abs. 1 PolG NRW vor, Rechtsgrundlage für den Kostenbescheid ist somit § 52 Abs. 1 S. 2 i.V.m. § 77 Abs. 1 VwVG NRW i.V.m. § 7a Abs. 1 Nr. 7 KostO NRW. Nach § 7a Abs. 1 Nr. 7 KostO kann eine Gebühr 25 bis 150 € betragen.

254 Sachsen: Vgl. hierzu Fall 19: Die Sintflut (Sachsen).

Fall 6. Drogen und Durchsuchung*

Sachverhalt

Nachdem die zwanzigjährige Bianca (B) nach mehreren „Ehrenrunden" in der Schule ihr Abitur doch noch geschafft hat, feierte sie feuchtfröhlich mit ihren Freunden am Samstagabend in einer Nürnberger Disco. Danach schlenderte sie laut singend und grölend durch die Innenstadt Richtung Bahnhof. Schließlich teilte sie ihre Schnapsflasche, die sie bei einer Tankstelle als Wegproviant erworben hat, mit einigen polizeilich und auch in der Drogenszene bekannten Punkern, die sie gerade am Bahnhofsvorplatz kennengelernt hatte. Da das Bahnhofsviertel nachts als Drogenumschlagsplatz bekannt ist und es darüber hinaus in der Vergangenheit immer wieder zu sonstigen kriminellen Machenschaften gekommen war, beobachteten der junge POW (Polizeioberwachtmeister) Schumm und seine schon etwas erfahrenere Kollegin PM'in (Polizeimeisterin) Obermeyer, das feuchtfröhliche Gelage kritisch. Insbesondere fiel ihnen aus der Distanz auf, dass die Personen sich immer wieder nervös umsahen, sich kleine Dinge reichten und häufig ihre Hände in die Taschen steckten. Da sie den Verdacht hatten, dass gerade mit illegalen Betäubungsmitteln gehandelt würde, entschieden sie sich dafür, sich das Treiben aus der Nähe anzusehen. Um sicher zu gehen, dass ihre Kollegen im Notfall ihren Aufenthaltsort kannten, sandten sie per Funk einen Lagebericht an die Zentrale. In der Zentrale fand gerade eine Betriebsfeier der Polizei statt. Als Ehrengast war auch der Oberbürgermeister der Stadt eingeladen. Dieser hörte den Funkspruch der Polizeibeamten mit und wies diese persönlich an, alles Erforderliche zu unternehmen, um illegale Handlungen zu unterbinden. Nürnberg sei eine saubere und insbesondere drogenfreie Stadt.

B wurde von den Beamten daher aufgefordert sich auszuweisen. Schwankend und lallend zeigte die B ihren Ausweis vor. Den Beamten fiel sofort der starke Alkoholgeruch auf. Da die Augen der B zusätzlich sehr gerötet waren, lag der Verdacht nahe, dass B neben Alkohol auch Drogen konsumiert hatte. Um sicherzugehen, dass die B in ihrer Kleidung keine illegalen Drogen verborgen hielt, tastete PM Obermeyer die B ab. Außerdem sollte B den Mund aufmachen, um auch hier nach versteckten Betäubungsmitteln zu suchen. Weder das Abtasten der B noch die visuelle Kontrolle der Mundhöhle führten zu einem Erfolg. B hatte keine Drogen in ihrem Besitz. Vielmehr waren die kleinen Gegenstände, die zwischen den Beteiligten ausgetauscht wurden, Zigaretten und Feuerzeuge.

Bearbeitervermerk:
1. a) War die Aufforderung sich auszuweisen rechtmäßig?
1. b) Wie wäre der Fall zu beurteilen, wenn B sich nicht an einem gefährlichen Ort aufgehalten hätte?
2. War die Durchsuchung rechtmäßig?

Die Art. 30 bis 65 BayPAG bleiben bei der Bearbeitung außer Betracht.

---
* Gelöst nach dem Recht in Bayern; Besonderheiten in anderen Ländern siehe unten Rn. 313 ff.

Lösung

A. Rechtmäßigkeit der Identitätsfeststellung (a)

255 Die Identitätsfeststellung in Form der Aufforderung sich auszuweisen war rechtmäßig, wenn sie auf einer tauglichen Rechtsgrundlage beruht sowie formell und materiell rechtmäßig war.

I. Rechtsgrundlage

256 Da es sich bei der Identitätsfeststellung um einen Eingriff in das Recht auf informationelle Selbstbestimmung aus Art. 2 Abs. 1 GG i.V.m. Art. 1 Abs. 1 GG handelte, bedurfte die Maßnahme gem. Art. 20 Abs. 3 GG einer Rechtsgrundlage.

257 Vorliegend ist einerseits Art. 13 Abs. 1, 2 S. 2 BayPAG und andererseits § 163b Abs. 1 StPO als Rechtsgrundlage denkbar. Die Abgrenzung ist danach vorzunehmen, ob die Polizei vorliegend präventiv – dann Art. 13 Abs. 2 S. 2 BayPAG – oder repressiv – dann § 163b StPO – gehandelt hat. Sicherlich wollten die Beamten vorliegend, falls sie tatsächlich Betäubungsmittel finden sollten, die Identität zu Strafverfolgungszwecken feststellen; gleichzeitig ging es ihnen aber auch um die Unterbindung der gegenwärtigen Verübung von Straftaten. Sie handelten also gleichzeitig auch präventiv.

Wie solche Fälle, in denen sowohl präventives als auch repressives Polizeihandeln vorliegt (sog. doppelfunktionales Handeln), zu behandeln sind, ist umstritten.[88]

258 In der verwaltungsgerichtlichen Rechtsprechung und Literatur herrschend ist die sog. Schwerpunkttheorie, wonach entweder präventiv gehandelt wird, wenn es der Polizei schwerpunktmäßig darauf ankommt, Gefahren abzuwehren oder stattdessen repressiv gehandelt wird, wenn die Polizei schwerpunktmäßig Straftaten und Ordnungswidrigkeiten verfolgen möchte.[89] Je nach Standpunkt kommt es für die Beurteilung des Schwerpunkts entweder auf die Sichtweise des Bürgers oder die der Polizei an.[90]

259 Nach Ansicht des BGH besteht weder ein allgemeiner Vorrang der StPO gegenüber dem Gefahrenabwehrrecht noch umgekehrt ein solcher des Gefahrenabwehrrechts gegenüber der StPO, sodass folglich beide Rechtsgrundlagen nebeneinander zur Anwendung kommen.[91]

260 Vorliegend ging es den Beamten primär darum, den möglichen Konsum – oder gar den Handel – von Betäubungsmitteln zu unterbinden. Aus der Sicht eines verständigen Bürgers ergibt sich vorliegend kein anderes Bild; insbesondere, weil es die Beamten bisher nur für möglich hielten, dass Betäubungsmittel konsumiert werden oder gar gehandelt werden, fehlen konkrete Anhaltspunkte, die die Annahme von im Schwerpunkt repressivem Polizeihandeln rechtfertigen.

---

[88] Angeheizt wurde dieser Streit jüngst durch ein Urteil des BGH vom 26.4.2017 (NJW 2017, 3173) zu den sog. legendierten Polizeikontrollen; siehe dazu auch *Lenk*, NVwZ 2018, 38.
[89] *BVerwGE* 47, 255 (264f.) = *BVerwG*, NJW 1975, 893; *BayVGH*, BayVBl. 2010, 220, Rn. 12; *Becker/Heckmann/Kempen/Manssen*, ÖR Bay, 3. Teil Rn. 14.
[90] Verständiger Bürger: *BVerwGE* 47, 255 (265) = *BVerwG*, NJW 1975, 893 (895); *VGH Mannheim*, NVwZ-RR 1989, 412 (413).
[91] *BGH*, NJW 2017, 3173, Rn. 25 ff.

Nach der erstgenannten Auffassung ist daher Art. 13 Abs. 1, 2 S. 2 BayPAG die 261 richtige Rechtsgrundlage. Nach Ansicht des BGH kann ebenfalls Art. 13 Abs. 1, 2 S. 2 BayPAG herangezogen werden, weshalb ein Streitentscheid zumindest an dieser Stelle dahinstehen kann.

II. Formelle Rechtmäßigkeit

Zunächst müsste die Maßnahme formell rechtmäßig gewesen sein. 262

1. Zuständigkeit

Die Beamten müssten für die Identitätsfeststellung sachlich und örtlich zuständig 263 gewesen sein.

Die sachliche Zuständigkeit richtet sich zunächst nach der ermächtigenden Rechts- 264 grundlage. Schumm als Polizeioberwachtmeister (POW) und Obermeyer als Polizeimeisterin (PM'in) zählen zur Polizei im eingeschränkt institutionellen Sinne (Vollzugspolizei) i. S. d. Art. 1 BayPAG und waren vorliegend nach Art. 13 Abs. 1, 2 BayPAG sachlich zuständig.

Darüberhinaus müssen im Rahmen der sachlichen Zuständigkeit die Aufgabeneröffnung gem. Art. 2 BayPAG[92] und die Subsidiarität polizeilichen Handelns gem. Art. 3 BayPAG geprüft werden.

Vorliegend könnte die Aufgabeneröffnung aus Art. 2 Abs. 3 BayPAG vorliegen, 265 denn schließlich handelten die Polizeibeamten direkt auf Anweisung des Oberbürgermeisters. Voraussetzung dafür ist aber, dass ein Verwaltungsakt einer anderen Behörde vorliegt und die Polizei diesen nur vollstreckt. Die Polizei handelt also auf Ersuchen einer anderen Behörde zur Anwendung unmittelbaren Zwangs.[93] Dieser Fall war hier aber nicht gegeben. Die Polizei sollte hier nicht lediglich einen Verwaltungsakt der anderen Behörde vollstrecken. Art. 2 Abs. 3 PAG ist daher nicht einschlägig.

Allerdings kommt eine Aufgabeneröffnung gem. Art. 2 Abs. 1 BayPAG in Betracht. 266 Die Beamten stützen sich vorliegend auf die Befugnis aus Art. 13 Abs. 1, 2 S. 2 BayPAG und wurden folglich zum Zwecke der Gefahrenabwehr tätig. Insofern kann von der Befugnis auf die Aufgabe geschlossen werden, weshalb die Aufgabeneröffnung gem. Art. 2 Abs. 1 BayPAG vorliegt.,[94][95]

Im Rahmen der Aufgabeneröffnung nach Art. 2 Abs. 1 BayPAG[96] muss zusätzlich 267 die Subsidiarität polizeilichen Handelns gem. Art. 3 BayPAG vorliegen, wonach die Polizei tätig wird, soweit ihr die Abwehr der Gefahr durch eine andere Behörde nicht oder nicht rechtzeitig möglich erscheint. Diese Prüfung der Unaufschiebbarkeit kann jedoch immer dann entfallen, wenn die Polizei von einer Sicherheitsbe-

---

[92] *Holzner*, in: BeckOK PolR Bayern, Art. 2 Rn. 2.
[93] *Schenke*, Polizei- und OrdnungsR, Rn. 408 ff.
[94] *Schmidbauer*, in: Schmidbauer/Steiner, BayPAG, 4. Aufl. 2014, Art. 2 Rn. 5; *Holzner*, in: BeckOK PolR Bayern, Art. 2 Rn. 2.
[95] Näher zur Problematik der „Aufgabeneröffnung" im Rahmen der sachlichen Zuständigkeit in Bayern siehe Fall 7 Rn. 345.
[96] *Becker/Heckmann/Kempen/Manssen*, ÖR Bay, 3. Teil Rn. 87.

Fall 6. Drogen und Durchsuchung

hörde gem. Art. 9 Abs. 2 BayPOG i. V. m. Art. 10 S. 2 LStVG zu einem Tätigwerden angewiesen worden ist, denn durch die Weisung hat die Sicherheitsbehörde klargestellt, dass nicht sie selbst handeln will, sondern die Polizei handeln soll.[97] Vorliegend hat der Oberbürgermeister der Stadt Nürnberg – der gem. Art. 6 LStVG Sicherheitsbehörde ist – die Beamten angewiesen einzuschreiten, um illegale Handlungen zu unterbinden. Die Prüfung von Art. 3 BayPAG entfällt damit.

268 Die örtliche Zuständigkeit ergibt sich aus Art. 3 Abs. 1 BayPOG. Mithin waren die Polizeibeamten vorliegend sachlich und örtlich zuständig.

269 **Hinweis:** Fraglich ist, wer im Fall einer Weisung der richtige Klagegegner bzw. wer passivlegitimiert ist. Dies ist umstritten. Für die Passivlegitimation des Anweisenden spricht, dass der Ausgangspunkt bei der anweisenden Behörde lag. Wohl vorzugswürdig ist es, den Freistaat Bayern als Rechtsträger der Polizei (Art. 1 Abs. 2 BayPOG) als richtigen Beklagten anzusehen, da es für den betroffenen Bürger als Außenstehenden nicht ersichtlich ist, ob intern eine Weisung erteilt wurde oder nicht. Richtigerweise ist unter Rechtsschutzgesichtspunkten (und insb. wegen Art. 19 Abs. 4 GG) daher der Freistaat Bayern passivlegitimiert.[98]

2. Verfahren und Form

270 Die Aufforderung an B sich auszuweisen stellt einen Verwaltungsakt gem. Art. 35 S. 1 BayVwVfG dar.[99] Gem. Art. 28 Abs. 1 BayVwVfG hätte B deshalb vor der Identitätsfeststellung angehört werden müssen. Die Anhörung könnte jedoch gem. Art. 28 Abs. 2 Nr. 1 Alt. 1 BayVwVfG wegen Gefahr in Verzug entbehrlich sein. Gefahr im Verzug setzt voraus, dass die vorherige Anhörung auch bei Gewährung kürzester Anhörungsfristen oder durch die Notwendigkeit, den Betroffenen erst festzustellen ein Zeitverlust einträte, der mit hoher Wahrscheinlichkeit zur Folge hätte, dass die behördliche Maßnahme zu spät käme, um ihren Zweck noch zu erreichen.[100] Dies ist vorliegend jedoch nicht anzunehmen, da B ohne Weiteres vor der Aufforderung sich auszuweisen ohne Zeitverlust hätte angehört werden können. Mangels entgegenstehender Anhaltspunkte im Sachverhalt ist jedoch von einer Anhörung durch die Polizeibeamten auszugehen. Sonstige Verfahrens- oder Formfehler sind nicht ersichtlich.

271 **Hinweis:** Ginge man davon aus, dass B nicht angehört wurde, kann die fehlende Anhörung nicht nachträglich gem. Art. 45 Abs. 1 Nr. 3 BayVwVfG durch deren Nachholung geheilt werden, da die Identitätsfeststellung sich hier bereits durch ihre Vollziehung erledigt hat. Die Heilung von erledigten Verwaltungskaten ist nicht möglich.[101] Da die Identitätsfeststellung im Ermessen der Polizei steht und bei Ermessensentscheidungen grundsätzlich die Möglichkeit nicht ausgeschlossen werden kann, dass bei erfolgter Anhörung die Entscheidung in der Sache anders ausgefallen wäre,[102] kann nicht ohne weiteres auf Art. 46 BayVwVfG zurückgegriffen werden. Zu überlegen wäre daher, ob allenfalls ein sonstiges öffentliches Interesse gem. Art. 28 Abs. 2 Nr. 1 Alt. 2 BayVwVfG bzw. ein sonst unbenannter Fall gem. Art. 28 Abs. 2 BayVwVfG vorliegt;

272 Schweigt der Sachverhalt zur Anhörung, sollte nach hier vertretener Auffassung an dieser Stelle kein Klausurschwerpunkt gesetzt werden und angenommen werden, dass die Anhörung erfolgt sei. In kei-

---

[97] ebd.
[98] *Schmidbauer,* in: Schmidbauer/Steiner, Bay PAG, Art. 50 Rn. 63.
[99] *OVG Münster,* NVwZ 2018, 1497, Rn. 22.
[100] *BVerwGE* 68, 271 = NVwZ 1984, 577; *BVerwG,* NJW 2012, 2823, Rn. 14; *Ramsauer,* in: Kopp/Ramsauer, VwVfG, § 28 Rn. 52.
[101] *Ramsauer,* in: Kopp/Ramsauer, VwVfG, § 45 Rn. 13.
[102] *Ramsauer,* in: Kopp/Ramsauer, VwVfG, § 46 Rn. 32.

nem Fall sollte jedoch vorschnell „Gefahr im Verzug" angenommen werden, da dies – wie dieser Fall zeigt – häufig falsch ist.

3. Zwischenergebnis

Die Maßnahme ist formell rechtmäßig. 273

III. Materielle Rechtmäßigkeit

1. Voraussetzungen der Rechtsgrundlage

Die Polizeibeamten konnten von B verlangen sich auszuweisen, wenn sie sich an einem Ort aufgehalten hat, von dem auf Grund tatsächlicher Anhaltspunkte anzunehmen ist, dass dort Personen Straftaten verabreden, vorbereiten oder verüben, Art. 13 Abs. 1 Nr. 2 lit. a sublit. aa BayPAG, also an einem sog. gefährlichen Ort. 274

Die Annahme eines gefährlichen Orts setzt objektive, der Nachprüfung zugängliche Tatsachen darüber voraus, dass an diesem Ort bereits in der Vergangenheit Straftaten begangen wurden. Die Erkenntnisse der Polizei können auf Mitteilungen anderer Behörden, Strafanzeigen privater Dritter, Hinweisen von polizeilichen Informanten oder eigenen, in Lageberichten und Einsatzkonzeptionen niedergelegten Beobachtungen der Polizei beruhen. Es muss sich dabei um Erkenntnisse handeln, die über einen längeren Zeitraum hinweg gewonnen wurden. Einzelbeobachtungen reichen im Allgemeinen nicht aus.[103] 275

In der Vergangenheit kam es regelmäßig zu Straftaten wegen illegalem Handel mit Betäubungsmitteln (§ 29 Abs. 1 S. 1 Nr. 1 BtMG) und sonstigen kriminellen Aktivitäten. Die (nächtliche) Bahnhofgegend ist insofern als gefährlicher Ort zu qualifizieren. 276

Weiterer Umstände neben dem Aufenthalt an einem gefährlichen Ort, wie beispielsweise eine konkrete Gefahr oder einen konkreten Verdacht gegen die betreffende Person, bedarf es zur Identitätsfeststellung nach Art. 13 Abs. 1 Nr. 2 lit. a sublit. aa BayPAG nicht.[104] 277

Der Tatbestand von Art. 13 Abs. 1 Nr. 2 lit. a sublit. aa BayPAG ist damit erfüllt. 278

2. Maßnahmerichtung

Die Adressatenrichtung einer Identitätsfeststellung im Falle des Art. 13 Abs. 1 Nr. 2 lit. a sublit. aa, Abs. 2 S. 2 BayPAG ergibt sich direkt aus der Norm selbst: Die Maßnahme kann sich gegen alle Personen richten, die sich an dem gefährlichen Ort aufhalten.[105] B war damit tauglicher Maßnahmeadressat. 279

3. Rechtsstaatliche Handlungsgrundsätze

Ermessensfehler sind nicht ersichtlich. Die Maßnahme war zudem verhältnismäßig. 280

---

[103] *Rachor/Graulich,* in: Lisken/Denninger, PolR-HdB, Kap. E Rn. 320.
[104] *Schmidbauer,* in: Schmidbauer/Sreiner, Bay PAG, Art. 13 Rn. 6.
[105] *Rachor/Graulich,* in: Lisken/Denninger, PolR-HdB, Kap. E Rn. 322.

IV. Ergebnis

281 Die Identitätsfeststellung in Form der Aufforderung sich auszuweisen war mithin rechtmäßig.

B. Rechtmäßigkeit der Identitätsfeststellung (b)

282 Als Rechtsgrundlage kommt in diesem Fall einzig Art. 13 Abs. 1 Nr. 1a, Abs. 2 S. 2 BayPAG in Frage. Die formelle Rechtmäßigkeit ist identisch mit derjenigen bei Frage 1a.

Fraglich ist allerdings, ob die Maßnahme materiell rechtmäßig wäre.

I. Voraussetzungen der Rechtsgrundlage

283 Voraussetzung hierfür ist die Abwehr einer konkreten Gefahr. Nach allgemeiner Auffassung liegt eine konkrete Gefahr vor, wenn bei ungehindertem, objektiv zu erwartendem Geschehensablauf in absehbarer Zeit mit hinreichender Wahrscheinlichkeit ein Schaden für die öffentliche Sicherheit oder Ordnung eintritt.[106] Öffentliche Sicherheit ist dabei die Unversehrtheit der Rechtsordnung und der verfassungsmäßigen Ordnung, die Unversehrtheit von bestimmten Individualrechtsgütern, insbesondere Leben, Gesundheit, Freiheit, Eigentum, Vermögen und Ehre, sowie diejenige von Gemeinschaftsgütern, wie das Funktionieren des Staates und seiner grundlegenden Einrichtungen.[107]

Hier lag die Begehung von Straftaten, insbesondere der Handel mit illegalen Betäubungsmitteln, nahe. Allerdings ergab sich nach der Durchsuchung, dass die B gar keine Betäubungsmittel bei sich hatte. Zwischen den Betroffenen wurden lediglich Zigaretten und Feuerzeuge ausgetauscht. Somit bestand aus der ex-post Sicht nie die Möglichkeit einer Verletzung von Vorschriften aus dem BtMG.

284 Da es sich bei der Bewertung ob eine Gefahr vorliegt, um eine eine Vorhersage künftiger Ereignisse handelt, bei denen insbesondere die Schadensgeneigtheit einer Sachlage zu beurteilen ist, hat die Polizei eine Prognoseentscheidung *ex ante et ex situatione* anzustellen, also in dem Zeitpunkt, in dem der Polizist darüber zu befinden hat, ob und ggf. wie er gegen die Gefahr einschreiten wird.[108] Abzustellen ist dabei auf die Sicht eines verständig handelnden, gewissenhaften, besonnenen und sachkundigen Durchschnittsbeamten.[109] Sollte sich im Nachhinein herausstellen, dass keine wirkliche Gefahr vorlag, sondern nur der Anschein einer solchen erweckt wurde, sog. Anscheinsgefahr, steht diese folglich einer konkreten Gefahr gleich.[110]

Davon abzugrenzen ist der bloße Gefahrenverdacht.[111] Ein solcher liegt vor, wenn bei verständiger Würdigung im Zeitpunkt des polizeilichen Einschreitens das Vor-

---

[106] *Götz/Geis*, Allg. Polizei- u. OrdnungsR, § 6 Rn. 19; *Holzner*, in: BeckOK PolR Bayern, Art. 11 Rn. 20; vgl. auch *BVerfG*, NJW 2008, 822, Rn. 251.
[107] *Holzner*, in: BeckOK PolR Bayern, Art. 11 Rn. 66, 86 m.w.N.
[108] *Schmidbauer*, in: Schmidbauer/Steiner, BayPAG, Art. 11 Rn. 24.
[109] *Holzner*, in: BeckOK PolR Bayern, Art. 11 Rn. 25.
[110] *Schmidbauer*, in: Schmidbauer/Steiner, BayPAG, Art. 11 Rn. 41; *Denninger*, in: Lisken/Denninger, PolR-HdB, Kap. D Rn. 48.
[111] Zur neu eingeführten „drohenden Gefahr" siehe Fall 25.

liegen einer Gefahr mangels hinreichender Anhaltspunkte nicht bejaht werden kann, aber aufgrund der vorhandenen Informationen befürchtet werden muss.[112]

285 Vorliegend hatten die Polizeibeamten durch das nervöse Umsehen, das reichen kleiner Dinge und das häufige Hände in die Taschen stecken nur den Verdacht, dass illegale Betäubungsmittel konsumiert und mit diesen gehandelt wurde, da für sie aus der Ferne insbesondere nicht erkennbar war, welche kleinen Dinge die Beteiligten sich konkret reichten.

286 Zwar sind an die Wahrscheinlichkeit des Schadens umso geringere Anforderungen zu stellen, desto höherwertiger das bedrohte Rechtsgut bzw. desto größer der zu befürchtende Schaden ist (sog. Je-desto-Formel),[113] allerdings war die Wahrscheinlichkeit eines Schadenseintritts für die öffentliche Sicherheit – der Verstoß gegen Vorschriften des BtMG – vorliegend so gering, dass aus der Sicht eines verständigen Durchschnittsbeamten auch nach der Je-desto-Formel nicht vom Vorliegen einer Gefahr ausgegangen werden konnte. Vielmehr bestand ein bloßer Gefahrenverdacht.

287 Welche Befugnisse der Polizei aufgrund eines bloßen Gefahrenverdachts zukommen sollen, ist umstritten.

288 Nach einer Auffassung sei der bloße Gefahrenverdacht bis zur Sachverhaltsaufklärung als konkrete Gefahr zu verstehen; demgemäß wäre die Polizei also auch bei einem bloßen Gefahrenverdacht zur Identitätsfeststellung berechtigt.[114]

289 In eine ähnliche Richtung gehen die Auffassungen, die die Identitätsfeststellung gem. Art. 13 Abs. 1 Nr. 1a) BayPAG in erster Linie als Maßnahme zur Gefahrerforschung (und damit nicht nur zur Gefahrenabwehr) verstehen, die im Vorfeld konkreter Gefahren eine niedrigere Eingriffsschwelle genügen lasse. Sie würde regelmäßig der weiteren Aufklärung einer Gefahrenlage dienen, indem am Geschehen beteiligte Personen namhaft gemacht werden und ihr Gefährdungspotenzial festgestellt werde, und damit auch der Überprüfung, ob jemand Störer sei oder nicht. Typischerweise seien sie Mittel zum Zweck, um andere polizeiliche Maßnahmen zu ermöglichen.[115]

290 Nach beiden genannten Auffassungen wären die Polizeibeamten vorliegend durch den bloßen Gefahrenverdacht zur Identitätsfeststellung der B berechtigt gewesen.

291 Nach anderer Auffassung bedürfen Eingriffsmaßnahmen – ganz allgemein – im Fall eines Gefahrverdachts, auch wenn sie auf Gefahrerforschung beschränkt werden, einer gesetzlichen Rechtsgrundlage. Der Polizei sei es aus funktionell-rechtlichen Gründen nicht gestattet, sich aus eigenem Antrieb über die durch den Begriff der konkreten Gefahr markierte rechtsstaatliche Eingriffsschwelle hinwegzusetzen.[116]

292 Nach der letztgenannten Auffassung wäre eine Identitätsfestellung vorliegend nicht möglich, da eine konkrete Gefahr eben (noch) nicht vorlag.

---

[112] *Götz/Geis,* Allg. Polizei- u. OrdnungsR, § 6 Rn. 30 ff.; *Schmidbauer,* in: Schmidbauer/Steiner, BayPAG, Art. 11 Rn. 39.
[113] *BVerfG,* NJW 2005, 2603 (2610); *BVerwG,* NJW 1970, 1890 (1892).
[114] *Schmidbauer,* in: Schmidbauer/Steiner, BayPAG, Art. 11 Rn. 39.
[115] *OVG Lüneburg,* NVwZ 2013, 1498; *Rachor/Graulich,* in: Lisken/Denninger, PolR-HdB, Kap. E Rn. 316; *Senftl,* in: BeckOK PolR Bayern, Art. 13 Rn. 9.
[116] *Schenke,* JuS 2018, 505 (516).

Fall 6. Drogen und Durchsuchung

293 Die letztgenannte Auffassung ist abzulehnen. Ein Gefahrenverdacht legitimiert die Polizei zu Gefahrerforschungseingriffen, aber auch zu vorsorglichen Gefahrenabwehrmaßnahmen. Die Kompetenz hierfür ist der Ermächtigungsgrundlage – regelmäßig die polizeiliche Generalklausel – sinngemäß zu entnehmen, sodass hier eben kein Verstoß gegen Art. 20 Abs. 3 GG vorliegt, da anderenfalls eine effektive polizeiliche Gefahrenabwehr nicht möglich wäre. Dem Fehlen einer konkreten Gefahr ist vielmehr auf der Rechtsfolgenseite durch strikte Anwendung des Verhältnismäßigkeitsgrundsatzes Rechnung zu tragen.

II. Maßnahmerichtung

294 Bei Gefahrerforschungseingriffen sind die Maßnahmen gegen den Verdachtsstörer zu richten, also denjenigen, der den Gefahrenverdacht durch sein Verhalten oder den Zustand seiner Sachen bzw. Tiere verursacht hat.[117] B stand hier im Verdacht mit Drogen gehandelt zu haben. Sie ist damit Verdachtsstörer.

III. Rechtsstaatliche Handlungsgrundsätze

295 Die Identitätsfeststellung wäre jedenfalls dann matierell rechtswidrig, wenn sie gegen den Grundsatz der Verhältnismäßigkeit (Art. 4 BayPAG) verstoßen würde. Danach muss die Polizei von mehreren möglichen und geeigneten Maßnahmen diejenige treffen, die den einzelnen und die Allgemeinheit am wenigsten beeinträchtigt und überdies nicht zu einem Nachteil führt, der zu dem erstrebten Erfolg erkennbar außer Verhältnis steht.

296 Eine Maßnahme ist geeignet, wenn das angestrebte Ziel mit der Maßnahme zumindest gefördert werden kann. Es ist vorliegend nicht erkennbar, wie die Identitätsfeststellung der B dazu hätte beitragen sollen, festzustellen ob sie gegen Vorschriften des BtMG verstößt. Für die Durchsung (siehe dazu unten Frage 2) war jedenfalls die Identität der B nicht erforderlich. Hätte sich durch das Ergebnis der Durchsuchung der Verdacht der Beamten erhärtet, hätte (anschließend) eine Identitätsfeststellung aufgrund der dann vorliegenden konkreten Gefahr stattfinden können.[118] Die Identitätsfeststellung war daher als Maßnahme der Gefahrerforschung ungeeignet und ist mithin insgesamt unverhältnismäßig.

IV. Ergebnis

297 Mithin wäre die Identitätsfeststellung vorliegend materiell rechtswidrig. (a. A. vertretbar)

C. Rechtmäßigkeit der Durchsuchung

298 Die Durchsuchung war rechtmäßig, wenn sie auf einer tauglichen Rechtsgrundlage beruht sowie formell und materiell rechtmäßig war.

---

[117] *Hartmann*, JuS 2008, 593.
[118] Wobei sich dann die Frage stellt, ob die Identitätsfeststellung dann nicht im Schwerpunkt unter repressiven Gesichtspunkten stattfindet.

I. Rechtsgrundlage

Als Rechtsgrundlage kommt zunächst Art. 13 Abs. 2 S. 4 BayPAG in Frage. Diese bezweckt allerdings nur die Durchsuchung von Personen, um deren Identität festzustellen. Bs Identität war den Beamten zum Zeitpunkt der Durchsuchung schon bekannt, weshalb diese Rechtsgrundlage ausscheidet.

Taugliche Rechtsgrundlage ist insofern Art. 21 Abs. 1 BayPAG.

II. Formelle Rechtmäßigkeit

Die sachliche und örtliche Zuständigkeit der Polizeibeamten liegt vor, insofern kann auf die obigen Ausführungen unter A.II.1. verwiesen werden. Die Durchsuchung stellt einen Verwaltungsakt i.S.d. Art. 35 S. 1 BayVwVfG dar, da die Regelungswirkung darin liegt, dass der Betroffene die Durchsuchung zu dulden hat.[119] Hinsichtlich der dementsprechend erforderlichen Anhörung gem. Art. 28 Abs. 1 BayVwVfG wird auf die obigen Ausführungen unter A.II.2. verwiesen. Auch das besondere Verfahren gem. Art. 21 Abs. 3 HS. 1 BayPAG, wonach Personen nur von Personen gleichen Geschlechts oder Ärzten durchsucht werden dürfen, wurde beachtet, indem PM'in Obermeyer die B durchsucht hat. Die Durchsuchung war daher formell rechtmäßig.

III. Materielle Rechtmäßigkeit

1. Voraussetzungen der Rechtsgrundlage

a) Art. 21 Abs. 1 Nr. 1 BayPAG i.V.m. Art. 25 Abs. 1 Nr. 1a) BayPAG

Eine Person kann gem. Art. 21 Abs. 1 Nr. 1 BayPAG i.V.m. Art. 25 Abs. 1 Nr. 1a) BayPAG durchsucht werden, wenn Tatsachen die Annahme rechtfertigen, dass sie Sachen mit sich führt, die sichergestellt werden dürfen.

Es müssen konkrete Tatsachen vorliegen, die den Schluss nahelegen, dass der Betroffene Sicherstellungsgut mit sich führt. Bloße Vermutungen reichen nicht aus. Die Formulierung „die Annahme rechtfertigen" zeigt aber auch, dass nicht sicheres Wissen erforderlich ist, sondern auf einen durch konkrete Tatsachen gestützten Verdacht hin durchsucht werden darf. Konkrete Tatsachen können sich insbesondere aus der eigenen Wahrnehmung der Polizeibeamten ergeben, aber auch aus Hinweisen von Zeugen oder anderen Personen und aus anderen Indizien.[120] Art. 21 Abs. 1 Nr. 1 BayPAG nimmt sodann Bezug auf die Sicherstellung nach Art. 25 BayPAG. Die Durchsuchungsbefugnis geht damit so weit wie die Sicherstellungsbefugnis. Werden illegale Drogen von Personen mitgeführt, liegt eine Störung der öffentlichen Sicherheit vor, da insofern ein Verstoß gegen § 29 Abs. 1 S. 1 Nr. 1 BtMG gegeben ist. Um diese Störung zu beseitigen, könnten die Drogen gem. Art. 25 Abs. 1 Nr. 1a) BayPAG sichergestellt werden.

---

[119] *Rachor/Graulich*, in: Lisken/Denninger, PolR-HdB, Kap. E Rn. 557; *Schmidbauer*, in: Schmidbauer/Steiner, BayPAG, Art. 21 Rn. 37 ff.

[120] *Grünewald*, in: BeckOK PolR Bayern, Art. 21 Rn. 16; *Rachor/Graulich*, in: Lisken/Denninger, PolR-HdB, Kap. E Rn. 564.

Fall 6. Drogen und Durchsuchung

303 Die Polizisten sahen vorliegend deutlich, dass zwischen aus der Drogenszene bekannte Personen und der B kleinere Gegenstände ausgetauscht wurden. Vor dem Hintergrund des als Drogenumschlagsplatz bekannten Bahnhofsviertels und dem konspirativen Verhalten der Beteiligten sowie den geröteten Augen der B waren Tatsachen gegeben, die die Annahme rechtfertigten, dass diese Drogen mitsichführte.

304 Der Tatbestand Art. 21 Abs. 1 Nr. 1 BayPAG i.V.m. Art. 25 Abs. 1 Nr. 1a) BayPAG liegt damit vor.

b) Art. 21 Abs. 1 Nr. 2 BayPAG

305 B war durch ihr lallen deutlich erkennbar angetrunken. Sie befand sich allerdings noch nicht in einem die freie Willensbestimmung ausschließenden Zustand oder sonst hilfloser Lage, da sie bei der Aufforderung sich auszuweisen entsprechend ihren Ausweis vorgezeigt hat. Der Tatbestand von Art. 21 Abs. 1 Nr. 2 BayPAG ist damit nicht gegeben.

c) Art. 21 Abs. 1 Nr. 4 i.V.m. Art. 13 Abs. 1 Nr. 2 BayPAG

306 Wie oben unter A.III.1. bereits festgestellt, hielt sich B an einem gefährlichen Ort gem. Art. 13 Abs. 1 Nr. 2 lit. a sublit. aa BayPAG auf. Weitere Voraussetzungen, um eine Durchsuchung durchzuführen, müssen nicht vorliegen.[121] Damit liegt auch der Tatbestand von Art. 21 Abs. 1 Nr. 4 i.V.m. Art. 13 Abs. 1 Nr. 2 BayPAG vor.

2. Maßnahmerichtung

307 Die Maßnahmerichtung ergibt sich insofern aus der Rechtsgrundlage selbst: Im Fall von Art. 21 Abs. 1 Nr. 1 BayPAG kann diejenige Person durchsucht werden, von der aufgund tatsächlicher Anhaltspunkte auszugehen ist, dass sie Sachen mit sich führt, die sichergestellt werden können; im Falle von Art. 21 Abs. 1 Nr. 4 BayPAG kann die Person durchsucht werden, die sich an dem gefährlichen Ort aufhält. B war somit in jedem Fall richtiger Maßnahmeadressat.

3. Rechtsstaatliche Handlungsgrundsätze

308 Fraglich ist, ob vorliegnd der Fehler der Ermessensüberschreitung vorliegt. Das wäre der Fall, wenn es sich bei der durch PM'in Obermeyer vorgenommenen Maßnahme nicht (mehr) um eine Durchsuchung i.S.d. Art. 21 Abs. 1 BayPAG gehandelt hätte.

309 Die Durchsuchung i.S.d. Art. 21 bedeutet die Befugnis der Polizei, nach bestimmten Gegenständen am menschlichen Körper, in seinen natürlichen Körperöffnungen und in seiner Bekleidung zu suchen. Davon erfasst wird mithin das Abtasten des bekleideten Körpers. Gerade wenn natürliche Körperöffnungen durchsucht werden ist die Durchsuchung von der Untersuchung abzugrenzen. Untersuchungen betreffen im Gegensatz zu Durchsuchungen Vorgänge und Zustände des Körperinneren; die Suche dort ist regelmäßig mit einem Eindringen in den Körper verbunden,[122] insbesondere unter Zuhilfenahme medizinischer Hilfsmittel.[123] Durch das

---

[121] *Schmidbauer*, in: Schmidbauer/Steiner, BayPAG, Art. 21 Rn. 19.
[122] *Grünewald*, in: BeckOK PolR Bayern, Art. 21 Rn. 9.

bloße Nachschauen in der Mundhöhle liegt damit mangels Eindringen in den Körper noch keine Untersuchung, sondern eine Durchsuchung vor.

Vorliegend stellten das Abtasten und die visuelle Kontrolle der Mundhöhle der B damit eine Durchsuchung dar. Eine Ermessensüberschreitung liegt insofern nicht vor. **310**

Hinsichtlich der Verhältnismäßigkeit bestehen keine Bedenken. **311**

IV. Ergebnis

Die Durchsuchung der B war mithin rechtmäßig. **312**

Landesrechtliche Besonderheiten

Baden-Württemberg: Rechtsgrundlage für die Identitätsfeststellung ist § 26 Abs. 1 Nr. 2 PolG BW. Da die Polizei überwiegend präventivpolizeilich tätig wird, scheidet eine Zuständigkeit aufgrund § 1 Abs. 2 PolG BW i.V.m. § 163 StPO aus. Auch handelt sie nicht im Rahmen der Vollzugshilfe, § 60 Abs. 4 PolG BW. Stattdessen ist von einer Weisung an den Polizeivollzugsdienst durch die Ortspolizeibehörde gem. § 74 Abs. 1 PolG BW auszugehen. In materieller Hinsicht ergeben sich keine Besonderheiten. **313**

Bzgl. der Durchsuchung ist die Maßnahme einerseits von der Durchsuchung zum Zweck der Identitätsfeststellung, andererseits von der Untersuchung wie im Grundfall abzugrenzen. Rechtsgrundlage ist § 29 Abs. 1 Nr. 2 bzw. 3 PolG BW. Laut Sachverhalt wurde die Betroffene von einer weiblichen Beamtin durchsucht, so dass § 29 Abs. 3 PolG BW eingehalten ist. Da vorliegend Tatsachen die Annahme rechtfertigten, dass die Betroffene nach dem BtMG verbotene Substanzen mit sich führte und sie sich an einem verrufenen Ort i.S.v. §§ 29 Abs. 1 Nr. 3; 26 Abs. 1 Nr. 2 PolG BW aufhielt, liegen auch die materiellen Voraussetzungen insoweit vor. **314**

Von der Wahrung der polizeilichen Handlungsgrundsätze ist auszugehen. **315**

Niedersachsen: Die richtige Rechtsgrundlage für die Identitätsfeststellung ergibt sich hier aus dem inhaltlich vergleichbaren § 13 Abs. 1, 2 Nds SOG. Sieht man den Handel mit Betäubungsmitteln als eine Straftat von erheblicher Bedeutung, kommt § 13 Abs. 1 Nr. 2a) Nds SOG in Betracht. Lehnt man dies indes ab, so ist gem. § 13 Abs. 1 Nr. 1 Nds SOG zu prüfen, ob eine konkrete Gefahr vorliegt. Hier gelten die obigen Ausführungen zur Abgrenzung von Anscheinsgefahr und Gefahrenverdacht entsprechend. **316**

Hinsichtlich der Durchsuchung ergibt sich die Befugnisnorm aus § 22 Abs. 1 Nr. 2 Nds SOG. Zu beachten ist, dass für eine Untersuchung – anders als etwa in Bayern – eine gesetzliche Sonderregelung mit entsprechend engen Voraussetzungen in § 22 Abs. 4 Nds SOG vorgesehen ist. Dies ist gut von der – hier vorliegenden – Durchsuchung abzugrenzen. Im Übrigen kann auf die obigen Ausführungen verwiesen werden. **317**

---

123 *Schmidbauer,* in: Schmidbauer/Steiner, BayPAG, Art. 21 Rn. 6f.

Fall 6. Drogen und Durchsuchung

318 **Nordrhein-Westfalen:** Als Rechtsgrundlage kommt eine Identitätsfeststellung gem. § 12 PolG NRW in Betracht. Eine Zuständigkeit aufgrund § 1 Abs. 4 PolG NRW i.V.m. § 163 StPO scheidet aus den gleichen Gründen aus. Vollzugshilfe ist ebenfalls nicht gegeben, weshalb sich die Zuständigkeit auch nicht aus § 1 Abs. 3 PolG NRW ergibt (A.II. 1. a und b).

319 Als Befugnisnorm kommt § 12 Abs. 1 Nr. 2a), Abs. 2 PolG NRW in Betracht. Anders als bei Art. 13 Abs. 1 Nr. 2a) aa) PAG muss hier aber eine Straftat von erheblicher Bedeutung vorliegen. § 8 Abs. 3 PolG NRW enthält eine nicht abschließende Aufzählung von Straftaten erheblicher Bedeutung, nennt bzgl. Straftaten aus dem BtMG aber nur § 29 Abs. 3 Nr. 1 BtMG, der den besonders schweren Fall der gewerbsmäßigen Tatbegehung enthält. Die Annahme des Vorliegens einer erheblichen Straftat ist aufgrund der Angaben im Sachverhalt daher nur schwer vertretbar. Jedoch ist hier ein Gefahrerforschungseingriff auf Grundlage von § 12 Abs. 1 Nr. 1 PolG NRW gegeben.

320 § 12 Abs. 2 S. 4 PolG NRW scheidet als Rechtsgrundlage für die Durchsuchung aus den gleichen Gründen wie Art. 13 Abs. 2 S. 4 PAG aus. Als Rechtsgrundlage kommen hier daher §§ 39 Abs. 1 Nr. 3 und 4 PolG NRW in Betracht.

321 Die formelle Rechtmäßigkeit wurde nach § 39 Abs. 3 PolG NRW eingehalten. Als Befugnisnorm scheidet § 39 Abs. 1 Nr. 4 PolG NRW aus, da hier keine Straftaten von erheblicher Bedeutung gegeben sind. Die Durchsuchung war aber gem. § 39 Abs. 1 Nr. 2 i.V.m. § 43 Nr. 1 PolG NRW rechtmäßig, da die Voraussetzungen für eine Sicherstellung vorlagen.

322 **Sachsen:** Als Rechtsgrundlage kommt eine Identitätsfeststellung gem. § 19 SächsPolG in Betracht. Eine Zuständigkeit aufgrund § 1 Abs. 2 SächsPolG i.V.m. § 163 StPO scheidet aus den gleichen Gründen aus. Vollzugshilfe ist ebenfalls nicht gegeben, weshalb sich die Zuständigkeit auch nicht aus § 61 Abs. 1 SächsPolG ergibt. Befugnisnorm ist § 19 Abs. 1 Nr. 2 SächsPolG.

323 Die formelle Rechtmäßigkeit wurde gem. § 23 Abs. 3 SächsPolG eingehalten. Die Durchsuchung ist gem. § 23 Abs. 1 Nr. 4 SächsPolG auch materiell rechtmäßig, da B sich an einem Ort i.S.d. § 19 Abs. 1 Nr. 2 SächsPolG aufhielt.

Fall 7. Das Radarwarngerät*

Sachverhalt

X fährt gerne und schnell seinen neuen Porsche. Nachdem seine Leidenschaft aufgrund der Bußgeldbescheide wegen Geschwindigkeitsübertretungen immer teurer wird und er sein heißgeliebtes Auto auch weiterhin ausfahren möchte, kaufte sich X über das Internet ein Radarwarngerät, welches an der Innenseite der Frontscheibe befestigt wird. Das Radarwarngerät kann Radarwellen, die von den Radarmessgeräten ausgesendet werden, empfangen. Befindet sich in der Nähe ein Radarmessgerät, ertönt ein akustisches Warnsignal.

Bereits wenige Tage nachdem er das Gerät angeschafft hatte, befestigte X es an der Frontscheibe seines Pkw. Das Adapterkabel war noch nicht angeschlossen, weswegen das Radarwarngerät vorübergehend nicht betriebsbereit war. Das Adapterkabel legte X griffbereit in das Handschuhfach.

Mit dem funktionsuntüchtigen Gerät wurde X in der Nacht bei einer Routinekontrolle von der Polizei angehalten. POM Schweizer (S) bemerkte sofort das Radarwarngerät. Er forderte X daraufhin auf, ihm das Gerät auszuhändigen, um ihn an einer weiteren Nutzung zu hindern. Die Nutzung eines Radarwarngeräts sei zudem in Deutschland eine Ordnungswidrigkeit und das Gerät müsse von der Polizei zerstört werden. X war entsetzt und weigerte sich, das Gerät herauszugeben, denn immerhin handle es sich um sein Eigentum. Es könne nicht angehen, dass der Staat sein Eigentum zerstöre. Nach nochmaliger intensiver Aufforderung durch S übergab X schließlich zähneknirschend das Radargerät.

Danach stellte S ihm eine Bescheinigung, die den Grund für die Sicherstellung und die sichergestellte Sache bezeichnet, aus. Zwei Wochen später erging ein Bescheid, in dem die Vernichtung des Radarwarngerätes angeordnet wurde. X wurde zuvor ordnungsgemäß angehört. Ort und Zeit der Vernichtung wurden ihm ordnungsgemäß mitgeteilt.

Bearbeitervermerk: Waren das Herausgabeverlangen des S und die Unbrauchbarmachung des Radarwarngeräts rechtmäßig?

Auf die Verfassungsmäßigkeit von Art. 27 Abs. 4 BayPAG ist nicht einzugehen.

Auf § 23 Abs. 1c StVO wird hingewiesen:

„(1c) ¹Wer ein Fahrzeug führt, darf ein technisches Gerät nicht betreiben oder betriebsbereit mitführen, das dafür bestimmt ist, Verkehrsüberwachungsmaßnahmen anzuzeigen oder zu stören. ²Das gilt insbesondere für Geräte zur Störung oder Anzeige von Geschwindigkeitsmessungen (Radarwarn- oder Laserstörgeräte)."

---

* Gelöst nach dem Recht in Bayern, angelehnt an *BayVGH*, NJW 2008, 1549 = BayVBl. 2008, 377; Besonderheiten in anderen Ländern siehe unten Rn. 361 ff.

Fall 7. Das Radarwarngerät

Lösung

A. Rechtmäßigkeit des Herausgabeverlangens

324 Das Herausgabeverlangen durch S war rechtmäßig, wenn es auf einer tauglichen Rechtsgrundlage beruht sowie formell und materiell rechtmäßig ist.

I. Rechtsgrundlage

325 Die Aufforderung das Gerät herauszugeben greift in das Eigentumsrecht aus Art. 14 Abs. 1 GG und zumindest auch in die allgemeine Handlungsfreiheit aus Art. 2 Abs. 1 GG ein. Aufgrund des Vorbehalts des Gesetzes aus Art. 20 Abs. 3 GG bedarf es mithin einer Rechtsgrundlage.

326 Hinsichtlich der Aufforderung das Gerät herauszugeben sind vorliegend mehrere Rechtsgrundlagen denkbar.

327 X könnte vorliegend eine Ordnungswidrigkeit gem. § 49 Abs. 1 Nr. 22 i.V.m. § 23 Abs. 1c StVO durch das Mitführen des Radarwarngeräts begangen haben. Insofern kommt eine Sicherstellung § 46 Abs. 1 OWiG i.V.m. § 94 Abs. 1 StPO bzw. Beschlagnahme gem. § 46 Abs. 1 OWiG i.V.m. § 94 Abs. 2 StPO (jeweils zur Beweissicherung) bzw. Beschlagnahme gem. §§ 22, 46 Abs. 1 OWiG i.V.m. §§ 111b Abs. 1, 111c StPO (zur Sicherung der Vollstreckung einer Einziehungsanordnung) in Betracht, sofern S hier repressiv polizeilich gehandelt hat.

328 Ebenso kommt eine Sicherstellung gem. Art. 25 Abs. 1 BayPAG in Betracht, sofern S präventiv polizeilich gehandelt hat.

329 Mit der Sicherstellung bzw. Beschlagnahme beabsichtigte S sowohl den X an einer (späteren) Nutzung des Geräts mit den damit zu erwartenden Gefahren durch Geschwindigkeitsüberschreitungen zu hindern, als auch ein Ordnungswidrigkeitenverfahren durchzuführen. Wie solche Fälle, in denen sowohl präventives als auch repressives Polizeihandeln vorliegt (sog. doppelfunktionales Handeln), zu behandeln sind ist umstritten.[124]

330 In der verwaltungsgerichtlichen Rechtsprechung und Literatur herrschend ist die sog. Schwerpunkttheorie, wonach entweder präventiv gehandelt wird, wenn es der Polizei schwerpunktmäßig darauf ankommt Gefahren abzuwehren oder stattdessen repressiv gehandelt wird, wenn die Polizei schwerpunktmäßig Straftaten und Ordnungswidrigkeiten verfolgen möchte.[125] Je nach Standpunkt kommt es für die Beurteilung des Schwerpunkts entweder auf die Sichtweise des Bürgers oder die der Polizei an.[126]

---

[124] Angeheizt wurde dieser Streit jüngst durch ein Urteil des *BGH* vom 26.4.2017 (NJW 2017, 3173) zu den sog. legendierterten Polizeikontrollen; siehe dazu auch *Lenk*, NVwZ 2018, 38.

[125] *BVerwGE* 47, 255 (264f.) = *BVerwG*, NJW 1975, 893; *BayVGH*, BayVBl. 2010, 220, Rn. 12; *Becker/Heckmann/Kempen/Manssen*, ÖR Bay, 3. Teil Rn. 14.

[126] Verständiger Bürger: *BVerwGE* 47, 255 (265) = *BVerwG*, NJW 1975, 893 (895); *VGH Mannheim*, NVwZ-RR 1989, 412 (413).

Nach Ansicht des BGH besteht weder ein allgemeiner Vorrang der StPO gegenüber dem Gefahrenabwehrrecht noch umgekehrt ein solcher des Gefahrenabwehrrechts gegenüber der StPO, sodass folglich beide Rechtsgrundlagen nebeneinander zur Anwendung kommen.[127] 331

Vorliegend hat S sich das Gerät aushändigen lassen, um X von einer künftigen Benutzung abzuhalten. Die Maßnahme dient damit vorwiegend der Gefahrenabwehr, weniger der Verfolgung einer Ordnungswidrigkeit, sodass der Schwerpunkt der Maßnahme im präventiv polizeilichen Handeln liegt. Nach der erstgenannten Auffassung ist daher Art. 25 Abs. 1 BayPAG die richtige Rechtsgrundlage. Nach Ansicht des BGH kann ebenfalls Art. 25 Abs. 1 BayPAG herangezogen werden, weshalb ein Streitentscheid zumindest an dieser Stelle dahinstehen kann. 332

Hinweis: Wären in diesem Fall die Erfolgsaussichten einer Klage zu prüfen, würde sich das Problem, ob präventives oder repressives Polizeihandeln vorliegt bereits im Rahmen der „Verwaltungsrechtswegeröffnung" stellen, nämlich ob eine abdrängende Sonderzuweisung zur ordentlichen Gerichtsbarkeit gem. § 23 Abs. 1 EGGVG oder § 23 Abs. 3 EGGVG i. V. m. § 98 Abs. 2 S. 2 StPO analog besteht.[128] Freilich ist dann zu berücksichtigen, dass die Auffassung des BGH als solche für Rechtswegfragen nicht weiterhilft. Klausurtaktisch sollte man dabei immer den Rechtsweg zu den Verwaltungsgerichten eröffnet sehen. 333

II. Formelle Rechtmäßigkeit

1. Zuständigkeit

S müsste für die Sicherstellung sachlich und örtlich zuständig gewesen sein. 334

Die sachliche Zuständigkeit richtet sich zunächst nach der ermächtigenden Rechtsgrundlage. S als Polizeiobermeister (POM) zählt zur Polizei im eingeschränkt institutionellen Sinne (Vollzugspolizei) i. S. d. Art. 1 BayPAG und war vorliegend nach Art. 25 Abs. 1 BayPAG sachlich zuständig. 335

Darüber muss im Rahmen der sachlichen Zuständigkeit die Aufgabeneröffnung gem. Art. 2 BayPAG [129] und die Subsidiarität polizeilichen Handelns gem. Art. 3 BayPAG geprüft werden.

S stützt sich vorliegend auf die Befugnis Art. 25 Abs. 1 BayPAG und wird folglich zum Zwecke der Gefahrenabwehr tätig. Insofern kann von der Befugnis auf die Aufgabe geschlossen werden, weshalb die Aufgabeneröffnung gem. Art. 2 Abs. 1 BayPAG vorliegt.[130] 336

Hinweis: Es wäre hier nicht unvertretbar das Vorliegen einer (abstrakten) Gefahr unter Art. 2 Abs. 1 BayPAG zu subsumieren, was in Bayern wohl gängige Praxis ist. Nach der hier vertretenen Auffassung ist es im Rahmen einer Klausur allerdings sinnvoller, sich im Rahmen der Aufgabeneröffnung nach Art. 2 Abs. 1 BayPAG – denn nur hier stellt sich überhaupt die Frage nach dem Vorliegen einer (abstrakten) Gefahr – mit der Feststellung zu begnügen, dass die Polizei zum Zwecke der Gefahrenabwehr auf Grundlage der jeweiligen Befugnisnorm tätig wurde. Insofern kann dann von der Befugnis auf die Aufgabe geschlossen werden, wodurch die Prüfung der „Gefahr" in die materielle Rechtmäßigkeit verschoben wird und sich methodisch fragwürdige Doppelprüfungen des Gefahrbegriffs vermeiden lassen, 337

---

[127] *BGH*, NJW 2017, 3173, Rn. 25 ff.
[128] *VG München*, Beschl. v. 9.5.2016 – M 7 K 16.570, M 7 E 16.795, BeckRS 2016, 51286.
[129] *Holzner*, in: BeckOK PolR Bayern, Art. 2 Rn. 2.
[130] *Schmidbauer*, in: Schmidbauer/Steiner, BayPAG, Art. 2 Rn. 5; *Holzner*, in: BeckOK PolR Bayern, Art. 2 Rn. 2.

denn das Fehlen einer Gefahr führt zur materiellen Rechtswidrigkeit polizeilichen Handelns, nicht zur fehlenden Zuständigkeit der Polizei.[131]

338 Zum Zeitpunkt der Sicherstellung konnte eine andere Behörde zum Zwecke der Gefahrenabwehr nicht rechtzeitig tätig werden. Die Subsidiarität polizeilichen Handelns gem. Art. 3 BayPAG liegt damit vor.

339 Die örtliche Zuständigkeit des S ergibt sich aus Art. 3 Abs. 1 POG.

2. Verfahren

340 Ob X gem. Art. 28 Abs. 1 BayVwVfG vor der Sicherstellung hätte angehört werden müssen, hängt davon ab, ob es sich bei der Sicherstellung um einen Verwaltungsakt i. S. d. Art. 35 S. 1 BayVwVfG gehandelt hat. Dies kann hier gleichwohl offenbleiben, da X jedenfalls im Rahmen der Anordnung der Sicherstellung Gelegenheit hatte sich dazu zu äußern. Soweit X erst nach Anordnung der Sicherstellung Gelegenheit zur Äußerung hatte – der Sachverhalt ist hier ungenau – wäre eine dadurch eventuell eintretende formelle Rechtswidrigkeit jedenfalls gem. Art. 45 Abs. 1 Nr. 3 BayPAG nachträglich geheilt worden.

3. Form

341 Die gem. Art. 26 Abs. 2 S. 1 BayPAG erforderliche Bescheinigung wurde laut Sachverhalt ordnungsgemäß ausgestellt, hätte bei deren Verletzung gleichwohl nicht die Rechtswidrigkeit der Sicherstellung zur Folge, da es sich dabei um eine bloße Ordnungsvorschrift handelt.[132]

342 Eine Verletzung von Formvorschriften ist im Übrigen nicht ersichtlich.

4. Zwischenergebnis

343 Die Maßnahme war mithin formell rechtmäßig.

III. Materielle Rechtmäßigkeit

1. Voraussetzungen der Rechtsgrundlage

344 Es müsste eine gegenwärtige Gefahr vorgelegen haben, die durch die Sicherstellung abgewehrt wurde, Art. 25 Abs. 1 Nr. 1a) BayPAG.

345 Nach allgemeiner Auffassung liegt eine Gefahr vor, wenn bei ungehindertem, objektiv zu erwartendem Geschehensablauf in absehbarer Zeit mit hinreichender Wahrscheinlichkeit ein Schaden für die öffentliche Sicherheit oder Ordnung eintritt.[133] Öffentliche Sicherheit ist dabei die Unversehrtheit der Rechtsordnung und

---

[131] Wie hier: *Becker/Heckmann/Kempen/Manssen*, ÖR Bay, 3. Teil Rn. 89; *Poscher/Rusteberg*, JuS 2011, 888 (893). *Kingreen/Poscher*, Polizei- und OrdnungsR, § 27 Rn. 6, 10 wollen hingegen die „Aufgabenzuweisung" bereits im Rahmen der Rechtsgrundlage prüfen. Vertiefend siehe auch *Funke/Kraus*, BayVBl. 2018, 725. Zur Unsinnigkeit des bayerischen Prüfungsaufbaus: *Wehr*, JuS 2006, 582.

[132] Eine Verletzung kann allerdings einen Amtshaftungsanspruch gem. § 839 BGB i. V. m. Art. 34 GG auslösen, siehe *Schmidbauer*, in: Schmidbauer/Steiner, BayPAG, Art. 26 Rn. 9; *Senfft*, in: BeckOK PolR Bayern, Art. 26 Rn. 17.

[133] *Götz/Geis*, Allg. Polizei- u. OrdnungsR, § 6 Rn. 3; *Holzner*, in: BeckOK PolR Bayern, Art. 11 Rn. 20; vgl. auch *BVerfG*, NJW 2008, 822, Rn. 251.

der verfassungsmäßigen Ordnung, die Unversehrtheit von bestimmten Individualrechtsgütern, insbesondere Leben, Gesundheit, Freiheit, Eigentum, Vermögen und Ehre, sowie diejenige von Gemeinschaftsgütern, wie das Funktionieren des Staates und seiner grundlegenden Einrichtungen.[134] Gegenwärtig ist eine Gefahr, wenn die Einwirkung des schädigenden Ereignisses bereits begonnen hat oder unmittelbar oder in allernächster Zeit mit an Sicherheit grenzender Wahrscheinlichkeit bevorsteht.[135]

Vorliegend könnte bereits eine Störung der Öffentlichen Sicherheit vorgelegen haben, nämlich dann, wenn X durch sein Verhalten gegen § 23 Abs. 1c StVO verstoßen hat. X hatte an seiner Windschutzscheibe ein Radarwarngerät montiert, allerdings war das zugehörige Adapterkabel zur Stromversorgung nicht angeschlossen, sondern befand sich im Handschuhfach. 346

Ein Verstoß gegen § 23 Abs. 1c StVO liegt nicht erst bei tatsächlicher Benutzung eines Radarwarngeräts vor, sondern bereits dann, wenn ein Radarwarngerät betriebsbereit mitgeführt wird. Nach der Gesetzesbegründung sollten die Überwachungsbehörden durch diese Ausweitung bei bestimmungsgemäßer Anbringung eines Radarwarngerätes von dem Nachweis der tatsächlichen Inbetriebnahme entlastet werden.[136] 347

Wann Betriebsbereitschaft vorliegt, ist umstritten. Betriebsbereitschaft bestehe jedenfalls dann, wenn das Radarwarngerät während der Fahrt jederzeit ohne größeren technischen und zeitlichen Aufwand eingesetzt werden kann.[137] Der BayVGH fordert neben dem geringen technischen Aufwand zusätzlich geringen zeitlichen Aufwand.[138] Nach Auffassung des VG Chemnitz soll dafür die reine Funktionsfähigkeit eines Gerätes genügen.[139] 348

Vorliegend hätte X das funktionsfähige Radarwarngerät durch Anschließen des Adapterkabels mit geringem technischem und zeitlichem Aufwand in Betrieb nehmen können. Ein betriebsbereites Mitführen i. S. d. § 23 Abs. 1c StVO liegt damit nach allen Auffassungen vor, ein Streitentscheid kann dahinstehen. Damit ist bereits eine Störung der öffentlichen Sicherheit durch den Verstoß gegen § 23 Abs. 1c StVO eingetreten und der Tatbestand von Art. 25 Abs. 1 Nr. 1a) BayPAG mithin erfüllt. 349

Hinweis: Im Originalfall des BayVGH konnte kein Adapterkabel im Fahrzeug festgestellt werden. Dieser bejahte aber gleichwohl das Vorliegen einer konkreten Gefahr und zwar mit dem Argument, dass ein Fahrzeughalter mit montiertem Radarwarngerät die Absicht zu erkennen gebe, dieses Radarwarngerät im Straßenverkehr einsetzen zu wollen, sodass bei ungehindertem Geschehensablauf objektiv zu erwarten sei, dass gegen das Verbot des § 23 Abs. 1b StVO a. F. verstoßen werden wird. Gegenwärtigkeit liege vor, da es hierfür nicht erforderlich sei, dass subjektiv nach dem Plan des Verdächtigen der Rechtsverstoß innerhalb weniger Stunden oder erst in einem Monat begangen werden solle. Maßgeblich sei vielmehr, ob objektiv aus der Sicht eines verständigen Dritten ex ante betrachtet die Besorgnis 350

---

134 *Holzner*, in: BeckOK PolR Bayern, Art. 11 Rn. 86 m.w.N.
135 *Senftl*, in: BeckOK PolR Bayern, Art. 25 Rn. 14.
136 BT-Drs. 751/01 S. 12.
137 *Hentschel*, NJW 2002, 1237 (1238); *Albrecht*, DAR 2006, 481.
138 *BayVGH*, NJW 2008, 1549, Rn. 13.
139 *VG Chemnitz*, Urt. v. 2.11.2004, 3 K 1239/01.

einer Tatverwirklichung in nächster Zeit bestehe, was beim Anbringen des Radarwarngeräts der Fall sei.[140]

2. Maßnahmerichtung

351 X war vorliegend Verhaltensverantwortlicher i.S.d. Art. 7 Abs. 1 PAG und damit richtiger Adressat der Maßnahme.

3. Rechtsstaatliche Handlungsgrundsätze

352 Ermessensfehler sind nicht ersichtlich. Zudem ist die Sicherstellung geeignet um den Verstoß gegen § 23 Abs. 1c StVO zu unterbinden. Ein milderes ebenso effektives Mittel, um X an dem Verstoß zu hindern ist nicht ersichtlich. Schließlich wiegen die schützenswerten Interessen des X nicht schwerer als das öffentliche Interesse an der Unterbindung des Verstoßes gegen § 23 Abs. 1c StVO. Insbesondere ist zu beachten, dass X seine Eigentumsposition durch die Sicherstellung noch nicht entzogen, sondern er lediglich an der Nutzung seines Eigentums gehindert wird. Demgemäß ist die Sicherstellung auch verhältnismäßig.

IV. Ergebnis

353 Das Herausgabeverlangen in Form der Sicherstellung war mithin rechtmäßig.

B. Rechtmäßigkeit der Vernichtung des Radarwarngeräts

354 Fraglich ist weiterhin, ob die Vernichtung des Radarwarngerätes rechtmäßig war.

I. Rechtsgrundlage

355 Gem. Art. 27 Abs. 4 S. 1 BayPAG können sichergestellte Sachen vernichtet werden.

II. Formelle Rechtmäßigkeit

356 Die Zuständigkeit folgt derjenigen der Sicherstellung (siehe dazu oben Rn. 342f.). Auch wurde laut Sachverhalt das besondere Verfahren nach Art. 27 Abs. 4 S. 2, Abs. 2 BayPAG eingehalten. Sonstige Fehler der formellen Rechtmäßigkeit sind nicht ersichtlich.

III. Materielle Rechtmäßigkeit

1. Voraussetzungen der Rechtsgrundlage

357 Sichergestellte Sachen können gem. Art. 27 Abs. 4 S. 1 Nr. 1 BayPAG vernichtet werden, wenn im Fall einer Verwertung die Gründe, die zu ihrer Sicherstellung berechtigten, fortbestehen oder Sicherstellungsgründe erneut entstehen würden.

Die (bestimmungsgemäße) Verwendung eines Radarwarngeräts führt letzlich immer zu einem Verstoß gegen § 23 Abs. 1c StVO. Zu beachten ist, dass der bloße Besitz des Geräts hingegen nicht bußgeldbewährt ist. Würde das Gerät durch öf-

---

[140] *BayVGH,* NJW 2008, 1549, Rn. 15.

fentliche Versteigerung (Art. 27 Abs. 3 BayPAG) verwertet, besteht eine sehr hohe Wahrscheinlichkeit dafür, dass es der Erwerber das Gerät auch seinem Zweck entsprechend einsetzt und die Gründe für die Sicherstellung des Radarwarngeräts gem. Art. 28 Abs. 1 Nr. 1a) BayPAG würden erneut entstehen.

2. Rechtsstaatliche Handlungsgrundsätze

Ermessensfehler sind nicht ersichtlich. Fraglich ist aber, ob die Vernichtung verhältnismäßig ist. Durch die Vernichtung kann weder X noch ein Dritter das Gerät im Straßenverkehr einsetzen; sie ist daher geeignet um dauerhaft einen Verstoß gegen § 23 Abs. 1c StVO zu unterbinden. Ein milderes, ebenso effektives Mittel ist nicht ersichtlich. Problematisch könnte hingegen die Frage der Angemessenheit sein. 358

Die entschädigungslose Vernichtung sichergestellter Sachen kann nur ultima ratio sein, da darin ein besonders einschneidender Eingriff in das Eigentumsgrundrecht aus Art. 14 Abs. 1 S. 1 GG liegt.[141] Neben dem Eigentumsgrundrecht von X ist hier allerdings zu berücksichtigen, dass § 23 Abs. 1c StVO dem Schutz von Leben und Gesundheit anderer Teilnehmer im Straßenverkehr dient, denn derjenige der ein Radarwarngerät nutzt bekundet damit seine Absicht, sich nicht an die Geschwindigkeitsbeschränkungen halten zu wollen. Dadurch wird das Risiko von Unfällen durch überhöhte Geschwindigkeit, bei denen es regelmäßig zu schweren, mitunter lebensgefährlichen Verletzungen kommt, massiv erhöht. Zudem hätte X sich vor dem Kauf eines Radarwarngeräts darüber informieren können und müssen, ob die Nutzung überhaupt zulässig ist. Dass er sich gleichwohl zum Kauf entschlossen hat, rechtfertigt eine geringere Schutzwürdigkeit seiner Eigentumsposition. Mithin wiegt das Interesse des X an seinem Eigentum geringer, als der durch § 23 Abs. 1c StVO bezweckte Schutz von Leben und Gesundheit. Die Vernichtung war daher nicht unverhältnismäßig. 359

IV. Ergebnis

Die Vernichtung des Radarwarngeräts war mithin rechtmäßig. 360

Landesrechtliche Besonderheiten

Baden-Württemberg: In Betracht kommt entweder die Sicherstellung nach § 32 PolG BW oder die Beschlagnahme nach § 33 PolG BW, die nach dem Zweck der Maßnahme abzugrenzen sind (vgl. Fall 2 Baden-Württemberg). Da vorliegend die Maßnahme ersichtlich nicht dazu dient, die Sache selbst zu schützen, sondern die aus ihr möglicherweise resultierenden Gefahren abzuwehren, ist § 33 Abs. 1 Nr. 1 PolG BW anwendbar. 361

Zuständig ist der Polizeivollzugdienst in sachlicher Hinsicht gem. § 60 Abs. 3 in örtlicher Hinsicht gem. §§ 70, 75 PolG BW. Zu denken ist in verfahrensrechtlicher Hinsicht an die Bescheinigung gem. § 33 Abs. 4 PolG BW, die laut Sachverhalt 362

---

[141] *Senftl*, in: BeckOK PolR Bayern, Art. 27 Rn. 5.

ausgestellt wurde. Hinsichtlich der materiellen Voraussetzungen ergeben sich zum Grundfall keine Unterschiede.

363 Die Vernichtung des Radarwarngeräts ist in Baden-Württemberg im Rahmen der Einziehung geregelt. Diese ist von der gem. § 66 Abs. 2 PolG BW zuständigen Ortspolizeibehörde schriftlich anzuordnen, da im Moment der Herausgabe das Radarwarngerät sogleich wieder eingezogen werden müsste. Eine Verwertung gem. § 34 Abs. 2 PolG BW scheidet offensichtlich aus, so dass das Gerät gem. § 34 Abs. 3, 4 PolG BW auf Kosten des X zu vernichten war.

364 **Niedersachsen:** Für das niedersächsische Landesrecht gelten die Ausführungen weitgehend entsprechend. Richtige Rechtsgrundlage für die Sicherstellung ist § 26 Abs. 1 Nr. 1 Nds SOG. Gem. § 27 Abs. 2 Nds SOG war eine Bescheinigung auszustellen. Die Vernichtung des Radarwarngeräts kann auf § 28 Abs. 4 Nds SOG gestützt werden. Auch hier ergeben sich zu den bereits gemachten Ausführungen keine weiteren Besonderheiten. Die Maßnahmen der Polizei waren damit rechtmäßig.

365 **Nordrhein-Westfalen:** Die Rechtsgrundlage der Sicherstellung ist § 43 Nr. 1 PolG NRW.

366 Die Vernichtung des Radarwarngeräts kann aus den gleichen Gründen auf § 45 Abs. 4 Nr. 1 PolG NRW gestützt werden.

367 **Sachsen:** Einschlägig ist nicht die Sicherstellung gem. § 26 SächsPolG, sondern die Beschlagnahme gem. § 27 Abs. 1 Nr. 1 SächsPolG. Ansonsten ergeben sich aber keine Unterschiede, insb. ist eine Störung der öffentlichen Sicherheit zu bejahen.

368 Zur Vernichtung ist zunächst die schriftliche Anordnung der Einziehung der beschlagnahmten Sache nötig. Die Einziehung ist hier möglich, da die Sache nicht mehr herausgegeben werden kann, ohne dass die Voraussetzungen der Beschlagnahme erneut eintreten, § 28 Abs. 1 SächsPolG. Die Vernichtung ist unter den Voraussetzungen des § 28 Abs. 3 SächsPolG möglich.

Fall 8. Freier Blick auf den Bahnhofsplatz*

Sachverhalt

In der Stadt Erlangen (Regierungsbezirk Mittelfranken) wurden nach Umbauarbeiten, die dem Verkehrsfluss und der Verschönerung dienen sollten, Mitte 2018 am Bahnhofsplatz mehrere Eisengitterpapierkörbe aufgestellt. Diese waren teils auch schon vor den Bauarbeiten angebracht, um zu verhindern, dass die an den am Bahnhofsplatz liegenden Bushaltestellen wartenden Fahrgäste ihre Abfälle und Zigarettenstummel auf den Boden werfen.

Sehr schnell sahen aber die mit dem Zug täglich nach Nürnberg pendelnden Erlanger die Möglichkeit, ihre Fahrräder an den Abfalleimern anzuketten, um sie dort sicher abgestellt zu wissen. Dies geschah mehr oder weniger aus der Not heraus, denn obwohl sich die Stadt Erlangen als „Fahrradstadt" rühmt, werden insbesondere in der Gegend um den Bahnhof herum zu wenige Abstellflächen für Fahrräder angeboten.

Über diesen Zustand war der Oberbürgermeister B sehr erbost, denn der zugeparkte Bahnhofsplatz entsprach nicht seinem Sinn für Ästhetik. Außerdem befanden sich in unmittelbarer Umgebung genügend Fahrradständer. Zudem blockierten die abgestellten Fahrräder den ungehinderten Zugang zum Bahnhofsgebäude und zu den umliegenden Bushaltestellen. Auch die Notausgänge und die Feuerwehreinfahrtszone wurden regelmäßig mit den Fahrrädern zugeparkt. Im Falle eines Brandes wäre möglicherweise mit einer kurzzeitigen Beeinträchtigung der Löscharbeiten zu rechnen.

Daraufhin veranlasste der Oberbürgermeister den städtischen Angestellten X, am 5. Dezember 2018 über den Papierkörben jeweils ein Schild anzubringen, auf dem geschrieben stand:

Behördliche Anordnung:

Zur Aufrechterhaltung der städtischen Ordnung ist das Anketten von Fahrrädern an den Papierkörben untersagt (Art. 7 BayLStVG).
Bei Zuwiderhandlung werden angekettete Fahrräder kostenpflichtig entfernt.

„Der Oberbürgermeister"

Am Mittwoch, den 19. Dezember 2018, kettete der täglich nach Nürnberg zu seinem Arbeitsplatz pendelnde Heribert Hausmann sein Fahrrad an einen Papierkorb an. Der pflichtbewusste städtische Angestellte X, der vom Oberbürgermeister angewiesen war, für die Einhaltung der Anordnung Sorge zu tragen und ggf. das Erforderliche zu veranlassen, trennte mit einer Stahlsäge die Kette durch und stellte

---
* Gelöst nach dem Recht in Bayern; Besonderheiten in anderen Ländern siehe unten Rn. 426 ff.

Fall 8. Freier Blick auf den Bahnhofsplatz

das Fahrrad in den Rathauskeller. Als Hausmann am Abend von der Arbeit zurückkehrte und sein Fahrrad nicht vorfand, wandte er sich aufgeregt an den Pförtner des Rathauses, der ihn an X verwies. X händigte dem Hausmann daraufhin, gegen Unterzeichnung einer Quittung, das Fahrrad aus.

Hausmann wurde schließlich ein Bescheid mittels Übergabeeinschreiben zugestellt, nach dem er einen Betrag i. H. v. 50 € für das Entfernen des Fahrrads bezahlen sollte. Der Bescheid war begründet, mit einer ordnungsgemäßen Rechtsbehelfsbelehrung versehen und sogar vom Oberbürgermeister persönlich unterzeichnet.

Hausmann möchte gegen den Kostenbescheid nun klageweise vorgehen und fragt Rechtsanwalt Ratlos nach entsprechenden Möglichkeiten. Dieser erhebt noch am selben Tag eine zulässige Anfechtungsklage beim Verwaltungsgericht Ansbach.

Bearbeitervermerk: Ist die Klage des Hausmann (H) begründet?

Lösung

369 Die Anfechtungsklage ist begründet, wenn sie gegen den richtigen Beklagten gerichtet ist, soweit der angefochtene Verwaltungsakt rechtswidrig und der H dadurch in seinen Rechten verletzt ist, §§ 78 Abs. 1 Nr. 1, 113 Abs. 1 S. 1 VwGO.

A. Passivlegitimation, § 78 Abs. 1 Nr. 1 VwGO

370 Nach dem Rechtsträgerprinzip ist bei einer Anfechtungsklage der Rechtsträger der handelnden Behörde richtiger Beklagter. Im vorliegenden Fall also die Stadt Erlangen, § 78 Abs. 1 Nr. 1 VwGO i. V. m. Art. 1 S. 1, 3 BayGO.

371 **Hinweis:** Da dieser Fall nach bayerischem Recht gelöst wird, ist die Frage nach dem richtigen Beklagten (die Passivlegitimation) in der Begründetheit zu prüfen. In anderen Bundesländern wäre dies in der Zulässigkeit unter dem Prüfungspunkt „Antrags- oder Klagegegner" anzusprechen gewesen.

B. Rechtmäßigkeit des Kostenbescheids

372 Der Kostenbescheid ist rechtmäßig, wenn er auf einer Rechtsgrundlage beruht und diese formell und materiell rechtmäßig angewandt wurde.

I. Rechtsgrundlage

373 Der Bescheid ist ein belastender Verwaltungsakt. Nach dem Prinzip des Vorbehalts des Gesetzes (Art. 20 Abs. 3 GG) bedarf es daher einer Rechtsgrundlage. Die Rechtsgrundlage für den Kostenbescheid könnte Art. 1, 5 BayKG, Art. 41 Abs. 1, 32 S. 1 i. V. m. Art. 29 Abs. 1, 2 Nr. 2 BayVwZVG i. V. m. lfd Nr. 1 I.8/2 der Anlage zum Bayerischen Kostenverzeichnis (KVZ) sein, wenn es sich bei der Sekundärmaßnahme um eine Ersatzvornahme oder unmittelbaren Zwang handelte.

374 Fraglich ist daher, ob eine Ersatzvornahme oder unmittelbarer Zwang vorlag (Art. 29 Abs. 2 BayVwZVG).

Eine Ersatzvornahme ist zu bejahen, wenn es sich um eine vertretbare Handlung 375
handelt und nicht ein entgegenstehender Wille bzw. Widerstand gebrochen werden
soll. Soll ein entgegenstehender Wille gebrochen werden, liegt unmittelbarer Zwang
vor.[142] Wäre H vor Ort gewesen, hätte er das Fahrrad mit an Sicherheit grenzender
Wahrscheinlichkeit freiwillig entfernt. Ein Widerstand wäre nicht zu erwarten gewesen. Im Übrigen handelte es sich auch um eine vertretbare Handlung, da sie von
jedem Dritten hätte vorgenommen werden können. Die vertretbare Handlung lag
hier im Gebot des Entfernens des Fahrrads.

Hinweis: Im Ergebnis hätte der Streit hier auch noch dahinstehen können, da die Rechtsgrundlage 376
Art. 1, 5 BayKG, Art. 41 Abs. 1, 29 BayVwZVG i. V. m. lfd Nr. 1 I.8/2 der Anlage zum KVz sowohl
für die Ersatzvornahme, als auch für den unmittelbaren Zwang gilt. Der Streit wird erst unten bei den
besonderen Vollstreckungsvoraussetzungen relevant. Eine a. A., dass keine Ersatzvornahme, sondern
unmittelbarer Zwang vorliegt, wäre auch mit der Begründung vertretbar, dass das Fahrrad angekettet
war. Dann wäre unten der unmittelbare Zwang nach Art. 34 BayVwZVG als Sekundärmaßnahme zu
prüfen.

II. Formelle Rechtmäßigkeit des Kostenbescheids

Der Kostenbescheid erging formell rechtmäßig, wenn Zuständigkeit, Verfahren und 377
Form gewahrt wurden.

1. Zuständigkeit

Zuständig für den Kostenbescheid ist gem. Art. 1 Abs. 1 S. 1 BayKG die Be- 378
hörde, die die Tätigkeit in Ausübung ihrer hoheitlichen Gewalt vorgenommen hat
und damit die Vollstreckungsbehörde, vgl. Art. 41 Abs. 1 S. 1 BayVwZVG. Vollstreckungsbehörde ist nach Art. 20 Nr. 2 BayVwZVG die Behörde, die zur Vollstreckung eines Verwaltungsakts zuständig ist. Fraglich ist demnach, ob die Stadt
Erlangen für die Ersatzvornahme (Entfernen des Fahrrads) zuständig war.

Gem. Art. 30 Abs. 1 i. V. m. 20 Nr. 1 BayVwZVG ist zuständige Vollstreckungsbe- 379
hörde die Anordnungsbehörde. Anordnungsbehörde ist dabei die Behörde, die den
zu vollstreckenden Verwaltungsakt erlassen hat. Art. 20 Nr. 1 BayVwZVG geht dabei im Gegensatz zu Nr. 2 *nicht* davon aus, dass sie auch für den zu vollstreckenden
Verwaltungsakt zuständig gewesen sein muss. Auf die Zuständigkeit der Stadt Erlangen für den Grundverwaltungsakt kommt es daher nicht an.[143] Ausreichend ist,
dass das Verbot von der Stadt Erlangen, vertreten durch den Oberbürgermeister, als
Anordnungsbehörde erlassen wurde.

2. Verfahren

Fraglich ist, ob hier eine Anhörung nach Art. 28 Abs. 1 BayVwVfG erfolgt ist. Dies 380
erscheint äußerst zweifelhaft, da die Unterzeichnung einer Quittung bei Entgegennahme des Fahrrads grds. nicht als eine Anhörung gewertet werden kann. Allerdings besteht bei unterlassener Anhörung die Möglichkeit einer Heilung nach
Art. 45 Abs. 1 Nr. 3, Abs. 2 BayVwVfG bis zum Schluss der letzten mündlichen
Verhandlung.

---

[142] Zur Abgrenzung vgl. *Schmidbauer* in: Schmidbauer/Steiner, BayPAG, Art. 55, Rn. 4.
[143] A. A. wohl *Weber*, in: PdK Bayern, Art. 20 BayVwZVG, Ziff. 3.2.

3. Form

381 Der Kostenbescheid war gem. Art. 37 Abs. 2 S. 1, 39 Abs. 1 S. 1 BayVwVfG begründet.

4. Zwischenergebnis

382 Der Kostenbescheid ist formell rechtswidrig.

III. Materielle Rechtmäßigkeit des Kostenbescheids

383 Der Kostenbescheid war rechtmäßig, wenn die Voraussetzungen der Rechtsgrundlage eingehalten wurden.

384 Eine Amtshandlung im Vollstreckungsverfahren nach Art. 41 Abs. 1 S. 1 BayVwZVG liegt mit der Ersatzvornahme nach Art. 32 BayVwZVG vor. Fraglich ist aber, ob die Sekundärmaßnahme auch rechtmäßig sein muss. Aus Art. 16 Abs. 5 BayKG ergibt sich, dass die Rechtmäßigkeit des Kostenbescheids von der Rechtmäßigkeit der Sekundärmaßnahme abhängt. Daher ist zu prüfen, ob die Zwangsmaßnahme (das Durchschneiden der Fahrradkette) rechtmäßig war. Dies ist der Fall, wenn sie auf einer ordnungsgemäßen Rechtsgrundlage beruht und diese formell und materiell rechtmäßig angewandt wurde.

1. Rechtsgrundlage für die Ersatzvornahme

385 Die Ersatzvornahme greift in die Rechte des H ein, weshalb sie einer Rechtsgrundlage bedarf (Art. 20 Abs. 3 GG). In Betracht kommt Art. 18, 29 Abs. 1, Abs. 2 Nr. 2, 32 BayVwZVG.

2. Formelle Rechtmäßigkeit der Ersatzvornahme

386 Die Ersatzvornahme war formell rechtmäßig, wenn Zuständigkeit, Verfahren und Form gewahrt wurden.

a) Zuständigkeit

387 Zuständig ist gem. Art. 30 Abs. 1 BayVwZVG die Anordnungsbehörde, also nach Art. 20 Nr. 1 BayVwZVG die Stadt Erlangen, s. o.

b) Verfahren

388 Eine Anhörung ist wegen Art. 28 Abs. 2 Nr. 5 BayVwVfG entbehrlich.

Nach Art. 36 Abs. 1 BayVwZVG ist aber eine vorherige Androhung der konkret beabsichtigten Vollstreckungsmaßnahme unter Setzung einer Frist erforderlich. In Betracht kommt nur der Hinweis auf dem Schild, dass bei Zuwiderhandlung angekettete Fahrräder kostenpflichtig entfernt werden. Grundsätzlich kann nach Art. 36 Abs. 2 S. 1 BayVwZVG die Androhung mit dem Grundverwaltungsakt verbunden werden. Allerdings muss gem. Art. 36 Abs. 3 S. 1 BayVwZVG ein bestimmtes Zwangsmittel angedroht werden. Die Androhung der „kostenpflichtigen Entfernung" ist dabei nicht bestimmt genug, da sowohl die Ersatzvornahme als auch der unmittelbare Zwang in Betracht kommen, s. o. Da der Bürger das Risiko von Zuwiderhandlungen abschätzen können muss, gehen Zweifel zu Lasten der Behörde.[144]

Weiterhin führt das Schild nicht auf, welcher Kostenbetrag für das Entfernen vorläufig veranschlagt wird, was bei einer Ersatzvornahme wie vorliegend aber zwingend ist, vgl. Art. 36 Abs. 4 S. 1 BayVwzVG. Unterbleibt bei der Androhung die Mitteilung über die voraussichtliche Höhe, können die aufgewendeten Kosten nicht durchgesetzt werden.[145] Der Mangel des Kostenvoranschlags kann geheilt werden.[146] Dem Pflichtigen muss jedoch eine angemessene Frist zur Erfüllung seiner Pflichten bleiben. Dies war hier nicht der Fall. **389**

Zudem scheitert die Androhung an einer fehlenden Zustellung, Art. 36 Abs. 7 S. 1 BayVwZVG. **390**

Die Frist nach Art. 36 Abs. 1 S. 2 BayVwZVG muss so bemessen sein, dass dem Pflichtigen die Erfüllung seiner Pflicht möglich ist.[147] Die Angabe einer Frist fehlte hier völlig.[148]

Fraglich ist aber, ob eine Androhung des Zwangsmittels hier überhaupt nötig war, denn gem. Art. 35 Var. 2 BayVwZVG ist eine Androhung bei Abwendung einer drohenden Gefahr nicht erforderlich. Gemeint ist damit eine unmittelbar bevorstehende Gefahr für die öffentliche Sicherheit und Ordnung.[149] **391**

Durch die Behinderung der Feuerwehreinfahrtszone kann es zu Beeinträchtigungen bei der Löscharbeit kommen und somit zur Gefährdung von Menschenleben. Allerdings kann davon ausgegangen werden, dass ein schweres Feuerwehrfahrzeug im Notfall jederzeit ein Fahrrad unproblematisch umfahren könnte, um sich so seinen Weg zu bahnen. Da im vorliegenden Fall auch nicht mit einer aktuellen Brandgefahr zu rechnen war, wäre mangels unmittelbar bevorstehender Gefahr eine Androhung erforderlich gewesen. **392**

Das Verfahren wurde mithin nicht eingehalten. **393**

c) Form

Für die Ersatzvornahme gelten keine besonderen Formvorschriften. **394**

3. Materielle Rechtmäßigkeit der Ersatzvornahme

Fraglich ist, ob die materielle Rechtmäßigkeit zu bejahen ist. **395**

Voraussetzung für die Rechtmäßigkeit der Ersatzvornahme ist, dass die allgemeinen und besonderen Vollstreckungsvoraussetzungen eingehalten wurden. **396**

---

[144] So die wohl h. M., vgl. *Troidl*, in: Engelhardt/App/Schlatmann, VwVG/VwZG, § 13 VwVG Rn. 4; *OVG Sachs.-Anh.*, DÖV 1995, 385 f.
[145] *Troidl*, in: Engelhardt/App/Schlatmann, VwVG/VwZG, § 13 VwVG Rn. 6.
[146] *OVG Berlin*, JR 1969, 476.
[147] Zum Eintritt von Umständen, die eine ursprünglich angesetzte Frist unmöglich machen, vgl. *VGH München*, BayVBl. 1988, 656.
[148] Zum Fristerfordernis vgl. eingehend *Troidl*, in: Engelhardt/App/Schlatmann, VwVG/VwZG, § 13 VwVG Rn. 3.
[149] *VGH München*, Beschl. v. 31.3.2010, 9 ZB 07.2172 Rn. 2.

a) Allgemeine Vollstreckungsvoraussetzungen

397 Die allgemeinen Vollstreckungsvoraussetzungen richten sich nach Art. 18, 19 BayVwZVG.

aa) Vorliegen eines Verwaltungsaktes, Art. 18 BayVwZVG

398 Nach Art. 18 Abs. 1 BayVwZVG gilt das BayVwZVG nur für Verwaltungsakte. Als Verwaltungsakt könnte das sich aus dem Schild ergebende Verbot angesehen werden. Die Voraussetzungen des Art. 35 S. 1 BayVwVfG müssten erfüllt sein.

399 Verwaltungsakt ist danach jede Verfügung, Entscheidung oder andere hoheitliche Maßnahme, die eine Behörde zur Regelung eines Einzelfalls auf dem Gebiet des öffentlichen Rechts trifft und die auf unmittelbare Rechtswirkung nach außen gerichtet ist.

400 Als Rechtsgrundlage war eine Vorschrift des öffentlichen Rechts angegeben. Daraus wurde deutlich, dass das Verbot nicht nur ein Hinweis auf den privatrechtlichen Unterlassungsanspruch aus dem Eigentum an den Papierkörben nach § 1004 Abs. 1 BGB war, sondern vielmehr eine einseitig von einer Behörde auferlegte Unterlassungspflicht auf dem Gebiet des öffentlichen Rechts. Irrelevant ist, ob für den Erlass der Anordnung tatsächlich Art. 7 BayLStVG die richtige Befugnisnorm darstellt. Einzig entscheidend ist, dass es sich bei dem Verbot um einen Verwaltungsakt handelte.

401 Einzig problematisch ist hier, dass sich das Verbot des Ankettens von Fahrrädern an den Papierkörben an einen größeren Personenkreis richtete. Daher liegt keine konkret-individuelle, sondern eine konkret-generelle Regelung vor. Es handelt sich mithin um eine Allgemeinverfügung nach Art. 35 S. 2 BayVwVfG.[150] Allgemeinverfügungen sind an einen nach allgemeinen Kriterien bestimmbaren Personenkreis gerichtet.[151] Hier richteten sich die Verbotsschilder an alle Personen, die ihre Fahrräder an die Papierkörbe anketten wollten. Aus Art. 35 S. 2 BayVwVfG ergibt sich, dass eine Allgemeinverfügung ein Verwaltungsakt ist, weshalb auch die Allgemeinverfügung nach den Vorschriften der Art. 18 ff. BayVwZVG vollstreckt wird.

402 **Hinweis:** Das Vorliegen eines Verwaltungsaktes wurde in der bisherigen Prüfung vorausgesetzt. Man kann die Voraussetzungen des Art. 35 BayVwVfG auch schon weiter oben, spätestens aber im Rahmen des Art. 18 BayVwZVG prüfen.

403 Fraglich ist, ob Art. 18 Abs. 1 BayVwZVG einen wirksamen oder einen rechtmäßigen Verwaltungsakt voraussetzt.[152]

404 Die h. M. lehnt grundsätzlich das Erfordernis der Konnexität ab. Dies ergibt sich beispielhaft aus Art. 38 Abs. 1 S. 3 BayVwZVG oder Art. 19 BayVwZVG.[153] Auch eine Rechtsschutzlücke entsteht dadurch nicht, da der Betroffene auch den Grundverwaltungsakt jederzeit hätte angreifen können.

---

[150] *BVerwGE* 59, 221 (224); *Stelkens,* in: Stelkens/Bonk/Sachs, VwVfG, § 35 Rn. 330; *Maurer/Waldhoff,* AllgVwR, § 9 Rn. 35 m. w. N.
[151] Umfassend *Beaucamp,* JA 2008, 612 ff.; *Ramsauer,* in: Kopp/Ramsauer, VwVfG, § 35 Rn. 157; *BVerwGE* 102, 316.
[152] Zur Frage der Konnexität im Polizeirecht vgl. umfassend *Geier,* BayVBl. 2004, 389 ff.
[153] Vgl. *Schenke,* in: Steiner/Brinktrine, Besonderes VerwaltungsR, § 2 Rn. 507 m. w. N.

Die Gegenauffassung verlangt dagegen die Rechtmäßigkeit der sicherheitsrechtlichen Primärmaßnahme, wenn gerichtlicher Rechtsschutz wegen einer sofortigen Vollziehung nur unzureichend gewährleistet ist.[154] **405**

Vorliegend handelt es sich aber nicht nur um die Rechtmäßigkeitsprüfung der Sekundärmaßnahme, sondern die des Kostenbescheids (Tertiärmaßnahme). In einer solchen Konstellation ist Art. 16 Abs. 5 BayKG zu beachten, wonach Kosten, die bei richtiger Sachbehandlung nicht entstanden wären, nicht erhoben werden. Richtigerweise bedeutet das, dass ein Kostenbescheid nur dann rechtmäßig erlassen werden kann, wenn sowohl die Sekundärmaßnahme, als auch die Primärmaßnahme rechtmäßig waren.[155] Art. 16 Abs. 5 BayKG konkretisiert damit ein allgemeines Rechtsstaatsprinzip, dass eine rechtswidrig handelnde Behörde die Kosten nicht dem Betroffenen auferlegen kann. **406**

Der Streit, ob grundsätzlich Konnexität zwischen der Primär- und Sekundärmaßnahme gegeben sein muss, kann daher vorliegend wegen Art. 16 Abs. 5 BayKG dahinstehen. **407**

Hinweis: Wäre ein Kostenbescheid nicht zu prüfen, müsste man den Streit entscheiden. Aus klausurtaktischen Gründen wäre es sinnvoll, den Streitentscheid offen zu lassen, wenn die Grundmaßnahme sowieso rechtmäßig wäre. Eine andere Möglichkeit bestünde darin, die Rechtmäßigkeit der Grundmaßnahme über Art. 44 Abs. 1 BayVwVfG zu prüfen. **408**

Fraglich ist, ob das Verbot, die Fahrräder anzuketten (= Primärmaßnahme) rechtmäßig ist. **409**

(1) Formelle Rechtmäßigkeit des Verbots

Voraussetzung für die Zuständigkeit der Stadt Erlangen ist nach Art. 6 BayLStVG das Vorliegen einer abstrakten Gefahr für die öffentliche Sicherheit oder Ordnung. Darunter versteht man eine Sachlage, bei der im Falle ungehinderter Weiterentwickelung des objektiv zu erwartenden Geschehens die hinreichende Wahrscheinlichkeit eines Schadenseintritts für die Schutzgüter der öffentlichen Sicherheit oder Ordnung besteht.[156] Unter öffentlicher Sicherheit werden sowohl Individualrechtsgüter (Leben, Gesundheit, Freiheit, Ehre und Vermögen) sowie die Rechtsordnung als solche und die Funktionsfähigkeit öffentlicher Einrichtungen gefasst.[157] Unter öffentlicher Ordnung versteht man dagegen die Gesamtheit aller ungeschriebenen Regeln für das Verhalten des Einzelnen in der Öffentlichkeit, deren Beachtung nach den jeweils herrschenden Anschauungen als unerlässliche Voraussetzung für ein geordnetes Gemeinschaftsleben betrachtet wird.[158] Vorliegend blockierten die abgestellten Fahrräder nicht nur den ungehinderten Zugang zu den Bushaltestellen und zum Bahnhofsplatz, vielmehr wurde auch die Feuerwehreinfahrtszone blockiert. Es konnte mit kurzzeitigen Beeinträchtigungen der Löscharbeiten gerechnet werden. Vor dem Hintergrund, dass gerade während der Stoßzeiten viele Menschen im Bahnhofsgebäude verkehren, wäre eine – wenn auch nur kurzzeitige – Blockade der Feuerwehreinfahrtszone und der Notausgänge möglicherweise mit **410**

---

154 *Knemeyer*, Polizei- und OrdnungsR, Rn. 358; *Ehlers*, JuS 1983, 869 (872).
155 Im Polizeirecht *VGH München*, Urt. v. 17.4.2008, 10 B 07.219, Rn. 16.
156 BVerwGE 45, 51 (57); ausführlich zum Gefahrenbegriff auch *Kingreen/Poscher*, Polizei- und OrdnungsR, § 8 Rn. 1 ff. sowie *Gallwas/Lindner/Wolff*, Bay. Polizei- und SicherheitsR, Rn. 86 ff.
157 *Kingreen/Poscher*, Polizei- und OrdnungsR, § 7 Rn. 2 ff.
158 *Kingreen/Poscher*, Polizei- und OrdnungsR, § 7 Rn. 42 ff.

erheblichen Konsequenzen verbunden. Eine abstrakte Gefahr lag damit vor. Die Stadt Erlangen ist damit sachlich zuständig gewesen. Die Schilder aufgestellt hat hier der städtische Angestellte X, der vom Oberbürgermeister (Art. 34 Abs. 1 S. 2 BayGO) angewiesen war, für die Beachtung der Anordnung Sorge zu tragen. Die Zuständigkeit des Oberbürgermeisters ergibt sich aus Art. 37 Abs. 1 Nr. 1 BayGO. Die Anordnung an den Papierkörben berührt keine wichtigen grundsätzlichen Fragen und stellt daher eine laufende Angelegenheit dar. Der Oberbürgermeister kann gem. Art. 39 Abs. 2 BayGO auch einzelne Befugnisse an Gemeindebedienstete übertragen. Die sachliche und örtliche Zuständigkeit war damit gegeben.

411 Eine Anhörung war nach Art. 28 Abs. 2 Nr. 4 BayVwVfG und eine Begründung nach Art. 39 Abs. 2 Nr. 5 BayVwVfG entbehrlich.

(2) Materielle Rechtmäßigkeit des Verbots

412 Das Verbot war materiell rechtmäßig, wenn die Voraussetzungen des Art. 7 Abs. 2 Nr. 3 BayLStVG vorlagen. Fraglich ist indes, ob eine konkrete Gefahr für Leben, Gesundheit oder die Freiheit von Menschen oder Sachwerte, deren Erhaltung im öffentlichen Interesse geboten erscheint, vorlag. Nur die Möglichkeit, dass im Falle eines Brandes mit einer kurzzeitigen Beeinträchtigung der Löscharbeiten zu rechnen sei, stellt keine solche konkrete Gefahr dar. Es ist nicht ersichtlich, dass im maßgeblichen Bereich eine erhöhte Brandgefahr besteht. Die gefährdete Ästhetik des Bahnhofsplatzes und der behinderte Zugang zum Bahnhofsgebäude und zu den umliegenden Bushaltestellen stellen keine Gefahr für Leben, Gesundheit oder die Freiheit von Menschen oder Sachwerte im Sinne des Art. 7 Abs. 2 Nr. 3 BayLStVG dar. Mangels konkreter Gefahr war die Primärmaßnahme rechtswidrig.

(3) Zwischenergebnis

413 Die Primärmaßnahme war rechtswidrig. Die Kosten für eine Vollstreckung einer rechtswidrigen Primärmaßnahme können wegen Art. 16 Abs. 5 BayKG nicht dem Bürger auferlegt werden.

414 *Hilfsgutachten:*

bb) Voraussetzungen nach Art. 19 BayVwZVG

415 Nach Art. 19 Abs. 1 Nr. 1 BayVwZVG können Verwaltungsakte vollstreckt werden, wenn sie nicht mehr mit förmlichen Rechtsbehelfen angefochten werden können. Die Anfechtungsfrist richtet sich nach §§ 58, 74 VwGO. Eine Rechtsbehelfsbelehrung ist auf den Verbotsschildern nicht erfolgt. Somit kommt es auf die Jahresfrist nach § 58 Abs. 2 VwGO an. Für deren Beginn können die Grundsätze für den Widerspruch bei Verkehrszeichen herangezogen werden. Letztlich kann hier dahingestellt bleiben, ob man als Bekanntgabe die erstmalige Konfrontation mit dem Verbotsschild ansieht, oder ob dies bereits mit der Aufstellung des Schildes beginnt,[159] denn früheste Bekanntgabe war der 5.12.2018. Die Jahresfrist war damit jedenfalls noch nicht abgelaufen.

416 Nach Art. 19 Abs. 1 Nr. 2 BayVwZVG sind Verwaltungsakte ferner vollstreckbar, wenn der Rechtsbehelf keine aufschiebende Wirkung hat. Bei Verkehrszeichen wird

---

[159] So die wohl h. M., vgl. *Ramsauer,* in: Kopp/Ramsauer, VwVfG, § 35 Rn. 171; *BVerwGE* 102, 316 (318); 59, 221 (226).

ein Entfallen der aufschiebenden Wirkung und die sofortige Vollziehbarkeit nach § 80 Abs. 2 S. 1 Nr. 2 VwGO analog bejaht.[160] Fraglich ist jedoch, ob für eine Analogie im vorliegenden Fall Raum ist, da die ratio legis (Unaufschiebbarkeit) hier nicht zutrifft. Nach vorzugswürdiger Ansicht fallen unter § 80 Abs. 2 S. 1 Nr. 2 VwGO daher nur Maßnahmen der Vollzugsbeamten und nicht der Ordnungsbehörden (a. A. vertretbar).[161]

Sollte man eine Analogie ablehnen, käme eine Vollstreckbarkeit aufgrund einer sofortigen Vollziehbarkeit nach Art. 19 Abs. 1 Nr. 3 BayVwZVG in Frage. Eine Vollziehungsanordnung muss ausdrücklich und unzweifelhaft sein. Eine ausdrückliche Anordnung der sofortigen Vollziehbarkeit fehlte hier. Doch könnte aus der Formulierung „bei Zuwiderhandlung werden angekettete Fahrräder sofort entfernt" zu entnehmen sein, dass das Verbot sofort zu vollziehen war. Dies dürfte unzweifelhaft der Wille der Stadt gewesen sein. Eine nach § 80 Abs. 3 S. 1 VwGO vorgeschriebene Begründung fehlte hier zwar; sie berührte aber nicht die – hier ausschließlich zu untersuchende – Wirksamkeit der sofortigen Vollziehbarkeit (Hinweis: a. A. mit entsprechender Argumentation vertretbar). Die Vollstreckung setzt zudem nach Art. 19 Abs. 2 BayVwZVG voraus, dass der Verpflichtete seine Verpflichtung nicht rechtzeitig erfüllt. Unzulässig ist die Vollstreckung, wenn der Schuldner derzeit rechtlich oder tatsächlich nicht in der Lage ist, seine Verpflichtung zu erfüllen.[162] H wäre in der Lage gewesen, die Verpflichtung auf dem Verbotsschild zu erfüllen, indem er sein Fahrrad erst gar nicht abgestellt hätte.

417

Die Voraussetzungen des Art. 19 BayVwZVG liegen vor.

418

b) Besondere Vollstreckungsvoraussetzungen

aa) Voraussetzungen des Art. 32 BayVwZVG

419

Die Voraussetzungen der Ersatzvornahme richten sich nach Art. 29 Abs. 1, Abs. 2 Nr. 2, 32 BayVwZVG. Das Entfernen des Fahrrads ist eine vertretbare Handlung, (s. o.).

bb) Verhältnismäßigkeit

Es ist insbesondere fraglich, ob ein Zwangsgeld als milderes Mittel erfolgreich gewesen wäre (Art. 32 S. 2 BayVwZVG). Die aktuelle Gefährdungslage – sofern man sie bejahen will – bliebe bei der Festsetzung eines Zwangsgeldes aufrechterhalten. Daher ist das Zwangsgeld erforderlich. Allerdings ist fraglich, ob nicht ein Missverhältnis zwischen der durchzusetzenden Pflicht und der Beeinträchtigung des Eigentums vorliegt, also ob das Entfernen der Kette angemessen war. Im Falle eines Brandes hätte die Feuerwehr das Fahrzeug problemlos umfahren können. Eine tatsächliche Gefährdung der öffentlichen Sicherheit oder Ordnung konnte durch das Anketten des Fahrrads also nicht hervorgerufen werden. Wäre es aber zu einem Brand gekommen, hätte das Fahrrad überfahren und zerstört werden müssen. Weil ein solcher aber nicht vorhanden war und auch keine Brandgefahr bestand, war das Mitnehmen des Fahrrads unverhältnismäßig.

420

---

[160] Vgl. *Schenke*, in: Kopp/Schenke, VwGO, § 80 Rn. 64 m. w. N.
[161] *Schenke*, in: Kopp/Schenke, VwGO, § 80 Rn. 64.
[162] *VGH München*, BayVBl. 1976, 115.

cc) Ermessen

421 Die Entscheidung des X, das Fahrrad mitzunehmen, ist dem Oberbürgermeister als handelndes Organ zuzurechnen, weil dieser den X anordnete, „alles Erforderliche zu tun", um das Verbot durchzusetzen. Indem die Entscheidung unverhältnismäßig war, war sie auch ermessensfehlerhaft.

4. Zwischenergebnis zur Rechtmäßigkeit der Ersatzvornahme

422 Nach hier vertretener Auffassung leidet die Ersatzvornahme sowohl an formellen, als auch an materiellen Mängeln.

IV. Zwischenergebnis zur Rechtmäßigkeit des Kostenbescheids

423 Der Kostenbescheid ist schon mangels rechtmäßiger Primär- und Sekundärmaßnahme rechtswidrig.

C. Rechtsverletzung des H

424 Als Adressat eines belastenden, rechtswidrigen Verwaltungsaktes wurde H in seiner allgemeinen Handlungsfreiheit nach Art. 2 Abs. 1 GG verletzt.

D. Ergebnis

425 Die zulässige Klage des H wäre begründet und hätte Aussicht auf Erfolg.

Landesrechtliche Besonderheiten

426 **Baden-Württemberg:** Die Rechtmäßigkeit des Kostenbescheids richtet sich nach § 49 Abs. 1 PolG BW, § 31 Abs. 1, Abs. 4 VwVG BW, § 6 VwVG-KO BW.

427 Zuständig für den Erlass des Kostenbescheids ist gem. § 31 Abs. 6 VwVG BW i.V.m. § 4 LGebG BW die Behörde, die die Vollstreckungsmaßnahme durchgeführt hat, mithin die Gemeinde als Ortspolizeibehörde nach §§ 61 Abs. 1 Nr. 4, 62 Abs. 4 PolG BW.

428 In materieller Hinsicht müsste die Ersatzvornahme als kostenpflichtige Vollstreckungsmaßnahme rechtmäßig gewesen und die sonstigen kostenrechtlichen Vorschriften eingehalten worden sein. Eine mit Art. 16 Abs. 5 BayKG vergleichbare Regelung gibt es zwar nicht, dennoch ergibt sich aus dem allgemeinen Rechtsstaatsprinzip, dass eine rechtswidrig handelnde Behörde die Kosten nicht dem Betroffenen auferlegen kann. Dem aufgestellten Schild (Primärmaßnahme) liegt die Generalklausel des § 3 PolG BW zugrunde. Die Frage der Konnexität zwischen Grundverfügung und Vollstreckungsmaßnahme wäre analog zu erörtern.

429 Hinsichtlich der besonderen Vollstreckungsvoraussetzungen ist bei der Ersatzvornahme die Androhung unter Mitteilung der Kosten gem. § 49 Abs. 1 PolG BW i.V.m. § 20 Abs. 1, Abs. 5 VwVG BW zu beachten. Die Mitteilung der Kosten

nach § 20 Abs. 5 VwVG BW stellt eine „soll"-Vorschrift dar, sodass hiervon in atypischen Fällen abgesehen werden kann. Eine Entbehrlichkeit der gesamten Androhung nach § 21 VwVG BW war nicht einschlägig.

Niedersachsen: Rechtsgrundlage für den Kostenbescheid ist § 66 Abs. 1 S. 2 Nds SOG, § 3 Abs. 1 NVwKostG i.V.m. Ziff. 26.1 der Anlage zur Verordnung über die Gebühren und Auslagen für Amtshandlungen und Leistungen (AllGO). Die Zuständigkeit richtet sich nach § 4 Abs. 1 NVwKostG. Fraglich ist auch hier, ob die Primärmaßnahme und die Sekundärmaßnahme rechtmäßig sein müssen, also ob ein Konnexitätserfordernis besteht. Auch hier ergibt sich aus dem allgemeinen Rechtsstaatsprinzip, dass eine rechtswidrig handelnde Behörde die Kosten nicht dem Betroffenen auferlegen kann. Die Primärmaßnahme würde sich auf die Generalklausel des § 11 Nds SOG stützen lassen. Die Anwendung eines bestimmten Zwangsmittels ist gem. § 70 Abs. 1, 3 Nds SOG anzudrohen. Darüber hinaus sind die voraussichtlichen Kosten nach § 70 Abs. 4 Nds SOG anzugeben. 430

Anders als in Bayern führt das Unterlassen eines Kostenvoranschlags aber nicht dazu, dass die Androhung fehlerhaft wird und damit keine Grundlage für die Festsetzung des Zwangsmittels bildet, § 70 Abs. 1 NVwVG i.V.m. § 70 Abs. 4 Nds SOG. Dies ergibt sich bereits aus dem Wortlaut des § 70 Abs. 4 Nds SOG („soll"). 431

Nordrhein-Westfalen: Rechtsgrundlage für den Kostenbescheid ist §§ 59 Abs. 1, 77 Abs. 1 VwVG NRW i.V.m. §§ 8ff. AO VwVG NRW. Die Ersatzvornahme richtet sich nach §§ 55, 57 Abs. 1 Nr. 1, 59 VwVG NRW. 432

Die Rechtmäßigkeit der Ersatzvornahme ist Rechtmäßigkeitsvoraussetzung des Kostenerstattungsanspruchs gem. § 77 VwVG NRW.[163] Eine Androhung wäre gem. § 63 Abs. 1 VwVG NRW erforderlich gewesen. Eine Entbehrlichkeit der Androhung gem. § 63 Abs. 1 S. 5 VwVG NRW ist unter den gleichen Voraussetzungen wie im Ausgangsfall nicht gegeben. Zudem müsste eine Androhung bestimmt genug sein und eine Frist angegeben werden, vgl. § 63 Abs. 1 S. 2, Abs. 3 VwVG NRW. Bei einer Ersatzvornahme „sollen" auch die voraussichtlichen Kosten angegeben werden, § 63 Abs. 4 OBG NRW. 433

Die Frage der Rechtmäßigkeit der Primärmaßnahme muss wie im Ausgangsfall entsprechend erörtert werden. Auch hier ergibt sich aus dem allgemeinen Rechtsstaatsprinzip, dass eine rechtswidrig handelnde Behörde die Kosten nicht dem Betroffenen auferlegen kann. Die Aufgabe ergibt sich aus § 1 Abs. 1 OBG NRW, die Befugnis aus § 14 Abs. 1 OBG NRW. 434

Sachsen: Die Rechtsgrundlage für den Kostenbescheid ergibt sich aus §§ 24 Abs. 1 S. 1, Abs. 3 SächsVwVG. Die zugrundeliegende Ersatzvornahme richtet sich nach §§ 24, 19 Abs. 1, Abs. 2 Nr. 2 SächsVwVG i.V.m. § 30 Abs. 1 SächsPolG. Eine Androhung der Ersatzvornahme wäre gem. § 20 Abs. 1 SächsVwVG erforderlich gewesen, da eine Entbehrlichkeit der Androhung gem. § 21 SächsVwVG nicht gegeben war. Zudem müsste eine Androhung bestimmt genug sein, § 20 Abs. 3 SächsPolG und bei einer Ersatzvornahme sind die voraussichtlichen Kosten nach § 20 Abs. 5 SächsVwVG anzugeben. 435

---

[163] *Dietlein/Hellermann*, ÖR NRW, § 3 Rn. 260.

436 Die Frage der Rechtmäßigkeit der Primärmaßnahme muss wie im Ausgangsfall entsprechend erörtert werden. Auch hier ergibt sich aus dem allgemeinen Rechtsstaatsprinzip, dass eine rechtswidrig handelnde Behörde die Kosten nicht dem Betroffenen auferlegen kann. Die Primärmaßnahme kann auf § 3 Abs. 1 SächsPolG gestützt werden. Zuständig ist die Gemeinde als Ortspolizeibehörde nach §§ 60 Abs. 1, 64 Abs. 1 Nr. 4 SächsPolG.

Fall 9. Der potentielle Selbstmörder*

Sachverhalt

Anfang Dezember trennte sich das Ehepaar M und F nach über 30 Jahren Ehe. Die Trennung ging von F aus, die ihrem Ehemann unverhohlen und etwas schadenfroh mitteilte, dass sie vorhabe mit ihrem neuen Freund zusammenzuziehen. Der allgemein emotional labile und zu Depressionen neigende M war außer sich und drohte der F, dass sie die Trennung noch bereuen werde.

Nach wenigen Wochen hatte sich M allerdings mit der neu gewonnenen Freiheit gut arrangiert. Trotz alledem fühlte er sich in seiner Ehre gekränkt, zumal die Nachbarschaft sich ausgiebig über die Trennung der Eheleute gegenseitig „informiert" hatte. Daher beschloss er, seiner Noch-Ehefrau F einen gehörigen Denkzettel zu verpassen.

Er schrieb ihr an Weihnachten in den späten Abendstunden (23 Uhr) eine SMS mit folgendem Inhalt: „Du hast es geschafft. Ich hänge mich auf. Ich hoffe du bist damit endlich glücklich!".

Nachdem er (entgegen seiner Gewohnheit) alle Vorhänge zugezogen hatte, so dass man von außen nicht in die Wohnung blicken konnte, sondern nur Schatten durch das angelassene Licht zu erkennen waren, verließ M die Wohnung. Wie von ihm erwartet, fuhr die F zu seinem Haus, da sie trotz der Trennung gewiss nicht wollte, dass sich M etwas antut.

Am Haus des M angekommen bemerkte sie sofort die zugezogenen Fenster. Auch auf ihr stetes Klingeln öffnete niemand. Aus Angst um das Leben des M rief sie schließlich panisch die Polizei.

Nachdem die zwei herbeigeeilten Polizisten die nunmehr fast hysterische F nicht mehr beruhigen konnten und auch das mehrmalige Klingeln und Klopfen an die Tür und Fensterscheiben erfolglos blieb, meinten sie den Schatten einer über dem Boden hängenden Person durch die Vorhänge zu erkennen. Daraufhin traten sie sofort mit viel Schwung die Wohnungstür ein. Diese wurde dabei nicht unerheblich beschädigt. Als sie daraufhin die Wohnung betraten und sich umsahen, fanden sie niemanden vor.

Bearbeitervermerk: Hat die Polizei hinsichtlich der eingetretenen Tür rechtmäßig gehandelt?

Lösung

Die Polizei hat rechtmäßig gehandelt, wenn für die Maßnahme eine Rechtsgrundlage besteht und sie diese formell und materiell rechtmäßig angewendet hat.

---

* Gelöst nach dem Recht in Niedersachsen; Besonderheiten in anderen Ländern siehe unten Rn. 471 ff.

I. Rechtsgrundlage für das Eintreten der Tür

437 Aufgrund des Vorbehalts des Gesetzes bedarf es bei Eingriffen in die Rechtssphäre eines Bürgers stets einer rechtlichen Grundlage. Fraglich ist zunächst auf welche Rechtsgrundlage die polizeiliche Handlung gestützt werden kann. Als Befugnisnorm für das polizeiliche Handeln kommen §§ 24, 8 Nds SOG sowie §§ 69, 64 Abs. 2 Nds SOG in Betracht. Eine Abgrenzung der möglicherweise einschlägigen Normen erweist sich als schwierig.

1. Betreten und Durchsuchung von Wohnungen, § 24 Nds SOG

438 Zunächst ist fraglich, ob von § 24 Nds SOG auch das gewaltsame Öffnen einer Tür erfasst ist. Dies erscheint deshalb äußerst fraglich, da es sich bei § 24 Nds SOG um eine Standardmaßnahme handelt. Diese werden im Wege der Verwaltungsvollstreckung durchgesetzt.[164] Da § 24 Nds SOG aber zur Gruppe der sog. Handlungsbefugnisse zählt, bedarf es grds. keines vorherigen Verwaltungsaktes. Das Öffnen einer unverschlossenen Tür wäre damit von § 24 Nds SOG erfasst. Wenn aber eine gewaltsame Überwindung des Hindernisses zur Verwirklichung des Betretungsrechts erforderlich ist, ist dies nicht mehr gedeckt. Vorliegend mussten die Polizeibeamten die Tür eintreten, und damit Gewalt anwenden, um in die Wohnung zu gelangen. § 24 Nds SOG kommt daher nicht als Rechtsgrundlage in Betracht. Das Betretungsrecht ist vielmehr mit unmittelbarem Zwang durchzusetzen.[165]

2. Sofortvollzug

439 Damit ist fraglich, ob § 64 Abs. 2 Nds SOG einschlägig ist. Der Sofortvollzug ermöglicht die Anwendung von Zwangsmitteln, ohne dass es eines vorausgehenden Verwaltungsakts bedarf. Es handelt sich mithin um eine Sekundärmaßnahme. Typischerweise ist der Sofortvollzug einschlägig, wenn eine Gefahr dringend zu beseitigen ist und der Störer i.S.d. §§ 6f. Nds SOG (oder der Nichtstörer, § 8 Nds SOG) nicht herangezogen werden kann.[166] Dies gilt insbesondere für den Fall, in dem der Störer zwar bekannt, aber nicht greifbar ist. So liegt der Fall auch hier. M hatte die Wohnung verlassen und war nicht mehr erreichbar.

3. Zwischenergebnis

440 Rechtsgrundlage ist §§ 69, 64 Abs. 2 Nds SOG.

II. Formelle Rechtmäßigkeit der Zwangsmaßnahme

441 Die Polizei hat formell rechtmäßig gehandelt, wenn Zuständigkeit, Verfahren und Form gewahrt wurden.

1. Zuständigkeit

442 Die Zuständigkeit der Polizeibehörde ergibt sich aus § 64 Abs. 3 S. 1 Nds SOG. Zuständig ist die Polizeibehörde, die für den Erlass des Verwaltungsaktes zuständig ist.

---

[164] *Berner/Köhler/Käß*, PAG, Art. 53 Rn. 1.
[165] *Schmidbauer*, in: Schmidbauer/Steiner, BayPAG, Art. 11 Rn. 136; Art. 23 Rn. 44.
[166] *Ipsen*, Niedersächsisches Polizei- und OrdnungsR, Rn. 612.

Gem. § 24 Abs. 2 Nds SOG ist die Polizei sachlich zuständig für das Betreten und Durchsuchen von Wohnungen zur Gefahrenabwehr. Das Subsidiaritätsprinzip nach § 1 Abs. 2 S. 1 Nds SOG ist aufgrund der Nachtzeit an Weihnachten gewahrt. Die örtliche Zuständigkeit für den Grundverwaltungsakt ergibt sich aus § 100 Abs. 1 Nds SOG. **443**

2. Verfahren und Form

Eine Anhörung ist gem. § 1 Abs. 1 NVwVfG i.V.m. § 28 Abs. 2 Nr. 5 VwVfG entbehrlich, weil es sich bei dem Eintreten der Tür um eine Maßnahme in der Verwaltungsvollstreckung handelt. Grundsätzlich ist eine Androhung des Zwangsmittels nach §§ 70, 74 Nds SOG erforderlich. Sie ist nicht erfolgt, weil die Polizeibeamten die Tür sofort eintraten. Allerdings kann davon abgesehen werden, wenn die Umstände sie nicht zulassen, insbesondere wenn die sofortige Anwendung des Zwangsmittels zur Abwehr einer gegenwärtigen Gefahr notwendig ist, § 74 Abs. 1 S. 2 Nds SOG.[167] Die Polizeibeamten gingen davon aus, dass sich M bereits aufgehängt hat, sodass sie sofort eingreifen mussten. Eine Androhung war nicht erforderlich. **444**

Hinweis: Die Zwangsmittelandrohung nach §§ 70, 74 Nds SOG kann an dieser Stelle als Verfahrensvoraussetzung oder in der materiellen Rechtmäßigkeit geprüft werden. **445**

3. Zwischenergebnis

Die Zwangsmaßnahme war formell rechtmäßig. **446**

III. Materielle Rechtmäßigkeit der Zwangsmaßnahme

Die Zwangsmaßnahme ist materiell rechtmäßig, wenn die allgemeinen und besonderen Vollstreckungsvoraussetzungen vorliegen. **447**

1. Allgemeine Vollstreckungsvoraussetzungen

Die Zwangsmaßnahme ist ohne vorherigen Verwaltungsakt ergangen, (s.o.). Die allgemeinen Voraussetzungen richten sich mithin nach § 64 Abs. 2 Nds SOG. Dieser setzt insbesondere voraus, dass die Polizei innerhalb ihrer Befugnisse handelt. Damit ist gemeint, dass der hypothetische Verwaltungsakt rechtmäßig sein muss. Dies ergibt sich auch aus der Rechtsschutzgarantie aus Art. 19 Abs. 4 GG, weil der Bürger bei einer Zwangsmaßnahme nach § 64 Abs. 2 Nds SOG nicht die Möglichkeit hatte, den Grundverwaltungsakt anzugreifen. Die fiktive Primärmaßnahme müsste also rechtmäßig gewesen sein. Rechtsgrundlage der hypothetischen Primärmaßnahme **448**

Als Rechtsgrundlage kommt vorliegend § 24 Abs. 2 Nr. 3 Nds SOG in Betracht. **449**

a) Formelle Rechtmäßigkeit der hypothetischen Primärmaßnahme

Die Zuständigkeit der Polizeibehörde für die Primärmaßnahme ist gegeben (s.o.). Aufgrund des hohen Schutzgehalts des Art. 13 GG wäre für den Fall, dass eine Durchsuchung vorliegt, das Verfahren des § 25 Nds SOG einzuhalten. Danach **450**

---

[167] *OVG Lüneburg*, NJW 2017, 1626, Rn. 25.

dürfen Durchsuchungen von Wohnungen, außer bei Gefahr im Verzug, nur durch den Richter angeordnet werden.[168] Eine richterliche Anordnung lag hier nicht vor. Fraglich ist schon, ob die Polizei die Wohnung im Sinne dieser Vorschrift durchsuchen wollte. Die Abgrenzung zwischen einer Durchsuchung und dem bloßen Betreten der Wohnung erfolgt danach, ob der Polizeibeamte gezielt nach etwas sucht, was sich in der Wohnung befindet. Vorliegend hätten die Polizeibeamten gezielt nach M gesucht, um einen Suizid zu verhindern. Es liegt mithin eine Durchsuchung vor. Allerdings könnte Gefahr im Verzug vorliegen. Diese liegt bei einer Sachlage vor, bei der ein Schaden eintreten würde, wenn nicht an Stelle der zuständigen Behörde oder Person eine andere Behörde oder Person tätig wird, § 2 Nr. 4 Nds SOG.[169] Vorliegend reagierte M nicht auf das Klopfen oder das Klingeln der Polizeibeamten. Aus ex-ante Sicht drohte unmittelbar der Tod des M. Damit ist Gefahr im Verzug zu bejahen.

b) Materielle Rechtmäßigkeit der hypothetischen Primärmaßnahme

451 Um eine Wohnung zu betreten und zu durchsuchen bedarf es einer gegenwärtigen Gefahr für Leib, Leben oder Freiheit einer Person oder für Sachen von bedeutendem Wert. Durchsuchen ist das zielgerichtete Suchen nach einer Person oder einer Sache.[170] Vorliegend wurde die Wohnung durch die Polizeibeamten betreten, um nach M zu suchen (s.o.).

aa) Wohnung

452 Der Begriff der Wohnung ist den verfassungsrechtlichen Vorgaben nach auch im Polizeirecht weit auszulegen. Nach § 24 Abs. 1 Nds SOG sind Wohnungen im Sinne dieser Vorschrift daher Wohn- und Nebenräume, Arbeits-, Betriebs- und Geschäftsräume sowie anderes befriedetes Besitztum, das mit diesen Räumen im Zusammenhang steht.[171]

bb) Gegenwärtige Gefahr

453 Hinzukommend müsste eine gegenwärtige Gefahr vorliegen. Der potentielle Suizid stellt eine Anscheinsgefahr dar, die unter den Gefahrenbegriff fällt (s. o.). Diese (Anscheins-)Gefahr müsste aber auch gegenwärtig sein. Gem. § 2 Nr. 1b) Nds SOGF ist dies eine Gefahr, bei der die Einwirkung des schädigenden Ereignisses bereits begonnen hat oder bei der diese Einwirkung unmittelbar oder in allernächster Zeit mit einer an Sicherheit grenzenden Wahrscheinlichkeit bevorsteht.

454 Fraglich ist, ob überhaupt eine Gefahr für die öffentliche Sicherheit oder Ordnung vorliegt. Darunter versteht man eine Sachlage, bei der im einzelnen Fall die hinreichende Wahrscheinlichkeit besteht, dass in absehbarer Zeit ein Schaden für die öffentliche Sicherheit oder Ordnung eintreten wird, vgl. § 2 Nr. 1a) Nds SOG. Unter öffentlicher Sicherheit werden sowohl Individualrechtsgüter (Leben, Gesundheit, Freiheit, Ehre und Vermögen) sowie die Rechtsordnung als solche und Funktionsfähigkeit öffentlicher Einrichtungen gefasst.[172] Unter öffentlicher Ordnung versteht

---

[168] *Gallwas/Lindner/Wolff*, Bay. Polizei- und SicherheitsR, Rn. 695, 701 ff.
[169] Vgl. dazu auch *Kingreen/Poscher*, Polizei- und OrdnungsR, § 8 Rn. 26 f.; § 17 Rn. 29.
[170] *Schmidbauer*, in: Schmidbauer/Steiner, BayPAG, Art. 23 Rn. 26.
[171] *BVerfGE* 32, 54 (69); 44, 353 (371); 76, 83 (88).
[172] *Kingreen/Poscher*, Polizei- und OrdnungsR, § 7 Rn. 2 ff.

man dagegen die Gesamtheit aller ungeschriebenen Regeln für das Verhalten des Einzelnen in der Öffentlichkeit, deren Beachtung nach den jeweils herrschenden Anschauungen als unerlässliche Voraussetzung für ein geordnetes Gemeinschaftsleben betrachtet wird.[173]

(1) Öffentliche Sicherheit

Fraglich ist, ob die öffentliche Sicherheit im Falle einer Selbsttötung überhaupt betroffen ist, denn der von einem freien Willen getragen Suizid (sog. Bilanzselbstmord) ist von der allgemeinen Handlungsfreiheit, Art. 2 Abs. 1 GG, gedeckt.[174] Anders ist die Sache dagegen zu beurteilen, wenn der Selbstmörder Dritte gefährdet, oder der Selbstmordversuch darauf angelegt ist, dass er entdeckt und verhindert wird. Im zuletzt genannten Fall spricht man allgemein von einem Appellselbstmord. Zu dieser Fallgruppe gehört auch die Konstellation, dass der Selbstmörder in seiner Willensfreiheit eingeschränkt ist; er also nicht weiß was er tut und vor sich selbst zu schützen ist.[175] 455

Aus § 323c StGB und aus den § 18 Abs. 1 Nr. 1 Nds SOG sowie letztlich aus Art. 2 Abs. 2 S. 1 GG i.V.m. 1 Abs. 1 GG lässt sich schließen, dass auch im Falle von Selbstmordversuchen die öffentliche Sicherheit berührt ist, denn schließlich ergeben sich aus oben genannten Vorschriften Schutzpflichten des Staates.[176] Die öffentliche Sicherheit war mithin betroffen. 456

(2) Öffentliche Ordnung

Auf die Frage, ob auch die öffentliche Ordnung betroffen war, kommt es nicht mehr an. 457

(3) Gefahr

Fraglich ist indes, ob auch eine Gefahr vorlag. Die Gefahrbeurteilung hat aus einer objektivierenden ex-ante-Sicht zu erfolgen. Vorliegend ist dies problematisch. M wollte niemals Suizid begehen. Eine Gefährdung seines Lebens und damit eine objektive Gefahr lagen mithin nie vor. Fraglich ist aber, ob nicht möglicherweise eine Anscheinsgefahr vorlag. Dies kommt immer dann in Betracht, wenn eine Gefahr nach subjektivem und nicht nach objektivem Gefahrenbegriff vorliegt, also wenn der handelnde Polizeibeamte irrigerweise von dem Vorliegen einer tatsächlichen Gefahr ausgeht und auch aus ex-ante Sicht eines objektivierten und verständigen Polizeibeamten eine Gefahr vorliegen würde.[177] Die Anscheinsgefahr ist von der Putativgefahr und vom bloßen Gefahrenverdacht abzugrenzen. Im Fall einer Putativgefahr glaubt nur der handelnde Polizeibeamte an das Vorliegen einer Gefahr. Jeder sonstige verständige Polizeibeamte hätte dagegen das Nichtvorliegen einer Gefahr erkannt. Ein Gefahrenverdacht liegt dagegen vor, wenn der Handelnde sowie jeder sonstige verständige Beamte über die Voraussetzungen der Gefahrensituation im Ungewissen ist.[178] 458

---

[173] *Kingreen/Poscher,* Polizei- und OrdnungsR, § 7 Rn. 42; *Götz/Geis,* Allg. Polizei- u. OrdnungsR, § 5 Rn. 1 ff.
[174] *Kingreen/Poscher,* Polizei- und OrdnungsR, § 7 Rn. 27 f.
[175] *Kingreen/Poscher,* Polizei- und OrdnungsR, § 7 Rn. 27 f.
[176] *Schoch,* JuS 1994, 570 (574); *Götz/Geis,* Allg. Polizei- u. OrdnungsR, § 8 Rn. 34.
[177] *Kingreen/Poscher,* Polizei- und OrdnungsR, § 8 Rn. 49.
[178] *Götz/Geis,* Allg. Polizei- und OrdnungsR, § 6 Rn. 28 ff.

Fall 9. Der potentielle Selbstmörder

459 Vorliegend drohte der zu Depressionen neigende M nach der Trennung von seiner Frau per SMS mit Selbstmord. Da die SMS auch noch am Weihnachtsabend (in dieser Zeit werden statistisch die häufigsten Selbstmorde verübt) versendet wurde und die Fenster abgedunkelt waren, durfte jeder verständige Polizeibeamte in der konkreten Situation von dem Vorliegen einer Gefahr ausgehen. Darüber hinaus meinten die Beamten einen Schatten durch die Vorhänge zu erkennen, der auf einen Suizid des M hindeuten konnte. Damit lag eine Anscheinsgefahr vor (a. A. vertretbar). Die Anscheinsgefahr ist mit einer Gefahr i. S. d. § 1 Nr. 1a) Nds SOG gleichzustellen.[179]

460 Hinweis: Geht man dagegen von einem Gefahrenverdacht aus, ist weiter zu prüfen, da auch Gefahrerforschungseingriffe, also solche Maßnahmen die der Erforschung des Vorliegens einer tatsächlichen Gefahr dienen, allgemein als vorläufige[180] Maßnahmen der Polizei zulässig sind.[181]

461 Diese (Anscheins-)Gefahr müsste aber auch gegenwärtig sein. Dies ist der Fall, wenn der Eintritt des schädigenden Ereignisses unmittelbar bevorsteht oder bereits begonnen hat.[182] Aus der ex-ante und ex-situatione Sicht eines verständigen Polizeibeamten lag hier eine akute Gefahr für das Leben des M aufgrund seines angedrohten Selbstmordes vor.

cc) § 24 Abs. 4 Nds SOG

462 Zu beachten ist aber § 24 Abs. 4 Nds SOG. Danach ist das Betreten und Durchsuchen von Wohnungen während der Nachtzeit in den Fällen des Absatzes 2 Nr. 3 und Nr. 4 nur zur Abwehr einer gegenwärtigen Gefahr für Leib, Leben oder Freiheit einer Person oder für Sachen von bedeutendem Wert zulässig. Gem. § 104 Abs. 3 StPO umfasst die Nachtzeit in dem Zeitraum vom ersten Oktober bis einunddreißigsten März die Stunden von 21 Uhr abends bis 6 Uhr morgens. Die Polizisten betraten und durchsuchten die Wohnung des M nach 23 Uhr, also zur Nachtzeit. Da vorliegend aber der Anschein bestand, dass sich M das Leben nehmen würde waren die Voraussetzungen des § 24 Abs. 4 Nds SOG erfüllt.

dd) Maßnahmerichtung

463 Vorliegend müsste sich die Maßnahme auch gegen den richtigen Verantwortlichen gerichtet haben. Im Falle einer Anscheinsgefahr ist dies konsequenterweise der Anscheinsstörer, der auf der Primärebene einem „echten" Störer gleichgestellt wird. Durch sein Verhalten verursachte M die Anscheinsgefahr. Er ist Verhaltensstörer nach § 6 Abs. 1 Nds SOG.

ee) Rechtsstaatliche Handlungsgrundsätze

464 Ermessensfehler sind nicht ersichtlich, § 5 Nds SOG. Die Maßnahme müsste auch verhältnismäßig sein, § 4 Nds SOG. Je höher der zu erwartende Schaden ist, desto geringere Voraussetzungen sind zu stellen. Vor dem Hintergrund der (vermeintli-

---

[179] *BVerwGE* 45, 51 (58); *VGH Mannheim*, VBlBW 1993, 298 (300); krit. *Schenke*, Polizei- und OrdnungsR, Rn. 80 ff.
[180] Der Begriff kann kritisch gesehen werden, da vorläufig nur bedeutet, dass die polizeiliche Maßnahme nicht mehr zulässig ist, wenn die Polizei festgestellt hat, dass tatsächlich keine Gefahr besteht. Vgl. auch *Schenke*, Polizei- und OrdnungsR, Rn. 86 ff.
[181] *Schenke*, Polizei- und OrdnungsR, Rn. 86 f.; *Götz/Geis*, Allg. Polizei- und OrdnungsR, § 6 Rn. 30.
[182] *OVG NRW*, NJW 1989, 1691 f.; ausführlich zum Gefahrenbegriff *Kingreen/Poscher*, Polizei- und OrdnungsR, § 8 Rn. 1 ff. sowie *Gallwas/Lindner/Wolff*, Bay. Polizei- u. SicherheitsR, Rn. 86 ff.

chen) Lebensgefahr ist mit der eingeschlagenen Tür nur ein geringer Schaden entstanden. Die Handlung war also auch verhältnismäßig.

c) Zwischenergebnis

Damit wäre der hypothetische Grund-VA rechtmäßig gewesen. Die Polizei handelte folglich innerhalb ihrer Befugnisse. **465**

2. Erforderlichkeit des Zwangs

Eine andere Möglichkeit zur Abwehr der Gefahr bestand nicht. Die Anwendung des Zwangs war mithin erforderlich im Sinne des § 64 Abs. 2 S. 1 Nr. 1 Nds SOG. **466**

3. Besondere Vollstreckungsvoraussetzungen

Die besonderen Voraussetzungen des unmittelbaren Zwangs nach §§ 69, 71 ff. Nds SOG müssten vorliegen. Insbesondere haben andere Zwangsmittel keinen Erfolg versprochen, vgl. § 69 Abs. 6 Nds SOG. Die besonderen Voraussetzungen lagen vor. **467**

4. Rechtsstaatliche Handlungsgrundsätze

Ermessensfehler sind nicht ersichtlich. Hinsichtlich der Verhältnismäßigkeit bzgl. der konkreten Anwendung des Zwangsmittels bestehen keine Bedenken. **468**

5. Zwischenergebnis

Die Zwangsmaßnahme war materiell rechtmäßig. **469**

IV. Ergebnis

Die Maßnahme der Polizei war damit rechtmäßig. **470**

Landesrechtliche Besonderheiten

Baden-Württemberg: Das Eindringen in die Wohnung kann aus denselben Gründen wie im Ausgangsfall nicht direkt auf § 31 Abs. 1 PolG BW alleine gestützt werden. Da das PolG BW den Sofortvollzug nicht kennt, ist vielmehr auf eine unmittelbare Ausführung gem. § 8 Abs. 1 PolG BW abzustellen. Innerhalb des § 31 PolG BW stellt sich die Maßnahme als Betreten i.S.d. § 31 Abs. 1 dar, der auch einfaches Nachschauen oder Umschauen erfasst, nicht dagegen als Durchsuchung i.S.d. § 31 Abs. 2 PolG BW, da es vorliegend am Merkmal des ziel- und zweckgerichteten Suchens insoweit fehlt.[183] Rechtsgrundlage ist damit § 8 Abs. 1 i.V.m. § 31 Abs. 1 PolG BW. **471**

Die sachliche Zuständigkeit des Polizeivollzugsdienstes ergibt sich aus § 60 Abs. 3 PolG BW. Die örtliche Zuständigkeit richtet sich nach §§ 70, 75 PolG BW. **472**

---

[183] Vgl. zur Abgrenzung zwischen Betreten und Durchsuchen *Belz/Mußmann/Kahlert/Sander*, PolG BW, § 31 Rn. 7 ff.; 12 ff.

Fall 9. Der potentielle Selbstmörder

473 In materieller Hinsicht ist die Rechtmäßigkeit der auszuführenden Maßnahme anhand von § 31 Abs. 1 PolG BW zu prüfen, dessen Voraussetzungen vorlagen.

474 **Bayern:** In Bayern existiert gem. Art. 9 Abs. 1 BayPAG das Institut der unmittelbaren Ausführung. Dieses ist vom Sofortvollzug abzugrenzen. Bei der Abgrenzung ist die Überlegung zu Grunde zu legen, dass es sich bei der unmittelbaren Ausführung um eine Primärmaßnahme handelt. Der Sofortvollzug ermöglicht dagegen die Anwendung von Zwangsmitteln ohne, dass es eines vorausgehenden Verwaltungsakts bedarf. Es handelt sich mithin um eine Sekundärmaßnahme.[184] Anders als bei der unmittelbaren Ausführung ist der Adressat der Maßnahme, die sofort vollzogen werden soll, regelmäßig bekannt. Im Fall des Art. 9 Abs. 1 BayPAG ist der Verantwortliche dagegen typischerweise nicht vor Ort. Handelt der Polizist um die Gefahr zu beseitigen, weil er den Verantwortlichen nicht greifen kann, liegt grds. eine unmittelbare Ausführung vor. M war vorliegend nicht zugegen. Eine unmittelbare Ausführung liegt damit nahe. Des Weiteren ist Voraussetzung des Art. 9 Abs. 1 BayPAG, dass es sich auch um eine vertretbare Handlung handelt. Das Öffnen der Tür ist eine solche. Art. 9 Abs. 1 BayPAG kommt also grds. in Betracht.

475 Entscheidende Voraussetzung für das Vorliegen unmittelbaren Zwangs ist aber, dass der mutmaßliche Wille des Verantwortlichen gebrochen wird.[185] Ist anzunehmen, dass der Wille des Verantwortlichen der Maßnahme entgegensteht, dieser mithin erst zu brechen ist, liegt ein Zwang i.S.d. Art. 53 Abs. 2 BayPAG vor. Folglich ist fraglich, ob der mutmaßliche Wille eines potentiellen Selbstmörders auf eine Rettung, etwa durch Einschlagen der Tür, gerichtet ist. Von einem solchen Willen ist grds. nicht auszugehen. Der von einem freien Willen getragene (Bilanzselbstmord im Gegensatz zum sog. Appellselbstmord) und keinen Dritten gefährdende Suizid ist von der allgemeinen Handlungsfreiheit, Art. 2 Abs. 1 GG, gedeckt. In solchen Fällen ist von einem entgegenstehenden Willen hinsichtlich der Rettung auszugehen. Grds. ist also zu vermuten, dass der mutmaßlich Wille des Selbstmörders dahin geht nicht gerettet zu werden.[186] Mit dieser Ansicht ist von Art. 53 Abs. 2 BayPAG als Rechtsgrundlage auszugehen (a.A. vertretbar). Gegenüber der weiteren Prüfung ergeben sich keine Besonderheiten.

476 **Nordrhein-Westfalen:** Als Rechtsgrundlage für das Eintreten der Tür kommt §§ 50 Abs. 2, 55 PolG NRW in Betracht.

477 Für den Sofortvollzug muss die hypothetische Primärmaßnahme (Betreten und Durchsuchen) rechtmäßig sein. Diese richtet sich nach § 41 Abs. 1 S. 1 Nr. 4 PolG NRW, dessen Voraussetzungen gewahrt sind.

478 **Sachsen:** Fraglich ist die Rechtsgrundlage für das Eintreten der Tür. In Sachsen ist lediglich die unmittelbare Ausführung und nicht der Sofortvollzug geregelt. Fälle des Sofortvollzugs sind daher über die unmittelbare Ausführung gem. § 6 SächsPolG als Variante des gekürzten Verfahrens zu lösen.[187] Rechtsgrundlage ist daher § 6 Abs. 1 i.V.m. § 25 SächsPolG. Da mithin eine Primärmaßnahme und

---

[184] *Schmidbauer,* in: Schmidbauer/Steiner, BayPAG, Art. 53 Rn. 11 f.
[185] *Schmidbauer,* in: Schmidbauer/Steiner, BayPAG, Art. 9 Rn. 12.
[186] *Kingreen/Poscher,* Polizei- und OrdnungsR, § 7 Rn. 27 f.
[187] *Kingreen/Poscher,* Polizei- und OrdnungsR, § 24 Rn. 42 f.

keine Sekundärmaßnahme vorliegt, muss das Betreten und Durchsuchen der Wohnung rechtmäßig sein.[188]

Da § 25 SächsPolG in Abs. 1 und 2 im Unterschied zu § 24 Abs. 2 Nds SOG zwischen dem Betreten und dem Durchsuchen der Wohnung explizit unterscheidet und unterschiedliche Voraussetzungen aufstellt, muss hier zunächst festgestellt werden, ob die Polizisten die Wohnung des M betreten oder durchsucht haben. Betreten ist das Eintreten in der Wohnung, um darin – ohne Behältnisse zu öffnen oder Veränderungen vorzunehmen – mittels einfacher Nach- oder Umschau Feststellungen zu treffen. Durchsuchung ist hingegen das ziel- und zweckgerichtete Suchen nach Personen oder Sachen in einer Wohnung, um so etwas aufzuspüren, das der Inhaber nicht freiwillig herausgeben oder offenlegen möchte. Neben dem Betreten der Wohnung kommt daher als zweites Element die Vornahme von Suchhandlungen hinzu.[189] Letzteres ist hier aber nicht gegeben, weshalb von einem bloßen Betreten der Wohnung gem. § 24 Abs. 1 SächsPolG auszugehen ist; § 24 Abs. 1 SächsPolG setzt ebenfalls eine Gefahr für die öffentliche Sicherheit voraus, es bestehen daher keine weiteren Unterschiede. Die Regelung zur Nachtzeit gem. §§ 24 Abs. 1 S. 2, Abs. 4 SächsPolG wurde beachtet. **479**

Würde man eine Durchsuchung annehmen, wären die Voraussetzungen des § 35 Abs. 2 SächsPolG zu prüfen. Da nach dem Sachverhalt aber auch die Annahme gerechtfertigt ist, dass sich in der Wohnung eine Person aufhält, die aufgrund eines Selbstmordversuchs bestehender Hilflosigkeit an Leib und Leben gefährdet ist, wäre eine Durchsuchung von § 25 Abs. 2 Nr. 1c) SächsPolG gedeckt. **480**

---
[188] *Kingreen/Poscher*, Polizei- und OrdnungsR, § 24 Rn. 45.
[189] *Elzermann/Schwier*, PolG Sachsen, § 25 Rn. 4 und 8.

Fall 10. Ein Chemiestudent auf Abwegen*

Sachverhalt

In Hannover wohnt in einem Mehrfamilienhaus der Chemiestudent Robeheld (R). Der Langzeitstudent arbeitet zurzeit an seiner Abschlussarbeit. Seitdem hört der Wohnungsnachbar Spießl (S) immer wieder explosionsartige Geräusche, in deren Folge unangenehme Gerüche das Treppenhaus durchziehen. Trotz mehrmaliger Aufforderung durch S wurde die Stadtverwaltung bislang noch nicht gegen R tätig.

An einem Freitagnachmittag drangen wieder laute Knallgeräusche und ein sehr unangenehmer Geruch aus der Wohnung des R. Panisch rief S bei der Stadtverwaltung an. Da es aber bereits Freitagnachmittag war, erreichte er dort niemanden mehr. Ihm blieb keine andere Wahl mehr als die Polizei zu rufen.

Aufgrund der Schilderungen des S machten sich die Polizisten POM Bock und sein Kollege Xavers zur Wohnung des R auf und forderten ihn auf, ihnen sein Labor zu zeigen. R ließ die beiden Beamten bereitwillig in die Wohnung und zeigte ihnen seine Utensilien. Gerade in diesem Moment ereigneten sich ein erneuter Knall und eine weitere Verpuffung. Nachdem auch ein beißender Geruch von den Chemikalien ausging, ordnete Bock die Sicherstellung der Utensilien an, um die verdächtigen Chemikalien im Labor untersuchen zu lassen. Der auch sonst sehr dickköpfige R reagierte empört. Er brauche die Chemikalien unbedingt für seine Abschlussarbeit und darüber hinaus könne es nicht angehen, dass der wissenschaftliche Fortschritt von den Behörden eingeschränkt würde. Die beiden Polizeibeamten ließen sich von den Protesten nicht beeindrucken und machten sich daran, die Chemikalien an sich zu nehmen. Daraufhin stürzte sich R plötzlich auf Bock. Es kam zu einem Handgemenge. Um die Chemikalien wegbringen zu können, nahm Bock den immer noch schimpfenden und sich wehrenden R in einen Polizeigriff. Während R festgehalten wurde, brachte Xavers die Chemikalien aus der Wohnung. Danach wurde dem R über die Sicherstellung eine Bescheinigung ausgehändigt.

Noch am selben Tag kam eine Untersuchung der Chemikalien zu dem Ergebnis, dass keine gesundheitliche Gefährdung der Hausbewohner zu befürchten wäre. Weder wären die Dämpfe gesundheitsschädlich noch bestünde Explosionsgefahr. Die Chemikalien wurden dem R daher noch am selben Abend wieder ausgehändigt.

Bearbeitervermerk: Waren die „Sicherstellung" der Chemikalien und die Anwendung des Polizeigriffs rechtmäßig?

---

* Gelöst nach dem Recht in Niedersachsen; Besonderheiten in anderen Ländern siehe unten Rn. 516 ff.

Lösung

A. Rechtmäßigkeit der Sicherstellungsanordnung

Die Sicherstellungsanordnung war rechtmäßig, wenn sie auf einer Rechtsgrundlage beruht und diese formell und materiell rechtmäßig angewandt wurde.

I. Rechtsgrundlage

Die Sicherstellung der Chemikalien greift in die Rechte des R ein. Aufgrund des Vorbehalts des Gesetzes bedarf es mithin einer Rechtsgrundlage. **481**

Vorliegend kommt eine Sicherstellung in Betracht, vgl. § 26 Nds SOG.[190] Diese ist zulässig, um eine gegenwärtige Gefahr abzuwehren (§ 26 Nr. 1 Nds SOG), um die Rechte Privater vor Verlust oder Beschädigung einer Sache zu schützen (§ 26 Nr. 2 Nds SOG), wenn die Sache von einer Person mitgeführt wird, die festgehalten und die Sache zur Selbstschädigung oder zur Schädigung Dritter (bzw. zur Schädigung fremder Sachen) oder Ermöglichung und Erleichterung der Flucht (§ 26 Nr. 3 Nds SOG) eingesetzt werden kann. Sichergestellte Sachen sind in Verwahrung zu nehmen, § 27 Abs. 1 S. 1 Nds SOG. **482**

Vorliegend ging es den Polizisten darum den R von der Einwirkungsmöglichkeit auf die Sache auszuschließen und die Sachen in Verwahrung zu nehmen. Nur wenn die Chemikalien dem Zugriff des R entzogen sind, können sie im Labor auf ihre Gefährlichkeit hin untersucht werden. Die Maßnahme ist daher an § 26 Nds SOG zu messen. **483**

II. Formelle Rechtmäßigkeit

Die Maßnahme müsste auch formell rechtmäßig sein. Voraussetzung dafür ist, dass die Zuständigkeit, das Verfahren und die Form eingehalten sind. **484**

1. Zuständigkeit

Die sachliche Zuständigkeit der Polizeibehörde für die Sicherstellung ergibt sich aus § 26 Nds SOG. Da am Freitagnachmittag die Verwaltungsbehörden nicht mehr erreichbar waren, durfte die Polizei auch nach § 1 Abs. 2 S. 1 Nds SOG tätig werden. Vom Vorliegen der örtlichen Zuständigkeit (§ 100 Abs. 1 Nds SOG) ist auszugehen. **485**

2. Verfahren und Form

Fraglich ist weiterhin, ob auch Verfahren und Form eingehalten sind. Fraglich ist, ob eine Anhörung nach § 1 Abs. 1 NVwVfG i.V.m. § 28 Abs. 1 VwVfG vorge- **486**

---

[190] Aufgrund des uneinheitlichen Sprachgebrauchs ist die Sicherstellung teils von der Beschlagnahme abzugrenzen, vgl. etwa § 33 PolG BW, § 33 SächsPolG. Die Sicherstellung umfasst nach § 33 PolG BW und § 33 SächsPolG primär den Schutz der privaten Interessen des Sachinhabers, ist also das Äquivalent zu § 26 Nr. 2 Nds SOG. § 26 Nr. 1 und Nr. 3 Nds SOG entsprechen dagegen der Beschlagnahme nach § 33 PolG BW, § 33 SächsPolG. Auch eine Einziehung nach § 34 PolG BW liegt nicht vor, da die Chemikalien wieder an R herausgegeben wurden.

nommen wurde, denn vor einer belastenden Maßnahme ist dem Betroffenen grds. die Gelegenheit zur Äußerung zu geben. Vorliegend kam es zu einer Explosion. Aufgrund der besonderen Umstände kann hier von einer Anhörung nach § 1 Abs. 1 NVwVfG i. V. m. § 28 Abs. 2 Nr. 1 VwVfG abgesehen werden.

487 **Hinweis:** Hier ist auch eine andere Ansicht vertretbar. Dann wäre aber auf die Heilungsmöglichkeit nach § 1 Abs. 1 NVwVfG i. V. m. § 45 Abs. 1 Nr. 3 VwVfG einzugehen.

488 Die Sicherstellungsanordnung kann als Verwaltungsakt grds. formlos nach § 1 Abs. 1 NVwVfG i. V. m. § 37 Abs. 2 S. 1 VwVfG ergehen. Gem. § 27 Abs. 2 Nds SOG ist dem R aber der Grund für die Sicherstellung zu nennen und eine Bescheinigung auszuhändigen. Dies ist laut Sachverhalt geschehen.

3. Zwischenergebnis

489 Die Maßnahme war mithin formell rechtmäßig.

III. Materielle Rechtmäßigkeit

490 Fraglich ist, ob die Maßnahme auch materiell rechtmäßig ist. Dafür müssten zunächst die Voraussetzungen der Befugnisnorm vorliegen, die Maßnahme gegen den richtigen Adressaten gerichtet und die polizeilichen Handlungsgrundsätze gewahrt sein.

1. Voraussetzungen der Rechtsgrundlage

491 Wie oben gezeigt, muss die Maßnahme den Voraussetzungen des § 26 Nds SOG entsprechen. Da § 26 Nr. 2 und Nr. 3 Nds SOG hier ersichtlich nicht einschlägig waren, ist auf § 26 Nr. 1 Nds SOG abzustellen.

492 Voraussetzung wäre mithin das Vorliegen einer gegenwärtigen Gefahr. Gem. § 1 Nr. 1a) Nds SOG versteht man unter einer konkreten Gefahr eine Sachlage, bei der im einzelnen Fall die hinreichende Wahrscheinlichkeit besteht, dass in absehbarer Zeit ein Schaden für die öffentliche Sicherheit oder Ordnung eintreten wird. Gem. § 1 Nr. 1b) Nds SOG ist eine gegenwärtige Gefahr eine Sachlage, bei der die Einwirkung des schädigenden Ereignisses bereits begonnen hat oder bei der diese Einwirkung unmittelbar oder in allernächster Zeit mit einer an Sicherheit grenzenden Wahrscheinlichkeit bevorsteht. Unter öffentlicher Sicherheit werden sowohl Individualrechtsgüter (Leben, Gesundheit, Freiheit, Ehre und Vermögen) als auch die Rechtsordnung als solche und die Funktionsfähigkeit öffentlicher Einrichtungen gefasst.[191] Unter öffentlicher Ordnung versteht man dagegen die Gesamtheit aller ungeschriebenen Regeln für das Verhalten des Einzelnen in der Öffentlichkeit, deren Beachtung nach den jeweils herrschenden Anschauungen als unerlässliche Voraussetzung für ein geordnetes Gemeinschaftsleben betrachtet wird.[192]

493 Die Gefahrbeurteilung hat aus einer objektivierenden ex-ante-Sicht zu erfolgen. Dies erscheint hier fraglich, denn objektiv war keine gesundheitliche Gefährdung der Hausbewohner zu befürchten, da die Dämpfe weder gesundheitsschädlich wa-

---

[191] *Kingreen/Poscher*, Polizei- und OrdnungsR, § 7 Rn. 2 ff.
[192] *Kingreen/Poscher*, Polizei- und OrdnungsR, § 7 Rn. 42.

ren, noch eine Explosionsgefahr bestand. vor. Die Chemikalien waren vielmehr völlig ungefährlich.

Möglicherweise lag aber eine Anscheinsgefahr vor. Die Anscheinsgefahr ist einer Gefahr gleichzustellen.[193] Sie liegt vor, wenn der handelnde Polizeibeamte irrigerweise von dem Vorliegen einer tatsächlichen Gefahr ausgeht und auch aus ex-ante Sicht eines objektivierten und verständigen Polizeibeamten eine Gefahr vorliegt.[194] Die Anscheinsgefahr ist von der Putativgefahr und vom bloßen Gefahrenverdacht abzugrenzen. Im Fall einer Putativgefahr glaubt nur der handelnde Polizeibeamte an das Vorliegen einer Gefahr. Jeder sonstige verständige Polizeibeamte hätte dagegen das Nichtvorliegen einer Gefahr erkannt. Ein bloßer Gefahrenverdacht ist dagegen gegeben, wenn aus Sicht des verständigen Polizeibeamten, der die Wahrscheinlichkeitsabschätzung eines Schadenseintritts nach dem Sach- und Erkenntnisstand zum Zeitpunkt der Maßnahme vornimmt, die Möglichkeit einer Gefahr besteht. Der Beamte ist aber über das tatsächliche Vorliegen einer Gefahr weiter im Unklaren.[195] Im Fall des Gefahrenverdachts sind Gefahrerforschungseingriffe, also solche Maßnahmen, die der Erforschung des Vorliegens einer tatsächlichen Gefahr dienen, zulässig.[196] **494**

Vorliegend konnten die Polizisten hautnah die chemischen Reaktionen mitverfolgen. Nicht nur, dass es zu einem lauten Knall und einer Verpuffung kam; von den Chemikalien ging auch ein beißender Geruch aus. Bei der Verwendung der Chemikalien, die explosionsartige Geräusche von sich geben, kann davon ausgegangen werden, dass diese auch zu Schäden am Haus und der anderen Hausbewohner führen können. Je größer der zu erwartende Schaden ist, desto geringere Anforderungen sind zu stellen. Hier hätten Menschenleben gefährdet sein können. Für jeden verständigen Polizeibeamten in der konkreten Situation hätte sich die Situation, genauso wie für POM Bock und seinen Kollegen, als bedrohlich dargestellt. Mithin ist von einer Anscheinsgefahr auszugehen. Da diese wie eine Gefahr zu beurteilen ist, war das Merkmal der gegenwärtigen Gefahr vorliegend erfüllt. **495**

Hinweis: Es wäre auch vertretbar, einen Gefahrenverdacht anzunehmen. Dann wäre weiter zu prüfen, da auch Gefahrerforschungseingriffe, also solche Maßnahmen, die der Erforschung des Vorliegens einer tatsächlichen Gefahr dienen, allgemein als vorläufige[197] Maßnahmen der Polizei zulässig sind.[198] Die Sicherstellung der Chemikalien für eine anschließende Untersuchung im Labor wäre ein solcher Gefahrerforschungseingriff. Es ergeben sich insoweit keine weiteren Besonderheiten. **496**

2. Maßnahmerichtung

Die Maßnahme wurde gegen R als Anscheinsstörer gerichtet, da er die Anscheinsgefahr durch sein Verhalten verursacht hat, § 6 Abs. 1 Nds SOG. **497**

---

[193] *BVerwGE* 45, 51 (58); *VGH Mannheim*, VBlBW 1993, 298 (300); krit. *Ipsen*, Niedersächsisches Polizei- und OrdnungsR, Rn. 162; *Schenke*, Polizei- und OrdnungsR, Rn. 80 ff.
[194] *Kingreen/Poscher*, Polizei- und OrdnungsR, § 8 Rn. 49.
[195] *Götz/Geis*, Allg. Polizei- u. OrdnungsR, § 6 Rn. 30 ff.
[196] *Schenke*, Polizei- und OrdnungsR, Rn. 86 f.; *Götz/Geis*, Allg. Polizei- u. OrdnungsR, § 6 Rn. 31.
[197] Kritisch zu dem Begriff *Schmidbauer*, in: Schmidbauer/Steiner, BayPAG, Art. 11 Rn. 39, da vorläufig nur bedeutet, dass die polizeiliche Maßnahme nicht mehr zulässig ist, wenn die Polizei festgestellt hat, dass tatsächlich keine Gefahr besteht; vgl. auch *Schenke*, Polizei- und OrdnungsR, Rn. 86 ff.
[198] *Schenke*, Polizei- und OrdnungsR, Rn. 86 f.; *Götz/Geis*, Allg. Polizei- u. OrdnungsR, § 6 Rn. 31.

3. Rechtsstaatliche Handlungsgrundsätze

498 Fraglich ist, ob auch die polizeilichen Handlungsgrundsätze erfüllt waren. Das Ermessen müsste richtig ausgeübt worden sein und die Maßnahme müsste auch verhältnismäßig gewesen sein. Ermessensfehler sind nicht ersichtlich. Ein Verstoß gegen § 5 Abs. 1 Nds SOG lag nicht vor.

499 Fraglich ist aber, ob die Maßnahme auch verhältnismäßig war, § 4 Nds SOG. Die Sicherstellung war zur Abwehr der Anscheinsgefahr geeignet. Sie war auch erforderlich, wenn kein milderes, gleich effektives Mittel gegeben wäre. Eine Untersagung, weitere Experimente durchzuführen, könnte ein milderes Mittel darstellen. Fraglich ist aber, ob dies auch gleich effektiv gewesen wäre. Dies erscheint äußerst zweifelhaft, denn R hätte nachdem die Polizei die Wohnung verlassen hat, jederzeit weiter mit den vermeintlich gefährlichen Chemikalien experimentieren können. Ein ebenso effektives, aber milderes Mittel lag mithin nicht vor.

500 Fraglich ist weiterhin, ob die Maßnahme auch angemessen war. Hier ist eine Interessenabwägung durchzuführen. Die Interessen aus Art. 5 Abs. 3 GG und Art. 14 Abs. 1 GG sind gegen die Gesundheit der Hausbewohner, Art. 2 Abs. 2 GG abzuwägen. Art. 2 Abs. 2 GG ist eine verfassungsimmanente Schranke der Wissenschaftsfreiheit. Beide Interessen sind mithin im Wege der praktischen Konkordanz abzuwägen.

Das Leben und die Gesundheit einer Vielzahl von Bewohnern ist dabei höher einzustufen, als die Wissenschaftsfreiheit des R. Experimente können vielmehr auch in einem Labor mit entsprechenden Sicherheitsvorkehrungen durchgeführt werden. Vor dem Hintergrund, dass Menschenleben hätten gefährdet sein können, ist die Maßnahme als angemessen einzustufen. Die Sicherstellung war mithin auch verhältnismäßig.

4. Zwischenergebnis

501 Die Sicherstellungsanordnung war materiell rechtmäßig.

IV. Ergebnis

502 Die Maßnahme war insgesamt rechtmäßig.

B. Rechtmäßigkeit des Polizeigriffs

503 Der Polizeigriff war rechtmäßig, wenn er von einer Rechtsgrundlage gedeckt war und diese formell und materiell rechtmäßig angewandt wurde.

I. Rechtsgrundlage

504 Der Polizeigriff greift in die Rechte des R, jedenfalls in Art. 2 Abs. 1 GG ein. Aufgrund des Vorbehalts des Gesetzes bedurfte es mithin einer Rechtsgrundlage.

Wehrt sich der Adressat der polizeilichen Maßnahme gegen die angeordnete Sicherstellung, kommt die Anwendung eines Zwangsmittels in Betracht, da die Sicherstellungsanordnung auch die Duldung der Wegnahme umfasst.[199] Als Rechtsgrundlage kommt daher § 64 Abs. 1 Nds SOG i. V. m. § 69 Nds SOG in Betracht.

Gem. § 64 Abs. 1 Nds SOG kann ein Verwaltungsakt, der auf die Vornahme einer Handlung oder auf Duldung oder Unterlassung gerichtet ist, mit Zwangsmitteln durchgesetzt werden, wenn er unanfechtbar ist oder wenn ein Rechtsbehelf keine aufschiebende Wirkung hat. **505**

II. Formelle Rechtmäßigkeit

Für die Anwendung unmittelbaren Zwangs war die Polizei vorliegend zuständig, da sie auch für den Grundverwaltungsakt zuständig war, s. o., vgl. § 64 Abs. 3 S. 1 Nds SOG. An der Einhaltung von Verfahren und Form bestehen keine Zweifel. Insbesondere war die Anhörung nach § 1 Abs. 1 NVwVfG i. V. m. § 28 Abs. 2 Nr. 5 VwVfG entbehrlich. **506**

Hinweis: Die Zwangsmittelandrohung nach §§ 70, 74 Nds SOG kann an dieser Stelle als Verfahrensvoraussetzung oder in der materiellen Rechtmäßigkeit geprüft werden (s. u.). **507**

III. Materielle Rechtmäßigkeit

Die Anwendung des Zwangsmittels müsste auch materiell rechtmäßig gewesen sein. Dazu müssen die allgemeinen und besonderen Vollstreckungsvoraussetzungen vorliegen. **508**

1. Allgemeine Vollstreckungsvoraussetzungen

Eine vollstreckbare Grundverfügung lag in der Sicherstellung und der damit verbundenen Duldungsanordnung vor. Weiterhin müsste der Grundverwaltungsakt auch unanfechtbar oder sofort vollziehbar gewesen sein. Die Sicherstellungsanordnung war unaufschiebbar, weil durch sie sofort die vermeintliche Gesundheitsschädigung der Bewohner abgewendet werden sollte. Vorliegend entfaltet der Verwaltungsakt daher wegen § 80 Abs. 2 S. 1 Nr. 2 VwGO keine aufschiebende Wirkung. Er war somit sofort vollziehbar. **509**

Fraglich ist indes, ob die Grundverfügung auch rechtmäßig gewesen sein muss. Ob die Konnexität[200] gewahrt sein muss, ist umstritten. Dafür spricht zunächst, dass insbesondere bei polizeilichen Maßnahmen zwischen Grundverfügung und Zwangsmaßnahme in der Regel nur ein kurzer Zeitraum liegt und daher der Betroffene im Hinblick auf die Grundmaßnahme nur unzureichenden Rechtsschutz erhält. **510**

Dagegen spricht aber der Wortlaut des § 64 Abs. 1 SOG, denn hier wird lediglich ein Verwaltungsakt, nicht aber auch ein rechtmäßiger Verwaltungsakt verlangt.[201] Darüber hinaus besteht zwischen den Beteiligten hinsichtlich der Rechtmäßigkeit der Grundverfügung häufig Streit. Eine abschließende Klärung der Rechtmäßigkeit **511**

---

[199] *Ipsen,* Niedersächsisches Polizei- und OrdnungsR, Rn. 449.
[200] Zur Konnexität im Polizeirecht vgl. umfassend *Geier,* BayVBl. 2004, 389 ff.
[201] *Schenke,* in: Steiner/Brinktrine, Besonderes VerwaltungsR, II J, Rn. 507 m. w. N.; *Knemeyer,* Polizei- und OrdnungsR, Rn. 358; *Geier,* BayVBl. 2004, 389 ff.; *Ipsen,* Niedersächsisches Polizei- und OrdnungsR, Rn. 610.

obliegt dem Gericht. Im Sinne einer effektiven Gefahrenabwehr kann von den tätigen Polizeibeamten nicht erwartet werden, dass sie vor jeder Vollstreckungsmaßnahme – die häufig, wie auch vorliegend, spontan und sehr schnell erfolgen muss – die Rechtmäßigkeit der Grundmaßnahme prüfen müssen. Die besseren Argumente sprechen daher für die letztgenannte Ansicht.

512 Der Streitentscheid kann aber letztlich offengelassen werden, da der zu vollstreckende Grundverwaltungsakt (Sicherstellung) rechtmäßig war (s. o.). Die allgemeinen Vollstreckungsvoraussetzungen lagen vor.

2. Besondere Vollstreckungsvoraussetzungen

513 Weiterhin müssten aber auch die konkreten Anforderungen des Zwangsmittels erfüllt gewesen sein. Vorliegend handelte es sich bei der Anwendung des Polizeigriffs um unmittelbaren Zwang i. S. d. § 69 Abs. 1 Nds SOG, da unter unmittelbarem Zwang die Einwirkung auf eine Person oder Sache durch körperliche Gewalt zu verstehen ist.[202] Gem. § 69 Abs. 6 Nds SOG ist aber Voraussetzung, dass andere Zwangsmittel (Ersatzvornahme, § 66 SOG oder Zwangsgeld, § 67 Nds SOG) nicht in Betracht kommen oder keinen Erfolg versprechen. R stürzte sich hier auf POM Bock. Eine Ersatzvornahme oder ein Zwangsgeld hätten hier keinen Erfolg versprochen. Insbesondere hätte das Zwangsgeld nicht die erforderliche schnelle Unterbindung der potentiellen Gefahr ermöglicht.

514 Darüber hinaus müsste das Zwangsmittel auch angedroht werden, §§ 65 Abs. 2, 70 Abs. 6, 74 Nds SOG. Angesichts der Tatsache, dass sich R auf POM Bock stürzte, war die Möglichkeit einer vorherigen Androhung kaum gegeben. Gem. § 74 Abs. 1 S. 2 Nds SOG kann daher von der Androhung abgesehen werden, wenn die Umstände eine Androhung nicht zulassen, insbesondere wenn die sofortige Anwendung des Zwangsmittels zur Abwehr einer gegenwärtigen Gefahr notwendig ist. Vorliegend ist wohl sogar beides gegeben, denn aufgrund der überraschenden aggressiven Handlung des R war eine vorherige Androhung nicht mehr möglich, zumal der vorherige bloß verbale Protest des R nicht auf eine derartige Zuspitzung der Situation hindeutete. Da darüber hinaus aber auch eine Anscheinsgefahr für Leib und Leben der anderen Hausbewohner bestand, lag auch die Anwendung des Zwangsmittels zur Abwehr einer gegenwärtigen Gefahr vor. Eine Androhung war mithin entbehrlich. Ermessensfehler sind genauso wenig ersichtlich wie ein Verstoß gegen das Verhältnismäßigkeitsprinzip.

IV. Ergebnis

515 Die Anwendung des Polizeigriffs war rechtmäßig.

Landesrechtliche Besonderheiten

516 **Baden-Württemberg:** Rechtsgrundlage ist nicht die Sicherstellung nach § 32 PolG BW, sondern die Beschlagnahme nach § 33 PolG BW, da es nicht um den Schutz

---

[202] Zur Schmerzzufügung als zulässiges Zwangsmittel vgl. *Pflicht*, NVwZ 2017, 862.

der privaten Interessen des Sachinhabers, sondern um den Schutz der Allgemeinheit vor den Gefahren, die aus der Sache erwachsen können, geht. Rechtsgrundlage ist damit § 33 Abs. 1 Nr. 1 PolG BW.

Der Polizeivollzugsdienst ist gem. § 60 Abs. 3 PolG BW sachlich und gem. § 70, 75 PolG BW örtlich zuständig. **517**

Hinsichtlich des Polizeigriffs ist auf §§ 49 Abs. 2, 50 ff. PolG BW abzustellen. Die ausschließliche sachliche Zuständigkeit des Polizeivollzugsdienstes ergibt sich aus § 51 PolG BW. Die allgemeinen Vollstreckungsvoraussetzungen gem. § 2 LVwVG i.V.m. § 52 Abs. 4 PolG BW waren hier gegeben. **518**

Bzgl. der besonderen Vollstreckungsvoraussetzungen war das Festhalten im Polizeigriff als unmittelbarer Zwang gem. § 50 Abs. 1 PolG BW einzuordnen, dessen Androhung gem. § 52 Abs. 2 PolG BW aufgrund der vorliegenden Umstände entbehrlich war. **519**

Bayern: Die Sicherstellung wäre auf Art. 25 Abs. 1 Nr. 1a) BayPAG zu stützen. Auch bei der Anwendung des unmittelbaren Zwangs nach Art. 70 Abs. 1, 71 Abs. 1 Nr. 3, 75, 77 ff. BayPAG ergeben sich keine weiteren Besonderheiten. **520**

Nordrhein-Westfalen: Die Rechtsgrundlage für eine Sicherstellung ist § 43 Nr. 1 PolG NRW. **521**

Die Rechtsgrundlage für den Polizeigriff ist §§ 50 Abs. 1, 51 Abs. 1 Nr. 3, 55, 57 ff. PolG NRW, wobei das Erfordernis der Konnexität ebenfalls zu diskutieren ist. Die Androhung war gem. §§ 51 Abs. 2, 61 Abs. 1 S. 2 PolG NRW entbehrlich. **522**

Sachsen: Einschlägig ist nicht die Sicherstellung gem. § 26 SächsPolG, sondern die Beschlagnahme gem. § 27 Abs. 1 Nr. 1 SächsPolG, da es nicht um den Schutz der privaten Interessen des Sachinhabers, sondern um den Schutz der Allgemeinheit vor den Gefahren, die aus der Sache erwachsen können, geht. Eine Einziehung gem. § 28 SächsPolG liegt hingegen nicht vor, da die Chemikalien wieder herausgegeben wurden. **523**

Die Rechtsgrundlage für den Polizeigriff ist §§ 30 Abs. 1 31 ff. SächsPolG. Zuständig für den unmittelbaren Zwang ist ausschließlich der Polizeivollzugsdienst, vgl. § 30 Abs. 2 SächsPolG. **524**

Das Erfordernis der Konnexität ist hier ebenfalls zu diskutieren. Polizeilicher Zweck ist hier die Durchsetzung der zuvor angeordneten Beschlagnahme zur Beseitigung der Störung der öffentlichen Sicherheit, gegen die R Widerstand leistete. Die Androhung war gem. § 32 Abs. 2 S. 2 SächsPolG entbehrlich. **525**

Fall 11. Randale im Studentenwohnheim*

Sachverhalt

Ohlschmitt (O) studiert in Osnabrück im ersten Semester Jura. Wie für Universitätsstädte typisch, herrscht allgemeine Wohnungsknappheit. Die noch zur Verfügung stehenden Privatwohnungen sind wesentlich überteuert. Als Service für die Studenten hat daher eine christliche Studentenorganisation ein Studentenwohnheim errichtet, in dem die Studenten sehr kostengünstig in zentraler Lage wohnen können. Da die Plätze in dem Wohnheim heiß begehrt sind, existiert eine entsprechend lange Warteliste. Studenten müssen teilweise über ein halbes Jahr ausharren, bevor ihnen eine Wohnung in dem Wohnheim zugewiesen wird. Nachdem O sich ordnungsgemäß um einen Wohnheimplatz beworben hat und über ein halbes Jahr auf der Warteliste stand, wurde ihm schließlich im Januar eine Wohnung angeboten.

Seine Freude über die kostengünstige Unterbringungsmöglichkeit währte aber nicht lange, da es zwischen den Studenten und der Hausverwaltung immer wieder zu lautstarken, teilweise sogar handgreiflichen Auseinandersetzungen kam. Hintergrund war die Vermutung einiger Studenten, die noch auf die Zuweisung einer Wohnung warteten, dass die Räumlichkeiten nicht nach den Rangnummern auf der Warteliste vergeben wurden, sondern dass sie unter der Hand, insbesondere aufgrund persönlicher Beziehungen vergeben wurden. Schließlich entschieden sich einige Wartende in den Semesterferien, ihr „Glück" in die eigene Hand zu nehmen und teilten eigenmächtig die kurzfristig leerstehenden Wohnungen untereinander auf.

An einem Freitagabend erfuhr die Hausverwaltung zufällig davon, dass am nächsten Tag eine massive Aktion einiger „Neumieter" gegen die Hausverwaltung geplant war. Handgreifliche Auseinandersetzungen und Sachbeschädigungen waren zu erwarten. Da in dem Heim bereits zu diesem Zeitpunkt chaotische Zustände herrschten, sah die Hausverwaltung ein, dass sie nicht mehr Herrin der Lage war und wendete sich daher an die Polizei mit der Bitte, gegen die ungebetenen Mieter am nächsten Morgen vorzugehen. Insbesondere sollte die Polizei die Namen der Wohnungsbesetzer feststellen, damit auch zivilrechtlich und strafrechtlich gegen diese vorgegangen werden könnte.

Daraufhin besetzten am nächsten Morgen (um 6:05 Uhr) Polizeibeamte ohne weitere Rücksprache das Wohnheim und begannen systematisch damit, Wohnung für Wohnung zu betreten und nach illegalen „Mietern" zu suchen. Sie drangen dabei auch in das Zimmer des O ein, fanden dort allerdings niemanden. Außerdem ordneten sie sofort O an, sich auszuweisen und seinen Mietvertrag vorzuzeigen. O kam dem zähneknirschend nach, obwohl er sich als Student der Rechte darüber empörte, dass mitten in der Nacht jemand seine Wohnung durchsucht. Darüber hin-

---

* Gelöst nach dem Recht in Niedersachsen; Besonderheiten in anderen Ländern siehe unten Rn. 574 ff.

aus würde er wie ein „Verbrecher" behandelt, obwohl er ein völlig Unbeteiligter wäre. Eine Niederschrift wurde von den Polizeibeamten nicht gefertigt.

Bearbeitervermerk: Waren die Maßnahmen der Polizei rechtmäßig?

Lösung[203]

Fraglich ist, ob die Maßnahmen rechtmäßig waren. Als Maßnahmen in Betracht kommen das Betreten und Durchsuchen der Wohnung, die Identitätsfeststellung und die Aufforderung, den Mietvertrag vorzuzeigen.

A. Rechtmäßigkeit der Wohnungsdurchsuchung

Fraglich ist, ob die Wohnungsdurchsuchung rechtmäßig war. Dies ist der Fall, wenn eine Rechtsgrundlage besteht und diese formell und materiell rechtmäßig angewandt wurde. **526**

I. Rechtsgrundlage

Da es sich um einen Eingriff in die Grundrechte des O (als verfügungsbefugten Mieter), insbesondere um einen Eingriff in Art. 14 Abs. 1 GG handelt und auch der Schutzbereich des Art. 13 GG berührt ist, ist aufgrund des Vorbehalts des Gesetzes eine Rechtsgrundlage erforderlich. Als Rechtsgrundlage für das Betreten und Durchsuchen der Wohnung kommen die §§ 24, 25 Nds SOG in Betracht. **527**

II. Formelle Rechtmäßigkeit

Zuständigkeit, Verfahren und Form müssten gewahrt sein. **528**

1. Zuständigkeit

Grundsätzlich ist die Polizei für das Betreten und Durchsuchen von Wohnungen nach § 24 Abs. 2 Nds SOG sachlich zuständig. **529**

Möglicherweise lag hier aber eine Gefahr wegen einer Beeinträchtigung von privaten Rechten vor. Gem. § 1 Abs. 3 Nds SOG obliegt der Schutz privater Rechte der Polizei aber nur dann, wenn gerichtlicher Schutz nicht rechtzeitig zu erlangen ist und wenn ohne die polizeiliche Hilfe die Verwirklichung des Rechts vereitelt oder wesentlich erschwert werden würde. Vorliegend wollte sich die Studentenorganisation gegen die Hausbesetzer wehren. Sie wollte insbesondere zivilrechtlich und strafrechtlich gegen diese vorgehen. Hierfür ist aber erforderlich, dass zunächst die Identität der Hausbesetzer festgestellt wird. Dies ist nur durch eine polizeiliche Feststellung und Kontrolle möglich. Die Polizei handelte hier also neben der Verhinderung der Beeinträchtigung der öffentlichen Sicherheit oder Ordnung (etwa durch Straftaten wie § 123 StGB oder § 240 StGB) auch zum Schutz privater Rechte. **530**

---

[203] Angelehnt an *BVerwGE* 47, 31 = NJW 1975, 130 ff.

531 Auf die strengen Voraussetzungen des § 1 Abs. 3 Nds SOG kommt es aber nicht an, wenn schon der Aufgabenbereich nach § 1 Abs. 1 Nds SOG eröffnet wäre. Die Polizei ist gem. § 1 Abs. 1, 2 Nds SOG für die Verhütung von Straftaten zuständig. Voraussetzung ist zunächst das Vorliegen einer Gefahr für die öffentliche Sicherheit oder Ordnung. Unter öffentlicher Sicherheit werden sowohl Individualrechtsgüter (Leben, Gesundheit, Freiheit, Ehre und Vermögen) sowie die Rechtsordnung als solche und die Funktionsfähigkeit öffentlicher Einrichtungen gefasst. Unter öffentlicher Ordnung versteht man dagegen die Gesamtheit aller ungeschriebenen Regeln für das Verhalten des Einzelnen in der Öffentlichkeit, deren Beachtung nach den jeweils herrschenden Anschauungen als unerlässliche Voraussetzung für ein geordnetes Gemeinschaftsleben betrachtet wird. Gem. § 2 Nr. 2 i.V.m. § 2 Nr. 1 Nds SOG ist eine abstrakte Gefahr immer dann zu bejahen, wenn nach allgemeiner Lebenserfahrung oder den Erkenntnissen fachkundiger Stellen eine mögliche Sachlage mit der hinreichenden Wahrscheinlichkeit besteht, dass in absehbarer Zeit ein Schaden für die öffentliche Sicherheit oder Ordnung eintreten wird. Ein etwaiger Verstoß gegen Normen aus dem StGB stellt eine Gefährdung für die öffentliche Sicherheit dar.[204]

532 Da die Möglichkeit eines rechtzeitigen Einschreitens anderer Ordnungsbehörden nach § 1 Abs. 2 Nds SOG hier aufgrund der frühen Morgenstunden am Wochenende nicht ersichtlich war, wurde auch die Subsidiarität gewahrt. Der Aufgabenbereich der Polizei war mithin eröffnet.

533 Die örtliche Zuständigkeit ergibt sich aus § 100 Abs. 1 S. 1 Nds SOG.

2. Verfahren

534 Für Wohnungsdurchsuchungen gilt die spezielle Verfahrensvorschrift des § 25 Nds SOG. Fraglich ist daher zunächst, ob die Polizeibeamten die Wohnung des O im Sinne dieser Vorschrift durchsuchten oder nur betraten. Die Abgrenzung zwischen einer Durchsuchung und dem bloßen Betreten der Wohnung erfolgt danach, ob der Polizeibeamte gezielt nach etwas sucht, was sich in der Wohnung befindet. Vorliegend suchten die Polizisten gezielt nach „illegalen Mietern", die sich in den Wohnungen aufhielten. Es liegt daher eine Durchsuchung im Sinne des § 25 Nds SOG vor, die ohne richterliche Anordnung und ohne jegliche Rücksprache, erfolgte. Fraglich ist daher, ob Gefahr im Verzug nach § 25 Abs. 1 S. 1 Nds SOG bestand. Diese liegt bei einer Sachlage vor, bei der ein Schaden eintreten würde, wenn nicht an Stelle der zuständigen Behörde oder Person eine andere Behörde oder Person tätig wird, § 2 Nr. 4 Nds SOG. Die Polizei bekam den Anruf der Hausverwaltung schon am Freitagabend, während sie die Wohnungsdurchsuchung erst am nächsten Morgen begann. In dieser Zeit hätten die Polizeibeamten jedenfalls versuchen müssen, einen Richter im Bereitschaftsdienst zu erreichen. Es lag mithin keine Gefahr in Verzug vor. Das Verfahren wurde nicht eingehalten.

3. Form

535 Eine Niederschrift über die Durchsuchung nach § 25 Abs. 4 und Abs. 5 Nds SOG erfolgte nicht.

---

[204] *OLG München*, NZM 2019, 69 (70), Rn. 26.

4. Zwischenergebnis

Die Durchsuchung war formell rechtswidrig. **536**

III. Materielle Rechtmäßigkeit

Fraglich ist, ob das Betreten und Durchsuchen der Wohnung des O materiell **537** rechtmäßig war. Voraussetzung dafür ist, dass die Voraussetzungen des § 24 Abs. 2 Nds SOG vorliegen, die Maßnahme gegen den richtigen Adressaten gerichtet und die polizeilichen Handlungsgrundsätze gewahrt sind.

1. Voraussetzungen der Rechtsgrundlage

Gem. § 24 Abs. 2 Nds SOG kann die Polizei eine Wohnung ohne Einwilligung der **538** Inhaberin oder des Inhabers betreten und durchsuchen, wenn (Nr. 1) Tatsachen die Annahme rechtfertigen, dass sich in ihr eine Person befindet, die nach § 16 Abs. 3 Nds SOG vorgeführt oder nach § 18 Nds SOG in Gewahrsam genommen werden darf, oder dass (Nr. 2) sich in ihr eine Sache befindet, die nach § 26 Nr. 1 Nds SOG sichergestellt werden darf, dass (Nr. 3) es zur Abwehr einer gegenwärtigen Gefahr für Leib, Leben oder Freiheit einer Person oder für Sachen von bedeutendem Wert erforderlich ist oder, dass (Nr. 4) von der Wohnung Emissionen ausgehen, die nach Art, Ausmaß oder Dauer geeignet sind, die Gesundheit in der Nachbarschaft wohnender Personen zu beschädigen.

Der Begriff der Wohnung wird in § 24 Abs. 1 Nds SOG legal definiert. Da- **539** nach sind Wohnungen im Sinne dieser Vorschrift Wohn- und Nebenräume, Arbeits-, Betriebs- und Geschäftsräume sowie anderes befriedetes Besitztum, das mit diesen Räumen im Zusammenhang steht. § 24 Abs. 1 Nds SOG trägt damit der Rechtsprechung des Bundesverfassungsgerichts Rechnung, nach der auch Geschäfts- und Betriebsräume unter den Begriff der Wohnung i.S.d. Art. 13 GG fallen.[205]

Bei dem Zimmer des O handelte es sich daher unproblematisch um eine Wohnung. **540** Fraglich ist aber, ob auch die Voraussetzungen des § 24 Abs. 2 Nds SOG gegeben waren. Die Konstellationen der § 24 Abs. 2 Nr. 2 und Nr. 4 Nds SOG waren ersichtlich nicht gegeben. Fraglich ist aber, ob möglicherweise § 24 Abs. 2 Nr. 1 oder Nr. 3 Nds SOG einschlägig war.

Voraussetzung nach § 24 Abs. 2 Nr. 1 Nds SOG wäre, dass Tatsachen die Annahme **541** rechtfertigen, dass sich in der Wohnung eine Person befindet, die nach § 16 Abs. 3 Nds SOG vorgeführt oder nach § 18 Nds SOG in Gewahrsam genommen werden darf. In Betracht kommt § 18 Abs. 1 Nr. 1a) Nds SOG, wonach eine Person in Gewahrsam genommen werden kann, wenn es unerlässlich ist, um eine unmittelbare bevorstehende Begehung oder Fortsetzung einer Straftat zu verhindern. Zwar stehen vorliegend Straftaten wie der Hausfriedensbruch nach § 123 StGB im Raum, allerdings ist es für dessen Verhinderung nicht unerlässlich, die Personen in Gewahrsam zu nehmen.

---

[205] *BVerfGE* 32, 54 (69); 44, 353 (371); 76, 83 (88); dazu auch *Ipsen*, Staatsrecht II, Rn. 283; *ders.* Niedersächsisches Polizei- und OrdnungsR, Rn. 462; *Papier*, in: Maunz/Dürig, GG, Art. 13, Rn. 10 f.

542 Fraglich ist daher, ob § 24 Abs. 2 Nr. 3 Nds SOG greift. Wohnung dürfen zur Abwehr einer gegenwärtigen Gefahr für Leib, Leben oder Freiheit einer Person oder für Sachen von bedeutendem Wert durchsucht werden. Gem. § 2 Nr. 1b) Nds SOG ist eine gegenwärtige Gefahr eine solche, bei der die Einwirkung des schädigenden Ereignisses bereits begonnen hat oder bei der diese Einwirkung unmittelbar oder in allernächster Zeit mit einer an Sicherheit grenzenden Wahrscheinlichkeit bevorsteht. Zum einen hat die Einwirkung des schädigenden Ereignisses durch die rechtswidrigen Wohnungsbesetzungen bereits begonnen. Dies stellt eine Gefahr für Sachen von bedeutendem Wert dar (a.A. vertretbar). Zum anderen steht die Einwirkung unmittelbar bevor, indem für den Samstag ein „massives Vorgehen gegen die Hausverwaltung" geplant war. Damit ist auch eine Gefahr für die Unversehrtheit des Leibes dieser Personen gegeben.

543 Trotz Durchsuchung um 6:05 Uhr morgens liegt kein Durchsuchen während der Nachtzeit nach § 24 Abs. 4 Nds SOG i.V.m. § 104 Abs. 3 SPO vor, da diese spätestens um 6 Uhr morgens endet. Auf die Voraussetzungen der § 24 Abs. 4 oder 5 Nds SOG kommt es mithin nicht an.

544 **Hinweis:** Die Befugnisnorm des § 24 Abs. 5 Nds SOG könnte hier sowieso nicht greifen. Zwar wäre für den Fall, dass sich eine fremde Person unerlaubt Zutritt zu den Zimmern verschafft, ein Hausfriedensbruch und damit eine Straftat nach § 123 StGB gegeben. Allerdings handelt es sich dabei um keine Straftat von erheblicher Bedeutung, die mit dem Unrechtsgehalt der in den §§ 232 und 233 StGB genannten Straftaten vergleichbar wäre.

2. Maßnahmerichtung

545 Die Maßnahme ist gegen den Inhaber der Wohnung, mithin gegen O zu richten, vgl. § 24 Abs. 2 Nds SOG.

3. Rechtsstaatliche Handlungsgrundsätze

546 Fraglich ist, ob auch die polizeilichen Handlungsgrundsätze erfüllt sind. Das Ermessen müsste richtig ausgeübt und die Maßnahme müsste auch verhältnismäßig gewesen sein. Ermessensfehler sind nicht ersichtlich. Ein Verstoß gegen § 5 Abs. 1 Nds SOG lag damit nicht vor.

547 Fraglich ist aber, ob die Maßnahme auch verhältnismäßig war, § 4 Nds SOG. Die Maßnahme war geeignet, um den legitimen Zweck, nämlich die Sicherung des Hausfriedens durch die Verhinderung von Straftaten, zu erreichen. Fraglich ist indes, ob die Maßnahme auch erforderlich, also das relativ mildeste, aber genauso wirksame Mittel, war. Dies erscheint unklar. Die Gefahr, dass es möglicherweise zu handgreiflichen Auseinandersetzungen mit der Hausverwaltung kommen könnte, hätte auch anders bekämpft werden können. Dass ein massives Polizeiaufgebot und ein Betreten und Durchsuchen der Wohnungen einen Einschüchterungseffekt haben, mag zwar für die Erforderlichkeit der Maßnahme sprechen; die Polizei hätte sich aber auch außerhalb der vermieteten Wohnungen bereithalten können, um die Heimleitung zu schützen. Ein Betreten und Durchsuchen der Wohnung um 6:05 Uhr an einem Samstagmorgen – kurz nach dem Ende der Nachtzeit i.S.d. § 24 Abs. 4 Nds SOG i.V.m. § 104 Abs. 3 StPO – ist daher nicht das mildeste Mittel gewesen.

Hinweis: Eine a. A. ist insbesondere mit der Begründung, dass die Polizei nicht nur den bevorstehenden Aufstand, sondern auch die Fortsetzung der bereits begangenen Hausfriedensbrüche verhindern wollte, vertretbar. 548

4. Zwischenergebnis

Die Maßnahme war auch materiell rechtswidrig. 549

IV. Ergebnis

Das Betreten und Durchsuchen der Wohnung des O waren mithin rechtswidrig. 550

B. Rechtmäßigkeit der Identitätsfeststellung

Die Identitätsfeststellung war rechtmäßig, wenn eine Rechtsgrundlage besteht und diese formell und materiell rechtmäßig angewandt wurde. 551

I. Rechtsgrundlage

Die Aufforderung sich auszuweisen, greift zumindest in die allgemeine Handlungsfreiheit des O ein. Daher bedarf es auch hier einer Befugnisnorm. § 12 Nds SOG ist nicht einschlägig, weil sich O ausweisen und nicht nur mündlich Auskunft erteilen sollte. In Betracht kommt insoweit § 13 Abs. 2 S. 1 Nds SOG. Danach ist die Polizei befugt, den Ausweis zu verlangen, wenn sie zur Feststellung der Identität berechtigt war. Die Voraussetzungen für diese Berechtigung richten sich nach § 13 Abs. 1 Nds SOG. 552

II. Formelle Rechtmäßigkeit

Zuständigkeit, Verfahren und Form müssten gewahrt sein. 553

1. Zuständigkeit

Die sachliche Zuständigkeit der Polizei für die Identitätsfeststellung ergibt sich aus § 13 Abs. 1 Nds SOG. Allerdings nahm die Polizei die Personalien u.a. auf, um eventuelle weitere zivil- und strafrechtliche Schritte vorzubereiten. Der Aufgabenbereich der Polizei nach dem Nds SOG ist aber nur für die Gefahrenabwehr eröffnet, vgl. § 1 Abs. 1 S. 1 Nds SOG. Fraglich ist daher, ob die Polizei präventiv handelte. Die Identitätsfeststellung erfolgte zum einen, um den bevorstehenden Aufstand sowie die Fortsetzung der Wohnungsbesetzungen zu verhindern und damit präventiv und zum anderen, um eine spätere zivil- und strafrechtliche Verfolgung zu ermöglichen und damit auch repressiv. 554

In Fällen in denen, wie hier, die Polizei sowohl präventiv als auch repressiv tätig wird (sog. doppelfunktionale Handeln) ist auf den Schwerpunkt der Maßnahme abzustellen.[206] Geht es primär um die drohende Schadensabwendung, liegt präventives Tätigwerden vor. Handelt die Polizei dagegen, um den staatlichen Strafanspruch sicherzustellen, liegt eine repressive Tätigkeit vor. Vorliegend handelten die 555

---

[206] *VGH München,* BayVBl. 2010, 220; *Schenke,* Polizei- und OrdnungsR, Rn. 423; *Götz/Geis,* Allg. Polizei- u. OrdnungsR, § 18 Rn. 15.

Polizeibeamten primär, um den drohenden Gewaltausbruch zu verhindern. Nur zusätzlich sollte auch von Personen, die sich möglicherweise strafbar gemacht haben, die Identität festgestellt werden.

556 Zudem war an einem Samstagmorgen keine andere Behörde zur Gefahrenabwehr nach § 1 Abs. 2 S. 1 Nds SOG erreichbar.

Die örtliche Zuständigkeit ergibt sich aus § 100 Abs. 1 S. 1 Nds SOG.

2. Verfahren

557 Die Identitätsfeststellung stellt einen Verwaltungsakt dar, der in die Rechten des O eingreift, weshalb eine Anhörung nach § 1 Abs. 1 NVwVfG i.V.m. § 28 Abs. 1 VwVfG erforderlich gewesen wäre. Eine solche ist aus dem Sachverhalt nicht ersichtlich, vielmehr ordneten die Polizeibeamten sofort die Identitätsfeststellung an. In Betracht kommt eine Entbehrlichkeit der Anhörung nach § 1 Abs. 1 NVwVfG i.V.m. § 28 Abs. 2 Nr. 1 VwVfG, wenn eine sofortige Entscheidung wegen Gefahr im Verzug notwendig erscheint. Der Aufstand der Wohnungsbesetzer stand am Samstagmorgen zwar kurz bevor, allerdings hatte die Polizei davon schon seit dem Freitagabend Kenntnis erlangt. Die Eilbedürftigkeit beruht damit auf der Säumigkeit der Behörde, weshalb sie sich nicht auf die Entbehrlichkeit der Anhörung wegen Gefahr im Verzug stützen kann (a.A. vertretbar).[207] Allerdings ist eine Heilung nach § 1 Abs. 1 NVwVfG i.V.m. § 45 Abs. 1 Nr. 3, Abs. 2 VwVfG möglich.

3. Form

558 Die Identitätsfeststellung konnte formell angeordnet werden, § 1 Abs. 1 NVwVfG i.V.m. § 37 Abs. 2 S. 1 VwVfG.

4. Zwischenergebnis

559 Die Identitätsfeststellung leidet an einem heilbaren formellen Fehler.

III. Materielle Rechtmäßigkeit

560 Fraglich ist, ob die Identitätsfeststellung materiell rechtmäßig war. Voraussetzung dafür ist, dass die Voraussetzungen des § 13 Abs. 1 Nds SOG vorliegen, die Maßnahme gegen den richtigen Adressaten gerichtet und die polizeilichen Handlungsgrundsätze gewahrt sind.

1. Voraussetzungen der Rechtsgrundlage

561 Fraglich ist, welche Variante des § 13 Abs. 1 Nds SOG einschlägig ist. In Betracht kommt zunächst § 13 Abs. 1 Nr. 2 Nds SOG. Hätte sich O an einem solchen verrufenen Ort aufgehalten, wäre es gleichgültig gewesen, ob O tatsächlich Störer bzw. Verantwortlicher war. Sein Einwand, er wäre ein völlig Unbeteiligter, wäre also nicht zur Geltung gekommen. Allerdings hielt sich O an keinem Ort auf, der die Voraussetzungen der Nr. 2 tatsächlich erfüllt. Zwar kommt die Begehung von Straftaten wie Hausfriedensbruch, Beleidigung oder vielleicht auch vereinzelte Fälle von

---

[207] A.A. insbesondere *Herrmann*, in: BeckOK VwVfG, § 28 Rn. 24.

Köperverletzungen in Frage. Es ist aber nicht ersichtlich, dass diese Straftaten von erheblicher Bedeutung sind oder Straftaten i. S. d. §§ 232 f. StGB verabredet, vorbereitet oder verübt wurden, vgl. § 13 Abs. 1 Nr. 2a) Nds SOG.

Möglicherweise sind aber die Voraussetzungen des § 13 Abs. 1 Nr. 1 Nds SOG erfüllt. Danach kann die Polizei die Identität feststellen, wenn es zur Abwehr einer Gefahr erforderlich ist. Unter Gefahr wird eine konkrete Gefahr verstanden, also eine Sachlage, bei der im einzelnen Fall die hinreichende Wahrscheinlichkeit besteht, dass in absehbarer Zeit ein Schaden für die öffentliche Sicherheit oder Ordnung eintreten wird, § 2 Nr. 1a) Nds SOG.[208] Unter öffentlicher Sicherheit werden sowohl die Individualrechtsgüter wie Leben, Gesundheit, Freiheit, Ehre und Vermögen als auch die Rechtsordnung als solche und die Funktionsfähigkeit öffentlicher Einrichtungen gefasst.[209] Unter öffentlicher Ordnung versteht man dagegen die Gesamtheit aller ungeschriebenen Regeln für das Verhalten des Einzelnen in der Öffentlichkeit, deren Beachtung nach den jeweils herrschenden Anschauungen als unerlässliche Voraussetzung für ein geordnetes Gemeinschaftsleben betrachtet wird.[210] Vorliegend stellten nicht nur die „ungebetenen Mieter" ein Problem für die Hausverwaltung dar. Neben den bereits stattfindenden Hausfriedensbrüchen waren auch in naher Zukunft massive Proteste gegen die Hausverwaltung zu befürchten. Da es bereits in der Vergangenheit immer wieder zu verbalen und auch handgreiflichen Ausschreitungen gekommen ist, ist die Eskalation der Situation in naher Zukunft sehr wahrscheinlich gewesen. Eine konkrete Gefahr lag mithin vor. Die Voraussetzungen des § 13 Abs. 1 Nr. 1 Nds SOG sind zu bejahen.

2. Maßnahmerichtung

Fraglich ist indes, ob O auch der richtige Adressat der Maßnahme war. Die Maßnahme ist grds. gegen den Zustands- oder Verhaltensstörer, also den Verursacher der Gefahr, nach §§ 6, 7 Nds SOG zu richten. Von O selbst ging keine Gefahr aus, weil er weder unberechtigter Wohnungsbesitzer war, noch sich an dem bevorstehenden Aufstand beteiligen wollte. Die Polizei kann aber auch Maßnahmen gegen nichtverantwortliche Personen nach § 8 Nds SOG richten, wenn eine gegenwärtige erhebliche Gefahr abzuwehren ist, Maßnahmen gegen die nach §§ 6 oder 7 Nds SOG Verantwortlichen nicht oder nicht rechtzeitig möglich sind oder keinen Erfolg versprechen, die Verwaltungsbehörde oder die Polizei die Gefahr nicht oder nicht rechtzeitig selbst oder durch Beauftragte abwehren kann und die Personen ohne erhebliche eigene Gefährdung und ohne Verletzung höherwertiger Pflichten in Anspruch genommen werden können.[211] Eine gegenwärtige erhebliche Gefahr liegt vor, wenn die Einwirkung des schädigenden Ereignisses für ein bedeutsames Rechtsgut wie Bestand des Staates, Leben, Gesundheit, Freiheit, nicht unwesentliche Vermögenswerte sowie andere strafrechtlich geschützte Güter bereits begonnen hat oder bei der diese Einwirkung unmittelbar oder in allernächster Zeit mit einer an Sicherheit grenzenden Wahrscheinlichkeit bevorsteht, vgl. § 2 Nr. 1b), c) Nds SOG. Wegen der bereits andauernden Hausfriedensbrüche und des kurz be-

---

[208] Zu den verschiedenen Gefahrbegriffen *Korte/Dittrich*, JA 2017, 332 (336 f.).
[209] *Kingreen/Poscher*, Polizei- und OrdnungsR, § 7 Rn. 2 ff.; *Götz/Geis*, Allg. Polizei- u. OrdnungsR, § 4 Rn. 1 ff.
[210] *Kingreen/Poscher*, Polizei- und OrdnungsR, § 7 Rn. 42.
[211] Vertiefend zum Nichtstörer *Kießling*, Jura 2016, 483.

Fall 11. Randale im Studentenwohnheim

vorstehenden Aufstands gegen die Hausverwaltung kann von einer gegenwärtigen erheblichen Gefahr gesprochen werden. Die Maßnahmen gegen die Verhaltensstörer waren derzeit auch noch nicht möglich. Die Polizisten mussten, um herausfinden zu können, wer sich überhaupt unberechtigt in dem Haus aufhält, zunächst die Identitäten der Personen feststellen. Dazu gehören auch die Nichtverantwortlichen. Ohne die Inanspruchnahme der Nichtverantwortlichen hätte die Polizei die Gefahr nicht abwehren können. Für den O bestand dabei keine erhebliche eigene Gefährdung. Mithin konnte die Maßnahme gegen O gerichtet werden.

564 **Hinweis:** Eine a. A. ist mit der Begründung, dass die Polizei auch die Identität des O als rechtmäßigen Mieter über die Hausverwaltung hätte abklären lassen können, vertretbar.

3. Rechtsstaatliche Handlungsgrundsätze

565 Neben den vorherigen Voraussetzungen müssen auch die polizeilichen Handlungsgrundsätze eingehalten worden sein. Die Identitätsfeststellung steht im Ermessen der Polizei. Ermessensfehler sind aber nicht ersichtlich, § 5 Nds SOG. Die Maßnahme müsste auch verhältnismäßig gewesen sein, § 4 Nds SOG. Das Verlangen sich auszuweisen zusammen mit der Information, ob O rechtmäßiger Mieter war, diente der Feststellung, ob O einer der ungebetenen Hausbesetzer war. Dies hatte den Zweck der Verhinderung der Gefahr für die öffentliche Sicherheit und Ordnung, da in diesem Falle weitere Maßnahmen hätten ergriffen werden können. Es lag daher eine geeignete Maßnahme zur Erreichung des Zwecks vor. Ein gegenüber der Identitätsfeststellung milderes Mittel ist nicht ersichtlich. Fraglich ist indes, ob die Maßnahme auch angemessen war. Die Identitätsfeststellung steht in einem angemessenen Verhältnis zu der Absicht, die Begehung von Straftaten zu verhindern, da die Eingriffsintensität in die grundrechtliche Freiheit des O relativ gering ist. Die Maßnahme war mithin angemessen.

4. Zwischenergebnis

566 Die Identitätsfeststellung war materiell rechtmäßig.

IV. Ergebnis

567 Die Identitätsfeststellung war formell rechtswidrig und materiell rechtmäßig. Der Verfahrensfehler kann aber geheilt werden.

C. Rechtmäßigkeit der Aufforderung, den Mietvertrag vorzuzeigen

568 Fraglich ist, ob auch die Aufforderung den Mietvertrag vorzuzeigen rechtmäßig war. Voraussetzung ist auch hier, dass die Maßnahme auf einer Rechtsgrundlage beruht und sie formell und materiell rechtmäßig ist.

I. Rechtsgrundlage

569 Fraglich ist, ob auch hier § 13 Abs. 2 S. 1 i. V. m. Abs. 1 Nr. 1 Nds SOG als Rechtsgrundlage in Betracht kommt. Allerdings handelt es sich bei dem Mietvertrag ersichtlich nicht um ein Ausweispapier i. S. d. § 13 Abs. 2 Nds SOG.

Somit kommt die Generalklausel des § 11 Nds SOG als richtige Rechtsgrundlage 570
in Betracht. Danach kann die Polizei die notwenigen Maßnahmen treffen, um eine
Gefahr abzuwehren.

II. Formelle Rechtmäßigkeit

Für die formelle Rechtmäßigkeit ergeben sich zur Identitätsfeststellung keine Be- 571
sonderheiten, insbesondere kann auch hier die fehlende Anhörung nachgeholt werden.

III. Materielle Rechtmäßigkeit

§ 11 Nds Sog setzt eine konkrete Gefahr voraus. Dies ist eine Sachlage, bei der im 572
einzelnen Fall die hinreichende Wahrscheinlichkeit besteht, dass in absehbarer Zeit
ein Schaden für die öffentliche Sicherheit oder Ordnung eintreten wird, § 2
Nr. 1a Nds SOG. Wie bereits dargestellt war hier eine konkrete Gefahr für die öffentliche Sicherheit durch die Hausfriedensbrüche und den bevorstehenden Aufstand gegeben, s. o. Auch diesbezüglich ist auf die Voraussetzungen der Inanspruchnahme des Nichtstörers nach § 8 Nds SOG nach oben zu verweisen.

IV. Ergebnis

Die Aufforderung, den Mietvertrag vorzulegen, war formell rechtswidrig und mate- 573
riell rechtmäßig. Der Verfahrensfehler kann geheilt werden.

Landesrechtliche Besonderheiten

Baden-Württemberg: Das Betreten der Wohnung durch Beamte des Polizeivoll- 574
zugsdienstes richtet sich nach § 31 PolG BW, wobei zwischen Betreten i. S. d. § 31
Abs. 1, der einfaches Nachschauen oder Umschauen erfasst und einer Durchsuchung i. S. d. § 31 Abs. 2 PolG BW, deren zentrales Merkmal das ziel- und zweckgerichtete Suchen ist, zu unterscheiden ist.[212] Hier findet keine über eine Umschau
hinausgehende Prüfung der Räume statt, so dass die Maßnahme mithin auf § 31
Abs. 1 PolG BW zu stützen ist. In verfahrensrechtlicher Hinsicht ist insb. der Richtervorbehalt gem. § 31 Abs. 5 PolG BW zu beachten.

In materieller Hinsicht wäre das Vorliegen einer dringenden Gefahr für die öffentli- 575
che Sicherheit oder Ordnung erforderlich, die hier im „massiven Vorgehen gegen
die Hausverwaltung" gesehen werden kann. Die Maßnahmerichtung gegen einen
Unbeteiligten richtet sich nach § 9 PolG BW.

Die Identitätsfeststellung ist auf § 26 Abs. 1 Nr. 1 PolG BW zu stützen. 576

Bzgl. der Aufforderung zum Vorweisen des Mietvertrags ist festzustellen, dass dieser 577
keinen Berechtigungsschein i. S. d. § 26 Abs. 3 PolG BW darstellt, so dass die Maßnahme auf die polizeirechtliche Generalklausel gem. §§ 3 PolG BW zu stützen ist.
Die Maßnahmerichtung richtet sich nach § 9 Abs. 1 PolG BW.

---

212 Vgl. zur Abgrenzung zwischen Betreten und Durchsuchen *Belz/Mußmann/Kahlert/Sander*, PolG BW,
§ 31 Rn. 7 ff.; 12 ff.

Fall 11. Randale im Studentenwohnheim

578 Bayern: Richtige Befugnisnorm bzgl. des Betretens des Zimmers und der Wohnungsdurchsuchung ist Art. 11 Abs. 1 HS. 2 i.V.m. Art. 23, 24 BayPAG. Hinsichtlich der Identitätsfeststellung ist Art. 13 Abs. 1 Nr. 2a) aa) BayPAG die richtige Befugnisnorm, da Art. 13 Abs. 1 Nr. 2a) aa) BayPAG – anders als § 13 Nds SOG – nicht eine Straftat „von besonderer Bedeutung" oder eine Straftat i.S.d. §§ 232 f. StGB verlangt. Da eine „einfache Straftat" wie der Hausfriedensbruch ausreichend ist, greift bereits Art. 13 Abs. 1 Nr. 2a) aa) BayPAG als speziellere Regelung gegenüber Art. 13 Abs. 1 Nr. 1 BayPAG.

579 Nordrhein-Westfalen: Als Rechtsgrundlage für die Wohnungsdurchsuchung gilt §§ 41, 42 PolG NRW, als Rechtsgrundlage für die Identitätsfeststellung ist § 12 Abs. 1 Nr. 1 PolG NRW einschlägig.

580 Der Mietvertrag ist kein Ausweispapier i.S.d. § 12 Abs. 2 S. 2 PolG NRW. Rechtsgrundlage ist daher § 8 Abs. 1 PolG NRW. Die Inanspruchnahme Nichtverantwortlicher richtet sich nach § 6 PolG NRW, dessen Voraussetzungen aus den gleichen Gründen wie im Ausgangsfall nicht vorliegen.

581 Sachsen: Rechtsgrundlage für das Betreten und Durchsuchen der Wohnung ist § 25 SächsPolG, wobei zu beachten ist, dass in Abs. 1 und 2 im Unterschied zu § 24 Abs. 2 Nds SOG zwischen dem Betreten und dem Durchsuchen der Wohnung explizit unterschieden wird. Da beide Maßnahmen unterschiedliche Voraussetzungen haben, muss zwischen ihnen differenziert werden. Betreten ist das Eintreten in die Wohnung, um darin – ohne Behältnisse zu öffnen oder Veränderungen vorzunehmen – mittels einfacher Nach- oder Umschau Feststellungen zu treffen. Durchsuchung ist hingegen das ziel- und zweckgerichtete Suchen nach Personen oder Sachen in einer Wohnung, um so etwas aufzuspüren, das der Inhaber nicht freiwillig herausgeben oder offenlegen möchte. Neben dem Betreten der Wohnung kommt daher als zweites Element die Vornahme von Suchhandlungen hinzu.[213] Aufgrund des im Sachverhalt geschilderten Zwecks der Maßnahme ist hier daher von einem bloßen Betreten gem. § 25 Abs. 1 S. 1 SächsPolG auszugehen, dessen Voraussetzungen gegeben sind. Die Verhältnismäßigkeit richtet sich nach §§ 3 Abs. 2 bis 4 SächsPolG.

582 Die Rechtsgrundlage für die Identitätsfeststellung ist § 19 SächsPolG. Die Voraussetzungen des § 19 Abs. 1 S. 1 Nr. 1 SächsPolG liegen vor. § 19 Abs. 1 S. 1 Nr. 2 SächsPolG ist hingegen nicht gegeben: Zwar wird keine Straftat von erheblicher Bedeutung vorausgesetzt, jedoch ist ein Studentenwohnheim kein Ort, an dem erfahrungsgemäß Straftaten verübt werden.

583 Der Mietvertrag ist kein Ausweispapier i.S.d. § 19 Abs. 2 S. 2 SächsPolG. Rechtsgrundlage ist daher § 3 Abs. 1 SächsPolG. Die Inanspruchnahme Nichtverantwortlicher richtet sich nach § 7 SächsPolG, dessen Voraussetzungen aus den gleichen Gründen wie im Ausgangsfall nicht vorliegen.

---

213 *Elzermann/Schwier*, PolG Sachsen, § 25 Rn. 4, 8.

Fall 12. Wohin mit den Obdachlosen?*

Sachverhalt

Adelheid (A) ist Eigentümerin einer Ein-Zimmer Wohnung in Lüneburg. Sie hat ihrem Mieter Quentin (Q) wegen rückständiger Mieten ordnungsgemäß gekündigt und ein Räumungsurteil erwirkt. Der Räumungstermin wurde vom Gerichtsvollzieher für den 21. Februar bestimmt. Aufgrund der Wohnungsknappheit in Lüneburg und der mangelnden Bereitschaft von Vermietern an den als Mietnomaden bekannten Q ein Zimmer zu vermieten, hat Q auch bis zum 17. Februar noch keine Wohnung gefunden. Auch den Antrag auf Sozialleistungen hat er erst kürzlich gestellt. Eine endgültige Entscheidung darüber wurde noch nicht getroffen.

Aufgrund der drohenden Obdachlosigkeit des Q forderte dieser die zuständige Behörde dazu auf, eine Verfügung mit dem Inhalt zu erlassen, dass er in die bisher bewohnte Wohnung wieder eingewiesen würde. Seine Forderung begründete er damit, dass das städtische Obdachlosenheim zurzeit, was tatsächlich zutrifft, überfüllt wäre. Zur Verhinderung von schweren Krankheiten oder Erfrierungen aufgrund der Jahreszeit sei eine vorübergehende Einweisung in die Räumlichkeiten der A daher unumgänglich. Nachdem die Stadt Lüneburg vergeblich versucht hat, private Vermieter von der Aufnahme des Q zu überzeugen, kam sie der Forderung des Q nach und erließ nach Anhörung der A eine Wiedereinweisungsverfügung bis einschließlich 30. April. Der Bescheid wurde damit begründet, dass mit Temperaturen im Minusbereich zu rechnen ist und das Übernachten im Freien nach allgemeiner Lebenserfahrung mit zu Erfrierungen und Todesfällen führen kann. Andere städtische Unterbringungsmöglichkeiten waren zu diesem Zeitpunkt nicht gegeben.

Bearbeitervermerk: Ist die zwangsweise Einweisung des Q gegen den Willen der A rechtmäßig?

Gehen Sie davon aus, dass eine spezialgesetzliche Regelung nicht einschlägig ist.

Lösung

Die zwangsweise Einweisung ist rechtmäßig, wenn eine Rechtsgrundlage besteht und sie formell und materiell rechtmäßig angewandt wurde.

I. Rechtsgrundlage

Da die Wiedereinweisung des Q ein Eingriff in die Grundrechte der A darstellt, **584** insb. in Art. 14 Abs. 1 GG, bedarf es aufgrund des Vorbehalts des Gesetzes einer Rechtsgrundlage. Mangels spezialgesetzlicher Zuweisung – insbesondere ist eine Sicherstellung der Wohnung nicht möglich, da diese nur greift, wenn amtlicher Gewahrsam begründet werden soll – kommt als Rechtsgrundlage für die Wieder-

---
* Gelöst nach dem Recht in Niedersachsen; Besonderheiten in anderen Ländern siehe unten Rn. 604 ff.

Fall 12. Wohin mit den Obdachlosen?

einweisung die Generalklausel des §§ 11 Nds SOG in Betracht.[214] Gem. § 10 Nr. 6 Nds SOG kann das Recht auf Unverletzlichkeit der Wohnung auch durch das Nds SOG explizit eingeschränkt werden. Eine Sperrwirkung existiert hier folglich nicht.[215]

II. Formelle Rechtmäßigkeit

585 Voraussetzung ist im Weiteren, dass die zuständige Behörde gehandelt hat und Verfahren und Form eingehalten wurden.

Die Zuständigkeit der Verwaltungsbehörde ergibt sich aus §§ 11, 1 Abs. 1 S. 1, 100 Abs. 1 S. 1 Nds SOG.[216]

586 A wurde ordnungsgemäß nach § 1 Abs. 1 NVwVfG i.V.m. § 28 Abs. 1 VwVfG angehört.

587 Der Wiedereinweisungsbescheid erging schriftlich mit Begründung, vgl. § 1 Abs. 1 NVwVfG i.V.m. §§ 37 Abs. 2 S. 1, 39 Abs. 1 S. 1 VwVfG.
Die formellen Voraussetzungen lagen vor.

III. Materielle Rechtmäßigkeit

588 Die Wiedereinweisungsverfügung müsste aber auch materiell rechtmäßig gewesen sein. Dies ist der Fall, wenn die Voraussetzungen der Befugnisnorm vorliegen, die polizeiliche Verantwortlichkeit gegeben ist und die polizeilichen Handlungsgrundsätze eingehalten wurden.

1. Voraussetzungen der Rechtsgrundlage

589 Voraussetzung dafür ist zunächst das Vorliegen einer konkreten Gefahr für die öffentliche Sicherheit und Ordnung. Gem. § 2 Nr. 1a) Nds SOG ist eine konkrete Gefahr immer dann zu bejahen, wenn die hinreichende Wahrscheinlichkeit besteht, dass in absehbarer Zeit ein Schaden für die öffentliche Sicherheit oder Ordnung eintreten wird.[217] Unter öffentlicher Sicherheit werden sowohl Individualrechtsgüter (Leben, Gesundheit, Freiheit, Ehre und Vermögen) sowie die Rechtsordnung als solche und die Funktionsfähigkeit öffentliche Einrichtungen gefasst.[218] Unter öffentlicher Ordnung versteht man dagegen die Gesamtheit aller ungeschriebenen Regeln für das Verhalten des Einzelnen in der Öffentlichkeit, deren Beachtung nach den jeweils herrschenden Anschauungen als unerlässliche Voraussetzung für ein geordnetes Gemeinschaftsleben betrachtet wird.[219]

---

[214] Vgl. auch *OVG Lüneburg*, NVwZ 1992, 502 f.; *BayVGH*, BayVBl. 1991, 114 ff.; *OVG Lüneburg*, NVwZ 2016, 164; *Erichsen/Biermann*, Jura 1998, 371 (376); *Fontana/Klein*, JA 2017, 846 (851); vertiefend *Hebeler*, JA 2016, 318; a. A. wohl *Kingreen/Poscher*, Polizei- und OrdnungsR, § 18 Rn. 6.

[215] Problematisch dagegen die Rechtslage in Bayern, vgl. unten Rn. 607.

[216] Für die Behebung der Gefahr ist die Behörde zuständig, in deren Zuständigkeitsbereich die Gefahr eintritt, der Betreffende also obdachlos geworden ist, vgl. *VGH München*, NVwZ-RR 2017, 309.

[217] Ausführlich zum Gefahrenbegriff *Kingreen/Poscher*, Polizei- und OrdnungsR, § 8 Rn. 1 ff. sowie *Gallwas/Lindner/Wolff*, Bay. Polizei- und SicherheitsR, Rn. 86 ff.

[218] *Kingreen/Poscher*, Polizei- und OrdnungsR, § 7 Rn. 2 ff.

[219] *Kingreen/Poscher*, Polizei- und OrdnungsR, § 7 Rn. 42.

Da Q selbst keine Wohnung fand und die Räumung der aktuellen Wohnung unmittelbar bevorstand, drohte ihm die Obdachlosigkeit.[220] Im Februar ist für gewöhnlich mit Temperaturen im Minusbereich zu rechnen. Wird im Freien übernachtet ist nach allgemeiner Lebenserfahrung mit Erfrierungen und Todesfällen zu rechnen. Da das Obdachlosenwohnheim überfüllt war, standen dem Q tagsüber und insbesondere in der Nacht keine Aufenthaltsmöglichkeiten bei angemessenen Temperaturen zur Verfügung. Sollte Q gezwungen sein im Freien zu nächtigen, drohen ihm erhebliche Gesundheitsschädigungen. Da Q darüber hinaus auch nicht aus freiem Willen die Obdachlosigkeit gewählt hat, lag auch keine freiwillige Selbstgefährdung vor.[221] Zudem ist es unerheblich, dass Q seinen Antrag für Sozialleistungen wohl zu spät gestellt hat, denn für ein Verschulden ist im Rahmen der Festsellung einer konkreten Gefahr kein Raum. Eine Gefahr für die öffentliche Sicherheit oder Ordnung kann mithin bejaht werden.

2. Maßnahmerichtung

Weiterhin müsste die Maßnahme auch gegen den Verantwortlichen gerichtet werden. Die Maßnahme i.S.d. § 11 Nds SOG ist gegen die Person zu richten, die die Gefahr verursacht hat.

a) Verantwortlicher gem. § 6 Abs. 1 Nds SOG

A hat durch die Kündigung des Mietverhältnisses und die Erstreitung eines Räumungstitels die Gefahr für Q unmittelbar kausal verursacht. A wäre mithin Verantwortliche i.S.d. § 6 Abs. 1 Nds SOG. Dabei wird aber übersehen, dass die A mit der Kündigung und der Erwirkung eines Räumungsurteils rechtmäßig und daher im Einklang mit der Rechtsordnung gehandelt hat. Wer aber die vom Gesetzgeber vorgesehenen Mittel ausschöpft, kann bereits aus Wertungsgesichtspunkten kein Verhaltensverantwortlicher sein. Daher kommt eine Inanspruchnahme als Verantwortlicher i.S.d. § 6 Abs. 1 Nds SOG nicht in Betracht.

b) Nichtverantwortlicher § 8 Nds SOG

Möglicherweise kommt aber eine Inanspruchnahme des Nichtstörers in Betracht. Voraussetzung dafür ist, dass eine gegenwärtige erhebliche Gefahr abzuwehren ist, Maßnahmen gegen die nach § 6 oder § 7 Nds SOG Verantwortlichen nicht oder nicht rechtzeitig möglich sind oder keinen Erfolg versprechen, die Verwaltungsbehörde oder die Polizei die Gefahr nicht oder nicht rechtzeitig selbst oder durch Beauftragte abwehren kann und die Personen ohne erhebliche eigene Gefährdung und ohne Verletzung höherwertiger Pflichten in Anspruch genommen werden können.[222] Die Voraussetzungen müssen kumulativ vorliegen.

aa) Gegenwärtige erhebliche Gefahr, § 8 Abs. 1 Nr. 1 Nds SOG

Fraglich ist, ob eine gegenwärtige erhebliche Gefahr abzuwehren ist, § 8 Abs. 1 Nr. 1 Nds SOG. Eine gegenwärtige Gefahr liegt nach der Legaldefinition des § 2 Nr. 1b) und c) Nds SOG vor, wenn eine Gefahr für ein bedeutsames Rechtsgut

---

[220] Einen ähnlich gelagerten Fall auf Examensniveau zur aktuellen Problematik der Flüchtlingsunterbringung finden Sie bei *Fontana/Klein*, JA 2017, 846.
[221] *OVG Lüneburg*, NVwZ 1992, 502; *OVG Bremen*, DÖV 1994, 221 (222).
[222] Hierzu eingehend auch *OVG Lüneburg*, NVwZ 1992, 502 f.; *VGH Kassel*, NVwZ 1992, 503 f.

besteht, bei der die Einwirkung eines schädigenden Ereignisses bereits begonnen hat oder bei der diese Einwirkung unmittelbar oder in allernächster Zeit mit an Sicherheit grenzender Wahrscheinlichkeit bevorsteht.[223] Vorliegend drohten dem Q bei Obdachlosigkeit Erfrierungen und die damit verbundenen erheblichen Gesundheitsgefahren. Die Obdachlosigkeit zum 21. Februar stand auch kurz bevor. Eine gegenwärtige erhebliche Gefahr lag mithin vor.

bb) Subsidiarität, § 8 Abs. 1 Nr. 2 Nds SOG

595 Voraussetzung für die Inanspruchnahme des Nichtstörers ist, dass die Gefahrenabwehrmaßnahmen gegen den Verantwortlichen nach § 6 oder § 7 Nds SOG nicht oder nicht rechtzeitig möglich sind oder keinen Erfolg versprechen, vgl. § 8 Abs. 1 Nr. 2 Nds SOG.[224] Q hatte seine Obdachlosigkeit selbst verursacht, denn immerhin zahlte er den Mietzins für die Wohnung nicht mehr. Nur deshalb wurde ihm von A gekündigt. Für den aktuellen Zustand ist Q daher mitverantwortlich. Auf ein Verschulden kommt es dabei im Übrigen nicht an. Da Q aber vorliegend keine finanziellen Mittel hat und trotz Wohnungssuche keine neue Bleibemöglichkeit findet, würde eine gegen ihn gerichtet Maßnahme keinen Erfolg versprechen.

cc) Vorrangigkeit behördlicher Gefahrenabwehr, § 8 Abs. 1 Nr. 3 Nds SOG

596 Weiterhin ist erforderlich, dass die Behörde die Gefahr nicht oder nicht rechtzeitig selbst oder durch Beauftragte abwehren kann, vgl. § 8 Abs. 1 Nr. 3 Nds SOG. Damit soll verhindert werden, dass die Behörde die ihr obliegenden Aufgaben ohne größere Hindernisse auf Dritte übertragen kann. Die Inanspruchnahme von Nichtstörern soll ultima ratio bleiben.[225] Trotz des Einsatzes aller verfügbaren eigenen und im Wege der Amts- und Vollzugshilfe erreichbaren Kräfte und Mittel,[226] war es der Behörde hier nicht möglich, den Q bis zum Räumungstermin anderenorts unterzubringen, da das Obdachlosenheim belegt war und sich auch sonst keine öffentlichen oder privaten Unterkünfte fanden.

dd) Zumutbarkeit, § 8 Abs. 1 Nr. 4 Nds SOG

597 Weiterhin hängt die Inanspruchnahme des Nichtstörers auch davon ab, dass dieser nicht selbst gefährdet wird und keine höherrangigen Pflichten verletzt werden, § 8 Abs. 1 Nr. 4 Nds SOG. Die „Opfergrenze" des Dritten darf nicht überschritten werden. Vorliegend sind keine Anhaltspunkte ersichtlich, die auf die Gefährdung der A schließen lassen oder die höheren Pflichten verletzen könnten. Insbesondere wollte A nicht selbst in die Wohnung einziehen.

ee) Zeitliche Begrenzung, § 8 Abs. 2 Nds SOG

598 Gem. § 8 Abs. 2 Nds SOG dürfen Maßnahmen i.S.d. Abs. 1 nur solange aufrechterhalten werden, solange die Abwehr der Gefahr nicht auf andere Weise möglich ist. Vorliegend wurde die Wiedereinweisungsverfügung auf den 30. April befristet. Dies ist nicht zu beanstanden. Im Zweifel muss Q die Verlängerung der Verfügung erneut beantragen.

---

[223] Mit den gesteigerten Anforderungen an den Gefahrenbegriff lässt sich erklären, warum in der Literatur bei einer Inanspruchnahme des Nichtstörers von einem „Notstand" die Rede ist, vgl. dazu *Ipsen*, Niedersächsisches Polizei- und OrdnungsR, Rn. 238.
[224] Hierzu auch *Ipsen*, Niedersächsisches Polizei- und OrdnungsR, Rn. 240.
[225] *Ipsen*, Niedersächsisches Polizei- und OrdnungsR, Rn. 242.
[226] *Schoch*, JuS 1995, 30 (34); *Erichsen/Biermann*, Jura 1998, 371 ff.

ff) Zwischenergebnis

Die Maßnahme konnte gegen A gerichtet werden. **599**

3. Rechtsstaatliche Handlungsgrundsätze

Für das Vorliegen von Ermessensfehlern sind keine Anhaltspunkte ersichtlich. **600**
Die Behörde müsste auch verhältnismäßig gehandelt haben, § 4 Nds SOG. Dies ist der Fall, wenn das Mittel geeignet ist, den legitimen Zweck zu fördern, es erforderlich und angemessen ist. Die Zwangseinweisung ist geeignet, um die drohende Obdachlosigkeit des Q abzuwenden. Sie war auch das mildeste Mittel, weil keine milderen Mittel gleich effektiv wären. Die Behörde hat insbesondere versucht, andere mildere Maßnahmen wie die Einweisung in öffentliche Einrichtungen zu ergreifen, was aber nicht möglich war. Die Maßnahme müsste angemessen sein, d.h. sie dürfte nicht außer Verhältnis zur Erreichung des Zwecks stehen. Hierbei sind die Grundrechte der Betroffenen in die Überlegungen mit einzubeziehen. Während die Zwangseinweisung einen Eingriff in die Eigentumsfreiheit der A aus Art. 14 Abs. 1 GG darstellt, wird durch die drohende Obdachlosigkeit des Q seine Gesundheit und sein Leben nach Art. 2 Abs. 2 S. 1 GG gefährdet. Der Staat hat diesbezüglich einen Schutzauftrag. Die sicherheitsbehördlichen Handlungsgrundsätze wurden gewahrt.

4. Zwischenergebnis

Die Einweisungsverfügung war materiell rechtmäßig. **601**

IV. Ergebnis

Die Wiedereinweisungsverfügung der Stadt Lüneburg war insgesamt rechtmäßig. **602**

Lernhinweis

Für den Fall, dass die Frist des 30. April erfolglos verstrichen wäre, Q also mangels **603** anderweitiger zur Verfügung stehender Unterbringungsmöglichkeiten weiterhin in der Wohnung der A wohnen bliebe, wäre dies von der Wiedereinweisungsverfügung nicht gedeckt. Der betroffene Nichtstörer kann in einem solchen Fall von der Behörde verlangen, dass sie diesem Zustand abhilft. Umstritten ist hier, ob das Verlangen auf einen Folgenbeseitigungsanspruch gestützt werden kann oder ob auf die Generalbefugnisnorm abzustellen ist, denn immerhin wird durch das rechtsgrundlose Verbleiben des Q in der Wohnung der A in ihre Rechte eingegriffen.[227]

Landesrechtliche Besonderheiten

Allgemeiner Hinweis: Für die Inanspruchnahme des Nichtstörers sind teilweise **604** gesetzliche Höchstgrenzen vorgesehen, vgl. etwa ausdrücklich § 33 Abs. 4 PolG

---

[227] Vgl. hierzu weiterführend: *Roth*, DVBl. 1996, 1401; *Enders*, Die Verwaltung 1997, 29 (36f.); *VGH Mannheim*, NVwZ 1987, 1101; NJW 1990, 2771.

Fall 12. Wohin mit den Obdachlosen?

BW. Sofern die Polizeigesetze keine ausdrückliche Regelung vorsehen, ist vor dem Hintergrund des zum Ausdruck kommenden Verhältnismäßigkeitsprinzips zwischen den widerstreitenden Interessen sachgerecht abzuwägen.[228]

605 **Baden-Württemberg:** In Baden-Württemberg wird die Einweisung entweder als Beschlagnahme von Wohnraum für Obdachlose nach § 33 Abs. 1 PolG BW[229] oder als Maßnahme, gestützt auf die Generalklausel gem. § 3 PolG BW, angesehen. Für letztere Ansicht spricht zwar, dass ein klassisches öffentlich-rechtliches Verwahrungsverhältnis nicht begründet wird, jedoch ist zu berücksichtigen, dass sich die Maßnahme für den Adressaten regelmäßig vergleichbar einer Beschlagnahme auswirkt und § 33 PolG BW besondere Regelungen enthält, um diesem Eingriff in Art. 14 GG gerecht zu werden. Rechtsgrundlage ist damit nach der hier vertretenen Auffassung § 33 Abs. 1 Nr. 1 PolG BW.

606 Die Maßnahme kann gem. § 9 Abs. 1 PolG BW gegen A als Unbeteiligte gerichtet werden, da die Gefahr für die öffentliche Sicherheit anders nicht zu beseitigen ist. Abweichend von § 9 Abs. 2 PolG BW ist die Dauer der Maßnahme jedoch auf maximal auf sechs Monate begrenzt, § 33 Abs. 4 PolG BW.[230]

607 **Bayern:** Richtige Rechtsgrundlage ist für die Wiedereinweisung mangels Spezialzuweisung Art. 7 Abs. 2 Nr. 3 BayLStVG. Zu diskutieren ist die Sperrklausel des Art. 7 Abs. 4 BayLStVG. Danach darf in Art. 13 GG nicht eingegriffen werden. Hier ist aber zu bedenken, dass Art. 13 GG die Räumlichkeit als Stätte des privaten Lebens schützt. Da A aber in den Räumlichkeiten weder arbeitet noch lebt, ist der Schutzbereich des Art. 13 GG nicht eröffnet. Geschützt wird nur der benutze Wohnraum und nicht die bloße Eigentümerstellung. Einschlägig ist demnach der von Art. 7 Abs. 4 LStVG nicht erfasste Fall des Art. 14 Abs. 1 GG..[231] Der Aufgabenbereich ist gem. Art. 6 BayLStVG eröffnet.

608 Bei der Prüfung der Maßnahmerichtung kommt wie oben nur eine Inanspruchnahme als Nichtstörer in Betracht, Art. 9 Abs. 3 BayLStVG. Es gelten die obigen Ausführungen entsprechend.

609 **Nordrhein-Westfalen:** Rechtsgrundlage ist § 14 Abs. 1 OBG NRW.

610 Grds. sind Maßnahmen gegen die Person zu richten, die die Gefahr verursacht hat, § 17 Abs. 1 OBG NRW. A kann aber als Nichtverantwortliche in Anspruch genommen werden, § 19 OBG NRW.

611 **Sachsen:** Rechtsgrundlage ist § 1 SächsPolG.

612 Grds. sind Maßnahmen gegen die Person zu richten, die die Gefahr verursacht hat, § 4 Abs. 1 SächsPolG. Die Inanspruchnahme Unbeteiligter richtet sich nach § 7 SächsPolG, wonach für eine Inanspruchnahme der A entweder die Voraussetzungen

---

[228] Vgl. hierzu auch *Volkmann*, JuS 2001, 888 (890 f.); *Ruder*, NVwZ 2001, 1223.
[229] Vgl. *Belz/Mußmann/Kahlert/Sander*, PolG BW, § 33 Rn. 18.
[230] In Klausuren wäre typischerweise noch an eine Entschädigung des von der Maßnahme betroffenen Unbeteiligten zu denken, die sich nach §§ 55 ff. PolG richtet.
[231] Vgl. ausführlich *BayVGH*, BayVBl. 1984, 116 (117); *Jarass*, in: Jarass/Pieroth, GG, Art. 13 Rn. 6.

des Abs. 1 Nr. 1 oder Nr. 2 vorliegen müssen. Hier sind die Voraussetzungen der Nr. 1 (Keine in § 4 oder § 5 SächsPolG bezeichnete Person, unmittelbar bevorstehende Störung der öffentlichen Sicherheit oder Ordnung, keine anderweitige Möglichkeit zur Abwehr der Gefahr) gegeben. Eine § 8 Abs. 1 Nr. 4 Nds SOG. entsprechende Voraussetzung enthält § 7 Abs. 1 Nr. 1 SächsPolG nicht.

Fall 13. Beziehungskrach im Erdgeschoss*

Sachverhalt

T wohnt zusammen mit seiner Lebensgefährtin H in einer allein von T angemieteten Erdgeschosswohnung eines Mehrparteienhauses in der Stadt K. Vor wenigen Monaten wurde T von seinem Arbeitgeber bei einer Beförderung, auf die er lange hingearbeitet hatte, zugunsten eines deutlich jüngeren Kollegen übergangen. Seine Enttäuschung und seinen Ärger ertränkt T seitdem jeden Abend in Alkohol. Zwischen T und H, die über die Alkoholabhängigkeit ihres Lebensgefährten erbost ist, kommt es daher immer öfter zu lauten Auseinandersetzungen und Handgreiflichkeiten, die von T ausgehen. Auch die Nachbarn von H und T machen sich inzwischen Sorgen und fühlen sich regelmäßig gestört.

Als eines späten Herbstabends erneut lautes Schreien, Poltern und Klirren aus der Wohnung von T und H zu hören war, rief ein Nachbar vorsichtshalber die Polizei. Die eintreffenden Polizeibeamten konnten die beschriebenen Geräusche schon von der Straße aus vernehmen, bevor sie von dem sichtbar alkoholisierten T in die Wohnung gelassen wurden. Dort fanden sie die H mit einem angeschwollenen, blauen Auge und aufgeplatzter Lippe vor.

Auf Nachfrage der Polizisten gestand T, dass „ihm die Hand ausgerutscht" sei und die H an der Lippe erwischt habe. Es tue ihm aber aufrichtig leid und er versicherte, dass dies nicht wieder vorkomme. Die Polizisten forderten T dennoch auf, die Wohnung zu verlassen und vor Ablauf von zehn Tagen nicht in die Wohnung oder einen Umkreis von der Wohnung von einem km zurückzukehren. T erklärte daraufhin in einem nicht aggressiven, sondern sachlichen Tonfall, dass er die Wohnung nicht verlassen werde, da schließlich nur er und nicht die H die Wohnung angemietet habe und er doch nicht aus der eigenen Wohnung geworfen werden könne. Das verstieße gegen seine Grundrechte. Auch H bat die Polizisten, den T nicht aus der Wohnung zu schicken, da sie ihn doch liebe und deswegen auch über gelegentliche Auseinandersetzungen hinwegsehen könne. Außerdem hätten sie sich doch wieder beruhigt und T hätte sich entschuldigt.

Die Polizisten ließen sich davon aber nicht überzeugen. Nach kurzer Diskussion gab T seinen Widerstand auf. Aufgrund des Drucks zur Eile, den die Polizisten gegenüber T erzeugten, konnte dieser nur noch schnell sein Mobiltelefon, seinen Geldbeutel und einen auf dem Küchentisch liegenden Schokoriegel in seine Jackentasche packen; daraufhin verließ er mit den Polizisten die Wohnung. Nach Verlassen der Wohnung antwortete T auf die Frage, wo er um diese bereits kühle Jahreszeit eine Unterkunft finden würde, dass er problemlos bei seinem Bruder, der in der gleichen Stadt wohnt, übergangsweise wohnen könne. T nannte den Polizisten die Adresse seines Bruders. Dort angekommen und wieder ausgenüchtert fragte T am nächsten Morgen seinen Bruder, den Rechtsanwalt R, ob die Polizisten rechtmäßig gehandelt hätten.

Bearbeitervermerk: Welche Antwort wird R seinem Bruder geben?

---

* Gelöst nach dem Recht in Nordrhein-Westfalen; Besonderheiten in anderen Ländern siehe unten Rn. 663 ff.

Lösung

Die Wohnungsverweisung gegen T war rechtmäßig, wenn sie von einer Rechtsgrundlage gedeckt sowie formell und materiell rechtmäßig gewesen ist.

I. Rechtsgrundlage

Fraglich ist zunächst, welche Rechtsgrundlage für die Maßnahme der Polizei in Betracht kommt. 613

1. Platzverweis, § 34 Abs. 1 PolG NRW

Die Maßnahme könnte als ein Platzverweis auf § 34 Abs. 1 PolG NRW gestützt werden. Fraglich ist aber, ob § 34 Abs. 1 PolG NRW hier überhaupt anwendbar ist. Der Gesetzgeber hat sich zur Schaffung des spezielleren § 34a PolG NRW für die Verweisung aus Wohnungen zum Schutz vor häuslicher Gewalt entschieden, anstatt diese Fälle über die Anwendung der bereits bestehenden Normen des Platzverweises nach § 34 PolG NRW, der Ingewahrsamnahme nach § 35ff. PolG NRW und der Generalklausel nach § 8 PolG NRW zu handhaben. Dies spricht für eine Sperrwirkung des Wohnungsverweises gegenüber dem allgemeineren Platzverweis. Ist der Anwendungsbereich der spezielleren Norm eröffnet, die auf die Verweisung aus einer Wohnung wegen häuslicher Gewalt zugeschnitten ist, scheidet ein Rückgriff auf die allgemeinere Befugnisnorm aus.[232] Weil die Polizisten H mit einem angeschwollenen, blauen Auge und aufgeplatzter Lippe vorfanden und den T deshalb aus der Wohnung verwiesen, kommt § 34a Abs. 1 PolG NRW als lex specialis in Betracht, sodass die Wohnungsverweisung vorrangig zu prüfen ist. 614

2. Aufenthaltsverbot, § 34 Abs. 2 PolG NRW

Gleiches gilt für das Aufenthaltsverbot nach § 34 Abs. 2 PolG NRW. Zum einen umfasst das Aufenthaltsverbot nicht auch die Verweisung, zum anderen kann es nur für Bereiche verhängt werden, in denen der Betroffene nicht seine Wohnung hat, vgl. § 34 Abs. 2 S. 1 PolG NRW. Zudem ist auch das Rückkehrverbot nach § 34a Abs. 1 S. 1 PolG NRW für Wohnungen zum Schutz vor häuslicher Gewalt spezieller als das Aufenthaltsverbot nach § 34 Abs. 2 PolG NRW. 615

3. Wohnungsverweisung, § 34a Abs. 1 PolG NRW

Rechtsgrundlage der Wohnungsverweisung und des Rückkehrverbots ist demnach § 34a Abs. 1 S. 1 PolG NRW, wonach die beiden Maßnahmen gemeinsam angeordnet werden können. Von der Rechtmäßigkeit des § 34a PolG NRW ist mangels Hinweise im Sachverhalt auszugehen. 616

II. Formelle Rechtmäßigkeit

Die Wohnungsverweisung an T müsste auch formell rechtmäßig erfolgt sein. Dies ist der Fall, wenn Zuständigkeit, Verfahren und Form gewahrt wurden. 617

---

[232] *Ogorek,* in: BeckOK PolR NRW, § 34 Rn. 10.

1. Zuständigkeit

618 Grundsätzlich ist die Polizei für die Wohnungsverweisung und das Rückkehrverbot nach § 34a Abs. 1 S. 1 PolG NRW sachlich zuständig.

619 Möglicherweise lag hier aber eine Gefahr wegen einer Beeinträchtigung von privaten Rechten vor. Gem. § 1 Abs. 2 PolG NRW obliegt der Schutz privater Rechte der Polizei aber nur dann, wenn gerichtlicher Schutz nicht rechtzeitig zu erlangen ist und wenn ohne die polizeiliche Hilfe die Verwirklichung des Rechts vereitelt oder wesentlich erschwert werden würde. In Betracht kommt der Schutz der Rechte der H, insbesondere die Verhütung weiterer Körperverletzungen.

620 Auf die strengen Voraussetzungen des § 1 Abs. 2 PolG NRW kommt es aber nicht an, wenn schon der Aufgabenbereich nach § 1 Abs. 1 PolG NRW eröffnet wäre. Die Polizei ist gem. § 1 Abs. 1 S. 1 PolG NRW für die Gefahrenabwehr und nach § 1 Abs. 1 S. 2 PolG NRW u.a. für die Verhütung von Straftaten zuständig. Da vorliegend eine weitere strafbare Körperverletzung der H verhindert werden soll, ist der Aufgabenbereich eröffnet.

621 Dadurch, dass die Möglichkeit eines rechtzeitigen Einschreitens anderer Ordnungsbehörden nach § 1 Abs. 1 S. 3 PolG NRW hier aufgrund des Vorfalls am späten Abend außerhalb der Dienstzeiten der Ordnungsbehörden nicht möglich war, ist die Eilzuständigkeit der Polizei gegeben.[233]

622 Gegen die örtliche Zuständigkeit, die sich aus §§ 7 Abs. 1, 10 S. 2 POG NRW ergibt, bestehen keine Bedenken.

2. Verfahren

623 Fraglich ist, ob die bestehenden Verfahrensanforderungen eingehalten worden sind.

a) Anhörung

624 Zwar ist die Rechtsnatur einzelner Standardmaßnahmen umstritten, die Wohnungsverweisung nach § 34a Abs. 1 PolG NRW ist jedoch als belastender Verwaltungsakt gem. § 35 S. 1 VwVfG NRW einzuordnen.[234] Eine Anhörung des T wurde gem. § 28 Abs. 1 VwVfG NRW durchgeführt.

b) Mitnahme dringend benötigter Gegenstände, § 34a Abs. 2 PolG NRW

625 Nach § 34a Abs. 2 PolG NRW ist dem Täter die Möglichkeit zu geben, dringend benötigte Gegenstände des persönlichen Bedarfs mitzunehmen. Dazu gehören u.a. notwendige Kleidungsstücke (zum Wechseln), Hygieneartikel, Ausweise sowie sonstige Papiere und Bargeld.[235] Indem T von den Polizisten zur Eile gedrängt wurde und anstelle von ausreichender Kleidung nur ein Mobiltelefon, Bargeld und einen Schokoriegel mitnehmen konnte, wurde diese Voraussetzung nicht eingehalten.

626 **Hinweis:** Stellt die betroffene Person nach Verlassen der Wohnung fest, benötigte Gegenstände vergessen zu haben, so kann sie diese unter Darlegung gegenüber der Polizei, um welche Gegenstände es sich handelt und warum diese dringend benötigt werden, von der Polizei in der Wohnung abholen lassen.

---

[233] *Dietlein/Hellermann*, ÖR NRW, § 3 Rn. 25 f.
[234] *Dietlein/Hellermann*, ÖR NRW, § 3 Rn. 168.
[235] *Kay*, NVwZ 2003, 521 (523).

Ein erneutes Betreten der Wohnung, um die Gegenstände selbst abzuholen, ist dagegen – auch in Begleitung von Polizeibeamten – nur in Ausnahmefällen möglich.[236]

c) Aufforderung nach § 34a Abs. 3 PolG NRW

Fraglich ist, ob die Aufforderungspflicht nach § 34a Abs. 3 PolG NRW eine Anschrift oder eine zustellungsbevollmächtigte Person zu benennen, eine Verfahrensvoraussetzung für die Rechtmäßigkeit der Wohnungsverweisung darstellt. Dafür könnte sprechen, dass mit dieser Vorschrift sichergestellt werden soll, dass die betroffene Person umgehend von allen behördlichen und gerichtlichen Entscheidungen Kenntnis erhält.[237] Würde die Vorschrift zum Schutz des Betroffenen existieren, wäre es naheliegend die Rechtmäßigkeit der Maßnahme daran zu messen. Dies könnte mit der Begründung, dass die Erreichbarkeit des Betroffenen deshalb erforderlich ist, damit dieser von behördlichen oder gerichtlichen Entscheidungen Kenntnis erhalten und über die Aufhebung der Maßnahme informiert werden kann, angenommen werden.[238] Allerdings kann § 34a Abs. 3 PolG NRW auch als weitere Befugnisnorm gelesen werden, wonach die Polizei zum Zweck von Zustellungen behördlicher oder gerichtlicher Entscheidungen, das Recht hat, Anschrift oder zustellungsbevollmächtigte Person zu erfragen. Dann würde es sich dabei um eine eigenständige, von der Wohnungsverweisung nach § 34a Abs. 1 PolG NRW unabhängige Maßnahme handeln.[239]

627

Eine abschließende Entscheidung kann hierbei aber dahinstehen, da die Polizei den T nach der Adresse seiner vorübergehenden Unterkunft gefragt und dieser sie auch genannt hat.

628

Hinweis: Die Informationspflicht der Polizei nach § 34a Abs. 4 PolG NRW ist keine Rechtmäßigkeitsvoraussetzung der Wohnungsverweisung, sondern dient dem Schutz der gefährdeten Person.[240]

629

d) Zwischenergebnis

Das Verfahren wurde nicht ordnungsgemäß durchgeführt.

630

3. Form

Verwaltungsakte können gem. § 37 Abs. 2 VwVfG NRW mündlich ergehen.

631

4. Zwischenergebnis

Die Maßnahme erfolgte bereits formell rechtswidrig.

632

---

[236] *Tegtmeyer/Vahle*, PolG NRW, § 34a Rn. 18.
[237] Vgl. *Ogorek/Traub*, in: BeckOK PolR NRW, § 34a Rn. 36.
[238] Kann er zum Zeitpunkt der Maßnahme noch keine Adresse angeben, so ist stattdessen die Adresse einer Kontaktperson anzugeben; vgl. *Kay*, NVwZ 2003, 521 (525).
[239] Dagegen wohl *Orogek/Traub*, in: BeckOK PolR NRW, § 34a Rn. 37.
[240] Dabei handelt es sich regelmäßig um einfache Angaben formalen Inhalts, u.a. dazu, dass eine längerfristige Verweisung aus der Wohnung nach dem GewSchG möglich ist; weitere Hinweise zur Pflicht zur Aufklärung über zivilrechtliche Schutz- und Beratungsmöglichkeiten vgl. *Tegtmeyer/Vahle*, PolG NRW, § 34a Rn. 20 ff.

III. Materielle Rechtmäßigkeit

633 Die Maßnahme der Polizei war materiell rechtmäßig, wenn die Voraussetzungen der Befugnisnorm vorliegen, die polizeiliche Verantwortlichkeit (Maßnahmerichtung) gegeben ist und die polizeilichen Handlungsgrundsätze eingehalten wurden.

1. Voraussetzungen der Rechtsgrundlage

634 § 34a Abs. 1 S. 1 PolG NRW erfordert, dass von der zu verweisenden Person eine gegenwärtige Gefahr für Leib, Leben oder Freiheit einer anderen Person, die in eben dieser Wohnung wohnt, ausgeht.

a) Gegenwärtige Gefahr für Leib, Leben oder Freiheit

635 Gegenwärtig ist eine Gefahr, die sich entweder bereits realisiert hat oder deren Realisierung zumindest unmittelbar bevorsteht.[241] Eine Leibesgefahr liegt vor, wenn eine (mehr als leichte) Körperverletzung droht. Fraglich ist, ob im vorliegenden Fall noch eine gegenwärtige Gefahr vorlag. Vorliegend wies das Gesicht der H Verletzungen in Form eines blauen Auges und einer aufgeplatzten Lippe auf. Eine erhebliche Körperverletzung ist damit erfolgt und die Gefahr hat sich bereits realisiert.

Fraglich ist jedoch, ob eine gegenwärtige Gefahr von vornherein schon nicht in Betracht kommt, weil hier H als Opfer bereit ist, über die eingetretene Körperverletzung hinwegzusehen (entgegenstehender Wille der gefährdeten Person). Grundsätzlich kommt es nach dem Wortlaut nur darauf an, dass eine gegenwärtige Gefahr besteht. Wenn auch die Polizei Aussagen der gefährdeten Person im Rahmen ihrer Gefahrenprognose berücksichtigen darf, lassen sich keine Anhaltspunkte dafür entnehmen, dass ein entgegenstehender Wille des potentiellen Opfers beachtlich sein soll.[242] Zweifelhaft ist aber, ob das Selbstbestimmungsrecht der gefährdeten Person, zu dessen Schutz § 34a PolG NRW in das Gesetz eingefügt wurde, eine Wohnungsverweisung bzw. ein Rückkehrverbot ausschließen kann, weil das Polizeirecht den Einzelnen nicht „vor sich selbst" schützt.[243] Eine solche Einschränkung entspräche nicht dem Willen des Gesetzgebers. Nach der Gesetzesbegründung ist für die Anwendung des § 34a Abs. 1 PolG NRW allein die Gefahrenprognose der Polizei maßgeblich.[244] Entsprechend steht es nicht zur Disposition des Opfers, ob der Staat in derartigen Fällen seinem Schutzauftrag für Leben und körperliche Unversehrtheit (Art. 2 Abs. 2 GG) nachkommt, sondern dem staatlichen Schutzauftrag ist der Vorrang einzuräumen.[245]

636 Die gegenwärtige Gefahr könnte aber zu verneinen sein, weil die Störung mittlerweile abgeschlossen war. Als die Polizisten die Wohnung betraten, gingen von T keine Angriffe und keine anhaltenden Schläge auf H aus. Für die abgeschlossene Störung spricht auch, dass sich T in einer nicht aggressiven Weise mit den Polizeibeamten unterhielt. Fraglich ist aber, ob eine gegenwärtige Gefahr vorlag, indem

---

[241] *Dietlein/Hellermann*, ÖR NRW, § 3 Rn. 66.
[242] *Ogorek/Traub*, in: BeckOK PolR NRW, § 34a Rn. 16 m. w. N.
[243] Ausführlich *Trierweiler*, Wohnungsverweisung und Rückkehrverbot zum Schutz vor häuslicher Gewalt, S. 144 ff.
[244] LT-Drs. 13/1525, S. 12.
[245] VG Aachen, Beschl. v. 27.4.2010, 6 L 162/10; *Gusy*, Polizei- und OrdnungsR, Rn. 279; a. A. *Kingreen/Poscher*, Polizei- und OrdnungsR, § 15 Rn. 27.

weitere Verletzungen der H durch T unmittelbar bevorstanden. Auch dafür gibt es keine Anhaltspunkte. Von T gingen keine Aggressionen aus und den Polizeibeamten waren auch keine Anhaltspunkte bekannt, aus denen geschlossen werden könnte, dass T unmittelbar zur erneuten Körperverletzung ansetzen wollte. Das von den Polizisten wahrgenommenen Schreien, Poltern und Klirren stellt keine nach § 34a Abs. 1 S. 1 PolG NRW geforderte Gefahr für Leib, Leben oder Freiheit, sondern allenfalls Sachschäden dar. Es sind keine Anhaltspunkte ersichtlich, dass T mit Gegenständen gegenwärtig nach H warf.[246]

Eine gegenwärtige Gefahr kann vor allem nicht vor dem Hintergrund, dass es sich **637** um einen Fall häuslicher Gewalt handelte, konstruiert werden. Selbst wenn es sich dabei regelmäßig um Wiederholungsdelikte handelt,[247] rechtfertigt § 34a Abs. 1 PolG NRW die Hausverweisung nicht, weil in Zukunft wahrscheinlich wieder mit Angriffen gerechnet werden kann. Die Befugnis der Polizei beschränkt sich auf akute Fälle, in denen ein eiliges Einschreiten zur Abwehr der konkreten, gegenwärtigen Gefahr erforderlich ist.[248] Schon an der Informationspflicht aus § 34a Abs. 4 PolG NRW wird aber ersichtlich, dass die Vermeidung häuslicher Gewalt für die Zukunft eine zivilrechtliche Frage ist, indem die gefährdete Person nach dem GewSchG gerichtliche Hilfe in Anspruch nehmen kann, vgl. auch § 34a Abs. 5 S. 2 PolG NRW.

Mangels gegenwärtiger Gefahr lagen die Voraussetzungen der Befugnisnorm nicht **638** vor.

Hilfsgutachten: **639**

b) Häusliche Gewalt

Umstritten ist, ob neben der gegenwärtigen Gefahr für Leib, Leben oder Freiheit **640** einer anderen Person das ungeschriebene Tatbestandsmerkmal der „häuslichen Gewalt" gegeben sein muss. „Häusliche Gewalt" bedeutet, dass zwischen mehreren Personen, die in häuslicher Gemeinschaft leben, gewalttätige Handlungen gegeneinander vorgenommen werden.[249] Befürworter leiten dieses Erfordernis aus der amtlichen Überschrift des § 34a PolG NRW ab.[250]

Dafür könnte auch die Zusammenschau der Befugnis aus § 34a Abs. 1 PolG NRW **641** und dem Recht des Betroffenen aus § 34a Abs. 2 PolG NRW sprechen, wonach der Betroffene dringend benötigte Gegenstände des persönlichen Bedarfs mitnehmen kann. Solche Gegenstände hat man in der Regel nicht immer bei sich, wenn man nur zu Besuch bei jemandem ist, sondern es handelt sich um Gegenstände, die sich normalerweise in der Wohnung befinden, in der der Betroffene seinen gewöhnlichen Aufenthalt hat. Zudem entspreche es dem Verhältnismäßigkeitsprinzip wegen Art. 13 Abs. 1 GG erhöhte Anforderungen an die Verweisung aus der Wohnung, in der der Betroffene selbst lebt, zu stellen. Der Tatbestand des § 34a Abs. 1 PolG

---

[246] Anders wäre der Fall zu beurteilen, wenn zwischen T und H in Anwesenheit der Polizisten eine körperliche Auseinandersetzung stattgefunden hätte und/oder wenn T äußerst uneinsichtig, aggressiv und unkooperativ gewesen wäre, vgl. *VGH München*, Beschl. v. 1.8.2016, 10 C 16.637, Rn. 7 f.
[247] *Kay*, NVwZ 2003, 521, (521 f.).
[248] *VGH München*, Beschl. v. 1.8.2016, 10 C 16.637, Rn. 7 f.
[249] *Ogorek/Traub*, in: BeckOK PolR NRW, § 34a Rn. 10.
[250] *Dietlein/Hellermann*, ÖR NRW, § 3 Rn. 169.

NRW setzt nämlich eine gegenwärtige Gefahr für Leib, Leben oder Freiheit einer anderen Person voraus, während der Platzverweis nach § 34 Abs. 1 PolG NRW nur eine konkrete Gefahr voraussetzt. Soll dagegen ein Betroffener aus der Wohnung verwiesen werden, der selbst nicht dort lebt, ist kein Grund ersichtlich, warum die erhöhten Anforderungen des § 34a Abs. 1 PolG NRW gelten und eine Sperrwirkung des § 34 Abs. 1 PolG NRW eintreten sollte. Denn ein unerlaubter Aufenthalt in einer fremden Wohnung würde den Straftatbestand des Hausfriedensbruchs gem. § 123 StGB erfüllen, was im Widerspruch zum Zweck des § 34a Abs. 1 PolG NRW stehen würde.[251]

642 Dagegen spricht aber, dass die häusliche Gewalt nicht als Tatbestandsmerkmal explizit aufgenommen wurde. Auch die Verknüpfung der Befugnis nach § 34a Abs. 1 PolG NRW mit dem zivilrechtlichen Schutz in § 34a Abs. 4 und Abs. 5 S. 2 PolG NRW kann nicht als Argument für die häusliche Gewalt als ungeschriebenes Tatbestandsmerkmal angeführt werden. Mit dem zivilrechtlichen Schutz sind u. a. Maßnahmen nach dem Gewaltschutzgesetz gemeint. Dieses ist aber ebenso auf Sachverhalte anwendbar, die nicht unter die häusliche Gewalt fallen.[252] Zudem hat der Gesetzgeber in seiner Gesetzesbegründung ausdrücklich klargestellt, dass Maßnahmen nach § 34a Abs. 1 S. 1 PolG NRW auch gegenüber einer betroffenen Person, die sich nur vorübergehend (z. B. im Rahmen eines Besuchs) in einer fremden Wohnung aufhält, zur Abwehr der genannten Gefahren angeordnet werden kann.[253]

643 Ein Streitentscheid kann dahinstehen, wenn häusliche Gewalt vorliegt.

644 Fraglich ist daher, ob T und H in häuslicher Gemeinschaft leben und gegenseitig gewalttätige Handlungen vornehmen. Dabei kann es nicht auf die der gemeinsamen Nutzung der Wohnung durch Täter und Opfer zugrundeliegenden Rechtsverhältnisse ankommen.[254] Es schadet mithin nicht, dass laut Sachverhalt T und nicht H Alleinmieter der Wohnung ist. Häusliche Gemeinschaft bedeutet vielmehr, dass die Personen einen auf Dauer angelegten gemeinsamen Haushalt führen, wobei keine Partnerschaft zwischen den Mitbewohnern bestehen muss.[255] T und H bewohnen zusammen die von T angemietete Wohnung und seit der Alkoholabhängigkeit des T kommt es immer öfter zu lauten Auseinandersetzungen und Handgreiflichkeiten. An dem besagten Abend schlug T der H auf die Lippe. Ein Fall häuslicher Gewalt wäre mithin gegeben.

c) Bestimmung des räumlichen Geltungsbereichs

645 Der räumliche Geltungsbereich der Maßnahme ist gem. § 34a Abs. 1 S. 2 PolG NRW genau zu bezeichnen. Fraglich ist, ob dies bei Festlegung eines Radius von einem km um die Wohnung des T der Fall ist. Zwar kann ein solcher Radius exakt festgestellt werden, dem jeweiligen Adressaten der Maßnahme wird dies in der Praxis jedoch nur schwerlich möglich sein. Eine genaue Bezeichnung des räumlichen Bereichs setzt daher genaue, ohne Schwierigkeiten verständliche Ortsangaben (z. B.

---
[251] *Dietlein/Hellermann,* ÖR NRW, § 3 Rn. 169.
[252] Vgl. den speziellen § 2 Abs. 1 GewSchG, wenn Täter und Opfer einen auf Dauer angelegten gemeinsamen Haushalt führen gegenüber dem allgemeinen § 1 GewSchG.
[253] LT-Drs. 13/1525, S. 11.
[254] *VG Aachen,* Beschl. v. 18.5.2010, 6 L 190/10, Rn. 22.
[255] Vgl. LT-Drs. 13/1525, S. 11.

Treppenhaus im Mehrfamilienhaus, einzelne Straßenabschnitte) voraus, die von den Polizisten hier nicht gemacht wurden. Damit liegt kein ausreichend bestimmter Verwaltungsakt i. S. v. § 37 Abs. 1 VwVfG NRW i. V. m. § 34a Abs. 1 S. 2 PolG NRW vor.

d) Zwischenergebnis

Die Voraussetzungen der Befugnisnorm lagen nicht vor. Weder eine gegenwärtige Gefahr war gegeben, noch wurde der räumliche Geltungsbereich des Rückkehrverbots ordnungsgemäß bestimmt. **646**

2. Maßnahmerichtung

Nach § 34 Abs. 1 S. 1 PolG NRW, der als lex specialis § 4 Abs. 1 PolG NRW vorgeht, ist die Maßnahme gegen die Person zu richten, von der die Gefahr ausgeht. T wäre als Verursacher der Leibesgefahr für H richtiger Adressat der Maßnahme gewesen, wenn eine gegenwärtige Gefahr hätte bejaht werden können. **647**

3. Rechtsstaatliche Handlungsgrundsätze

Fraglich ist, ob die Polizei auch ermessensfehlerfrei und verhältnismäßig gehandelt hat. Der Polizei steht nach § 34a Abs. 1 PolG NRW sowohl ein Entschließungs- als auch ein Auswahlermessen zu. Der in § 2 PolG NRW geregelte Grundsatz der Verhältnismäßigkeit (Übermaßverbot) stellt eine verbindliche Grenze für die Ausübung des Ermessens dar; demnach muss die Ermessensausübung geeignet, erforderlich und angemessen sein.[256] **648**

a) Wohnungsverweisung und Rückkehrverbot in einem Umkreis von einem km

§ 34a Abs. 1 S. 1 PolG NRW ermöglicht nicht nur die Anordnung der Verweisung und eines Rückkehrverbots betreffend die Wohnung an sich, sondern auch betreffend deren unmittelbarer Umgebung. Die ausgesprochene Maßnahme mit Angabe eines Umkreises von einem km um die Wohnung des T ist grds. geeignet, das Ziel des § 34a PolG NRW, nämlich die Abwehr häuslicher Gewalt, zu erreichen. **649**

Fraglich sind allerdings die Erforderlichkeit und die Angemessenheit der Maßnahme. Eine Maßnahme ist erforderlich, wenn es kein milderes Mittel gibt, das genauso geeignet ist, den Zweck zu erreichen; sie ist angemessen, wenn die mit ihr verbundenen Nachteile nicht außer Verhältnis zum verfolgten Zweck stehen. Nach § 34a Abs. 1 S. 2 PolG NRW ist der räumliche Bereich, auf den sich Wohnungsverweisung und Rückkehrverbot beziehen, nach dem Erfordernis eines wirkungsvollen Schutzes der gefährdeten Person zu bestimmen und genau zu bezeichnen. Auf diese Weise soll insb. ein Auflauern des Adressaten der Maßnahme vor der Wohnung des Opfers verhindert werden. **650**

Ein Radius von einem km erscheint hierzu allerdings nicht nötig, da der Sachverhalt für einen derart weit gefassten Umkreis auch keinerlei Angaben beinhaltet. Zudem ist ein derartiger Radius nicht mehr als unmittelbare Umgebung der Wohnung anzusehen und daher im Widerspruch zum Wortlaut des § 34a Abs. 1 S. 1 PolG **651**

---

[256] Siehe auch *VG Osnabrück,* NJW 2011, 1244; *Dietlein/Hellermann,* ÖR NRW, § 3 Rn. 128; vgl. *Götz/Geis,* Allg. Polizei- u. OrdnungsR, § 11 Rn. 9 ff.

NRW. Ein Auflauern gegenüber dem Opfer kann regelmäßig schon dann sinnvoll verhindert werden, wenn z.B. der vor dem Haus liegende Bereich der Straße, ein bestehender Hof oder Garten bzw. allen Bewohnern eines Mehrparteienhauses zugängliche Räumlichkeiten wie Kellerräume oder das Treppenhaus von der Maßnahme erfasst werden.[257] Darüber hinaus war die einfache Angabe eines Umkreises von einem km von der Wohnung des T nicht hinreichend bestimmt (s.o.). Demgemäß lag eine Ermessensüberschreitung aufgrund der Verletzung des räumlichen Übermaßverbotes vor.

b) Wohnungsverweisung und Rückkehrverbot für einen Zeitraum von zehn Tagen

652 Die zeitliche Grenze einer Wohnungsverweisung geht aus § 34a Abs. 5 PolG NRW hervor: Im Regelfall erstreckt sich eine derartige Maßnahme auf zehn Tage, kürzere Zeiträume sind die Ausnahme. Zweck dieser Geltungsdauer ist es, dem Opfer ausreichend Zeit zu geben, in Ruhe über die eigene Lebenssituation nachzudenken und die Unterstützung von Beratungsstellen oder Behörden in Anspruch zu nehmen.[258] Anhaltspunkte, die für eine ausnahmsweise kürzere Geltungsdauer sprechen, ergeben sich aus dem Sachverhalt nicht.

653 **Beachte:** Sofern sich das Opfer entschließt, zivilgerichtlichen Schutz zu beantragen, verlängert sich die Geltungsdauer um höchstens weitere 10 Tage, § 34a Abs. 5 S. 2 PolG NRW. Die gefährdete Person kann die ursprüngliche Geltungsdauer von 10 Tagen für eine solche Antragsstellung vollumfänglich ausnutzen, d.h. den Antrag auch erst am letzten Tag der ursprünglichen Geltungsdauer stellen; die „verlängerte Geltungsdauer" von 10 Tagen beginnt nach dem Tag der Antragsstellung.[259]

c) Entgegenstehender Wille der H

654 Wie bereits dargestellt, kann der entgegenstehende Wille der H die gegenwärtige Gefahr nicht ausschließen. Allerdings ist der Wille der gefährdeten Person auf Rechtsfolgenseite bei der Ausübung des Ermessens zu berücksichtigen.[260]

655 Es ist daher fraglich, ob die Polizei ermessensfehlerhaft gehandelt hat, weil sie trotz ausdrücklich entgegenstehenden Willen der H eine Wohnungsverweisung und ein Rückkehrverbot gegen T ausgesprochen hat. Dafür spricht, dass sich T und H beim Eintreffen der Polizei bereits wieder beruhigt hatten und von T keine Aggressionen ausgingen. Allerdings bestand ein enger zeitlicher Zusammenhang zwischen der vorangegangen (abgeschlossenen) Körperverletzung und der Diskussion mit T und H. Zudem befand sich T noch in alkoholisiertem Zustand. Es war daher nicht ermessensfehlerhaft, die H vor möglichen weiteren Angriffen schützen zu wollen, zumal bei der Abwägung der Interessen das Schutzgut der körperlichen Unversehrtheit höher einzustufen ist als das Recht des T in der Wohnung zu verweilen. Zu denken wäre an eine vorzeitige Aufhebung des Rückkehrverbots, wenn H und T sich erkennbar ausgesöhnt haben.[261] Die Anordnung der Maßnahme selbst war jedoch nicht aufgrund des entgegenstehenden Willens der H ermessensfehlerhaft (a.A. gut vertretbar).

---

[257] *Tegtmeyer/Vahle*, PolG NRW, § 34a Rn. 15.
[258] *Kay*, NVwZ 2003, 521 (524).
[259] *Tegtmeyer/Vahle*, PolG NRW, § 34a Rn. 27.
[260] *Ogorek/Traub*, in: Polizei- und Ordnungsrecht NRW, § 34a Rn. 19.
[261] Vgl. *Dietlein/Hellermann*, ÖR NRW, § 3 Rn. 170.

d) Verletzung von Art. 11 GG

Fraglich ist, ob die Polizeibeamten ermessensfehlerhaft gehandelt haben, weil sie das Grundrecht auf Freizügigkeit aus Art. 11 GG nicht hinreichend beachtet haben. Freizügigkeit beinhaltet die Freiheit, an jedem Ort innerhalb des Bundesgebiets Wohnsitz oder Aufenthalt zu nehmen.[262] Eine Maßnahme nach § 34a PolG NRW stellt einen Eingriff in dieses Recht dar. Art. 11 Abs. 2 GG erfordert einen qualifizierten Gesetzesvorbehalt. Das einschränkende Gesetz muss u.a. strafbaren Handlungen vorbeugen.[263] Den erhöhten verfassungsrechtlichen Anforderungen wird der Tatbestand des § 34a Abs. 1 PolG NRW deshalb gerecht, weil er nicht jede beliebige konkrete Gefahr für die öffentliche Sicherheit oder Ordnung genügen lässt, sondern eine gegenwärtige Gefahr für Leib, Leben oder Freiheit einer anderen Person verlangt.[264] Allerdings war der Tatbestand des qualifizierten Gesetzesvorbehalts nicht erfüllt (siehe oben). Die Polizisten handelten mithin auf keiner gesetzlichen Grundlage. Dies verletzt den T in seinem Grundrecht aus Art. 11 Abs. 1 GG.

656

e) Verletzung von Art. 13 Abs. 1 GG

Die Polizisten könnten durch den Wohnungsverweis und das Rückkehrverbot unverhältnismäßig in Art. 13 Abs. 1 GG eingegriffen haben. Fraglich ist, ob der Schutzbereich eröffnet ist. Geschützt von Art. 13 Abs. 1 GG ist die Wohnung als Zufluchtsort, wo der Einzelne seine Persönlichkeit frei entfalten kann.[265] In seiner Wohnung hat der Einzelne das Recht, „in Ruhe gelassen" zu werden, geschützt ist mithin die räumliche Privatsphäre.[266] Man geht daher davon aus, dass der bloße Wohnungsentzug nicht in den Schutzbereich des Art. 13 Abs. 1 GG fällt, weil das Grundrecht nicht das Besitzrecht an der Wohnung, sondern nur vor hoheitlichem Zutritt schützt.[267] T hat die Polizisten freiwillig in die Wohnung gelassen. Durch die reine Maßnahme nach § 34a Abs. 1 PolG NRW konnte T daher in seinem Grundrecht aus Art. 13 Abs. 1 GG nicht verletzt werden.

657

f) Verletzung von Art. 14 GG

Fraglich ist, ob T in seiner Eigentumsfreiheit aus Art. 14 Abs. 1 S. 1 GG verletzt wurde. Er ist zwar nicht Eigentümer der Wohnung, doch auch der berechtigte Besitzer (Mieter) ist vom sachlichen Schutzbereich des Art. 14 Abs. 1 S. 1 GG umfasst.[268] Fraglich ist vielmehr, ob es sich bei der Wohnungsverweisung um eine Inhalts- und Schrankenbestimmung nach Art. 14 Abs. 1 S. 2 GG oder um eine Enteignung nach Art. 14 Abs. 3 GG handelt. Früher wurde eine Abgrenzung nach der Eingriffsintensität bzw. nach der Schwere des Eingriffs vorgenommen. Eine

658

---

[262] *BVerfGE* 80, 137 (150).
[263] Zum Schutzbereich sowie den Schranken der Freizügigkeit gem. Art. 11 GG vgl. *Jarass,* in: Jarass/Pieroth, GG, Art. 11 Rn. 11 ff.
[264] *Orogek/Traub,* in: BeckOK PolR NRW, § 34a Rn. 5.
[265] *BVerfGE* 139, 245, Rn. 56.
[266] *BVerfGE* 51, 97 (107) = NJW 1979, 1539.
[267] *Kunig,* in: Münch/Kunig, GG, Art. 13 Rn. 1; *Gornig,* in: v. Mangoldt/Klein/Starck, GG, Art. 13 Rn. 42; *Orogek/Traub,* in: BeckOK PolR NRW, § 34a Rn. 6; a.A. *Kühne,* in: Sachs, GG, Art. 13 Rn. 10.
[268] *BVerfG,* NJW 1993, 2035.

Enteignung lag danach vor, wenn der Eingriff sich als besonders schwerwiegend, unzumutbar oder als Sonderopfer besonderen Ausmaßes darstellte.[269] Dies führte zu Abgrenzungsschwierigkeiten und Rechtsunsicherheit. Mittlerweile trennt das BVerfG die Inhalts- und Schrankenbestimmung von der Enteignung strikt.[270] Enteignung ist nur der vollständige oder teilweise Entzug einer Eigentumsposition im Sinne des Art. 14 Abs. 1 S. 1 GG zur Erfüllung hoheitlicher Aufgaben.[271] Dies ist grundsätzlich unter die Wohnungsverweisung subsumierbar, denn zur Gefahrenabwehr der Polizei, was eine hoheitliche Aufgabe darstellt, wird dem T für die Dauer von zehn Tagen der Besitz vollständig entzogen.[272] Allerdings hat das BVerfG auch klargestellt, dass nicht jeder Entzug einer konkreten Rechtsposition eine Enteignung darstellt, sondern die Enteignung sich auf Fälle beschränkt, in denen Güter hoheitlich beschafft werden, mit denen ein konkretes, der Erfüllung öffentlicher Aufgaben dienendes Vorhaben durchgeführt werden soll.[273] Werden keine Gemeinwohlinteressen durch den Entzug verfolgt, sondern dient der Entzug nur dem Ausgleich privater Interessen, liegt eine Inhalts- und Schrankenbestimmung vor. Der Wohnungsverweis nach § 34a Abs. 1 PolG NRW dient dem Schutz der gefährdeten Person und nicht der Allgemeinheit. Entsprechend handelt es sich dabei um eine verfassungsgemäße Inhalts- und Schrankenbestimmung.[274] Allerdings war der Tatbestand der Inhalts- und Schrankenbestimmung nicht erfüllt (siehe oben). Die Polizisten handelten mithin auf keiner gesetzlichen Grundlage. Dies verletzt den T in seinem Grundrecht aus Art. 14 Abs. 1 S. 1 GG.

g) Verletzung von Art. 2 Abs. 2 S. 2 GG

659 Fraglich ist auch, ob T in seinem Recht auf Freiheit nach Art. 2 Abs. S. 2 GG verletzt wurde. Im Gegensatz zur Freizügigkeit nach Art. 11 Abs. 1 GG schützt Art. 2 Abs. 2 S. 2 GG nicht das Recht, sich an einen Ort hinzubewegen, sondern nur die Fortbewegungsfreiheit.[275] T wurde aber nicht in Gewahrsam genommen, festgehalten oder gefesselt. Ihm wurde nur untersagt, seine Wohnung und den Bereich herum für zehn Tage nicht mehr zu betreten. Mithin ist der Schutzbereich von Art. 2 Abs. 2 S. 2 GG nicht betroffen.[276]

h) Zwischenergebnis

660 Indem die Polizei einen unverhältnismäßig großen Radius für das Betretungsverbot ausgesprochen und mit der unberechtigten Wohnungsverweisung in die Freizügigkeit und Eigentumsfreiheit des T in ungerechtfertigter Weise eingegriffen hat, wurden die polizeilichen Handlungsgrundsätze nicht gewahrt.

---

[269] *Axer*, in: BeckOK GG, Art. 14 Rn. 6.
[270] *BVerfGE* 58, 300 ff. = NJW 1982, 745 ff.
[271] *BVerfG*, NVwZ 2009, 1158 (1159).
[272] Falsch ist hingegen die Abgrenzung danach, dass die Wohnungsverweisung nur vorübergehend ist; die Dauerhaftigkeit ist keine Voraussetzung für eine Enteignung, vielmehr ist auch eine nur vorübergehende Enteignung denkbar; so aber *Guckelberger*, JA 2011, 1 (2).
[273] *BVerfG* NVwZ 2009, 1158 (1159).
[274] *Orogek/Traub*, in: BeckOK PolR NRW, § 34a Rn. 7.
[275] *Lang*, in: BeckOK GG, Art. 2 Rn. 84.
[276] A.A. *Grünewald*, in: BeckOK PolR Bayern, Art. 16 Rn. 9; *Murswiek/Rixen*, in: Sachs, GG, Art. 2 Rn. 235a.

4. Zwischenergebnis

Die Maßnahme der Polizei war materiell rechtswidrig. **661**

IV. Ergebnis

Die Maßnahme war formell und materiell rechtswidrig. **662**

Landesrechtliche Besonderheiten

Baden-Württemberg: Rechtsgrundlage ist § 27a Abs. 3 PolG BW, der insoweit lex specialis zum allgemeinen Platzverweis gem. § 27a Abs. 1 PolG BW ist.[277] **663**

Anders als § 34a PolG NRW enthält § 27a Abs. 3 PolG BW keine besonderen Verfahrensbestimmungen. **664**

Zu beachten ist auch die Befristung der Maßnahme nach § 27a Abs. 4 PolG BW. Bei Anordnung durch den Polizeivollzugsdienst kann ein Rückkehrverbot nur bis zu einer Dauer von vier Werktagen, bei Anordnung durch die Polizeibehörde bis zu einer Dauer von zwei Wochen angeordnet werden. **665**

§ 27a Abs. 3 PolG BW setzt voraus, dass der Adressat der Maßnahme und die in ihren Rechtsgütern beeinträchtige Person gemeinsam in der Wohnung wohnen; anders als § 34a PolG NRW setzt § 27a Abs. 3 PolG BW damit ausdrücklich eine häusliche Gemeinschaft voraus. Abzustellen ist dabei auf die tatsächlichen Wohnverhältnisse und nicht auf die Eigentums- oder Mietverhältnisse.[278] **666**

Rechtsgrundlage für den Platzverweis ist § 27a Abs. 1 PolG BW, Rechtsgrundlage für das Aufenthaltsverbot ist § 2 Abs. 2 PolG BW. **667**

Bayern: Eine Spezialbefugnisnorm für die Wohnungsverweisung wie in Gesetzen anderer Bundesländer existiert nicht. Art. 11 Abs. 3 BayPAG i. V. m. dem Gewaltschutzgesetz des Bundes (GewSchG) kann nicht herangezogen werden, da dieses nur die zivilgerichtlichen Folgen einer Gewaltanwendung regelt. Das GewSchG enthält keinerlei Aussagen über die kurzfristige Gefahrabwehr durch die Polizei. Auch innerhalb des BayPAG findet sich keine Regelung über eine Standardmaßnahme Wohnungsverweis. Insbesondere die Änderung des Art. 16 BayPAG im Jahr 2017, mit dem der neue Absatz 2 eingefügt wurde,[279] brachte keine spezielle Befugnisnorm für die Wohnungsverweisung. Geregelt wurde nur, dass die Polizei dem Betroffenen verbieten kann, sich an einen bestimmten Ort zu begeben (Aufenthaltsverbot) oder einen bestimmten Ort zu verlassen (Aufenthaltsgebot). Das Zurückkehren an den Ort, für den der Platzverweis nach Art. 16 Abs. 1 BayPAG ausgesprochen wurde, kann daher länger als bisher verboten werden, insgesamt nämlich bis zu drei Monaten, vgl. Art. 16 Abs. 2 S. 3 BayPAG.[280] Als Rechtsgrundlage kommen daher nur für die Woh- **668**

---

[277] *Belz/Mußmann/Kahlert/Sander*, PolG BW, § 27a Rn. 11.
[278] *Belz/Mußmann/Kahlert/Sander*, PolG BW, § 27a Rn. 10.
[279] GVBl. S. 388.
[280] Ohne diese zeitliche Angabe konnte der Platzverweis nur für einen kurzen Zeitraum, bis die vorübergehende Gefahr abgewehrt wurde, aufrechterhalten werden, vgl. *Schmidbauer*, in: Schmidbauer/Steiner, BayPAG, Art. 16 Rn. 6.

nungsverweisung der Platzverweis aus Art. 16 Abs. 1 BayPAG und für das Rückkehrverbot das Aufenthaltsverbot nach Art. 16 Abs. 2 S. 1 Nr. 2a) BayPAG oder die polizeiliche Generalklausel, Art. 11 Abs. 1 PAG, in Betracht.

669 Art. 16 BayPAG ist aus diesem Grund nicht mehr deshalb abzulehnen, weil der Platzverweis nur für die Dauer der Abwehr von vorübergehenden Gefahren, die sich über einen kurzen Zeitraum erstrecken, aufrechterhalten werden kann. Während § 34a Abs. 1 S. 1 PolG NRW eine gegenwärtige Gefahr für ein bestimmtes Rechtsgut voraussetzt, sind die Anforderungen der Art. 16 Abs. 1 BayPAG (Wohnungsverweisung) und Art. 16 Abs. 2 S. 1 Nr. 2a) BayPAG (Rückkehrverbot) geringer. Für die Wohnungsverweisung wird nur eine konkrete Gefahr oder eine drohende Gefahr für ein bedeutendes Rechtsgut vorausgesetzt. Das Rückkehrverbot kann bei einer konkreten Gefahr oder einer drohenden Gefahr für ein bedeutendes Rechtsgut angeordnet werden, wenn die Begehung einer Straftat droht. Es kommt daher nicht auf die Gegenwärtigkeit der Gefahr an. Die drohende Gefahr setzt sogar noch früher an.

670 Hinweis: Eine ausführliche Prüfung der drohenden Gefahr finden Sie in Fall 25.

Anders als bei der gegenwärtigen Gefahr kann hier die häusliche Gewalt, die oft ein Wiederholungsdelikt ist, als Argument herangezogen werden. Der Tatbestand ließe sich mithin bejahen (a.A. vertretbar).

671 Dass die Anforderungen niedriger sind, ist spätestens im Rahmen der Verhältnismäßigkeit entsprechend zu berücksichtigen. Die Voraussetzungen des GewSchG oder des § 34a PolG NRW können dafür als Anhaltspunkte herangezogen werden. Es bedarf daher unter Umständen einer erhöhten Gefahrenlage und dem Adressaten der Maßnahme ist Gelegenheit zu geben dringend benötigte Gegenstände und Papiere mitzunehmen. Auch die Geltungsdauer des Aufenthaltsverbots muss nach Art. 16 Abs. 2 S. 3 BayPAG entsprechend zeitlich begrenzt werden, was mit den zehn Tagen geschehen ist.

672 Niedersachsen: Als Rechtsgrundlage kommen § 17 Abs. 2 S. 1 Nds SOG und § 17 Abs. 2 S. 2 Nds SOG in Betracht. Dabei ist aber zu beachten, dass § 17 Abs. 2 S. 1 Nds SOG keine eigenständige Rechtsgrundlage darstellt, sondern sich als Einschränkung auf die Rechtsgrundlage für den Platzverweis nach § 17 Abs. 1 Nds SOG bezieht. Die Polizei kann einen Wohnungsverweis gegen eine Person, die nicht an der Wohnung berechtigt ist (z.B. Besucher statt Mieter), nur unter den Einschränkungen des § 17 Abs. 2 S. 1 Nds SOG aussprechen, wenn dies gegen den Willen der Person, die an der Wohnung berechtigt ist (z.B. Mieter), wäre. § 17 Abs. 2 S. 2 Nds SOG betrifft einen anderen Fall und stellt eine Rechtsgrundlage dar, wenn die Polizei eine Person aus der Wohnung verweisen will, die selbst in ihr lebt. Weil T aus seiner eigenen Wohnung verwiesen werden soll, ist entsprechend § 17 Abs. 2 S. 2 Nds SOG die einschlägige Rechtsgrundlage. Die Norm setzt im Wortlaut auch das Vorliegen häuslicher Gewalt voraus. Die Mitnahme benötigter Gegenstände richtet sich nach § 17 Abs. 2 S. 3 Nds SOG.

673 Im Unterschied zu § 34a Abs. 5 PolG NRW kann eine Wohnungsverweisung nach § 17 Abs. 2 S. 2 Nds SOG nicht nur höchstens zehn, sondern für höchstens 14 Tage ausgesprochen werden.

Rechtsgrundlage für den allgemeinen Platzverweis ist § 17 Abs. 1 Nds SOG, Rechtsgrundlage für das allgemeine Aufenthaltsverbot § 17 Abs. 4 Nds SOG.

Sachsen: Rechtsgrundlage ist § 21 Abs. 3 SächsPolG, der lex specialis zum allgemeinen Platzverweis gem. § 21 Abs. 1 SächsPolG ist.[281] **674**

Im Unterschied zu § 34a PolG NRW enthält § 21 Abs. 3 SächsPolG keine derart weitreichenden Verfahrensvorschriften, weshalb insb. die Maßnahme nicht schon deswegen rechtswidrig wäre, weil T nicht die Mitnahme wichtiger Gegenstände ermöglicht worden ist. Eine genaue Bezeichnung des von der Maßnahme betroffenen Bereichs ist hingegen aufgrund des Bestimmtheitsgebots dennoch notwendig. **675**

Anders als bei § 34a Abs. 5 PolG NRW kann eine Wohnungsverweisung nach § 21 Abs. 3 SächsPolG für höchstens zwei Wochen ausgesprochen werden. **676**

Im Unterschied zum Ausgangsfall setzt § 21 Abs. 3 SächsPolG voraus, dass Adressat der Maßnahme und die in ihren Rechtsgütern beeinträchtige Person gemeinsam in der Wohnung wohnen; damit ist der oben behandelte Meinungsstreit, ob es sich auch bei § 34a PolG NRW um eine gemeinsame Wohnung handeln muss, hier bedeutungslos. Rechtsgrundlage für den allgemeinen Platzverweis ist § 21 Abs. 1 SächsPolG, Rechtsgrundlage für das allgemeine Aufenthaltsverbot § 2 Abs. 2 SächsPolG. **677**

---

[281] *Elzermann/Schwier,* PolG Sachsen, § 21 Rn. 16.

Fall 14. Die Nacht in Haft*

Sachverhalt

T wohnt zusammen mit seiner Freundin H in deren Wohnung in einem Mehrparteienhaus in der Stadt K, für die sowohl T als auch H jeweils einen Schlüssel haben. Nachdem sich T aus unterschiedlichen Gründen dem Alkohol zugewandt hat, kommt es zwischen T und H regelmäßig zu lauten Auseinandersetzungen und Handgreiflichkeiten, bei denen T die H zuweilen auch verletzt. Als eines Abends erneut lautes Schreien, Poltern und Klirren aus der Wohnung zu hören war, rief ein Nachbar vorsichtshalber die Polizei. Die eintreffenden Polizeibeamten konnten diese Geräusche schon von der Straße aus hören, bevor sie vom alkoholisierten T in die Wohnung gelassen wurden. Dort fanden sie die sichtbar verletzte H, die ihnen berichtete, dass T sie schon seit einiger Zeit regelmäßig schlage, wenn er betrunken sei. H bat die Polizisten deshalb darum, T aus ihrer Wohnung zu bringen, da sie ihn „erst einmal nicht mehr sehen wolle". Die Polizisten forderten T daraufhin auf, die Wohnung zu verlassen und vor Ablauf von zehn Tagen nicht in die Wohnung sowie in das Mehrparteienhaus zurück zu kehren. T erklärte sich zwar einverstanden, verließ zusammen mit den Polizisten die Wohnung aber in ersichtlich aggressivem Zustand.

Nachdem sie das Haus verlassen hatten, änderte T allerdings blitzartig seine Meinung und informierte die Polizisten lautstark darüber, dass er nun wieder zu seinem Bier und seiner Freundin, der er nun mal „Vernunft einbläuen" wolle, in die Wohnung zurückkehren würde. Er torkelte zurück zum Hauseingang und versuchte sich mit dem Schlüssel wieder Zutritt zur Wohnung zu verschaffen. Als die Polizisten daraufhin gegenüber T anordneten, dass er nun in Gewahrsam genommen würde, um ihn an der Rückkehr in die Wohnung zu hindern, weigerte sich dieser vehement. Schließlich drohte ihm Polizistin Mayer an, dass er schon sehen würde was passiert, wenn er jetzt nicht mit ihnen auf die Wache komme. Nachdem T diese Warnung aber ignorierte, sich stattdessen weiter versuchte, die Eingangstür des Hauses aufzuschließen, nahmen die beiden Polizisten T in einen Polizeigriff und zogen ihn trotz seines lauten Protests vom Haus weg.

Die Polizisten nahmen T mit auf die Wache, wo er in einer Zelle eingesperrt wurde. Nachdem die Polizisten als nächstes eine richterliche Entscheidung über die Ingewahrsamnahme des T eingeholt hatten, wurde T dieser Entscheidung entsprechend am späten Abend des nächsten Tages aus der Haft entlassen. Am Morgen darauf erkundigte sich T umgehend bei seinem Rechtsanwalt R darüber, ob die Polizisten rechtmäßig gehandelt hatten.

Bearbeitervermerk: War die Anordnung der Ingewahrsamnahme und die Anwendung des Polizeigriffs rechtmäßig? Von der Rechtmäßigkeit der Wohnungsverweisung ist dabei auszugehen.

---

* Gelöst nach dem Recht in Nordrhein-Westfalen; Besonderheiten in anderen Ländern siehe unten Rn. 731 ff.

Fall 14. Die Nacht in Haft

Lösung

Fraglich ist, ob die Ingewahrsamnahme und die Anwendung des Polizeigriffs rechtmäßig waren.

A. Rechtmäßigkeit der Ingewahrsamnahme 678

Die Anordnung der Ingewahrsamnahme war rechtmäßig, wenn sie auf einer Rechtsgrundlage beruhte und diese formell und materiell rechtmäßig angewandt wurde.

I. Rechtsgrundlage

Als Rechtsgrundlage der Maßnahme kommen hier sowohl § 35 Abs. 1 Nr. 2 als 679 auch Nr. 4 PolG NRW in Betracht. Von der Rechtmäßigkeit des § 35 PolG NRW ist dabei auszugehen.

Hinweis: Machen Sie sich den Unterschied zwischen dem Wohnungsverweisung, der Durchsetzung des 680 Wohnungsverweises durch die Anordnung der Ingewahrsamnahme und der Durchsetzung der Ingewahrsamsanordnung durch den unmittelbaren Zwang klar. Die Anordnung des Gewahrsams ist – wie die Wohnungsverweisung auch – eine Primärmaßnahme nach § 35 PolG NRW sodass auf diese die Vorschriften des Verwaltungszwangs nach § 50 ff. PolG NRW nicht anzuwenden sind.[282] Im vorliegenden Fall wurde zunächst eine Wohnungsverweisung ausgesprochen; als T diese nicht beachtete und in die Wohnung zurückkehren wollte, sollte diese dann mit Hilfe einer Ingewahrsamnahme durchgesetzt werden. Erst als diese ebenfalls keinen Erfolg hatte, wurde auch die Ingewahrsamnahme mittels unmittelbaren Zwangs (Sekundärmaßnahme) durchgesetzt.

II. Formelle Rechtmäßigkeit

Die Ingewahrsamnahme des T müsste auch formell rechtmäßig erfolgt sein. 681

1. Zuständigkeit

Die Zuständigkeit der Polizei für den Gewahrsam ergibt sich aus § 35 Abs. 1 PolG 682 NRW. Der Einsatz der Polizei erfolgte hier am späten Abend und somit außerhalb der Dienstzeiten der Ordnungsbehörden, weshalb an der sachlichen Zuständigkeit der Polizisten aufgrund der Eilzuständigkeit der Polizei aus § 1 Abs. 1 S. 3 PolG NRW keine Bedenken bestehen. Die örtliche Zuständigkeit ergibt sich aus §§ 7 Abs. 1, 10 S. 2 POG NRW.

2. Verfahren

Das Verfahren wurde ordnungsgemäß durchgeführt, wenn eine Anhörung des T 683 vorgenommen wurde, eine richterliche Entscheidung eingeholt wurde und auch die sonstigen Verfahrensvoraussetzungen eingehalten wurden.

a) Anhörung

Eine Anhörung nach § 28 Abs. 1 VwVfG NRW ist erforderlich, wenn ein belas- 684 tender Verwaltungsakt erlassen wird. Fraglich ist, ob es sich bei der Ingewahrsamnahme um einen Verwaltungsakt nach § 35 S. 1 VwVfG NRW handelt. Danach ist

---

[282] *Dietlein/Hellermann,* ÖR NRW, § 3 Rn. 241.

ein Verwaltungsakt jede Verfügung, Entscheidung oder andere hoheitliche Maßnahme, die eine Behörde zur Regelung eines Einzelfalles auf dem Gebiet des öffentlichen Rechts trifft und die auf unmittelbare Rechtswirkung nach außen gerichtet ist. Problematisch erscheint die Regelungswirkung, da das in Gewahrsam Nehmen auch bloß einen Realakt darstellen könnte. Allerdings kann in dem Gewahrsam das Gebot an den Betroffenen gesehen werden, die Verbringung zur Wache und die durch dortiges Einsperren erfolgende Entziehung der Fortbewegungsfreiheit zu dulden (Duldungsverfügung).[283] Die Anordnung des Ingewahrsams stellt mithin einen belastenden Verwaltungsakt i. S. d. § 35 S. 1 VwVfG NRW dar. Die daher gem. § 28 Abs. 1 VwVfG NRW durchzuführende Anhörung könnte darin gesehen werden, dass sich T vor seiner Mitnahme auf die Wache gegenüber den Polizisten geäußert hat. Ob es sich dabei um eine Anhörung handelt, ist nicht eindeutig. Unabhängig davon, ob eine ordnungsgemäße Anhörung im gegebenen Sachverhalt tatsächlich erfolgt sein sollte, wäre ein derartiger Verfahrensfehler aber gem. § 45 Abs. 1 Nr. 3, Abs. 2 VwVfG NRW durch Nachholung der Anhörung bis zum Abschluss der ersten Instanz eines verwaltungsgerichtlichen Verfahrens heilbar.

b) Richterliche Entscheidung

685 Aufgrund ihres freiheitsentziehenden Charakters bedarf eine Ingewahrsamnahme gem. § 36 Abs. 1 S. 1 PolG NRW einer unverzüglichen[284] richterlichen Entscheidung über die Zulässigkeit und die Fortdauer der Maßnahme. Die Polizisten holen eine entsprechende Entscheidung gleich ein, nachdem sie den T eingesperrt hatten. Die Unverzüglichkeit ist damit gegeben.

c) Weitere Verfahrensvorschriften

686 Nach § 37 Abs. 1 PolG NRW muss dem Betroffenen unverzüglich der Gewahrsamsgrund mitgeteilt werden; die Mitteilung kann formlos, muss aber ohne schuldhaftes Zögern erfolgen.[285] Polizistin Mayer hat T umgehend mitgeteilt, dass er zur Durchsetzung der Wohnungsverweisung in Gewahrsam genommen werde. Ein Verfahrensfehler bzgl. des Benachrichtigungsrechts des T gem. § 37 Abs. 2 PolG NRW und der Unterbringung des T getrennt von Straf- oder Untersuchungsgefangenen gem. § 37 Abs. 3 PolG NRW ist nach dem Sachverhalt nicht ersichtlich.

d) Zwischenergebnis

687 Das Verfahren wurde ordnungsgemäß durchgeführt.

3. Form

688 Die Anordnung der Ingewahrsamnahme kann formlos erfolgen, § 37 Abs. 2 S. 1 VwVfG NRW.

4. Zwischenergebnis

689 Die Ingewahrsamnahme erfolgte formell rechtmäßig,

---

[283] *Basteck*, in: BeckOK PolR NRW, § 35 Rn. 67; *Dietlein/Hellermann*, ÖR NRW, § 3 Rn. 171.
[284] Zum Begriff der „Unverzüglichkeit" vgl. *Schenke*, Polizei- und OrdnungsR, Rn. 144 m. w. N.
[285] Die Verpflichtung zur Belehrung entspricht der Regelung des Art. 5 EMRK, vgl. *Tegtmeyer/Vahle*, PolG NRW, § 37 Rn. 2, 3.

III. Materielle Rechtmäßigkeit

Fraglich ist, ob sie auch materiell rechtmäßig war. Dies ist der Fall, wenn die Voraussetzungen der Befugnisnorm vorliegen, die polizeiliche Verantwortlichkeit gegeben ist und die polizeilichen Handlungsgrundsätze eingehalten wurden 690

1. Voraussetzungen der Rechtsgrundlage

Im gegebenen Sachverhalt kommt eine Ingewahrsamnahme des T sowohl nach § 35 Abs. 1 Nr. 2 als auch Nr. 4 PolG NRW in Betracht. 691

a) § 35 Abs. 1 Nr. 2 PolG NRW

Nach § 35 Abs. 1 Nr. 2 PolG NRW ist eine Ingewahrsamnahme nur dann möglich, wenn durch sie die unmittelbar bevorstehende Begehung oder Fortsetzung einer Straftat oder einer Ordnungswidrigkeit von erheblicher Bedeutung für die Allgemeinheit verhindert wird. Unmittelbar bevorstehend i.S.d. § 35 Abs. 1 Nr. 2 PolG NRW ist gleichbedeutend mit dem Erfordernis einer gegenwärtigen Gefahr.[286] 692

Das Merkmal einer „erheblichen Bedeutung für die Allgemeinheit" bezieht sich lediglich auf eine unmittelbar bevorstehende oder fortdauernde Ordnungswidrigkeit, nicht hingegen auf eine unmittelbar bevorstehende oder fortdauernde Straftat.[287] 693

Zwar haben die Polizisten die H laut Sachverhalt sichtbar verletzt vorgefunden, weshalb eine Körperverletzung des T an H gem. § 223 Abs. 1 StGB vorliegen könnte. Einer gegenwärtigen Gefahr könnte jedoch entgegenstehen, dass diese Verletzungen zum Zeitpunkt der Ingewahrsamnahme außerhalb des Hauses bereits eingetreten, die vorhandenen Körperverletzungsdelikte also schon beendet waren. Laut Sachverhalt ist es zwischen T und H schon mehrmals zu lauten Auseinandersetzungen und Handgreiflichkeiten gekommen bei denen T die H zuweilen auch verletzt hat. Es ist daher von einem Fall häuslicher Gewalt auszugehen. Häusliche Gewaltdelikte stellen regelmäßig Seriendelikte dar, wobei die Intensität des Angriffs und die Schwere der Verletzungen bei der Beurteilung der Wahrscheinlichkeit einer Wiederholung heranzuziehen sind; in Fällen, in denen die gewalttätige Person grausam, unerbittlich, brutal oder rücksichtslos vorgegangen ist oder Anhaltspunkte bestehen, dass die betroffene Person bereits zum wiederholten Mal gegenüber der gefährdeten Person gewalttätig geworden ist, ist eine gegenwärtige Gefahr anzunehmen.[288] H erklärte gegenüber den Polizisten, dass T sie regelmäßig schlage. T war stark alkoholisiert und aggressiv. Er kündigte an, seiner Freundin „Vernunft einzubläuen" und versuchte, sich mit seinem Schlüssel erneut Zugang zum Haus zu verschaffen. Die Polizisten durften in dieser Situation davon ausgehen, dass T unmittelbar erneut Gewalt gegen die H anwenden würde, sobald er die Wohnung betritt.[289] Eine gegenwärtige Leibesgefahr für H ist daher zu bejahen. 694

Die Ingewahrsamnahme müsste allerdings auch gem. § 35 Abs. 1 Nr. 2 PolG NRW unerlässlich gewesen sein. Dabei ist die hohe Bedeutung der Freiheit der Person 695

---

[286] *Tegtmeyer/Vahle*, PolG NRW, § 35 Rn. 7.
[287] *Dietlein/Hellermann*, ÖR NRW, § 3 Rn. 175.
[288] *Kay*, NVwZ 2003, 521, (522 f.); zur Vertiefung *Götz/Geis*, Allg. Polizei- u. OrdnungsR, § 6 Rn. 27.
[289] Vgl. *VGH München*, Beschl. v. 1.8.2016, 10 C 16.637, Rn. 8.

Fall 14. Die Nacht in Haft

gem. Art. 2 Abs. 2 S. 2 GG zu beachten, die nur aus wichtigem Grund angetastet werden darf. Bei Feststellung der Unerlässlichkeit reichen bloße Vermutungen daher nicht aus, stattdessen ist eine strikte Verhältnismäßigkeitsprüfung durchzuführen. Stehen insbesondere mildere, gleich effektive Mittel zur Verfügung, so ist eine Ingewahrsamnahme unzulässig.[290] Fraglich ist daher, ob die Ingewahrsamnahme zur Verhinderung der Körperverletzung an der H das mildeste, aber effektivste Mittel war. Eine erneute Aufforderung, es zu unterlassen die Wohnung zu betreten hätte aufgrund der vehementen Gegenwehr des T ersichtlich keinen Erfolg versprochen. Auch andere Maßnahmen zur Verhinderung der Straftat in der konkreten Situation sind nicht ersichtlich. Die Unerlässlichkeit ist mithin gegeben.

696 **Hinweis:** Aufgrund der Gesetzesformulierung kann der Prüfungspunkt der Unerlässlichkeit auch erst auf der Rechtsfolgenseite geprüft werden.

b) § 35 Abs. 1 Nr. 4 PolG NRW

697 Mittels Ingewahrsamnahme kann gem. § 35 Abs. 1 Nr. 4 PolG NRW auch eine Wohnungsverweisung oder ein Rückkehrverbot nach § 34a PolG NRW durchgesetzt werden. Dazu müsste zunächst einmal eine rechtmäßige Wohnungsverweisung vorliegen,[291] wovon laut Sachverhalt allerdings auszugehen ist.

698 **Hinweis:** An dieser Stelle wäre eine Inzidentprüfung der Rechtmäßigkeit der Wohnungsverweisung nötig gewesen, wenn nach dem Bearbeitervermerk nicht von deren Rechtmäßigkeit auszugehen gewesen wäre. Eine ausführliche Besprechung der Standardmaßnahme Wohnungsverweisung finden Sie in Fall 13.

699 Auch bzgl. § 35 Abs. 1 Nr. 4 PolG NRW muss die Ingewahrsamnahme unerlässlich gewesen sein. Fraglich ist, ob es mildere aber gleich effektive Mittel zur Durchsetzung der Hausverweisung und des Rücktrittsverbots gegeben hätte. Grds. hätte auch die Möglichkeit bestanden, eine Zwangsvollstreckung der Wohnungsverweisung durch Verhängung eines Zwangsgeldes i.S.d. §§ 51 Abs. 1 Nr. 2, 53 PolG NRW durchzuführen. Dies hätte auch ein milderes Mittel im Vergleich zur Ingewahrsamnahme des T dargestellt. Zu beachten ist jedoch, dass ein Zwangsgeld in der konkreten Situation nicht im gleichen Maße effektiv gewesen wäre. T war stark alkoholisiert und wehrte sich vehement gegen die Wohnungsverweisung. Zudem machte er sich schon drohend daran, die Wohnungstüre wieder aufzusperren, sodass ihn die Anordnung eines Zwangsgeldes mit Sicherheit nicht vom Betreten der Wohnung abgehalten hätte. Ein milderes, gleich effektives Mittel bestand, um die Wohnungsverweisung durchzusetzen, somit nicht. Die Durchsetzung der Wohnungsverweisung durch die Ingewahrsamnahme zum Schutz der H, insb. im Hinblick auf die Schutzpflicht des Staates gem. Art. 2 Abs. 2 S. 1 GG, war mithin unerlässlich.

700 **Hinweis:** Lesen Sie das Gesetz genau. Während § 35 Abs. 1 Nr. 2 PolG NRW voraussetzt, dass die Ingewahrsamnahme für die Verhinderung der Straftat unerlässlich sein muss, setzt § 35 Abs. 1 Nr. 4 PolG NRW die Unerlässlichkeit für die Durchsetzung der Wohnungsverweisung voraus. Dies sind zwei unterschiedliche Anknüpfungspunkte, die nicht miteinander vermischt werden dürfen. Auch eine Verweisung nach oben wäre falsch.

---

[290] *OLG Hamm,* NVwZ-RR 2008, 321.
[291] *BVerfG,* NVwZ 2005, 80 (81); die Ingewahrsamnahme ist gerade keine Zwangsmaßnahme nach §§ 50 ff. PolG NRW, bei der es grds. als Sekundärmaßnahme nicht auf die Rechtmäßigkeit der Primärmaßnahme ankommt, vgl. ausführlich zum Verhältnis Primär-, Sekundär- und Tertiärmaßnahmen Fall 8.

c) Dauer der Maßnahme

Nach dem Sachverhalt wurde eine richterliche Entscheidung eingeholt. Zwar wurde **701** T erst am späten Abend des auf seine Ingewahrsamnahme folgenden Tages freigelassen, doch lag dieser Zeitpunkt zum einen noch vor Ablauf der in § 38 Abs. 1 Nr. 3 PolG NRW festgelegten Frist, weiterhin entsprach er laut Sachverhalt dem Inhalt der richterlichen Entscheidung.

d) Zwischenergebnis

Die Voraussetzungen der Befugnisnorm lagen vor. **702**

2. Maßnahmerichtung

Der richtige Adressat der Maßnahme ergibt sich aus § 35 PolG NRW selbst. Dies **703** ist die Person, die die Straftat begehen wird bzw. gegen die die Wohnungsverweisung durchzusetzen ist und damit T.

3. Rechtsstaatliche Handlungsgrundsätze

Ermessensfehler sind nicht ersichtlich; die Polizei hat das bestehende Ermessen daher **704** pflichtgemäß gem. § 3 Abs. 1 PolG NRW ausgeführt. Die Polizei handelte auch verhältnismäßig nach § 2 PolG NRW, insbesondere war die Ingewahrsamnahme erforderlich, weil sie das mildeste, effektivste Mittel war (s. o.). Die Ingewahrsamnahme war im Hinblick auf den Schutz der H und das Verhalten des T auch verhältnismäßig.

Gewahrsam ist eine Freiheitsentziehung nach Art. 2 Abs. 2 S. 2 GG und Art. 104 **705** Abs. 2 GG.[292] Nach Art. 2 Abs. 2 S. 3 GG und Art. 104 Abs. 2 S. 4 GG können diese Grundrechte aber durch Gesetz eingeschränkt werden. Bei der Anwendung der Gesetze wahrte die Polizei den Verhältnismäßigkeitsgrundsatz.

4. Zwischenergebnis

Die Ingewahrsamnahme war materiell rechtmäßig. **706**

IV. Ergebnis

Die Ingewahrsamnahme des T war daher rechtmäßig. **707**

B. Rechtmäßigkeit des Polizeigriffs

Der Polizeigriff war rechtmäßig, wenn er von einer Rechtsgrundlage gedeckt sowie **708** formell und materiell rechtmäßig gewesen ist.

I. Rechtsgrundlage

Der Polizeigriff stellt eine unmittelbare körperliche Einwirkung auf T dar, weshalb **709** es sich um unmittelbaren Zwang nach § 58 Abs. 2 PolG NRW handelt. Als Rechtsgrundlage des unmittelbaren Zwangs kommen die §§ 55 Abs. 1 S. 1, 57 ff., 50

---

[292] *Tegtmeyer/Vahle*, PolG NRW, § 35 Rn. 1.

Abs. 1, 51 Abs. 1 Nr. 3 PolG NRW in Betracht. Von der Rechtmäßigkeit dieser Normen ist auszugehen.

II. Formelle Rechtmäßigkeit

710 Die Anwendung unmittelbaren Zwangs gegenüber T müsste auch formell rechtmäßig gewesen sein. Dies ist der Fall, wenn Zuständigkeit, Verfahren und Form gegeben waren.

1. Zuständigkeit

711 Grundsätzlich ergibt sich die sachliche Zuständigkeit aus der Befugnisnorm. § 50 PolG NRW stellt aber nicht fest, dass die Polizei für die Vollstreckung zuständig ist. Für den unmittelbaren Zwang ergibt sich die sachliche Zuständigkeit aus § 55 Abs. 1 S. 1 PolG NRW. Es kann daher dahinstehen, ob § 56 Abs. 1 VwVG NRW analog anzuwenden oder ob auf die Eilzuständigkeit nach § 1 Abs. 1 S. 3 PolG NRW zurückzugreifen ist. Die örtliche Zuständigkeit ergibt sich aus §§ 7 Abs. 1, 10 S. 2 POG NRW.

2. Verfahren und Form

712 Eine Anhörung des T war gem. § 28 Abs. 2 Nr. 5 VwVfG NRW entbehrlich.

713 **Hinweis:** An dieser Stelle können Sie die Androhung nach §§ 56, 61 PolG NRW bereits prüfen.

3. Zwischenergebnis

714 Die formelle Rechtmäßigkeit ist gegeben.

III. Materielle Rechtmäßigkeit

715 Die Anwendung des Polizeigriffs im Vollstreckungsverfahrens war materiell rechtmäßig, wenn die allgemeinen und die besonderen Vollstreckungsvoraussetzungen vorlagen.

1. Allgemeine Vollstreckungsvoraussetzungen

716 Die allgemeinen Vollstreckungsvoraussetzungen ergeben sich aus §§ 50 Abs. 1, 51 Abs. 1 Nr. 3, Abs. 3 PolG NRW.

717 § 50 Abs. 1 PolG NRW setzt einen Verwaltungsakt, der auf die Vornahme einer Handlung oder auf Duldung oder Unterlassen gerichtet ist, voraus. Die Anordnung der Polizisten, dass T in Gewahrsam genommen werde, stellte einen Verwaltungsakt in Form einer Duldungsverfügung dar (s.o.). Im gestreckten Vollstreckungsverfahren ist im Gegensatz zu § 50 Abs. 2 PolG NRW nur Voraussetzung, dass eine wirksame Grundverfügung vorliegt. Selbst wenn man fordere, dass sie auch rechtmäßig sein müsse, wäre die Voraussetzung erfüllt, da die Anordnung der Ingewahrsamnahme rechtmäßig war (s.o.).

718 **Hinweis:** Die Problematik, ob die Sekundärmaßnahme eine wirksame oder einen rechtmäßige Primärmaßnahme voraussetzt, wird in den Fällen 8 und 9 ausführlich erläutert.

Fall 14. Die Nacht in Haft

Ein Verwaltungsakt ist gem. § 50 Abs. 1 PolG NRW zwangsweise durchsetzbar, **719** wenn er unanfechtbar ist, d. h. mit förmlichen Rechtsmitteln nicht mehr angefochten werden kann, oder Rechtsmittel keine aufschiebende Wirkung haben, z. B. bei unaufschiebbaren Anordnungen und Maßnahmen von Polizeibeamten gem. § 80 Abs. 2 S. 1 Nr. 2 VwGO.[293] Die Anordnung des Gewahrsams war vor dem Hintergrund der häuslichen Gewaltsituation und der uneinsichtigen, aggressiven Art des T unaufschiebbar.

2. Besondere Vollstreckungsvoraussetzungen

Fraglich ist, ob die besonderen Vollstreckungsvoraussetzungen des unmittelbaren **720** Zwangs vorlagen.

Fraglich ist zunächst, ob es sich bei dem Polizeigriff um unmittelbaren Zwang gem. **721** § 55 PolG NRW handelt. Dieser wäre nur zulässig, wenn andere Zwangsmittel nicht in Betracht kommen oder keinen Erfolg versprechen oder unzweckmäßig sind.[294] § 55 Abs. 1 S. 1 PolG NRW stellt damit eine Konkretisierung des Grundsatzes der Verhältnismäßigkeit dar. Unmittelbarer Zwang ist gem. § 58 Abs. 1 PolG NRW die Einwirkung auf Personen oder Sachen durch körperliche Gewalt, ihre Hilfsmittel und durch Waffen, um so den entgegenstehenden Willen der betroffenen Person zu brechen oder zu überwinden.[295] Unter körperlicher Gewalt ist jede unmittelbare körperliche Einwirkung auf Personen oder Sachen zu verstehen, § 58 Abs. 2 PolG NRW. Indem die Polizisten den T gegen seinen Willen in den Polizeigriff genommen haben, wendeten sie unmittelbaren Zwang an.

Eine Ersatzvornahme (§ 52 PolG NRW) kam hier nicht in Betracht, da keine ver- **722** tretbare Handlung vorlag. Zwangsgeld (§ 53 PolG NRW) scheidet aus, da dessen Verhängung keinen Erfolg versprach und daher unzweckmäßig gewesen wäre. Unmittelbarer Zwang durfte somit angewendet werden.

Nach § 61 Abs. 1 S. 1 PolG NRW ist die Anwendung unmittelbaren Zwangs zu- **723** dem anzudrohen. Das Schriftformerfordernis aus § 56 Abs. 1 S. 1 PolG NRW gilt beim unmittelbaren Zwang nicht. § 61 PolG NRW ist insoweit lex specialis zu § 56 PolG NRW, sodass auch von einer angemessenen Fristsetzung abgesehen werden kann. Dies ergibt sich schon aus § 61 Abs. 1 S. 3 PolG NRW, wonach als Androhung des Schusswaffengebrauchs auch die Abgabe eines Warnschusses gilt. Jedenfalls ergibt sich die Entbehrlichkeit der Fristsetzung bei Durchsetzung einer Duldung oder eines Unterlassens aus § 56 Abs. 1 S. 2 PolG NRW.

Hinweis: Sinn der Androhung ist es, psychologisch auf den Betroffenen einzuwirken, damit dieser **724** seinen aktiven oder passiven Widerstand gegen die Maßnahme aufgibt.[296]

Fraglich ist, ob der Polizeigriff angedroht wurde. Im Sachverhalt hat Polizistin **725** Mayer dem T gegenüber lediglich erklärt, er würde schon sehen, was passiert, wenn er nicht mit auf die Wache komme. § 56 Abs. 3 S. 1 PolG NRW setzt aber voraus, dass bestimmte Zwangsmittel angedroht werden müssen. Die Polizisten

---

[293] *Tegtmeyer/Vahle*, PolG NRW, § 50 Rn. 4 ff.
[294] Zu den Zwangsmitteln der Ersatzvornahme und des Zwangsgeldes vgl. *Schenke*, Polizei- und OrdnungsR, Rn. 553 ff., 556 ff. m. w. N.
[295] *Tegtmeyer/Vahle*, PolG NRW, § 55 Rn. 1.
[296] *Werner*, JA 2000, 902 (904).

hätte dem T daher zumindest den unmittelbaren Zwang, wenn auch nicht den Polizeigriff als solchen, androhen müssen.[297] Die Androhung war hier daher zu unbestimmt.

726 Eine Androhung ist gem. § 61 Abs. 1 S. 2 PolG NRW aber nicht nötig, wenn die Umstände sie nicht zulassen, insbesondere wenn die sofortige Anwendung des Zwangsmittels zur Abwehr einer gegenwärtigen Gefahr notwendig ist. Gegenwärtig ist eine Gefahr, die sich entweder bereits realisiert hat oder deren Realisierung zumindest unmittelbar bevorsteht.[298] Der unmittelbare Zwang sollte die Ingewahrsamnahme durchsetzen, welche wiederrum die Wohnungsverweisung durchsetzen sollte. Hätten die Polizisten den T nicht mit dem Polizeigriff sofort aufgehalten, wäre er wieder in die Wohnung zurückgekehrt. Aufgrund der sichtbaren Verletzungen der H und des aggressiven Verhaltens des T ist davon auszugehen, dass von T eine Leibesgefahr für H ausging. Obwohl T sich zum Zeitpunkt der Maßnahme noch außerhalb des Mehrparteienhauses aufhielt, ist auch die nötige Gegenwärtigkeit gegeben, da T einen Schlüssel hatte, mit dem er problemlos in das Haus und die Wohnung gelangen konnte, aus denen er zuvor von der Polizei verwiesen wurde. Die Androhung war somit entbehrlich.

727 Fraglich ist, ob trotz Entbehrlichkeit der erfolgten Androhung sich die Rechtswidrigkeit aus der Unbestimmtheit der Androhung ergeben kann (s. o.). Zu beachten ist aber, dass in Fällen gegenwärtiger Gefahr i. S. d. § 56 Abs. 1 S. 3 PolG NRW regelmäßig nur wenig oder überhaupt keine Zeit zur Durchführung einer Androhung besteht. Zum Zweck einer effektiven Gefahrenabwehr kann daher im vorliegenden Fall eine „Mehrleistung" der Polizei, auch wenn sie unbestimmt ist, nicht zur Rechtswidrigkeit führen.

728 **Hinweis:** An dieser Stelle wäre ebenfalls vertretbar, dass aufgrund der Gesetzmäßigkeit der Verwaltung (Art. 20 Abs. 3 GG) eine trotz Entbehrlichkeit dennoch erfolgende Androhung auch die gesetzlichen Voraussetzungen einhalten müsste.

3. Zwischenergebnis

729 Die Maßnahme war materiell rechtmäßig,

IV. Ergebnis

730 Der Polizeigriff war daher rechtmäßig.

Landesrechtliche Besonderheiten

731 **Baden-Württemberg:** Die Rechtsgrundlage für die Ingewahrsamnahme ist hier § 28 Abs. 1 Nr. 1 PolG BW. Eine spezielle Rechtsgrundlage für eine Ingewahrsamnahme zur Durchsetzung eines Rückkehrverbots ist im PolG BW nicht enthalten. Erforderlich für die Ingewahrsamnahme ist gem. § 28 Abs. 1 Nr. 1 PolG BW, dass eine unmittelbar bevorstehende erhebliche Störung der öffentlichen Sicherheit

---

[297] Vgl. *Dietlein/Hellermann*, ÖR NRW, § 3 Rn. 247.
[298] *Dietlein/Hellermann*, ÖR NRW, § 3 Rn. 66.

oder Ordnung anders nicht verhindert oder beseitigt werden kann. Dies ist vorliegend gegeben.

Die Einholung der richterlichen Entscheidung richtet sich nach § 28 Abs. 3, Abs. 4 PolG BW. **732**

Rechtsgrundlage des Polizeigriffs ist §§ 49 Abs. 2, 50 ff. PolG BW. **733**

Bayern: Die Rechtsgrundlage der Ingewahrsamnahme ist Art. 17, 18 BayPAG. **734**

Als Rechtsgrundlage für den Polizeigriff ist Art. 70 Abs. 1, 71 Abs. 1 Nr. 3, 75, 77 ff. BayPAG einschlägig.

Die grds. Androhung des Zwangsmittels richtet sich nach Art. 76, 81 BayPAG. **735**

Niedersachsen: Gem. § 18 Abs. 1 Nr. 2a) Nds SOG kann eine Person in Gewahrsam genommen werden, wenn dies unerlässlich ist, um die unmittelbar bevorstehende Begehung einer Straftat zu verhindern. Zudem kann auch § 18 Abs. 1 Nr. 3 Nds SOG herangezogen werden, um die Wohnungsverweisung nach § 17 Abs. 2 S. 2 Nds SOG durchzusetzen. **736**

Als Rechtsgrundlage für den unmittelbaren Zwang sind die §§ 64 Abs. 1, 65 Abs. 1 Nr. 3, 69, 71 ff. Nds SOG einschlägig. Gem. §§ 70 Abs. 6, 74 Nds SOG ist der unmittelbare Zwang vorher anzudrohen. **737**

Sachsen: Rechtsgrundlage des Gewahrsams ist hier § 22 Abs. 1 Nr. 1 und Nr. 4 SächsPolG sein. Die Einholung der richterlichen Entscheidung ist gem. § 22 Abs. 7 S. 1 SächsPolG nötig. **738**

Die Rechtsgrundlage des Polizeigriffs ist §§ 30 Abs. 1, 32 SächsPolG. **739**

Die Pflicht zur Androhung der Anwendung unmittelbaren Zwangs und ihre Entbehrlichkeit ergibt sich aus § 32 Abs. 2 SächsPolG. **740**

Fall 15. Finaler Rettungsschuss*

Sachverhalt

Am frühen Nachmittag betrat der, mit einer Pistole bewaffnete und mit einer Skimaske vermummte T, schnellen Schrittes die im Erdgeschoss eines Hauses im Zentrum der Stadt E liegende Bankfiliale. Mit lauter Stimme wies er alle Anwe-senden (mehrere Bankkunden und Bankmitarbeiter) darauf hin, dass es sich um einen Banküberfall handle, und forderte die Mitarbeiterin H hinter dem Kassenschalter auf, ihm das gesamte vorhandene Bargeld in seinen Rucksack zu packen. Während diese die Anweisung befolgte, lief T mehrfach nervös auf und ab und bedrohte immer wieder alle restlichen Anwesenden, die sich inzwischen auf seinen Befehl hin in einer Ecke auf den Boden gesetzt hatten, mit seiner Pistole.

Plötzlich hörte T Polizeisirenen. Als er aus dem Fenster auf die Straße sah, erkannte er, dass inzwischen mehrere Streifenwagen vor dem Bankgebäude eingetroffen waren, dieses umstellt und ihm damit den Fluchtweg verstellt hatten. Die örtliche Kreispolizei forderte T umgehend zur Freilassung der Geiseln auf.

Entnervt entriss T der Kassiererin den inzwischen mit Geld gefüllten Rucksack und schnallte ihn sich auf den Rücken. Als nächstes schlug er wütend mit dem Griff seiner Pistole eine der Fensterscheiben ein, gab einen Warnschuss in die Luft ab und rief den Polizisten zu, dass er mehrere Geiseln genommen hätte und diese töten würde, wenn sie ihm nicht innerhalb der nächsten halben Stunde einen schnellen Fluchtwagen zur Verfügung stellen würden; sobald der Fluchtwagen angekommen wäre, würde er dann mit einer Geisel als Sicherheit verschwinden. Dabei hatte T vor, die mitgenommene Geisel zu töten, sobald er in Sicherheit wäre, um so mögliche Spuren zu beseitigen.

POM Madeira, der als Einsatzleiter vor Ort war und schon viele Geiselnahmen erlebt hatte, erkannte den T sofort wegen dessen auffälligen Tätowierungen und dessen Stimme aus früheren Fällen wieder. Da T der Polizei aufgrund vieler Straftaten als sehr gewaltbereit, zu allem entschlossen und nicht verhandlungsbereit bekannt ist, war sich POM Madeira sicher, dass T die Geisel nach seinem Verschwinden nicht einfach frei lassen, sondern zur Verwischung aller Spuren töten würde. Er weiß auch, dass T aufgrund seiner kriminellen Erfahrung kaum noch aufzufinden sein würde, sobald er den Tatort einmal verlassen hätte und untergetaucht wäre. Deswegen wies er seine Kollegin PHMin Stürmisch, die als ausgezeichnete Schützin bekannt ist, an, gezielt auf den Kopf des T zu schießen, sobald dieser mit einer Geisel die Bank verlasse. Eine andere Möglichkeit, die Sicherheit und das Leben der mitgenommenen Geisel und der Geiseln in der Bank zu garantieren, sah POM Madeira nicht. Um T aus der Bank zu locken, ließ POM Madeira außerdem einen Fluchtwagen kommen.

---

* Gelöst nach dem Recht in Nordrhein-Westfalen; Besonderheiten in anderen Ländern siehe unten Rn. 779 ff.

Fall 15. Finaler Rettungsschuss

Als der Fluchtwagen eintraf, verließ T wie angekündigt die Bank. Dabei führte er die als Geisel genommene Kassiererin H wie einen Schutzschild vor sich her, während er ihr gleichzeitig seine entsicherte Pistole ans Genick hielt. Als sich eine gute Gelegenheit ergab, nutzte PHMin Stürmisch diese für mehrere Schüsse auf T, der aufgrund eines Kopfschusses sofort tot zusammenbrach.

Bearbeitervermerk: War das Vorgehen der Polizei gegenüber T rechtmäßig?

Gehen Sie dabei davon aus, dass die Einschätzung von POM Madeira, es bestünde keine weitere Möglichkeit zum Schutz des Lebens der Geiseln, zutrifft.

Artikel 2 EMRK – Recht auf Leben

(1) Das Recht jedes Menschen auf Leben wird gesetzlich geschützt. Niemand darf absichtlich getötet werden, außer durch Vollstreckung eines Todesurteils, das ein Gericht wegen eines Verbrechens verhängt hat, für das die Todesstrafe gesetzlich vorgesehen ist.

(2) Eine Tötung wird nicht als Verletzung dieses Artikels betrachtet, wenn sie durch eine Gewaltanwendung verursacht wird, die unbedingt erforderlich ist, um
a) jemanden gegen rechtswidrige Gewalt zu verteidigen;
b) jemanden rechtmäßig festzunehmen oder jemanden, dem die Freiheit rechtmäßig entzogen ist, an der Flucht zu hindern;
c) einen Aufruhr oder Aufstand rechtmäßig niederzuschlagen.

Lösung

Der Schusswaffeneinsatz gegenüber T war rechtmäßig, wenn er von einer rechtmä- 741 ßigen Rechtsgrundlage gedeckt sowie formell und materiell rechtmäßig war.

I. Rechtsgrundlage

Als in das Recht auf Leben des T eingreifende Maßnahme bedarf der Schusswaffen- 742 einsatz nach dem Vorbehalt des Gesetzes einer Rechtsgrundlage.

Die gezielte Tötung des T könnte sich als eine nach § 57 Abs. 2 PolG NRW mögli- 743 che Nothilfe der PHMin Stürmisch nach § 32 StGB darstellen. Jedoch stellen weder § 32 StGB noch § 57 Abs. 2 PolG NRW eine Rechtsgrundlage für öffentlichrechtliches polizeirechtliches Handeln dar. § 57 Abs. 2 PolG NRW entkoppelt lediglich die strafrechtliche Relevanz der Handlung und deren öffentlich-rechtliche Bewertung.[299]

Der Schusswaffeneinsatz gegenüber T stellt nach § 58 Abs. 1 PolG NRW, § 67 744 Abs. 1 VwVG NRW eine Anwendung unmittelbaren Zwangs dar. Als Rechtsgrundlage für die Anwendung unmittelbaren Zwangs kommen in NRW sowohl §§ 62, 66 VwVG NRW wie auch §§ 55 ff. PolG NRW in Betracht. In NRW ist der Verwaltungszwang für den Polizeivollzugsdienst im PolG NRW spezialgesetzlich geregelt, sodass dieses dem VwVG NRW vorgeht.[300] Nach dem PolG NRW kommt der unmittelbare Zwang im gestreckten Verfahren oder der sofortigen Vollziehung in Betracht.

---

[299] *Möstl/Kugelmann,* in: BeckOK PolR NRW, § 57 Rn. 14 ff.
[300] *Muckel,* JA 2012, 272 (273).

Fall 15. Finaler Rettungsschuss

745 Mit der Anordnung, die Geiseln freizulassen liegt hier möglicherweise ein vollstreckbarer Verwaltungsakt vor. Der Schusswaffeneinsatz gegenüber T wäre dann die Anwendung unmittelbaren Zwangs zur Durchsetzung dieser Anordnung gegenüber T zur Freilassung der Geiseln im gestreckten Verfahren darstellen.

746 Rechtsgrundlage für die Anwendung von unmittelbarem Zwang durch Schusswaffeneinsatz zur Durchsetzung eines Verwaltungsakts ist § 50 Abs. 1 i.V.m. §§ 51 Abs. 1 Nr. 3, 55 Abs. 1, 63 Abs. 1 und 2, 64 PolG NRW.

747 Allerdings ist schon die Verfassungsmäßigkeit des § 63 Abs. 2 S. 2 PolG NRW fraglich; dieser regelt, dass ein Schuss, der mit an Sicherheit grenzender Wahrscheinlichkeit tödlich wirkt, nur dann zulässig ist, wenn er das einzige Mittel zur Abwehr einer gegenwärtigen Lebensgefahr oder der gegenwärtigen Gefahr einer schwerwiegenden Verletzung der körperlichen Unversehrtheit ist.

748 Nach **e.A.** ist § 63 Abs. 2 S. 2 PolG NRW verfassungswidrig, da die Vorschrift als Rechtsgrundlage für einen erheblichen Eingriff in den grundrechtlichen Schutz des Lebens (Art. 2 Abs. 2 S. 1 GG) zu unbestimmt sei und daher gegen Art. 20 Abs. 3 GG verstoße. Ebenso liege ein Verstoß gegen Art. 2 Abs. 2 lit. a EMRK vor, wonach eine Tötung nur dann zulässig ist, um eine andere Person gegen rechtswidrige Gewalt zu verteidigen.[301]

749 Nach **a.A.** ist die Vorschrift hingegen als verfassungsgemäß zu werten. Ein Verstoß gegen Art. 2 Abs. 2 lit. a EMRK liege nicht vor, da dieser die Tötung gerade in diesem Fall ausnahmsweise erlaube. Im Hinblick auf Nordrhein-Westfalen sei besonders darauf hinzuweisen, dass § 7 PolG NRW, der zur Erfüllung des Zitiergebots gem. Art. 19 Abs. 1 S. 2 GG dient, auch eine Einschränkung des Rechts auf Leben aufführt. Zudem sei § 63 Abs. 2 S. 2 PolG NRW verfassungskonform dahingehend auszulegen, dass die Tötung einer Person als stärkste Form der Angriffsunfähigkeit i.S.d. § 63 Abs. 2 S. 1 erfasst sein muss, wenn dies zur Abwehr einer akuten Gefahr i.S.d. S. 2 (d.h. für das Rechtsgut Leben) notwendig ist, wenn die Gefahr nicht mit gezielten Schüssen auf Extremitäten mit Aussicht auf Erfolg abgewehrt werden kann.[302]

750 Aus den genannten Gründen ist daher dieser Ansicht zu folgen, weshalb § 63 Abs. 2 S. 2 PolG NRW als verfassungsgemäß anzusehen ist.

751 **Hinweis:** Nicht alle Bundesländer haben in ihre Polizeigesetze eine spezielle Regelung des sog. finalen Rettungsschusses aufgenommen. Es findet sich dann regelmäßig lediglich die Regelung, dass Schusswaffeneinsatz gegenüber Personen nur zulässig sei, um diese angriffs- oder fluchtunfähig zu machen. Der dargelegte Meinungsstreit ist bzgl. einer derartigen Regelung jedoch in ähnlicher Form ebenfalls darzulegen. Allerdings wiegen hier die Bedenken hinsichtlich des Vorbehalts des Gesetzes stärker.[303]

II. Formelle Rechtmäßigkeit

1. Zuständigkeit

752

753 Für die Anwendung des unmittelbaren Zwangs nach § 55 Abs. 1 PolG NRW ist die Polizei ausdrücklich für sachlich zuständig erklärt. Nicht eindeutig ist jedoch die

---

[301] *Dietlein/Hellermann*, ÖR NRW, § 3 Rn. 244.
[302] *Tegtmeyer/Vahle*, PolG NRW, § 63 Rn. 9; *Dietlein/Hellermann*, ÖR NRW, § 3 Rn. 244.
[303] Ausführlich zum Streitstand *Rachor/Graulich*, in: Lisken/Denninger, PolR-HdB, Kap. E Rn. 972.

sachliche Zuständigkeit für die Anwendung von Verwaltungszwang zur Durchsetzung des Verwaltungsakts gegenüber T. Nach § 56 Abs. 1 VwVG NRW ist diejenige Behörde für den Vollzug eines Verwaltungsakts zuständig, die ihn erlassen hat. Das VwVG NRW ist jedoch für die Polizei NRW wegen der vorrangigen Spezialregelungen im PolG NRW nicht direkt anwendbar. Die Regelung des § 56 VwVG NRW entspricht aber einem ganz allgemeinen Grundsatz. Es ist auch nicht ersichtlich, welche andere Behörde für die Vollstreckung eines polizeilichen Verwaltungsakts zuständig sein sollte. Schließlich wird in NRW sogar die Zuständigkeit der Polizei zur Vollstreckung auch solcher Verwaltungsakte, die nicht von der Polizei erlassen wurden, aus § 1 Abs. 1 S. 2, 3 PolG NRW abgeleitet (Eilzuständigkeit).[304] Die Polizei ist damit in jedem Fall für die sachlich Vollstreckung zuständig. Im Polizeiaufbau sind damit nach § 10 S. 2 POG NRW die Kreispolizeibehörden zuständig. Diese hat vorliegend gehandelt.

Ihre örtliche Zuständigkeit ergibt sich aus § 7 Abs. 1 POG NRW. 754

2. Verfahren

Der Schusswaffeneinsatz ist als Realakt einzuordnen, weshalb eine Anhörung nach 755 § 28 Abs. 1 VwVfG mangels VA-Qualität entbehrlich war. Zwar kann dem Rechtsstaatsgebot entnommen werden, dass § 28 Abs. 1 VwVfG auch für Realakte analog heranzuziehen ist,[305] da es sich jedoch bei der Anwendung unmittelbaren Zwangs um eine Vollstreckungsmaßnahem handelt, wäre auch in diesem Falle eine Anhörung nach § 28 Abs. 2 Nr. 5 VwVfG entbehrlich.

Die spezialgesetzlichen Regelungen der §§ 56, 61 PolG NRW über die notwendige 756 Androhung des unmittelbaren Zwangs werden als materielle Rechtmäßigkeitsvoraussetzungen verstanden und erst nachfolgend geprüft.[306]

Formvorschriften bestehen selbstredend nicht. 757

Formelle Rechtmäßigkeit ist gegeben. 758

III. Materielle Rechtmäßigkeit

Die Anwendung des Zwangsmittels war rechtmäßig, wenn die allgemeinen und 759 besonderen Vollstreckungsvoraussetzungen[307] vorliegen und die Vollstreckungsmaßnahme ordnungsgemäß durchgeführt wurde.

1. Allgemeine Vollstreckungsvoraussetzungen

a) Vorliegen eines wirksamen Verwaltungsakts mit Verfügungscharakters

§ 50 Abs. 1 PolG NRW macht einen Verwaltungsakt zur Voraussetzung der Voll- 760 streckung, der auf ein Tun oder Unterlassen gerichtet ist. Dieser muss existent und

---

[304] *Dietlein/Hellermann*, ÖR NRW, § 3 Rn. 25 f.
[305] *Stelkens/Bonk/Sachs*, VwVfG, § 28 Rn. 25.
[306] *Thiel*, in: BeckOK PolR NRW, § 61 Rn. 3.
[307] Diese Unterscheidung ist nicht zwingend, hilft aber bei der Systematisierung der Prüfung. Den allgemeinen Vollstreckungsvoraussetzungen werden diejenigen Prüfungspunkte zugeordnet, die unabhängig vom eingesetzten Zwangsmittel stets erfüllt sein müssen.

damit zumindest wirksam sein, andernfalls ginge von ihm keine vollstreckbare Rechtsfolge aus.

761 Zweifel an der Wirksamkeit der polizeilichen Aufforderung, wonach T die Geisel freilassen solle, bestehen nicht. Diese Grundverfügung wurde auch nicht durch das zur Verfügungstellen eines Fluchtwagens aufgehoben, da eine Willenserklärung, die durch widerrechtliche Drohung erwirkt wurde, nach allgemeinen Grundsätzen den Erklärenden nicht bindet (vgl. § 123 BGB).[308]

b) Unanfechtbarkeit oder sofortige Vollziehbarkeit des Verwaltungsakts

762 Ein Verwaltungsakt ist gem. § 50 Abs. 1 PolG NRW zwangsweise durchsetzbar, wenn er unanfechtbar ist, d.h. mit förmlichen Rechtsmitteln nicht mehr angefochten werden kann, oder Rechtsmittel keine aufschiebende Wirkung haben. Die Anordnung, die Geiseln frei zu lassen ist eine unaufschiebbare Anordnung von Polizeibeamten gem. § 80 Abs. 2 S. 1 Nr. 2 VwGO. Aufgrund der Gefährlichkeit der vorliegenden Situation, insb. der Beeinträchtigung erheblicher Rechtsgüter der Geiseln, liegt die geforderte Unaufschiebbarkeit vor. Der Verwaltungsakt ist demnach vollstreckbar.

c) Rechtmäßigkeit des Grundverwaltungsakts

763 Umstritten ist, ob die Rechtmäßigkeit der Grundverfügung auch eine Rechtmäßigkeitsvoraussetzung der Vollstreckungsmaßnahme gem. § 50 Abs. 1 PolG NRW darstellt (sog. Konnexität, ausführlich bereits oben Fall 10).[309] Nach der h.M. ist dies zu verneinen,[310] da der Gesetzgeber eine solche Voraussetzung in Abs. 1 im Gegensatz zu § 50 Abs. 2 PolG NRW nicht normiert hat.

1. Besondere Vollstreckungsvoraussetzungen

a) Ordnungsgemäße Androhung

764 Die Anwendung eines Zwangsmittels muss grundsätzlich gem. §§ 51 Abs. 2, 56 PolG NRW zunächst (möglichst schriftlich, § 56 Abs. 1 S. 1 PolG NRW) unter Fristsetzung angedroht werden. Fehlt eine (nicht entbehrliche) Androhung oder ist sie fehlerhaft, so ist die Anwendung unmittelbaren Zwangs rechtswidrig.[311] Für den Fall des unmittelbaren Zwangs ist § 61 PolG NRW hinsichtlich der Androhung lex specialis.[312]

765 **Hinweis:** Eine Androhung beim Schusswaffengebrauch erfolgt in der Regel durch Ausruf von „Polizei! Halt oder ich schieße!" oder durch Abgabe eines Warnschusses, vgl. § 61 Abs. 1 S. 3 PolG NRW.[313]

766 Der Schusswaffeneinsatz wurde von der Polizei laut Sachverhalt nicht angedroht. Die Androhung könnte jedoch gem. § 61 Abs. 2 PolG NRW entbehrlich gewesen sein, wenn die sofortige Anwendung des Zwangsmittels zur Abwehr einer gegen-

---

[308] *Guldi*, VBlBW 1996, 235 (236) m.w.N.
[309] Zur Frage der Konnexität im Polizeirecht vgl. umfassend *Geier*, BayVBl. 2004, 389 ff.; „Rechtmäßigkeitszusammenhang" bei *Götz/Geis*, Allg. Polizei- u. OrdnungsR, § 13 Rn. 8 f. m.w.N.
[310] *Dietlein/Hellermann*, ÖR NRW, § 3 Rn. 252.
[311] *Tegtmeyer/Vahl*, PolG NRW, § 56 Rn. 4.
[312] *Thiel*, in: BeckOK PolR NRW, § 61 Rn. 1.
[313] *Guldi*, VBlBW 1996, 235 (237).

wärtigen Gefahr für Leib oder Leben erforderlich gewesen sein sollte. Gegenwärtig ist eine Gefahr, die sich entweder bereits realisiert hat oder deren Realisierung zumindest unmittelbar bevorsteht.[314] Hier steht die Tötung zwar nicht unmittelbar bevor. POM Madeira geht davon aus, dass T die H zur Verwischung seiner Spuren erst nach erfolgreicher Flucht töten werde. Aus Sicht der Polizei ist jedoch mit dem Beginn der Flucht der Kausalverlauf mit dem Tod der H als dessen Ende mit an Sicherheit grenzende Wahrscheinlichkeit angestoßen. Das genügt für die Annahme einer unmittelbar bevorstehenden Todesgefahr.

Zu deren Abwehr müsste der Verzicht auf die Androhung erforderlich gewesen sein. Das ist jedenfalls dann der Fall, wenn die Androhung zu einer zeitlichen Verzögerung führen würde, die mit Blick auf die gefährdeten Rechtsgüter nicht hinnehmbar ist.[315] Dies wird beim finalen Rettungsschuss teilweise pauschal angenommen.[316] Nimmt man hier – ebenfalls gut vertretbar – die Notwendigkeit einer Androhung an, wäre der Rettungsschuss bereits aus diesem Grund rechtswidrig. **767**

Aus der Entbehrlichkeit der Androhung folgt auch die Entbehrlichkeit einer Fristsetzung. **768**

b) Maßnahmerichtung

T war auch richtiger Adressat des Zwangsmittels, da gegen ihn auch die Grundverfügung zu richten war (siehe oben). **769**

c) Rechtsstaatliche Handlungsgrundätze

Klassische Ermessensfehler sind nicht ersichtlich; Voraussetzungen einer ermessensfehlerfreien Entscheidung nach § 3 Abs. 1 PolG NRW ist jedoch auch deren, als Ausprägung des Rechtsstaatsprinzips stets erforderliche, Verhältnismäßigkeit.[317] **770**

Nach § 55 Abs. 1 S. 1 PolG NRW, der eine Konkretisierung des Grundsatzes der Verhältnismäßigkeit darstellt, darf unmittelbarer Zwang nur angewendet werden, wenn andere Zwangsmittel nicht in Betracht kommen, keinen Erfolg versprechen oder unzweckmäßig sind. Unmittelbarer Zwang umfasst gem. § 58 Abs. 1 PolG NRW auch die Einwirkung auf Personen oder Sachen durch körperliche Gewalt, ihre Hilfsmittel und durch Waffen, um den entgegenstehenden Willen der betroffenen Person zu brechen oder zu überwinden.[318] Hinsichtlich des Schusswaffengebrauchs erfolgt eine weitere Konkretisierung durch die §§ 63 ff. PolG NRW;[319] § 63 Abs. 1 PolG NRW ermöglicht Schusswaffengebrauch gegen Menschen nur, wenn andere unmittelbare Zwangsmaßnahmen offensichtlich keinen Erfolg versprechen. Im vorliegenden Fall verursachte T eine gegenwärtige Gefahr für das Leben der H, indem er ihr eine entsicherte Pistole direkt ins Genick hielt und deren Tötung nach **771**

---

314 *Götz/Geis*, Allg. Polizei- u. OrdnungsR, § 6 Rn. 27; *Dietlein/Hellermann*, ÖR NRW, § 3 Rn. 66.
315 *Thiel*, in: BeckOK PolR NRW, § 61 Rn. 23.
316 *Schmidbauer*, in: Schmidbauer/Steiner, BayPAG, Art. 66 Rn. 13; *Buggisch*, in: BeckOK PolR Bayern, Art. 66 Rn. 18.
317 Vgl. oben Fall 14 Rn. 709; *Kugelmann*, in: BeckOK PolR NRW, § 3 Rn. 42.
318 *Tegtmeyer/Vahle*, PolG NRW, § 55 Rn. 1.
319 Regelungszweck der §§ 63 ff. ist es, den Schusswaffeneinsatz wegen des Grundsatzes der Verhältnismäßigkeit auf unvermeidliche Fälle zu beschränken, vgl. *Tegtmeyer/Vahle*, PolG NRW, § 63 Rn. 1.

erfolgter Flucht zu erwarten war. Als alternative Zwangsmittel[320] scheiden daher eine Ersatzvornahme (§ 52 PolG NRW) mangels vertretbarer Handlung sowie Zwangsgeld (§ 53 PolG NRW) und unmittelbarer Zwang durch körperliche Gewalt mangels gleichwertiger Zweckmäßigkeit aus. Ebenso wenig wäre ein Schusswaffeneinsatz gegen Sachen geeignet gewesen, den gleichen Zweck zu erreichen, § 63 Abs. 1 S. 2 PolG NRW.

772 Fraglich ist allerdings, ob die Voraussetzungen des § 63 Abs. 2 PolG NRW erfüllt sind, dessen Satz 2 den tödlichen Schusswaffeneinsatz regelt. Wie dargestellt liegt eine gegenwärtige Gefahr für das Leben der H vor, womit auch § 64 Abs. 1 Nr. 1 PolG NRW erfüllt ist. Jedoch müsste gem. § 64 Abs. 2 S. 2 PolG NRW ein mit an Sicherheit grenzender Wahrscheinlichkeit tödlich wirkender Schuss (der sog. finale Rettungsschuss) auch das einzige Mittel zur Abwehr dieser Gefahr sein. Laut Sachverhalt hat POM Madeira die PHMin Stürmisch angewiesen, gezielt auf den Kopf des T zu schießen; bei einem Kopfschuss ist mit an Sicherheit grenzender Wahrscheinlichkeit von einer Todesfolge auszugehen. Fraglich ist aber, ob dies das einzige zur Abwehr der Gefahr zur Verfügung stehende Mittel gewesen ist.

773 Als Alternative zum finalen Rettungsschuss würde grds. ein Geiselaustausch in Betracht kommen. Dieser würde allerdings nur die Lebensgefahr einer Geisel für die Lebensgefahr einer anderen Geisel austauschen; auch wenn die neue Geisel sich bewusst diesem Risiko aussetzen sollte, ist ein Geiselaustausch daher kein milderes Mittel.

774 Die Polizei hätte im vorliegenden Sachverhalt auch mit T über die Beendigung der Geiselnahme verhandeln können. Verhandlungen können regelmäßig zur Deeskalation der Situation beitragen, z.B. indem die Polizei dem Täter von der Nutzlosigkeit seines Handelns überzeugt oder ihm die Möglichkeiten einer Strafmilderung gem. §§ 239a Abs. 4, 239b Abs. 2 StGB erläutert.[321] Hier war T zum einen der Polizei als nicht verhandlungsbereit bekannt, zum anderen hat T der Polizei lediglich eine kurze Frist von 30 Minuten zur Beschaffung eines Fluchtwagens gesetzt. Es ist daher davon auszugehen, dass Verhandlungen mit T keine Alternative dargestellt hätten.

775 Das Eingehen auf die Täterforderung war ebenfalls kein zur Abwehr der Gefahr geeignetes Mittel. Die Bereitstellung des Fluchtwagens hätte zwar das Leben der zurückbleibenden Geiseln gerettet, jedoch nicht das Leben der H. Somit ist davon auszugehen, dass der mit an Sicherheit grenzender Wahrscheinlichkeit tödliche Schusswaffengebrauch gegen T die einzige Möglichkeit zur Abwehr der Gefahr für das Leben der H gewesen ist. Damit ist zugleich das Merkmal „angriffsunfähig" in § 63 Abs. 2 S. 1 PolG NRW erfüllt. Der Schusswaffeneinsatz ist auch nicht gem. § 63 Abs. 4 S. 1 PolG NRW unzulässig. Zwar handelt es sich bei Geiseln um Unbeteiligte i.S.d. Vorschrift,[322] jedoch greift diese bei Vorliegen der Voraussetzungen von § 63 Abs. 4 S. 2 PolG NRW nicht ein, die hier vorliegen.

776 Der Grundsatz der Verhältnismäßigkeit ist daher gewahrt.

---

[320] Zu den Zwangsmitteln der Ersatzvornahme und des Zwangsgeldes, vgl. *Götz/Geis*, Allg. Polizei- u. OrdnungsR, § 13 Rn. 23 ff., 30 ff. m. w. N.
[321] *Guldi*, VBlBW 1996, 235 (238).
[322] *Tegtmeyer/Vahle*, PolG NRW, § 63 Rn. 14.

Fall 15. Finaler Rettungsschuss

Beachte: Aufgrund der Schwere des Grundrechtseingriffs, den die Problematik des finalen Rettungsschusses darstellt, ist an dieser Stelle (mit entsprechender Begründung) auch die Unverhältnismäßigkeit der Maßnahme vertretbar.

IV. Ergebnis

Der Schusswaffengebrauch gegenüber T war daher rechtmäßig.

Landesrechtliche Besonderheiten

Baden-Württemberg: Rechtsgrundlage ist §§ 49 Abs. 2, 52, 53, 54 Abs. 1 Nr. 1a), Abs. 2 PolG BW.

Die Pflicht zur Androhung der Anwendung unmittelbaren Zwangs und ihre Entbehrlichkeit ergibt sich aus § 52 Abs. 2 PolG BW. Definitionen zum unmittelbaren Zwang finden sich in § 50 Abs. 1 PolG, die hier relevanten Vorschriften zu Voraussetzungen und Durchführung unmittelbaren Zwangs in § 52 Abs. 1 PolG BW. Hinsichtlich des Schusswaffeneinsatzes und dessen verfassungsrechtlicher Zulässigkeit entsprechen die §§ 53 Abs. 1 und 2, 54 Abs. 1 Nr. 1a) und Abs. 2 PolG BW der hier geprüften Rechtslage in NRW.

Bayern: Als Rechtsgrundlage für den Schusswaffengebrauch gegen eine Person kommt Art. 70 Abs. 1, 77 ff., 83 Abs. 2 S. 2 PAG in Betracht. Auch hier existiert mit Art. 83 Abs. 2 BayPAG eine Ermächtigung zum finalen Rettungsschuss. Die obigen Ausführungen gelten entsprechend.

Niedersachsen: Rechtsgrundlage für den Schusswaffengebrauch gegen eine Person ist §§ 64, 69, 74 Abs. 2, 77 Abs. 1, Abs. 2 S. 2 Nds SOG. Auch hier ist die Verfassungsmäßigkeit der Vorschrift zu diskutieren (s. o.). Weitere Besonderheiten ergeben sich nicht.

Sachsen: Rechtsgrundlage ist §§ 30 Abs. 1, 32, 34 Abs 1 Nr. 1a), Abs. 2 SächsPolG. Die Pflicht zur Androhung der Anwendung unmittelbaren Zwangs und ihre Entbehrlichkeit ergibt sich aus § 32 Abs. 2 SächsPolG.

Definitionen zum unmittelbaren Zwang finden sich in § 31 SächsPolG, die hier relevanten Vorschriften zu Voraussetzungen und Durchführung unmittelbaren Zwangs in § 32 Abs. 1 SächsPolG. Hinsichtlich des Schusswaffeneinsatzes sind zusätzlich die Voraussetzungen der §§ 33 Abs. 1 und 2, 34 Abs. 1 Nr. 1a) und Abs. 2 SächsPolG zu beachten. Besonderheiten ergeben sich hieraus nicht. Zur Verfassungsmäßigkeit des § 34 Abs. 2 SächsPolG gilt das zur Rechtslage in NRW gesagte entsprechend.

Fall 16. Freier Auslauf für freie Hunde*

Sachverhalt

Der dreißigjährige T hielt auf seinem in einem Wohngebiet am Rand der kreisfreien Stadt K gelegenen, nicht umzäunten Grundstück den Rottweiler Horst, der ihm große Freude bereitete. T war vor allem davon begeistert, dass Horst weder vor anderen Hunden noch vor Menschen Angst hatte und vor keiner Auseinandersetzung zurückschreckte, da ihn dies an seinen eigenen Charakter erinnerte. In der Nachbarschaft befanden sich verschiedene Parkanlagen, die von vielen Hundehaltern zum Ausführen ihrer Hunde genutzt wurden. Auch T führte Horst, der viel Auslauf benötigte und tagsüber oft selbständig und ohne Aufsicht durch T außerhalb von dessen Grundstück unterwegs war, täglich spazieren, vorzugsweise in einer dieser Parkanlagen. T hatte Horst vor einem Jahr spontan gekauft, nachdem er seinen Jagdschein mit Erfolg abgeschlossen hatte. T ist zwar der Meinung, man müsse alle Hundearten frei von staatlicher Kontrolle halten dürfen. Nachdem die Stadt K ihn aber mehrmals aufgefordert hat, eine Erlaubnis für seinen Hund zu beantragen, hat er dies schließlich doch getan.

Am 05.06. war T erneut mit Horst in einem Park unterwegs. Wie immer verzichtete T auf eine Leine oder einen Maulkorb, da er diese für „unnatürlich" hielt. Während des Spaziergangs begegneten T und Horst der Hundehalterin I und dem Hund Biggi, einem jungen Pudel. Als Horst den anderen Hund bemerkte, fing er sofort laut zu bellen an und rannte auf diesen zu. Biggi, die noch kaum Erfahrungen mit anderen Hunden hatte und oft ängstlich reagierte, zeigte umgehend Unterwerfungsverhalten. Dennoch griff Horst an und biss mehrfach auf Biggi ein, bis diese infolgedessen verstarb. Völlig entsetzt stellte I den T umgehend zur Rede. T wies I aber nur schroff ab und verließ stolz über den dominanten Charakter seines Hundes mit diesem den Park.

Nachdem I wenig später den Namen und die Adresse des T herausgefunden hatte, informierte sie die Stadt K über die Geschehnisse am 05.06. Ohne von der Stadt K zu dem Vorfall ebenfalls befragt geworden zu sein, erhielt T kurz darauf eine schriftliche Ordnungsverfügung der Stadt, in der die beantragte Erlaubnis für den Hund abgelehnt wurde und ihm außerdem die Haltung seines Hundes untersagt und ihm Horst entzogen wird. In der Begründung wurde u.a. der Vorfall am 05.06. geschildert sowie genannt, dass T nicht die Voraussetzungen für die Haltung eines Rottweilers besitze. Die Ordnungsverfügung enthielt eine ordnungsgemäße Rechtsbehelfsbelehrung.

Bearbeitervermerk: T will sich auf gar keinen Fall von Horst trennen. Er fragt daher seinen Anwalt, ob der Bescheid der Stadt K rechtmäßig ist. Erstellen Sie das Gutachten des Anwalts des T; dabei ist auf alle im Sachverhalt aufgeworfenen Rechtsfragen einzugehen.

---

* Gelöst nach dem Recht in Nordrhein-Westfalen; Besonderheiten in anderen Ländern siehe unten Rn. 825 ff.

Es ist davon auszugehen, dass eine Haftpflichtversicherung i.S.d. § 5 Abs. 5 LHundG NRW) für den Hund besteht und T auch eine fälschungssichere Kennzeichnung des Hundes nachweisen kann.

Vorüberlegung

Der Bescheid der Stadt K enthält mit der Ablehnung der Erlaubnis, der Untersagung der Hundehaltung und der Entziehung des Hundes drei verschiedene Maßnahmen, die grds. strikt getrennt voneinander geprüft werden müssen. Bei Überschneidungen kann jedoch regelmäßig auf bereits gemachte Ausführungen verwiesen werden. 785

Lösung

A. Rechtmäßigkeit der Ablehnung der Erlaubnis

Die Ablehnung ist rechtmäßig, wenn die Haltung des Hundes erlaubnispflichtig ist, aber T keinen Anspruch auf Erteilung der Erlaubnis hat. 786

I. Anspruchsgrundlage

Nach §§ 10 Abs. 1, 4 Abs. 1 LHundG NRW ist das Halten eines Rottweilers erlaubnispflichtig. Nach dem Wortlaut des § 4 Abs. 1 LHundG ist die Erlaubnis zu erteilen, wenn dessen Voraussetzungen erfüllt sind. Es handelt sich in diesem Fall um eine gebundene Entscheidung. 787

II. Formelle Voraussetzungen

1. Zuständigkeit

Die Stadt K ist nach § 13 S. 1 LHundG i.V.m. § 5 Abs. 1 S. 1 OBG NRW als örtliche Ordnungsbehörde für die Entscheidung über die Erlaubnis sachlich und örtlich zuständig. 788

2. Verfahren

Die Ablehnung der Erlaubnis ist ein belastender Verwaltungsakt i.S.d. § 28 Abs. 1 LVwVfG NRW, sodass T vorab hätte angehört werden müssen. Dies ist nicht erfolgt. Ein zulässiges Absehen von der Anhörung nach § 28 Abs. 2 LVwVfG NRW ist nicht ersichtlich. Die Ablehnung ist deshalb formell rechtswidrig. Der Fehler kann nach § 45 Abs. 1 Nr. 3 LVwVfG NRW bis zum Abschluss der mündlichen Verhandlung im verwaltungsgerichtlichen Verfahren geheilt werden. 789

3. Form

790 Der Bescheid ist schriftlich erfolgt und enthielt eine Rechtsmittelbelehrung, § 20 Abs. 1 S. 1, Abs. 2 S. 2 OBG NRW, anwendbar über § 15 Abs. 1 OBG NRW. Die Entscheidung wurde auch begründet, § 39 Abs. 1 VwVfG NRW.

III. Materielle Voraussetzungen

791 Fraglich ist, ob T die Erlaubnisvoraussetzungen zum Halten eines gefährlichen Hundes erfüllt.

1. Erlaubnispflicht

792 Die Erlaubnispflicht ist in § 4 LHundG NRW geregelt, dessen Abs. 1 das Halten eines gefährlichen Hundes i.S.d. § 3 LHundG NRW voraussetzt. Halter im Sinne dieser Vorschrift ist, wer nicht nur vorübergehend die tatsächliche Bestimmungsmacht über den Hund hat;[323] dies ist bei T der Fall. Weiterhin müsste es sich bei Horst um einen gefährlichen Hund handeln. Zwar werden Rottweiler nicht in der Liste der Hunderassen, bei denen die Gefährlichkeit vermutet wird, aufgeführt, vgl. § 3 Abs. 2 LHundG NRW, Horst könnte jedoch trotzdem als gefährlicher Hund i.S.d. LHundG NRW einzustufen sein, sofern seine Gefährlichkeit im Einzelfall festgestellt worden ist, § 3 Abs. 1 LHundG NRW. Hier könnte insb. der Fall des § 3 Abs. 3 S. 1 Nr. 5 LHundG NRW einschlägig sein; danach gelten Hunde im Einzelfall als gefährlich, die einen anderen Hund gebissen haben, obwohl dieser erkennbar artübliche Unterwerfungsgestik gezeigt hat. Indem Horst den Hund der I trotz dessen Unterwerfungsverhalten gebissen (und dadurch sogar getötet) hat, liegt ein Fall der Nr. 5 vor. Voraussetzung der Einstufung als „gefährlich" ist jedoch gem. § 3 Abs. 3 S. 2 LHundG NRW eine Begutachtung durch den amtlichen Tierarzt. Diese hat bislang nicht stattgefunden. Damit liegt keine Erlaubnispflicht nach § 4 Abs. 1, 3 Abs. 3 LHundG vor. Eine Erlaubnispflicht besteht jedoch auch für die in § 10 Abs. 1 LHundG NRW aufgeführten Hunderassen, da für diese §§ 4 LHundG NRW mit Ausnahme von dessen Abs. 2 entsprechend anzuwenden ist. Rottweiler werden in § 10 Abs. 1 LHundG NRW aufgeführt, weshalb T für die Haltung von Horst einer Erlaubnis bedurfte.

2. Erlaubnisvoraussetzungen

793 Fraglich ist aber, ob T die Voraussetzungen in §§ 10 Abs. 1, 4 Abs. 1 LHundG NRW normierten Voraussetzungen für das Halten eines Rottweilers erfüllt.

a) Sachkunde und Zuverlässigkeit des T

794 Nach § 4 Abs. 1 Nr. 2 LHundG NRW muss der Erlaubnispflichtige auch die erforderliche Sachkunde i.S.d. § 6 LHundG NRW und Zuverlässigkeit i.S.d. § 7 LHundG NRW zum Halten eines erlaubnispflichtigen Hundes besitzen. Über die erforderliche Sachkunde verfügt nach § 6 Abs. 1 LHundG NRW, wer über Kenntnisse und Fähigkeiten verfügt, einen gefährlichen Hund so zu halten und zu führen, dass von diesem keine Gefahr für Leben oder Gesundheit von Menschen oder Tieren ausgeht. Als Inhaber eines Jagdscheins ist T gem. § 6 Abs. 3 Nr. b) als sachkundig i.S.d. Abs. 1 einzustufen.

---

[323] Vgl. Verwaltungsvorschriften zum LHundG, Rn. 4.1.1.

Zuverlässigkeit ist ein unbestimmter Rechtsbegriff. § 7 LHundG NRW enthält eine 795
nicht abschließende typisierte Aufzählung von Unzuverlässigkeitsgründen. § 7
Abs. 1 LHundG NRW ist bzgl. T nicht einschlägig, da dem Sachverhalt keine bisherige Verurteilung aus einem der aufgezählten Delikte zu entnehmen ist. Nach § 7
Abs. 2 Nr. 2 LHundG NRW besitzt die erforderliche Zuverlässigkeit jedoch ferner
nicht, wer wiederholt oder schwerwiegend gegen Vorschriften des LHundG NRW
verstoßen hat. T könnte gegen die Pflichten des Halters bei Haltung eines gefährlichen Hundes gem. § 5 Abs. 1 und 2 LHundG NRW verstoßen haben, die gem.
§ 10 Abs. 1 LHundG NRW für Halter eines Rottweilers entsprechend anwendbar
sind.

aa) Befriedetes Besitztum, § 5 Abs. 1 LHundG

§ 5 Abs. 1 LHundG NRW bestimmt, dass unter diese Norm fallende Hunde in- 796
nerhalb eines befriedeten Besitztums so zu halten sind, dass sie gegen den Willen
des Halters dieses nicht verlassen können. Unter dem Begriff „befriedetes Besitztum" ist nach dem Willen des Gesetzgebers ein durch Zäune, Absperrungen, Wände oder ähnliche Vorrichtungen gegenüber öffentlichen und anderen privaten Bereichen abgetrennter räumlicher Bereich zu verstehen. Dazu zählen beispielsweise
Privatgärten, Werksgelände, Hundezwinger, Wohnungen, Balkone und Terrassen.[324]
Das Grundstück des T ist jedoch nicht umzäunt, weshalb Horst laut Sachverhalt
regelmäßig ohne Wissen des T auch außerhalb des Grundstücks ohne Aufsicht unterwegs ist. Ein Verstoß gegen § 5 Abs. 1 LHundG NRW liegt damit vor.

bb) Leinen- und Maulkorbpflicht, § 5 Abs. 2 LHundG

§ 5 Abs. 2 S. 1 und S. 3 LHundG NRW bestimmen, dass unter diese Norm fallen- 797
de Hunde außerhalb des befriedeten Besitztums an einer zur Vermeidung von Gefahren geeigneten Leine zu führen sind und dem Hund ein Maulkorb oder eine
gleichstehende Vorrichtung zum Verhindern des Beißens anzulegen ist. T hat Horst
immer ohne Leine und Maulkorb ausgeführt. Mangels Angaben im Sachverhalt ist
nicht davon auszugehen, dass es sich bei den verschiedenen Parkanlagen, in denen
T Horst regelmäßig ausführt, um ausgewiesene Hundeauslaufbereiche gem. § 5
Abs. 2 S 2 LHundG NRW handelt, auch wenn die Parkanlagen von vielen Hundehaltern hierzu verwendet werden. Ein Verstoß gegen § 5 Abs. 2 S. 1 und 3
LHundG NRW liegt damit vor.

Hinweis: Sofern es auf die Länge der Leine ankommen sollte, ist bzgl. großer Hunde gem. § 11 798
LHundG NRW entschieden worden, dass die Leine nicht länger als 1,5m lang sein darf.[325]

Da somit wiederholte Verstöße gegen verschiedene Vorschriften des LHundG NRW 799
vorliegen, kann offen gelassen werden, ob einer der genannten Verstöße als schwerwiegender Verstoß eingeordnet werden kann.

b) Halter kann den Hund sicher an der Leine halten und führen, § 4 Abs. 1 Nr. 3 LHundG NRW

Weiterhin muss der Halter gem. § 5 Abs. 4 S. 1 LHundG NRW in der Lage sein, 800
den unter diese Vorschrift fallenden Hund sicher an der Leine zu halten und zu
führen. Die Vorschrift soll verhindern, dass ein Erlaubnisinhaber den gefährlichen

---
[324] *VG Aachen,* Beschl. v. 16.2.2009, 6 L 523/08, Rn. 58.
[325] *VG Gelsenkirchen,* Beschl. v. 28.8.2008, 16 L 1245/07, Rn. 17.

Hund ausführt, obwohl er z. B. wegen erhöhten Alkoholkonsums oder Krankheit körperlich dazu nicht mehr in der Lage ist.³²⁶ Aus dem Sachverhalt ist jedoch nicht zu erkennen, dass T körperlich nicht in der Lage wäre, Horst sicher an einer Leine zu führen. Die Voraussetzungen des § 4 Abs. 1 Nr. 3 LHundG NRW liegen also vor.

c) Zur Haltung dienende Räumlichkeiten sind ausbruchssicher, § 4 Abs. 1 Nr. 4 LHundG NRW

801 Ebenso müssten die zur Haltung dienenden Räumlichkeiten auch ausbruchssicher sein. Da das Grundstück des T nicht umzäunt ist und Horst deswegen regelmäßig ohne Aufsicht außerhalb des Grundstücks frei herumlaufen kann, ist dies nicht der Fall.

d) Sonstige Voraussetzungen

802 T hat laut Sachverhalt das 18. Lebensjahr bereits vollendet (§ 4 Abs. 1 LHundG NRW). Weiterhin liegen die § 4 Abs. 1 Nr. 5 und 6 LHundG vor, da laut Bearbeitervermerk davon auszugehen ist, dass T für seinen Hund auch eine Haftpflichtversicherung i. S. d. § 5 Abs. 5 LHundG abgeschlossen hat und eine fälschungssichere Kennzeichnung des Hundes gem. § 4 Abs. 7 LHundG nachweisen kann. § 4 Abs. 2 LHundG, wonach ein besonderes privates Interesse oder ein öffentliches Interesse an der Haltung nachgewiesen werden muss, ist gem. § 10 Abs. 1 LHundG NRW nicht anzuwenden.

e) Zwischenergebnis

803 T erfüllt die Voraussetzungen zur Erteilung einer Erlaubnis nach § 4 Abs. 1 LHundG NRW gegenwärtig nicht.

3. Unverhältnismäßigkeit der Ablehnung

804 Die Ablehnung könnte jedoch unverhältnismäßig sein. § 4 Abs. 4 LHundG NRW ermöglicht die Verbindung der Erlaubnis mit Bedingungen und Auflagen. Hier käme in Betracht, dem T die Errichtung einer Einfriedung sowie die Beschaffung einer ausreichenden Leine und eines Maulkorbs zur Bedingung und deren Nutzung zur Auflage zu machen.

805 Ohne vorherige Anhörung und ohne Hinweis auf die geltende Rechtslage und damit ohne Chance für T, seine Zuverlässigkeit zu demonstrieren, ist es unverhältnismäßig, den T die Erlaubnis zur Haltung des Rottweilers zu verweigern.

B. Rechtmäßigkeit der Untersagung der Haltung des H

806 Die Anordnung gegenüber T ist rechtmäßig, wenn sie von einer rechtmäßigen Rechtsgrundlage gedeckt sowie formell und materiell rechtmäßig gewesen ist.

---

³²⁶ Vgl. Verwaltungsvorschriften zum LHundG, Rn. 5.4.1.

I. Rechtsgrundlage

Rechtsgrundlage[327] der Anordnung ist § 12 Abs. 2 S. 1 LHundG NRW, unter dessen Voraussetzungen die zuständige Behörde die Haltung bestimmter Hunde untersagen soll. § 12 LHundG NRW stellt eine spezialgesetzliche Generalklausel zur Abwehr von Gefahren durch Hunde dar, vgl. § 14 Abs. 2 S. 1 OBG NRW.[328] Von der Rechtmäßigkeit des § 12 LHundG NRW ist mangels anderweitiger Hinweise im Sachverhalt auszugehen. 807

II. Formelle Rechtmäßigkeit

Die Untersagung der Haltung gefährlicher Hunde müsste formell rechtmäßig gewesen sein. 808

1. Zuständigkeit

Dazu müsste die Stadt K für eine derartige Untersagung zuständig gewesen sein. Nach § 13 S. 1 LHundG NRW i.V.m. § 5 Abs. 1 S. 1 OBG NRW sind die örtlichen Ordnungsbehörden, in deren Bezirk der Hund gehalten wird (sog. Haltungsort), sachlich und örtlich zuständig. Hinsichtlich der örtlichen Zuständigkeit stellt § 13 S. 1 LHundG NRW eine gegenüber § 4 OBG NRW spezialgesetzliche Regelung dar.[329] Haltungsort ist gem. § 4 Abs. 4 LHundG NRW der Hauptwohnsitz des Halters, T wohnt hier in der Stadt K. Da die Aufgaben der örtlichen Ordnungsbehörden gem. § 3 Abs. 1 OBG NRW (anwendbar aufgrund von § 15 Abs. 1 OBG NRW) von den Gemeinden wahrgenommen werden, war die Stadt K sachlich und örtlich zuständige Ordnungsbehörde. 809

2. Verfahren

Die Untersagung ist als belastender VA einzuordnen, womit eine Anhörung des T gem. § 28 Abs. 1 VwVfG NRW durchzuführen gewesen wäre; eine solche ist hier laut Sachverhalt aber nicht erfolgt. Sie könnte vorliegend nach § 28 Abs. 2 Nr. 1 VwVfG NRW entbehrlich sein, wenn Gefahr in Verzug oder ein öffentliches Interesse an einer sofortigen Entscheidung vorlagen. Gefahr in Verzug liegt vor, wenn durch die vorherige Anhörung auch bei Gewährung kürzester Anhörungsfristen ein Zeitverlust einträte, der mit hoher Wahrscheinlichkeit zur Folge hätte, dass die behördliche Maßnahme zu spät käme, um ihren Zweck noch zu erreichen.[330] Da dem T der Hund nicht sofort weg genommen wird, sondern zunächst die Untersagung der Haltung schriftlich übermittelt wird, kann aus Sicht der Behörde keine so dringliche Situation vorliegen, die einen Verzicht auf eine wenn auch nur mündli- 810

---

[327] Anders als in NRW (und anderen Bundesländern wie z.B. Sachsen) findet sich in vielen Bundesländern keine Regelung zum Schutz vor gefährlichen Hunden in Form eines formellen Gesetzes; stattdessen bestehen vielfach polizei- und ordnungsrechtliche Verordnungen, auf deren Grundlage ebenfalls vergleichbare Anordnungen erlassen werden können, vgl. hierzu *Schenke*, Polizei- und OrdnungsR, Rn. 611 ff. m.w.N.
[328] Vgl. Verwaltungsvorschriften zum LHundG, Rn. 12.1.
[329] Vgl. Verwaltungsvorschriften zum LHundG, Rn. 13.
[330] *BVerwGE* 68, 267, 271; 80, 299, 303 f.

che Anhörung rechtfertigen könnte. Entsprechend fehlt es auch an einem öffentlichen Interesse.[331]

811 Fehlt eine erforderliche Anhörung ist der Verwaltungsakt rechtswidrig. Dieser Verfahrensfehler kann gem. § 45 Abs. 1 Nr. 3, Abs. 2 VwVfG NRW durch Nachholung der Anhörung bis zum Abschluss eines verwaltungsgerichtlichen Verfahrens geheilt werden.

3. Form

812 Die Ordnungsverfügung ist schriftlich erfolgt und enthielt eine Rechtsmittelbelehrung, § 20 Abs. 1 S. 1, Abs. 2 S. 2 OBG NRW, anwendbar über § 15 Abs. 1 OBG NRW. Die Ordnungsverfügung wurde auch begründet, § 39 Abs. 1 VwVfG NRW.

III. Materielle Rechtmäßigkeit

1. Voraussetzungen der Rechtsgrundlage

813 Nach § 12 Abs. 2 S. 1 LHundG NRW soll das Halten eines gefährlichen Hundes oder eines Hundes i.S.d. § 10 Abs. 1 LHundG NRW bei Vorliegen einer oder mehrerer der nachfolgenden Voraussetzungen untersagt werden.

814 **Beachte:** In Fällen, in denen § 12 Abs. 1 LHundG als Rechtsgrundlage heranzuziehen ist, muss hingegen auf das Vorliegen einer Gefahr für die öffentliche Sicherheit abgestellt werden. Unter öffentlicher Sicherheit fällt unter anderem die Unversehrtheit der Rechtsordnung und von Individualrechtsgütern, insbesondere von Leib, Leben und Gesundheit von Menschen und Tieren. Mit „Gefahr" ist eine Sachlage gemeint, die bei ungehindertem Geschehensablauf mit hinreichender Wahrscheinlichkeit in absehbarer Zeit Schutzgüter der öffentlichen Sicherheit schädigen wird.[332]

a) Nichtvorliegen der Erlaubnisvoraussetzungen

815 Die Voraussetzungen der Erlaubniserteilung sind derzeit nicht erfüllt (s.o.).

b) Wiederholte Verletzung von Vorschriften des LHundG

816 Die Tatbestandsvoraussetzungen des § 12 Abs. 2 S. 1 LHundG NRW liegen jedenfalls aufgrund der wiederholten Verstöße des T gegen verschiedene Vorschriften des LHundG NRW (s.o.) vor.

2. Maßnahmerichtung

817 Eine Ordnungsverfügung gem. § 12 Abs. 2 S. 1 LHundG NRW ist gegen den Halter des Hundes zu richten. T war daher richtiger Adressat der Maßnahme gem. § 12 Abs. 2 S. 2 LHundG, § 18 Abs. 4, 17 Abs. 4 OBG NRW.

3. Ermessen, §§ 16 OBG, 15 Abs. 1 LHundG NRW

818 Aufgrund der Formulierung des § 12 Abs. 2 S. 1 LHundG („soll") liegt ein Fall des sog. intendierten Ermessens vor, d.h. für den Regelfall ist eine Bindung der Behör-

---

[331] A.A. wäre vertretbar, dann wäre aber zugleich eine Anordnung der sofortigen Vollziehung sowie die Einleitung der Zwangsvollstreckung angezeigt.
[332] *VG Gelsenkirchen*, Beschl. v. 28.8.2008, 16 L 1245/07, Rn. 7.

4. Verhältnismäßigkeit, §§ 15 OBG, 15 Abs. 1 LHundG NRW

Fraglich ist jedoch, ob die Maßnahme auch verhältnismäßig gewesen ist. Die Untersagung ist geeignet, die durch das Verhalten des T bei der Haltung seines Hundes aufgetretene wiederholte Verletzung der Vorschriften des LHundG (s. o.) zu beseitigen. Sie könnte allerdings nicht erforderlich sein, da die Untersagung der Hundehaltung das am stärksten in die Rechte des Betroffenen eingreifende Mittel zur Gefahrenabwehr ist. Eine Ordnungsverfügung, durch die T zur Verwendung einer Leine und eines Maulkorbs beim Ausführen seines Hundes verpflichtet würde, stellte ein milderes Mittel dar, das genauso geeignet ist wie eine Untersagung. Zwar steht dem öffentlichen Interesse an der Abwehr von Gefahren für Leib und Leben von Menschen und Tieren nur das nachrangige Interesse des T an einer privaten Hundehaltung gegen. Jedoch wurde der Hund des T erst einmal auffällig. Auch kann T die einer Erlaubniserteilung entgegenstehenden Umstände leicht beseitigen. (Ausführen nur noch angeleint und mit Maulkorb, Umzäunung des Grundstücks). Daher ist die sofortige Untersagung trotz des Vorfalls unverhältnismäßig.

819

5. Ergebnis

Die Untersagung der Hundehaltung war somit rechtswidrig.

820

C. Rechtmäßigkeit der Entziehung des Hundes H

Rechtsgrundlage der Entziehung ist § 12 Abs. 2 S. 4 LHundG NRW, wonach im Falle der Untersagung der Hundehaltung der Hund dem Halter auch entzogen werden kann.

821

I. Formelle Rechtmäßigkeit

Hinsichtlich des Vorliegens der formellen Rechtmäßigkeitsvoraussetzungen kann auf die unter B. II. gemachten Ausführungen verwiesen werden.

822

II. Materielle Rechtmäßigkeit

Da hier bereits die Voraussetzungen der Untersagung fehlen, fehlt es auch an der Voraussetzung für eine daran anknüpfende Entziehung.

823

III. Ergebnis

Auch die Anordnung der Entziehung war rechtswidrig.

824

---

[333] *VG Aachen*, Beschl. v. 16.2.2009, 6 L 523/08, Rn. 77.

Fall 16. Freier Auslauf für freie Hunde

Landesrechtliche Besonderheiten

825 **Baden-Württemberg:** In Baden-Württemberg existiert keine dem LHundG NRW vergleichbare Regelung. Die Haltung ist stattdessen vorrangig durch die Polizeiverordnung über das Halten gefährlicher Hunde (PolVOgH)[334] geregelt, diese wird konkretisiert durch eine Verwaltungsvorschrift zur Polizeiverordnung (VwVgH BW).[335] Subsidiär muss allgemeines Polizeirecht beachtet werden. Grds. bedarf das Halten eines Kampfhundes gem. § 3 Abs. 1 PolVOgH einer Erlaubnis durch die Ortspolizeibehörde. Ein Rottweiler ist gem. § 1 Abs. 2 PolVOgH jedoch kein Kampfhund in diesem Sinne, so dass die Haltung auch keiner behördlichen Erlaubnis bedarf. Er ist vielmehr ausweislich seines aggressiven Verhaltens als gefährlicher Hund gem. § 2 S. 1 Nr. 1 PolVOgH i. V. m. Nr. 2.1 VwVgH anzusehen, für den die PolVOgH jedoch weder eine Untersagung der Haltung noch eine Entziehung vorsieht.

826 Die Maßnahmen sind insoweit auf allgemeines Polizeirecht zu stützen. Abzustellen ist hier hinsichtlich der Untersagung der Haltung auf die polizeiliche Generalklausel gem. §§ 3, 1 PolG BW, da die Haltung des Hundes eine Gefahr für die öffentliche Sicherheit begründet. Hinsichtlich der Entziehung ist die polizeiliche Maßnahme auf §§ 33 Abs. 1 Nr. 1, 34 Abs. 1 PolG BW zu stützen. Zuständig für die Maßnahmen ist jeweils die Ortspolizeibehörde, §§ 61 Abs. 1 Nr. 4, 66 Abs. 2 PolG BW. Erwägungen zu Sachkunde und Zuverlässigkeit sowie die für gefährliche Hunde gem. § 4 PolVOgH geltenden besonderen Halterpflichten (insb. Maulkorb- und Leinenzwang) sind im Rahmen der Verhältnismäßigkeitsprüfung bei der Interessenabwägung zu berücksichtigen.

827 **Bayern:** In Bayern existiert kein mit NRW vergleichbares Hundegesetz. Vielmehr richten sich die Maßnahmen nach dem LStVG. Hier ist insbesondere zwischen Art. 18 LStVG, Art. 37 LStVG und Art. 7 LStVG abzugrenzen. Art. 37 LStVG betrifft alleine die Halteerlaubnis von Hunden,[336] nicht die Untersagung oder Entziehung. Art. 18 Abs. 2 LStVG enthält die Befugnis für den Erlass von Einzelanordnungen zum *Halten des Hundes*. Dazu zählen etwa die Anleinpflicht, der Maulkorbzwang oder die Einschränkung des freien Umherlaufens von Hunden. Die Untersagung sowie die Entziehung ist daher auf Art. 7 Abs. 2 LStVG zu stützen.

828 Hinsichtlich der formellen Rechtmäßigkeit bestehen keine weiteren Besonderheiten. Im Rahmen der materiellen Rechtmäßigkeit sind die Voraussetzungen der Befugnisnorm, Art. 7 Abs. 2 Nr. 3 LStVG zu prüfen. Voraussetzung ist eine Gefahr, die das Leben, Gesundheit oder die Freiheit von Menschen oder Sachwerte, deren Erhaltung im öffentlichen Interesse geboten erscheint, bedroht oder verletzt. In die-

---

[334] Polizeiverordnung des Innenministeriums und des Ministeriums Ländlicher Raum über das Halten gefährlicher Hunde vom 3. August 2000, GBl. S. 574.
[335] Verwaltungsvorschrift des Innenministeriums und des Ministeriums für Ernährung und Ländlicher Raum zur Polizeiverordnung des Innenministeriums und des Ministeriums Ländlicher Raum über das Halten gefährlicher Hunde.
[336] Der darauf aufbauende § 1 Abs. 2 KampfHundeV stellt eine Vermutungsregelung bzgl. der Eigenschaft als Kampfhund auf. Die Verfassungsmäßigkeit der Vorschrift ist umstritten. Hierzu *BayVGH*, BayVBl. 2004, 535; *BayVGH*, NVwZ 2005, 176 (177); *BayVGH*, Beschl. v. 31.3.2003 Az. 24 CS 03.527; *BVerfG*, NVwZ 2004, 597.

sem Rahmen sind die obigen Erwägungen zur Gefährlichkeit des Hundes entsprechend heranzuziehen.

Niedersachsen: § 17 Abs. 4 S. 2 Nr. 2 NHundG i.V.m. §§ 2, 6 NHundG ist als Rechtsgrundlage für die Untersagung des Haltens heranzuziehen. Formell ergeben sich keine Besonderheiten. Materiell ist auf den groben Verstoß gegen Vorschriften des NHundG i.S.d. § 17 Abs. 4 Nr. 2 NHundG einzugehen. Eine Erlaubnispflicht sieht das NHundG erst nach einer behördlichen Feststellung der Gefährlichkeit vor, §§ 7 ff. NHundG. 829

Für die Entziehung des H existiert in Niedersachsen keine spezielle Rechtsgrundlage, daher ist diese Maßnahme auf § 11 Nds SOG zu stützen. Hinsichtlich der formellen Rechtmäßigkeit ergeben sich keine Besonderheiten. Im Rahmen der materiellen Rechtmäßigkeit liegt eine Gefahr für die öffentliche Sicherheit und Ordnung vor. Für die Verhältnismäßigkeit kann auf die obigen Ausführungen verwiesen werden. 830

Sachsen: Rechtsgrundlage für die Erlaubnis und die Untersagung ist hier § 5 Abs. 1 und 3 S. 1 SächsGefHundG. Die Zuständigkeit richtet sich gem. § 5 Abs. 3 S. 1 SächsGefHundG allein nach der zuständigen Kreispolizeibehörde. Diese ermittelt sich nach den allgemeinen Vorschriften des SächsPolG (hier: §§ 60 Abs. 1, 64 Abs. 1 Nr. 3, 70). 831

Voraussetzung einer Untersagung zur Verhütung weiterer Gefahren für das Leben oder die körperliche Unversehrtheit ist, dass die Gefährlichkeit des Hundes im Einzelfall festgestellt wurde, § 5 Abs. 3 S. 1 SächsGefHundG. Für die Feststellung ist gem. § 1 Abs. 4 SächsGefHundG die Kreispolizeibehörde zuständig. Im Einzelfall gefährliche Hunde sind gem. § 1 Abs. 1, Abs. 3 S. 2 SächsGefHundG Hunde, die sich als aggressiv i.S.d. § 1 Abs. 3 S. 1 Nr. 1 SächsGefHundG erwiesen haben, weil sie ein anderes Tier geschädigt haben, ohne provoziert worden zu sein; dies ist hier bzgl. Horst der Fall. 832

Zum Prüfungspunkt C. ist anzuführen, dass das SächsGefHundG keine Rechtsgrundlage für die Entziehung des Hundes enthält. Diese muss daher auf die polizeiliche Generalklausel des § 3 Abs. 1 SächsPolG gestützt werden. Dementsprechend wäre im Anschluss zu prüfen, ob die Voraussetzungen der Generalklausel vorliegen. § 5 Abs. 3 S. 1 SächsGefHundG ist zwar Ermessensvorschrift, enthält aber kein intendiertes Ermessen. 833

Fall 17. Pfändung mit Polizeigriff*

Sachverhalt

Gerichtsvollzieherin Nümmler (N) erhält vom Vollstreckungsgläubiger den Auftrag, dessen durch zivilrechtliches Urteil titulierten Zahlungsanspruch in Höhe von 500 € beim Vollstreckungsschuldner Sommer (S) zu vollstrecken. S ist ihr schon von früheren Vollstreckungsmaßnahmen als gewaltbereit bekannt; da S ihr bei einem vorausgehenden Telefonat bereits ausdrücklich erklärt hat, dass er das Geld zum Begleichen der Schuld zwar hätte, es ihr aber niemals freiwillig aushändigen würde, ersucht sie zuvor schriftlich unter Angabe des Sachverhalts und Nennung von § 758 Abs. 3 ZPO die Polizeidirektion der Stadt D um Hilfe, weshalb PHM Madeira (M) sie beim Besuch des S begleitet.

Vor Ort angekommen lässt S die Gerichtsvollzieherin N, einen nach § 759 ZPO zugezogenen Zeugen und PHM M zunächst widerwillig in die Wohnung. N sieht sich sorgfältig in der spärlich eingerichteten Wohnung um; dabei erkennt sie, dass allein eine auf einer Kommode im Wohnzimmer liegende 500-Euro-Banknote für eine Pfändung in Betracht kommt. Als sie auf die Kommode zugeht, um das Geld zu pfänden, stellt sich ihr S in den Weg, nimmt die Banknote an sich und erklärt lautstark, dass sie das Geld „nur über seine Leiche" bekäme. Da N zutreffend davon ausgeht, alleine gegen den kräftigen S nichts ausrichten zu können, wies sie S darauf hin, dass sie gesetzlich auch dazu ermächtigt sei, seinen Widerstand gegen die Zwangsvollstreckung durch Anwendung von Gewalt brechen zu lassen und sie dazu PHM M auffordern würde, ihm das Geld wegzunehmen. S lässt sich davon aber nicht beeindrucken. Deshalb bittet die Gerichtsvollzieherin PHM M darum, „S das Geld abzunehmen, damit sie es pfänden könne".

PHM M weist S anschließend erneut darauf hin, dass er – wenn nötig – auch Gewalt anwenden würde. Als S sich weiterhin weigert, nimmt PHM M ihn in einen Polizeigriff, aus dem sich S trotz mehrfacher Versuche nicht befreien kann. Aufgrund des Haltegriffs muss S den Geldschein fallen lassen, den N daraufhin auf- und an sich nimmt. Sie notiert die Pfändung noch schnell auf der vollstreckbaren Ausfertigung, die sie in der Wohnung zurücklässt, und verlässt diese umgehend. Daraufhin gibt PHM M den Haltegriff auf und geht ebenfalls.

S, der über das Verhalten der Polizei noch mehr erbost ist als über das der Gerichtsvollzieherin, sucht daraufhin umgehend seinen Rechtsanwalt auf und fragt diesen nach der Rechtmäßigkeit des Verhaltens von PHM Madeira.

Bearbeitervermerk: Erstellen Sie das von S in Auftrag gegebene Gutachten. Auf die Rechtmäßigkeit der Zwangsvollstreckungsmaßnahme ist nur insoweit einzugehen, als dies im Rahmen der Prüfung der Rechtmäßigkeit des Verhaltens von PHM Madeira relevant sein sollte.

---

* Gelöst nach dem Recht in Sachsen; Besonderheiten in anderen Ländern siehe unten Rn. 861 ff.

Fall 17. Pfändung mit Polizeigriff

> **Lösung**

Das Verhalten des PHM Madeira war rechtmäßig, wenn es auf einer tauglichen Rechtsgrundlage beruht und diese rechtmäßig angewandt wurde.

In Betracht kommen verschiedene Rechtsgrundlagen. **834**

I. Rechtsgrundlage

1. Gewahrsam, § 22 SächsPolG

Beim Festhalten des S durch PHM M könnte es sich um eine Ingewahrsamnahme **835** gem. § 22 Abs. 1 Nr. 1 SächsPolG handeln, wofür entweder eine auf andere Weise nicht zu verhindernde unmittelbar bevorstehende erhebliche Störung der öffentlichen Sicherheit oder eine anderweitig nicht zu beseitigende bereits eingetretene Störung der öffentlichen Sicherheit vorliegen müsste. Ob diese Voraussetzungen im vorliegenden Sachverhalt erfüllt sind, kann jedoch dahinstehen, wenn es sich bei der Maßnahme schon nicht um Gewahrsam i.S.d. § 22 SächsPolG gehandelt haben sollte.

Gewahrsam ist ein mit hoheitlicher Gewalt hergestelltes Rechtsverhältnis, durch das **836** einer Person die Freiheit dergestalt entzogen wird, dass sie von der Polizei in einer den polizeilichen Zwecken entsprechenden Weise verwahrt und daran gehindert wird, sich zu entfernen. Somit liegt Gewahrsam nur dann vor, wenn jemand nicht lediglich kurzfristig an einem bestimmten Ort festgehalten und auf diese Weise in der persönlichen Bewegungsfreiheit eingeschränkt wird; die zeitliche Grenze dieser Kurzfristigkeit ist bei höchstens einer Stunde zu ziehen. Kurzfristiges Festhalten kann nur nach anderen Vorschriften als § 22 SächsPolG gerechtfertigt sein.[337] Nach dem Sachverhalt ist davon auszugehen, dass S nur maximal für wenige Minuten festgehalten wurde, womit hier kein Gewahrsam i.S.d. § 22 SächsPolG vorliegt.

2. Identitätsfeststellung, § 19 SächsPolG

Zwar ermöglicht § 19 Abs. 2 S. 3 SächsPolG ein Festhalten zum Zwecke der Identi- **837** tätsfeststellung, jedoch war die Maßnahme nicht auf eine Feststellung der Identität des S, sondern auf die Vollziehung der Durchführung der Zwangsvollstreckung gegen S gerichtet. § 19 SächsPolG ist hier daher nicht einschlägig.

3. Unmittelbarer Zwang in Ausübung der Vollzugshilfe zugunsten der Gerichtsvollzieherin

Das Festhalten des S ist eine körperliche Gewalteinwirkung im Sinne des unmittel- **838** baren Zwangs nach § 31 Abs. 1 SächsPolG. Der unmittelbare Zwang könnte hier im Zuge der Vollzugshilfe nach § 61 Abs. 1 SächsPolG erfolgt sein.

---

[337] *Elzermann/Schwier,* PolG Sachsen, § 22 Rn. 6 f.; zur Vertiefung s. *Götz/Geis,* Allg. Polizei- u. OrdnungsR, § 8 Rn. 32 ff.

Fall 17. Pfändung mit Polizeigriff

Vollzugshilfe i. S. d. § 61 SächsPolG[338] ist ein speziell geregelter Fall der Amtshilfe, bei dem unmittelbarer Zwang durch den Polizeivollzugsdienst zur Durchsetzung einer von einer anderen Behörde getroffenen Maßnahme auf deren Ersuchen angewendet wird.[339] Der Begriff der Behörde ist dabei weit auszulegen und umfasst jede Stelle, die Aufgaben der öffentlichen Verwaltung wahrnimmt, vgl. § 1 Abs. 4 LVwVfG;[340] darunter fällt auch der Gerichtsvollzieher, der bei der Zwangsvollstreckung als Vollstreckungsorgan tätig ist.

839 Nach § 4 Abs. 2 Nr. 1 und 2 VwVfG[341] liegt dann keine Amtshilfe vor, wenn entweder die Hilfeleistung in Handlungen besteht, die der ersuchten Behörde als eigene Aufgaben obliegen, oder wenn die Hilfe innerhalb eines bestehenden Weisungsverhältnisses geleistet wird. Ein Weisungsverhältnis zwischen der Gerichtsvollzieherin und dem Polizeivollzugsdienst besteht nicht. Die Vollzugshilfe ist jedoch eine eigene Aufgabe des Polizeivollzugsdiensts. Damit handelt es sich vorliegend um eine auf Antrag der Gerichtsvollzieherin erfolgte Vollzugshilfe.

840 Die Normen der Vollzugshilfe sind jedoch lediglich Aufgabeneröffnungen, keine Befugnisnormen.[342] Die Rechtsgrundlage für den Einsatz von unmittelbarem Zwang folgt vielmehr aus § 758 Abs. 3 ZPO i. V. m. §§ 30 ff. SächsPolG.

II. Formelle Rechtmäßigkeit

841 Die formellen Voraussetzungen für die Zwangsmaßnahme müssten gegeben sein.

1. Zuständigkeit und Aufgabe

842 Für die Durchsetzung einer Maßnahme ist grundsätzlich die Behörde zuständig, deren Maßnahme durchgesetzt werden soll, hier also die Gerichtsvollzieherin. Die Zuständigkeit des PHM Madeira ergibt sich hier jedoch aus §§ 61 Abs. 1, 30 Abs. 2 SächsPolG, wonach der Polizeivollzugsdienst anderen Behörden Vollzugshilfe leistet, wenn unmittelbarer Zwang anzuwenden ist.

843 **Beachte:** Die sachliche Zuständigkeit für die Anwendung unmittelbaren Zwangs ergibt sich nicht aus § 60 Abs. 2 SächsPolG, da diese Norm subsidiär zu Abs. 1 ist. Die Zuständigkeit der Polizeibehörden nach § 60 Abs. 1 umfasst grds. auch die Durchsetzung ihrer Anordnungen durch Verwaltungszwang, wovon lediglich die Anwendung unmittelbaren Zwangs gem. § 30 Abs. 2 SächsPolG getrennt ist.[343]

844 § 63 SächsPolG ist hingegen nicht einschlägig, da lediglich ein ganz kurzfristiges Festhalten des S vorliegt, das keine Freiheitsentziehung darstellt.[344] Jedoch sind gem. § 61 Abs. 2 S. 2 SächsPolG die Grundsätze der Amtshilfe entsprechend zu

---

[338] Vollzugshilfe auf Ersuchen einer anderen Behörde kommt regelmäßig in Fällen zum Tragen, in denen die ersuchende Behörde die zu vollstreckende Maßnahme nicht selbst vollstrecken kann, z. B. weil ihr die dazu nötigen Dienstkräfte fehlen, vgl. *Götz/Geis* Allg. Polizei- u. OrdnungsR, § 17 Rn. 5.

[339] *Götz/Geis*, Allg. Polizei- u. OrdnungsR, § 17 Rn. 5; *Ruder/Schmitt*, PolizeiR BW, Rn. 85.

[340] Darunter fallen neben den Behörden des Freistaates Sachsen auch die Behörden anderer Bundesländer und des Bundes, vgl. *Elzermann/Schwier*, PolG Sachsen, § 61 Rn. 5.

[341] § 1 des Sächsischen LVwVfG erklärt das BVwVfG für anwendbar.

[342] *Pewestorf*, in: Pewestorf/Söllner/Tölle, ASOG, Berlin, § 52 Rn. 18; *Schmidbauer*, in: Schmidbauer/Steiner, BayPAG, Art. 50 Rn. 54.

[343] *Elzermann/Schwier*, PolG Sachsen, § 60 Rn. 4 f., 8.

[344] *Schenke*, Polizei- und OrdnungsR, Rn. 142; *Elzermann/Schwier*, PolG Sachsen, § 63 Rn. 3.

beachten, sofern die Vollzugshilfe nicht abweichende Regelungen trifft. Bezogen auf den Sachverhalt liegen aber insbesondere weder die rechtlichen Grenzen der Amtshilfe gem. § 5 Abs. 2 S. 1 VwVfG noch ein Verweigerungsgrund gem. § 5 Abs. 3 VwVfG vor.[345]

2. Verfahren und Form

Zwar stellt das Festhalten des S einen belastenden Verwaltungsakt dar, eine Anhörung war jedoch gem. § 28 Abs. 2 Nr. 5 VwVfG entbehrlich. Die Anwendung unmittelbaren Zwangs ist gem. § 32 Abs. 2 S. 1 SächsPolG anzudrohen. PHM M hat die Anwendung unmittelbaren Zwangs gegenüber S ausreichend bestimmt angedroht. Formvorschriften für den Unmittelbaren Zwang bestehen nicht. 845

III. Materielle Rechtmäßigkeit

Die Anwendung des Zwangsmittels war rechtmäßig, wenn die Voraussetzungen der §§ 30 ff. SächsPolG vorlagen und die Vollstreckungsmaßnahme ordnungsgemäß durchgeführt wurde. 846

1. Vorliegen einer vollstreckbaren Grundverfügung

Grundlage für die Anwendung unmittelbaren Zwangs ist die vollzugsfähige Maßnahme der ersuchenden Behörde zusammen mit dem Ersuchen auf Leistung von Vollzugshilfe.[346] Hier wurde im Ersuchen um Vollzugshilfe die Überwindung des Widerstandes des S gegen die Zwangsvollstreckung durch Anwendung von Gewalt (§ 758 Abs. 3 ZPO) als vollzugsfähige Maßnahme schriftlich genannt. 847

Hinweis: Grund der Maßnahme ist der Sachverhalt, der die Maßnahme erforderlich gemacht hat. Rechtsgrundlage ist die Rechtsvorschrift, durch die die ersuchende Stelle zum Erlass der Maßnahme ermächtigt wird und aus der sich die Vollstreckung ergibt.[347] 848

Gem. § 758 Abs. 3 ZPO ist der Gerichtsvollzieher befugt, bei Vorfinden von Widerstand die Unterstützung von polizeilichen Vollzugsorganen nachzusuchen. Widerstand ist dabei jedes Verhalten des Vollstreckungsschuldners oder Dritten, das die Annahme begründen kann, die Zwangsvollstreckung werde sich nicht ohne Gewaltanwendung durchführen lassen; darunter fällt auch schon die Drohung mit Gewalt.[348] Zumindest letzteres liegt hier vor. 849

Nach § 61 Abs. 1 SächsPolG muss die ersuchende Behörde entweder nicht über die erforderlichen Dienstkräfte verfügen oder ihre Maßnahmen nicht auf andere Weise durchsetzen können. Zwar ist ein Gerichtsvollzieher gem. § 758 Abs. 3 ZPO auch selbst zur Anwendung von Gewalt gegenüber dem Vollstreckungsschuldner befugt, im vorliegenden Fall war N jedoch nicht zur Anwendung von unmittelbarem Zwang gegenüber dem kräftigeren S in der Lage. Eine Durchsetzung der Maßnahme auf andere Weise als durch Anwendung unmittelbaren Zwangs wäre nur weniger rasch und wirksam möglich gewesen, da das Geld zu einem späteren Zeitpunkt wohl nicht mehr vorhanden gewesen wäre. 850

---

[345] Eine Übersicht über die Anwendbarkeit der §§ 4 bis 8 VwVfG auf die Vollzugshilfe findet sich bei *Elzermann/Schwier*, PolG Sachsen, § 61 Rn. 18.
[346] *Elzermann/Schwier*, PolG Sachsen, § 32 Rn. 5.
[347] *Elzermann/Schwier*, PolG Sachsen, § 62 Rn. 2.
[348] *Heßler*, in: MüKo ZPO, § 758 Rn. 14.

Fall 17. Pfändung mit Polizeigriff

2. Rechtmäßigkeit der Anwendung unmittelbaren Zwangs

851 Im Rahmen der Vollzugshilfe hat die Polizei die *Rechtmäßigkeit* der Maßnahme, zu deren Vollzug durch unmittelbaren Zwang ersucht wird, jedoch nicht zu prüfen, die Verantwortung hierfür verbleibt bei der ersuchenden Behörde, vgl. § 7 Abs. 2 S. 1 VwVfG, § 61 Abs. 2 S. 1 SächsPolG.[349]

852 Die Polizei bleibt jedoch verantwortlich für die Rechtmäßigkeit der Maßnahmen, die zur Brechung von Widerstand geboten und geeignet sind, vgl. § 61 Abs. 2 S. 1 SächsPolG, § 7 Abs. 2 S. 2 VwVfG.[350] Die Anwendung unmittelbaren Zwangs gegenüber S müsste daher rechtmäßig gewesen sein.

a) Maßnahmerichtung

853 S war richtiger Adressat der Vollstreckungsmaßnahme, da sich die Maßnahme der ersuchenden Behörde gegen ihn gerichtet hat, § 4 Abs. 1 SächsPolG.

b) Ermessen

854 Liegen die Voraussetzungen der Vollzugshilfe vor, so ist die ersuchte Behörde zur Leistung der Vollzugshilfe verpflichtet. Ausnahmen bestehen bzgl. des Entschließungsermessens nur dann, wenn die ersuchte Maßnahme offensichtlich unrechtmäßig ist oder die Voraussetzungen der §§ 5 Abs. 2 S. 1, 5 Abs. 3 VwVfG (s. o.) vorliegen. Beides ist hier aber nicht der Fall. Bloße Bedenken gegenüber dem Vollzugshilfeersuchen oder die Ablehnung der Vollzugshilfe mit der Begründung, die Anwendung unmittelbaren Zwangs sei unzweckmäßig, ist hingegen nicht möglich.[351] Hinsichtlich der Anwendung unmittelbaren Zwangs durch Festhalten des S sind zudem keine Ermessensfehler ersichtlich.

c) Verhältnismäßigkeit

855– Nach § 32 Abs. 1 S. 1 SächsPolG, der eine Konkretisierung des Grundsatzes der
859 Verhältnismäßigkeit (vgl. § 3 Abs. 2 und 3 SächsPolG) darstellt, darf unmittelbarer Zwang nicht angewendet werden, wenn der polizeiliche Zweck auf andere Weise erreichbar erscheint. Ob die Zwangsvollstreckung in bewegliches Vermögen ein polizeilicher Zweck ist, kann jedoch offenbleiben, da die Leistung von Vollzugshilfe gem. §§ 61 ff. SächsPolG grds. einen polizeilichen Zweck i. S. d. § 1 Abs. 1 SächsPolG darstellt.[352] Dennoch muss der mit der Grundmaßnahme der ersuchenden Behörde verfolgte Zweck auf andere Weise nicht erreichbar sein. Andere Zwangsmittel kommen als milderes Mittel hier jedoch nicht in Betracht, da bei der vorliegenden Vollzugshilfe gerade die Anwendung unmittelbaren Zwangs ersucht wird; zudem sind andere Zwangsmittel (Ersatzvornahme, Zwangsgeld)[353] ersichtlich weniger geeignet, den Zweck der Grundmaßnahme (Pfändung des Geldscheins) zu erreichen. Auch die Zwangsanwendung gegen Sachen scheidet beim vorliegenden Sachverhalt aus, § 32 Abs. 1 S. 3 SächsPolG. Bei S handelte es sich laut Sachverhalt

---

[349] *Heßler*, in: MüKo ZPO, § 758 Rn. 21; *Schenke*, Polizei- und OrdnungsR, Rn. 411.
[350] *Götz/Geis*, Allg. Polizei- u. OrdnungsR, § 17 Rn. 5; *Schenke*, Polizei- und OrdnungsR, Rn. 411.
[351] *Elzermann/Schwier*, PolG Sachsen, § 61 Rn. 11, 14, 18.
[352] *Elzermann/Schwier*, PolG Sachsen, § 32 Rn. 5.
[353] Zu Ersatzvornahme und Zwangsgeld vgl. *Schenke*, Polizei- und OrdnungsR, Rn. 553 ff., 556 ff. m. w. N.

auch um einen kräftigen Mann, weshalb aus dem Sachverhalt nicht ersichtlich ist, dass der angewandte Polizeigriff nicht nach Art und Maß dem Verhalten, Alter und Zustand des S angemessen war, § 32 Abs. 1 S. 4 SächsPolG. Weiterhin hat PHM M den Haltegriff umgehend gelöst, nachdem die Gerichtsvollzieherin das Geld gepfändet hat. Die Anwendung unmittelbaren Zwangs war daher verhältnismäßig.

IV. Ergebnis

Das Festhalten des S durch PHM Madeira war somit rechtmäßig. **860**

Landesrechtliche Besonderheiten

Baden-Württemberg: Keine einschlägigen Rechtsgrundlagen sind der Gewahrsam **861** nach § 28 Abs. 1 Nr. 1 PolG BW, die Durchsuchung anlässlich einer Identitätsfeststellung nach § 26 Abs. 2 S. 3 sowie die Wohnungsdurchsuchung nach § 31 PolG BW.

Rechtsgrundlage für das Festhalten des S im gestreckten Verfahren ist vorliegend die **862** Generalklausel gem. §§ 3, 1 i.V.m. 49ff. PolG BW. Die sachliche Zuständigkeit richtet sich nach §§ 49 Abs. 2, 51, 60 Abs. 1 Hs. 2 PolG BW, die örtliche Zuständigkeit nach §§ 70, 75 PolG BW. Die Anforderungen an die polizeiliche Vollzugshilfe richten sich nach § 60 Abs. 4 PolG BW.[354] Hinsichtlich der Vollstreckungshandlung ist die Anwendung unmittelbaren Zwangs anzudrohen, § 52 Abs. 2 PolG BW und gegen den richtigen Adressaten zu richten, § 6 PolG BW sowie ermessensfehlerfrei, § 3 PolG BW und in verhältnismäßiger Weise vorzunehmen.

Bayern: Auch hier kommt eine Ingewahrsamnahme des S gem. Art. 17 BayPAG **863** mangels Vorliegen der Voraussetzungen nicht in Betracht. Zur Identitätsfeststellung (Art. 13 Abs. 1, 2 BayPAG) und zur Durchsuchung der Wohnung (Art. 23 BayPAG) als Rechtsgrundlage ergeben sich zu obigen Ausführungen keine weiteren Besonderheiten.

Vielmehr kommt Art. 75 BayPAG in Betracht. Im Rahmen der formellen Rechtmäßigkeit ist zu beachten, dass ein Fall der Vollzugshilfe vorliegt. Gem. Art. 67 **864** Abs. 1 BayPAG leistet die Polizei anderen Behörden auf Ersuchen Vollzugshilfe. In diesem Rahmen sind die Verfahrensvorschriften des Art. 68 BayPAG zu berücksichtigen. Danach sind Vollzugshilfeersuchen schriftlich zu stellen. Der Grund und die Rechtsgrundlage der Maßnahme sind anzugeben. Es ergeben sich hier keine weiteren Besonderheiten. Es kann daher auf die obigen Ausführungen entsprechend verwiesen werden. Die Anwendung des Zwangsmittels war auch rechtmäßig. Insbesondere wurde die Anwendung des unmittelbaren Zwangs vorher angedroht, Art. 76 BayPAG. Da sich die Maßnahme auch gegen den richtigen Adressaten richtete und ein Verstoß gegen die polizeilichen Handlungsgrundsätze nicht ersichtlich ist, ist auch von der materiellen Rechtmäßigkeit der Maßnahme auszugehen.

---

[354] Vgl. *Belz/Mußmann/Kahlert/Sander,* PolG BW, § 60 Rn. 14ff.; eine Vollzugshilfe liegt jedoch nicht vor, wenn der PVD nach § 74 PolG weisungsgebunden tätig wird.

865 Niedersachsen: Auch hier kommt als richtige Rechtsgrundlage nur § 64 Abs. 1 Nds SOG i.V.m. § 69 Nds SOG in Betracht. Im Rahmen der formellen Rechtmäßigkeit ist auf die Vollzugshilfe gem. § 51 Abs. 1 Nds SOG abzustellen. Danach leistet die Polizei anderen Behörden auf Ersuchen Vollzugshilfe, wenn unmittelbarer Zwang anzuwenden ist und die anderen Behörden nicht über die hierzu erforderlichen Dienstkräfte verfügen. Dabei ist die Polizei nur für die Art und Weise der Durchsetzung verantwortlich, § 51 Abs. 2 Nds SOG. Gem. § 52 Abs. 1 Nds SOG ist das Vollzugshilfeersuchen schriftlich zu stellen; der Grund und die Rechtsgrundlage der Maßnahme sind dabei anzugeben. In diesem Rahmen ergeben sich keine Besonderheiten zu den obigen Ausführungen. Die Anwendung des Zwangsmittels war damit formell rechtmäßig.

866 Innerhalb der materiellen Rechtmäßigkeit ist zu beachten, dass die Anwendung unmittelbaren Zwangs dem S vorher angedroht wurde, § 70 Abs. 6 Nds SOG i.V.m. § 74 Nds SOG. Er war auch richtiger Adressat der Maßnahme. Auch ein Verstoß gegen die polizeilichen Handlungsgrundsätze, insbesondere ein Verstoß gegen das Verhältnismäßigkeitsprinzip, sind nicht ersichtlich. Die Anwendung des Zwangsmittels war mithin rechtmäßig.

867 Nordrhein-Westfalen: Eine Ingewahrsamnahme gem. § 35 PolG NRW ist hier schon tatbestandlich nicht einschlägig, da eine mit § 22 Abs. 1 Nr. 1 SächsPolG vergleichbare Regelung fehlt. Die Maßnahme war auch nicht auf eine Identitätsfeststellung gem. § 12 PolG NRW oder auf die Durchsuchung der Wohnung gem. § 41 PolG NRW gerichtet. Rechtsgrundlage der Maßnahme ist vielmehr §§ 8 Abs. 1 i.V.m. 55 ff. PolG NRW.

868 Zu beachten ist weiterhin, dass Vollzugshilfeersuchen unter Angabe der Rechtsgrundlage gem. § 42 Abs. 1 PolG NRW schriftlich zu stellen sind, Abs. 2 regelt Ausnahmen in Eilfällen. Die Benachrichtigungspflicht nach § 42 Abs. 3 PolG NRW wurde eingehalten. § 61 Abs. 1 SächsPolG entspricht § 43 Abs. 1 PolG NRW, der nicht einschlägige § 63 SächsPolG entspricht § 48 PolG NRW. § 61 Abs. 2 S. 1 SächsPolG entspricht § 47 Abs. 2 S. 1 PolG NRW. Die Androhung richtet sich nach §§ 56 Abs. 1, 61 Abs. 1 PolG NRW. Als Konkretisierung des Grundsatzes der Verhältnismäßigkeit ist hier § 55 Abs. 1 PolG NRW anzuwenden.

Fall 18. Der künstliche Stau*

Sachverhalt

S ist mit seinem Pkw, in dem sich auf der Rückbank zwei zuvor genommene, gefesselte Geiseln befinden, auf der Flucht. Er wird von einem Polizeieinsatzfahrzeug der Polizeidirektion Westsachsen verfolgt, das mit POM Madeira und POR Feules besetzt ist, und ihn schon mehrfach zum Anhalten und Freilassen der Geiseln aufgefordert hat. S kommt diesen Anweisungen aber nicht nach, sondern fährt sogar an der Auffahrt Nossen-Ost auf die Autobahn A14 Richtung Landesgrenze, da er sich erhofft, der Polizei auf diese Weise besser entkommen zu können.

Die Polizei geht aufgrund der bisherigen kriminellen Karriere des S davon aus, dass dieser die beiden Geiseln töten würde, sofern ihm die Flucht gelingen sollte. Um S zur Befreiung der Geiseln zum Anhalten zu zwingen, prüft die Polizei die zur Verfügung stehenden Alternativen. Die Errichtung einer Straßensperre halten sie wegen des fehlenden Überraschungselements für ungeeignet und fürchten einen Durchbrechungsversuch mit einhergehender Gefährdung der Geiseln. Auch der Einsatz von Nagelgurten wird aus diesem Grund verworfen. Die Polizei entscheidet sich schließlich für die Herbeiführung eines künstlichen Staus auf der von S befahrenen Autobahn, indem alle Spuren bis auf eine gesperrt werden und der Verkehrsfluss dadurch verlangsamt wird. Dementsprechend kommt der rege Verkehr auch fast vollständig zum Erliegen. S soll durch den überraschenden Stau zum plötzlichen Anhalten gezwungen und dann vor Ort festgenommen werden.

S, der einen Stau nicht erwartet, fährt mit hoher Geschwindigkeit auf das Stauende zu. Da er sich hauptsächlich darauf konzentriert, bei hoher Geschwindigkeit in riskanten Fahrmanövern anderen Verkehrsteilnehmern auszuweichen und diese zu überholen, erkennt er das Stauende erst spät. Mit Glück und Geschick gelingt es ihm dennoch, sein Fahrzeug gerade noch zum Stehen zu bringen und so eine Kollision mit dem am Ende des Staus langsam im Verkehrsfluss mitrollenden Pkw des G zu vermeiden. Hinter dem Pkw des S kommt das ihn verfolgende Polizeieinsatzfahrzeug zum Stehen.

S sieht seine letzte verbleibende Möglichkeit zu entkommen in einer Flucht zu Fuß, weshalb er sein Fahrzeug verlässt und die beiden Geiseln darin zurücklässt. Als er wegrennen will, stellen sich ihm aber POM Madeira und POR Feules in den Weg und nehmen ihn fest. Im Anschluss wird der künstliche Stau umgehend wieder beseitigt.

Familienvater G, der mit seiner Frau, den drei gemeinsamen Kindern und Hund unterwegs ist und im Rückspiegel beobachten muss, wie sich das Fahrzeug des S mit hoher Geschwindigkeit bedrohlich nähert, hält die durchgeführte Schaffung eines künstlichen Staus für eine viel zu gefährliche Maßnahme, die von der Polizei nicht hätte getroffen werden dürfen. Bei einem Besuch bei seiner Rechtsanwältin Stürmisch, die für ihn die Rechtmäßigkeit der Maßnahme überprüfen soll, weist er

---

* Gelöst nach dem Recht in Sachsen; Besonderheiten in anderen Ländern siehe unten Rn. 892ff.

insbesondere darauf hin, dass die Polizei mit dem Leben seiner Kinder und seinem eigenen Leben bewusst gespielt habe.

Bearbeitervermerk: Fertigen Sie das Gutachten von Rechtsanwältin Stürmisch an.

Lösung

869 Die Verursachung eines künstlichen Staus auf der Autobahn war rechtmäßig, wenn sie von einer rechtmäßigen Rechtsgrundlage gedeckt sowie formell und materiell rechtmäßig war.

I. Rechtsgrundlage

870 Fraglich ist zunächst, ob die Herbeiführung eines künstlichen Staus ein repressives oder präventives Handeln der Polizei darstellte. Nach der herrschenden Schwerpunkttheorie muss zur Beantwortung dieser Frage auf den Schwerpunkt der Maßnahme abgestellt werden: Dient die Maßnahme – aus Sicht eines verständigen Bürgers in der Position des von der Maßnahme Betroffenen – vorrangig der Gefahrenabwehr und nur nebensächlich der Strafverfolgung, so ist präventives Handeln gegeben, andernfalls liegt repressives Verhalten vor.[355] Nur bei präventivem Handeln der Polizei wäre das SächsPolG anwendbar. Im vorliegenden Fall ging es der Polizei vorwiegend um die Beendigung der Geiselnahme, um so das Leben der Geiseln zu retten. Die Festnahme des S diente zwar auch der Strafverfolgung, beseitigte darüber hinaus jedoch auch die von seiner Fluchtfahrt ausgehende Gefahr für u.a. Leib und Leben unbeteiligter Personen, die sich zufällig auf dem Fluchtweg des S befinden sollten. Der Schwerpunkt der Maßnahme lag somit im präventiven Bereich, das SächsPolG ist anwendbar.

871 **Hinweis:** Sofern die Prüfung im Rahmen einer Klage verlangt sein sollte, müsste diese Frage schon im Rahmen der Prüfung des Verwaltungsrechtswegs in der Zulässigkeit behandelt werden. Der Verwaltungsrechtsweg i.S.d. § 40 Abs. 1 VwGO ist nur dann eröffnet, wenn präventives Handeln der Polizei vorliegt. Anderenfalls liegt eine abdrängende Sonderzuweisung gem. § 23 Abs. 1 EGGVG vor, die zur Zuständigkeit der ordentlichen Gerichte führt.

872 Als Rechtsgrundlage für die Verursachung eines künstlichen Staus kommt jedoch keine der Standardmaßnahmen des SächsPolG (§§ 18 bis 29) in Frage; insb. scheidet eine Ingewahrsamnahme gem. § 22 SächsPolG aus, da die Schaffung des Staus nicht auf eine Ingewahrsamnahme der davon betroffenen Kraftfahrer gerichtet war. Da eine spezielle Rechtsgrundlage (vgl. § 3 Abs. 1 a.E. SächsPolG) für diese atypische Maßnahme ebenfalls nicht ersichtlich ist, stellt die Generalklausel des § 3 Abs. 1 SächsPolG die Rechtsgrundlage dar.

II. Formelle Rechtmäßigkeit

873 Fraglich ist, ob die Maßnahme formell rechtmäßig war.

---

[355] *Robrecht*, NZV 2008, 441 (442).

1. Zuständigkeit

Die sachliche Zuständigkeit ergibt sich aus § 60 Abs. 2 SächsPolG, da keine Standardmaßnahme die Rechtsgrundlage darstellt und ein sofortiges Tätigwerden erforderlich erschien. Die örtliche Zuständigkeit besteht gem. §§ 76, 71 Abs. 1 Nr. 5 SächsPolG i. V. m. §§ 1 Abs. 2, 3 Nr. 4b, 6 SächsPolOrgVO.

874

2. Verfahren

Offenbleiben kann, ob die Schaffung eines künstlichen Staus einen Realakt oder Verwaltungsakt darstellt, während bei Letzterem eine Anhörung gem. § 28 Abs. 2 Nr. 1 Alt. 1 VwVfG aufgrund des Vorliegens von Gefahr im Verzug entbehrlich wäre. Gefahr im Verzug ist gegeben, wenn der durch eine Anhörung eintretende Zeitverlust mit hoher Wahrscheinlichkeit zur Folge hätte, dass der Zweck der Maßnahme nicht erreicht wird. Dies ist der Fall, wenn eine akute Gefahrenlage ein rasches Handeln gebietet, dessen Effektivität durch eine vorherige Anhörung gefährdet werden würde.[356] Da S zum Zeitpunkt der Maßnahme mehrere Geiseln genommen hatte, lag Gefahr im Verzug vor. Eine Anhörung war danach in jedem Fall entbehrlich.

875

III. Materielle Rechtmäßigkeit

Die Maßnahme war rechtmäßig, wenn die Voraussetzungen der Generalklausel vorgelegen haben.

876

1. Voraussetzungen der Rechtsgrundlage

Die Generalklausel des § 3 Abs. 1 SächsPolG setzt das Vorliegen einer konkreten Gefahr für die öffentliche Sicherheit oder Ordnung voraus. Die konkrete Gefahr bezeichnet einen Zustand, der bei ungestörtem Fortgang des Geschehens in absehbarer Zeit mit hinreichender Wahrscheinlichkeit zur Schädigung der polizeilichen Schutzgüter führt.[357] Im vorliegenden Fall war S mit hoher Geschwindigkeit auf der Autobahn unterwegs und überholte andere Verkehrsteilnehmer in riskanten Fahrmanövern, worin bereits ein hohes Risiko für Leib, Leben und Freiheit der beiden Geiseln sowie von Leib und Leben der anderen Verkehrsteilnehmer zu sehen ist. Daher kommt es zur Bejahung einer konkreten Gefahr für die öffentliche Sicherheit nicht darauf an, dass S die beiden Geiseln bei erfolgreicher Flucht töten wollte.

877

2. Maßnahmerichtung

Grundsätzlich sind polizeiliche Maßnahmen gemäß §§ 4, 5 SächsPolG an die polizeirechtlich für die Gefahr Verantwortlichen zu richten. Die Maßnahme richtete sich jedoch nicht allein gegen den Verursacher S, sondern vor allem gegen eine Vielzahl von Verkehrsteilnehmern, die die konkrete Gefahrenlage nicht verursacht haben. Die Inanspruchnahme Nichtbeteiligter ist jedoch in § 7 Abs. 1 Nr. 1 SächsPolG an enge Voraussetzungen geknüpft.

878

---

[356] *Kallerhoff*, in: Stelkens/Bonk/Sachs, VwVfG, § 28 Rn. 51 f.
[357] *Elzermann/Schwier*, PolG Sachsen, § 3 Rn. 4.

a) Keine in § 4 oder § 5 SächsPolG bezeichnete Person

879 Die weiteren auf der Autobahn fahrenden und vom künstlichen Stau betroffenen Verkehrsteilnehmer sind weder nach § 4 SächsPolG als Verursacher, noch nach § 5 SächsPolG als Eigentümer einer Sache oder Inhaber der tatsächlichen Gewalt über eine Sache von deren Zustand eine Bedrohung oder Störung der öffentlichen Sicherheit ausgeht, polizeirechtlich für die Gefahr verantwortlich.

b) Unmittelbar bevorstehende Störung der öffentlichen Sicherheit oder Ordnung

880 Nach § 7 Abs. 1 Nr. 1 SächsPolG ist eine unmittelbar bevorstehende Störung der öffentlichen Sicherheit oder Ordnung nötig, d.h. ohne Eingreifen der Polizei muss der Eintritt eines Schadens für das polizeilich geschützte Rechtsgut mit an Sicherheit grenzender Wahrscheinlichkeit sofort oder in allernächster Zeit zu erwarten sein. Im Vergleich zu einer konkreten Gefahr ist somit eine gesteigerte zeitliche Nähe der Realisierung der Gefahr sowie eine erhöhte Wahrscheinlichkeit des Eintritts eines Schadens nötig.[358] Die Polizei geht hier aufgrund der bisherigen kriminellen Karriere des S davon aus, dass die Geiseln in Lebensgefahr schweben und bei Gelingen der Flucht mit deren Tod zu rechnen ist. Ihrem Leben droht daher bereits gegenwärtig eine Gefahr, die sich mit an Sicherheit grenzender Wahrscheinlichkeit realisiert.

c) Keine anderweitige Möglichkeit zur Abwehr der Gefahr

881 Weiterhin müsste gem. § 7 Abs. 1 Nr. 1 SächsPolG keine Alternative zur Inanspruchnahme von Unbeteiligten zur Abwehr der Gefahr bestanden haben. Fraglich ist, ob derartige anderweitige Möglichkeiten der Polizei zur Verfügung standen. Eine alleinige Inanspruchnahme von S als Verantwortlichen gem. § 4 Abs. 1 SächsPolG (auch durch Zwangsmittel) würde einer Inanspruchnahme Unbeteiligter vorgehen.[359] Im vorliegenden Fall scheidet dies aber aus, da die bisherigen nachhaltigen Bemühungen von POM Madeira und POR Feules (mehrfache Aufforderung zum Anhalten und Freilassen der Geiseln) erfolglos geblieben sind.

882 Eine erfolgreiche Geiselbefreiung setzt i.d.R. ein überraschendes Vorgehen der Polizei voraus, um so die Gefahren für Leben, Leib und Freiheit der Geiseln zu minimieren. Eine „klassische" polizeiliche Straßensperre scheidet daher als Alternative zur Schaffung eines künstlichen Staus schon deshalb aus, weil sie im Gegensatz zur letzteren dem Verantwortlichen gegenüber sofort als polizeiliche Maßnahme erkennbar gewesen wäre.[360] Jedenfalls aber würde ein möglicher Durchbrechungsversuch das Leben der Geiseln gefährden.

883 Eine andere Alternative könnte der Einsatz von Nagelgurten sein, bei deren Überfahren die Reifen des Fahrzeugs des Verantwortlichen beschädigt und an Luft verlieren würden. Allerdings hätte das Überfahren eines Nagelgurtes selbst für ausgezeichnete Autofahrer ein schwer kontrollierbares Fahrverhalten des Flucht-

---

[358] *Schenke*, Polizei- und OrdnungsR, Rn. 78; *Elzermann/Schwier*, PolG Sachsen, § 7 Rn. 5.
[359] *Elzermann/Schwier*, PolG Sachsen, § 7 Rn. 6.
[360] *Schmidbauer*, in: Schmidbauer/Steiner, BayPAG, Art. 11 Rn. 209; *Götz/Geis*, Allg. Polizei- u. OrdnungsR, § 7 Rn. 1 ff.

wagens zur Folge, was wiederum zu einer weiter erhöhten Gefahr für Leib und Leben der beiden Geiseln und anderer Verkehrsteilnehmer führen könnte. Aus dem gleichen Grund scheidet auch ein gezielter Schuss gegen die Reifen des Fluchtfahrzeugs des S aus.[361]

Hinweis: Der Einsatz von Nagelgurten wäre als Anwendung unmittelbaren Zwangs im gestreckten Verfahren gem. §§ 30 ff. SächsPolG zur Durchsetzung der Aufforderung zum Anhalten als vollstreckbare Grundmaßnahme einzuordnen. **884**

Da die Polizei zutreffend davon ausging, dass S die beiden Geiseln bei erfolgreicher **885** Flucht töten würde, scheidet auch ein „Fliehen lassen" als Alternative aus.

Somit bestand im vorliegenden Sachverhalt keine Alternative zur Herbeiführung **886** eines künstlichen Staus, um die bereits vorliegende Störung der öffentlichen Sicherheit zu beenden. Da der Stau nach Festnahme des S wieder aufgelöst wurde, hat die Polizei auch die zeitliche Grenze der Beanspruchung Unbeteiligter gem. § 7 Abs. 2 SächsPolG eingehalten.

3. Ermessen

Die Polizei hat sorgfältig die bestehenden Alternativen zur Errichtung des Staus **887** geprüft, sodass keine Ermessensfehler ersichtlich sind; das bestehende Ermessen wurde daher pflichtgemäß i. S. d. § 3 Abs. 2 SächsPolG ausgeübt.

4. Verhältnismäßigkeit

Im Rahmen der Verhältnismäßigkeitsprüfung ist insbesondere die Opfergrenze für **888** Unbeteiligte zu beachten. Die Aufopferung eigener Rechte der Unbeteiligten muss in einem angemessenen Verhältnis zu den Interessen der Allgemeinheit stehen. Eine sorgfältige Abwägung, ob die Bedeutung der polizeilichen Gefahr ein Opfer Unbeteiligter rechtfertigen kann, ist somit nötig. Sofern die Rechte Unbeteiligter höher zu bewerten sind, hat eine polizeiliche Maßnahme je nach Einzelfall auch zu unterbleiben.[362] Die Schaffung eines künstlichen Staus ist daher nur dann verhältnismäßig, wenn der Verantwortliche nach dem prognostizierten Geschehensablauf seine Fahrtgeschwindigkeit aufgrund der Auswirkungen der Herbeiführung des künstlichen Staus langsam, aber stetig reduzieren wird; liegt hingegen aufgrund des künstlichen Staus eine erheblichen Gefahr für Leben und Gesundheit der Unbeteiligten vor, so ist deren Inanspruchnahme regelmäßig nicht verhältnismäßig.[363]

Zu prüfen ist, ob eine erhebliche Gefährdung Unbeteiligter im vorliegenden Sach- **889** verhalt prognostisch aus der ex-ante Perspektive ausgeschlossen war. Dabei sind die von einem Stau – unabhängig ob natürlich oder künstlich – ausgehende erhöhte Unfallgefahr, die Witterung (bei nasser oder vereister Fahrbahn ist ein Auffahren des Flüchtenden in das Stauende wahrscheinlicher) sowie die stressbedingte Ausnahmesituation des flüchtenden S zu berücksichtigen.[364]

---

[361] *Robrecht*, NZV 2008, 441 (443).
[362] *Elzermann/Schwier*, PolG Sachsen, § 7 Rn. 9.
[363] *Schmidbauer*, in: Schmidbauer/Steiner, BayPAG, Art. 11 Rn. 210 f.
[364] *Robrecht*, NZV 2008, 441 (444).

890 Um zu flüchten, musste S sein Fahrzeug mit hoher Geschwindigkeit durch riskante Fahrmanöver steuern. Unbeteiligte wie der Familienvater G, die am Stauende zum Stehen kamen, waren daher der Gefahr eines Zusammenstoßes mit S ausgesetzt, da die Polizei nicht sicher sein konnte, dass S sein Fahrzeug auch rechtzeitig zum Stehen bringen können würde. Die damit verbundene Gefahr geht auch über das normale Lebensrisiko hinaus. Die Polizei zielte gerade darauf ab, den S mit dem künstlichen Stau zu überraschen, um ihn zu einem plötzlichen Anhalten zu zwingen, ein langsames und stetiges Verlangsamen des S war aus einer ex-ante Sicht daher nicht erwartet. Eine erhebliche Gefahr für Leib und Gesundheit Unbeteiligter war somit gegeben, weshalb die Maßnahme nicht verhältnismäßig war.

IV. Ergebnis

891 Die Maßnahme war daher nicht rechtmäßig.

Landesrechtliche Besonderheiten

892 Baden-Württemberg: In Ermangelung einer speziellen Rechtsgrundlage ist die Maßnahme im Anwendungsbereich des PolG BW auf die Generalklausel gem. § 3 PolG BW zu stützen. Auch ist das Vorliegen einer Gefahr für die öffentliche Sicherheit unproblematisch zu bejahen.

893 Die Maßnahme kann unter denselben Voraussetzungen wie im Fall gem. § 9 PolG BW auch gegen unbeteiligte Personen gerichtet werden. Hinsichtlich der Verhältnismäßigkeitsprüfung ergeben sich keine Abweichungen.

894 Bayern: Als Rechtsgrundlage kommt auch hier nur die Generalklausel des Art. 11 Abs. 1, 2 Nr. 1 BayPAG in Betracht.

895 Die Inanspruchnahme Nichtverantwortlicher erfolgt nach Art. 10 BayPAG. Eine Besonderheit liegt hier darin, dass Art. 10 Abs. 1 Nr. 4 BayPAG als weitere Voraussetzung bestimmt, dass die Nichtverantwortlichen ohne erhebliche eigene Gefährdung in Anspruch genommen werden können. Die Ausführungen zur Verhältnismäßigkeit sind insoweit bereits im Rahmen der Maßnahmenrichtung zu berücksichtigen.

896 Niedersachsen: Als Rechtsgrundlage kommt die Generalklausel des § 11 Nds SOG in Betracht. Hinsichtlich der formellen Rechtmäßigkeit ergeben sich keine Bedenken. Eine Inanspruchnahme Nichtverantwortlicher kommt unter den Voraussetzungen des § 8 Abs. 1 Nds SOG zum tragen. Die Rechtslage ist mit der in Bayern vergleichbar. Auch hier ist die in der Verhältnismäßigkeit geprüfte Gefährdung Dritter bereits im Zuge der Maßnahmenrichtung bei § 8 Abs. 1 Nr. 4 Nds SOG zu prüfen, der ebenfalls voraussetzt, dass die Nichtverantwortlichen ohne erhebliche eigene Gefährdung in Anspruch genommen werden können.

897 Nordrhein-Westfalen: Rechtsgrundlage ist § 8 Abs. 1 PolG NRW. Die Inanspruchnahme Nichtverantwortlicher richtet sich nach § 6 PolG NRW. Die Rechtslage ist hier identisch zu Bayern und Niedersachsen (vgl. vorstehend).

Fall 19. Die Sintflut*

Sachverhalt

Der in Dresden als Rechtsanwalt tätige Dachsmann (D) hatte nach tagelangem Dauerregen das deutsche Herbstwetter endgültig satt und beschloss deshalb, seinen Jahresurlaub im warmen Süden zu verbringen. Daher hat er für den 1. November einen Flug nach Malaysia gebucht. Dort wollte er die nächsten drei Wochen bei schönem Wetter am Strand verbringen. Am 30. September stellte er sein nagelneues BMW-Cabriolet vor dem Mehrparteienhaus, in dem er als Mieter wohnt, auf dem ihm zugewiesenen Anwohnerparkplatz direkt an der Elbe ab. Nachdem D die Wettervorhersagen für die nächsten Tage gehört hat, die allesamt Dauerregen prognostizierten, flog er voller Vorfreude auf die Sonne und die Wärme in den Urlaub. Nach weiteren zwei Wochen Dauerregen stiegen die Pegel der Elbe – wie typisch für diese Jahreszeit – immer weiter an. Am Sonntag den 15. November trat der Fluss schließlich über die Ufer. Alle Fahrzeughalter wurden daher von der örtlichen Polizeibehörde aufgefordert, ihre Fahrzeuge nicht nur im Eigeninteresse, sondern auch im Interesse der Umwelt vor dem Hochwasser in Sicherheit zu bringen. Damit sollte verhindert werden, dass Öl und Benzin aus den überfluteten Autos austreten und so ins Grundwasser gelangen. Um Schäden an ihren Autos zu verhindern, kamen die Uferanwohner der behördlichen Aufforderungen sofort nach. Von der angespannten Lage in Dresden wusste D nichts, da er sein Handy ausgeschaltet hatte. Alle Versuche der Nachbarn, ihn telefonisch zu erreichen, scheiterten deshalb.

Als das Wasser so weit gestiegen war, dass es bereits kurz vor dem Wagen des D angekommen war, wurde es von einem Abschleppunternehmen im Auftrag der örtlichen Polizeibehörde abgeschleppt und wenige hundert Meter weiter auf einem höher gelegenen öffentlichen Parkplatz abgestellt.

Einige Tage später kam D erholt aus dem Urlaub zurück und musste entsetzt feststellen, dass sich sein Auto nicht mehr auf seinem ursprünglichen Platz befand. In seinem Briefkasten fand er ein Schreiben der Polizei, in welchem er über die Geschehnisse aufgeklärt wurde.

D ist erbost, denn schließlich könne er nichts dafür, dass der Fluss über die Ufer getreten war. Für Naturereignisse könne er nicht haftbar gemacht werden. Darüber hinaus habe er sein Fahrzeug auch ordnungsgemäß auf seinem eigenen Parkplatz abgestellt.

Bearbeitervermerk: War das Abschleppen des Kfz rechtmäßig?

Lösung

Das Abschleppen des Kfz war rechtmäßig, wenn es von einer rechtmäßigen Rechtsgrundlage gedeckt sowie formell und materiell rechtmäßig war.

---
* Gelöst nach dem Recht in Sachsen; Besonderheiten in anderen Ländern siehe unten Rn. 919 ff.

Fall 19. Die Sintflut

I. Rechtsgrundlage

898 Das Abschleppen des Kfz stellt einen Eingriff in die Rechtssphäre des D dar. Aufgrund des Vorbehalts des Gesetzes bedarf es mithin einer Rechtsgrundlage. Als Rechtsgrundlage kommen hier eine Sicherstellung bzw. Beschlagnahme nach §§ 26, 27 SächsPolG, die unmittelbare Ausführung nach § 6 Abs. 1 SächsPolG sowie eine Ersatzvornahme nach § 30 Abs. 1 SächsPolG i.V.m. §§ 2, 24 Abs. 1 S. 1 SächsVwVG in Betracht.[365]

1. Sicherstellung bzw. Beschlagnahme, §§ 26, 27 SächsPolG

899 Möglicherweise liegt eine Sicherstellung vor. Unter einer Sicherstellung versteht man die Beendigung bisherigen und die Begründung neuen amtlichen Gewahrsams an einer Sache.[366] Die Sicherstellung nach § 26 SächsPolG zielt auf die Begründung eines Verwahrungsverhältnisses zur Eigentumssicherung ab.[367] Vorliegend würde die Überflutung des Cabriolets erhebliche Schäden am Kfz verursachen. Eine Eigentumssicherung kommt daher grds. in Betracht. Auch eine Beschlagnahme des Kfz als Sonderfall der Sicherstellung nach § 27 SächsPolG kommt grds. in Betracht, wenn diese Maßnahme zur Abwehr einer unmittelbaren Störung der öffentlichen Sicherheit oder Ordnung erfolgt, § 27 Abs. 1 Nr. 1 SächsPolG. Würde das Auto überflutet, träten möglicherweise Öl und Benzin aus. Diese könnten ins Grundwasser gelangen und damit zu Umweltverschmutzungen führen. Durch die Sicherstellung und die Beschlagnahme sollte die Gefahr gerade durch die Inbesitznahme abgewehrt werden.

900 Zu beachten ist indes, dass durch das Abschleppen die Gefahr an sich bereits abgewehrt wurde. Auf die dauerhafte Inbesitznahme des Kfz kam es der Polizei daher nicht an. Dies zeigt sich auch deutlich daran, dass sie das Auto lediglich umsetzen ließ und nicht an der Begründung eines dauerhaften Gewahrsams interessiert war (dies liegt etwa dann vor, wenn das abgeschleppte Fahrzeug auf einen Verwahrplatz der Polizei gebracht wird).[368] Die polizeiliche Ingewahrsamnahme (sofern man sie überhaupt bejahen will) war nicht Hauptziel, sondern lediglich ein Nebeneffekt der Handlung. Der Schwerpunkt lag hier eindeutig in der Beseitigung der Gefahr durch das Versetzen des Fahrzeugs. Alleine durch das Versetzen des Kfz wurde dies bereits erreicht. Damit kommen weder die Sicherstellung noch die Beschlagnahme als mögliche Rechtsgrundlagen in Betracht.

2. Abgrenzung zwischen der Ersatzvornahme nach §§ 2, 24 Abs. 1 S. 1 SächsVwVG und der unmittelbaren Ausführung nach § 3 Abs. 1 i.V.m. § 6 Abs. 1 SächsPolG

901 Das Abschleppen des Kfz könnte sowohl eine Ersatzvornahme i.S.d. § 2 i.V.m. § 24 Abs. 1 S. 1 SächsVwVG wie auch eine unmittelbare Ausführung nach § 3 Abs. 1 i.V.m. § 6 Abs. 1 SächsPolG sein.

---

[365] Zu den Abgrenzungsfragen vgl. *Janssen*, JA 1996, 165 ff.; *Michaelis*, Jura 1993, 298 (299 ff.).
[366] Ausführlich zum Begriff der Sicherstellung *Rachor/Graulich*, in: Lisken/Denninger, PolR-HdB Kap. E Rn. 637 f.
[367] *Götz/Geis*, Allg. Polizei- u. OrdnungsR, § 8 Rn. 58 ff.
[368] Zu diesem Problem vgl. *Michaelis*, Jura 1993, 298 (299); *BayVGH*, NJW 2001, 1960 ff.; BayVBl. 1990, 433 (434).

Fraglich ist, wie die Ersatzvornahme von der unmittelbaren Ausführung abzugrenzen ist. Gemeinsam ist beiden Instituten, dass sie auf vertretbare Handlungen gerichtet sind, also solche, die keine hoheitlichen Befugnisse erfordern und deshalb auch von den polizeirechtlich Verantwortlichen selbst umgesetzt werden könnten. **902**

Bei der Ersatzvornahme handelt es sich jedoch um eine Zwangsmaßnahme und damit um eine Sekundärmaßnahme zur Durchsetzung eines Verwaltungsakts. Bei der unmittelbaren Ausführung handelt es sich dagegen um eine Primärmaßnahme. Die Polizei darf danach Maßnahmen selbst ausführen, wenn der polizeiliche Zweck durch Maßnahmen gegen die nach §§ 4 und 5 SächsPolG verantwortlichen Personen nicht oder nicht rechtzeitig erreicht werden kann.[369] **903**

Die Abgrenzung beider Institute ist umstritten. Die wohl h. M. stellt zur Abgrenzung auf den Willen des Betroffenen ab. Danach liegt Verwaltungszwang vor, wenn ein entgegenstehender Wille überwunden wird. Bei abwesenden Personen ist auf den mutmaßlichen Willen abzustellen. Wäre D anwesend gewesen, hätte er einem polizeilichen Wegfahrgebot schon aus Eigeninteresse mit an Sicherheit grenzender Wahrscheinlichkeit Folge geleistet. Damit läge nach dieser Auffassung eine unmittelbare Ausführung gem. § 3 Abs. 1 i.V.m. § 6 Abs. 1 SächsPolG vor.[370] Nach anderer Ansicht ist die unmittelbare Ausführung jedenfalls dann als Primärmaßnahme systematisch vorrangig, wenn die Sekundärmaßnahme „Ersatzvornahme" ohne vorausgehenden Verwaltungsakt im Wege der sofortigen Vollziehung erfolgen soll.[371] **904**

Diese Abgrenzung kann hier dahinstehen, wenn eine Ersatzvornahem bereits aus anderen Gründen nicht in Betracht kommt. Nach § 2 SächsVwVG setzt die Verwaltungsvollstreckung einen vollstreckbaren Verwaltungsakt voraus. Dieser muss wenigstens wirksam sein, was wiederum nach § 1 SächsVwVfG i.V.m. § 43 BVwVfG eine Bekanntgabe gegenüber D voraussetzt. Im Zeitpunkt des Abschleppens war dem D gegenüber jedoch kein Verwaltungsakt bekannt gegeben worden, sodass die Voraussetzungen der Zwangsvollstreckung nach § 2 Sächs VwVG nicht vorlagen. Die in anderen Ländern vorgesehene sofortige Vollziehung ohne vorausgegangenen Verwaltungsakt sieht das sächsische Landesrecht nicht vor. Damit erübrigt sich auch deren Abgrenzung zur unmittelbaren Ausführung. **905**

Vorliegend kommt daher nur die unmittelbare Ausführung nach § 6 SächsPolG in Betracht. **906**

II. Formelle Rechtmäßigkeit der unmittelbaren Ausführung

Für die unmittelbare Ausführung nach § 6 SächsPolG ist die Polizei zuständig. Polizeiintern sind nach §§ 60 Abs. 1, 68 Abs. 2 SächsPolG die hier handelnden örtlichen Polizeibehörden als Ortspolizeibehörden zuständig. **907**

Problematisch ist vorliegend, dass D nicht angehört wurde, da er im Zeitpunkt des Abschleppens nicht zugegen war. Fraglich ist, ob es einer Anhörung nach § 1 S. 1 **908**

---

[369] Zur unmittelbaren Ausführung vgl. *VG Berlin,* Urt. v. 21.1.2000 – 1 A 295.98 = NZV 2002, 473; zur Abgrenzung *Schmidbauer,* in: Schmidbauer/Steiner, BayPAG, Art. 9 Rn. 8 ff.
[370] Ausführlich zur Abgrenzung m. w. N. *Weber,* NZV 2012, 212 ff.; allgemein zu polizeilichen Abschleppmaßnahmen *Koehl,* SVR 2014, 98 ff.
[371] *Kugelmann,* DÖV 1997, 153 ff.

SächsVwVfZG i.V.m. § 28 Abs. 1 VwVfG überhaupt bedurft hätte. Eine solche ist nur dann erforderlich, wenn ein belastender Verwaltungsakt vorliegt.

909 Ob es sich bei Maßnahmen der unmittelbaren Ausführung um Realhandeln oder Verwaltungsakte handelt, ist umstritten. Nach einer Ansicht erfüllt auch die unmittelbare Ausführung das Merkmal der „Regelung" in Art. 35 VwVfG. Die für die Wirksamkeit eines Verwaltungsakts normalerweise erforderliche Bekanntgabe soll hier durch die Unterrichtung des Betroffenen nach Art. 6 Abs. 1 S. 2 SächsPolG ersetzt werden.[372] Diese Regelung in Art. 6 Abs. 1 S. 2 SächsPolG soll zugleich lex specialis zu Art. 28 Abs. 1 BayVwVfG sein. Nach der wohl h. M. handelt es sich bei der unmittelbaren Ausführung um einen Realakt. Es fehlt an einer Regelung, die im Übrigen gerade mangels Adressat auch nicht wirksam bekannt gegeben werden könnte.[373] Für den fehlenden vorangegangenen Verwaltungsakt bei der unmittelbaren Ausführung spricht auch die Regelung des § 6 Abs. 1 S. 2 SächsPolG, wonach der Betroffene unverzüglich von der Maßnahme zu unterrichten ist. Letzteres ist hier passiert.

III. Materielle Rechtmäßigkeit der unmittelbaren Ausführung

910 Das Abschleppenlassen des Autos war materiell rechtmäßig, wenn die Tatbestandsvoraussetzungen der Befugnisnorm erfüllt waren und die Polizei dabei unter Einhaltung des Verhältnismäßigkeitsgrundsatzes und ermessensfehlerfrei gehandelt hat.

1. Rechtmäßigkeit einer fiktiven Grundverfügung – Gefahr für die öffentliche Sicherheit oder die öffentliche Ordnung

911 Voraussetzung für die Rechtmäßigkeit der unmittelbaren Ausführung ist, dass die Polizei berechtigt gewesen wäre, den eigentlich polizeirechtlich Verantwortlichen zu dem Handeln zu verpflichten, welches nun von der Polizei unmittelbar selbst ausgeführt wird. Geprüft wird also, ob eine „hypothetische" Verfügung gegenüber dem polizeirechtlich Verantwortlichen rechtmäßig gewesen wäre.

a) Rechtsgrundlage

912 Rechtsgrundlage für die Aufforderung, das Auto umzuparken, wäre vorliegend, da keine Standardbefugnis einschlägig ist, die Generalklausel des § 3 Abs. 1 SächsPolG.

b) Formelle Rechtmäßigkeit

913 In formeller Hinsicht bestehen keine Bedenken, dass der gedachte Verwaltungsakt rechtmäßig gewesen wäre. Da die Gefahr Sonntags durch eine andere Behörde nicht rechtzeitig möglich gewesen wäre, ist die Eilkompetenz des § 2 SächsPolG gegeben. Eine hypothetische Prüfung der Einhaltung der Form- und Verfahrensvorschriften bedarf es nicht.

c) Materielle Rechtmäßigkeit

914 Nach § 3 Abs. 1 SächsPolG müsste eine konkrete Gefahr für die öffentliche Sicherheit oder Ordnung vorgelegen haben. Unter „Gefahr" versteht man eine Sachlage,

---

[372] Für die identische Rechtslage in Bayern vgl. *Schmidbauer*, unter Verweis auf Berner/Köhler/Käs, in: *Schmidbauer/Steiner*, BayPAG, Art. 9 Rn. 28 ff.
[373] *Kästner*, JuS 1994, 361 ff.; *Schoch*, JuS 1995, 218 ff.

bei der im Falle ungehinderter Weiterentwicklung des objektiv zu erwartenden Geschehens die hinreichende Wahrscheinlichkeit eines Schadenseintritts für die Schutzgüter der öffentliche Sicherheit oder Ordnung besteht.[374] Vom Begriff der öffentlichen Sicherheit werden sowohl Individualrechtsgüter (Leben, Gesundheit, Freiheit, Ehre und Vermögen) sowie die gesamte Rechtsordnung als solche und der Schutz öffentlicher Einrichtungen erfasst.[375] Unter öffentlicher Ordnung versteht man die Gesamtheit aller ungeschriebenen Regeln für das Verhalten des Einzelnen in der Öffentlichkeit, deren Beachtung nach den jeweils herrschenden Anschauungen als unerlässliche Voraussetzung für ein geordnetes Gemeinschaftsleben betrachtet wird.[376] Vorliegend drohte das Auto von den Wassermassen überflutet zu werden. Damit wäre dem D nicht nur ein persönlicher Schaden an seinem Auto entstanden, sondern durch möglicherweise austretendes Benzin und Öl bestand auch die hohe Wahrscheinlichkeit, dass die Umwelt dadurch gefährdet werden könnte. Geschützt werden sollten zum einen das Eigentum des D und zum anderen die Unversehrtheit der Umwelt, welche in entsprechenden Rechtsvorschriften geregelt ist und daher zur Rechtsordnung gehört. Mithin lag eine konkrete Gefahr für die öffentliche Sicherheit vor. Als Halter des Fahrzeugs war D hierfür nach § 5 SächsPolG auch polizeirechtlich verantwortlich. Die Anordnung wäre auch ohne Weiteres verhältnismäßig und ermessensfehlerfrei gewesen.

Damit wäre eine hypothetische Grundverfügung gegenüber D rechtmäßig gewesen. **915**

2. Nichterreichbarkeit des Verantwortlichen

Eine weitere Voraussetzung ist, dass der Verantwortliche i. S. d. § 4 SächsPolG nicht **916** rechtzeitig in Anspruch genommen werden konnte. D war nicht vor Ort. Als Eigentümer des Kfz, von dem durch austretendes Öl erhebliche Gefahren für die Umwelt ausgehen konnten, war D allerdings gem. § 5 SächsPolG zumindest Zustandsverantwortlicher. Auf ein Verschulden kommt es nicht an. Der Einwand des D, er könne für Naturgewalten nicht verantwortlich gemacht werden, greift daher nicht. Ob D fahrlässig gehandelt hat, indem er sein Auto trotz Dauerregen am Fluss abgestellt hat, obwohl es gerade im Herbst regelmäßig zu Hochwasser kommt, ist daher unerheblich. D konnte jedoch nicht rechtzeitig erreicht werden, um zum Umparken seines Pkw aufgefordert zu werden. Ein Abwarten war angesichts der drohenden Vereitelung der Zweckerreichung – Verhinderung einer Umweltverschmutzung und der Beschädigung des Autos – nicht möglich. Daher ist auch die Nichterreichbarkeit zu bejahen.

3. Rechtsstaatliche Handlungsgrundsätze

Ermessensfehler sind nicht ersichtlich. Vor dem Hintergrund der kurz bevorstehen- **917** den Überflutung des Kfz mit der Folge, dass es zu schädlichen Umwelteinwirkungen kommen könnte, ist auch ein Verstoß gegen das Verhältnismäßigkeitsprinzip nicht ersichtlich, § 3 Abs. 2 bis 4 SächsPolG.

---

[374] Ausführlich zum Gefahrenbegriff *Kingreen/Poscher*, Polizei- und OrdnungsR, § 8 Rn. 1 ff. sowie *Gallwas/Lindner/Wolff*, Bay. Polizei- und SicherheitsR, Rn. 86 ff.
[375] *Kingreen/Poscher*, Polizei- und OrdnungsR, § 7 Rn. 2 ff.; zur Vertiefung *Götz/Geis*, Allg. Polizei- u. OrdnungsR, § 4 Rn. 1 ff.
[376] *Kingreen/Poscher*, Polizei- und OrdnungsR, § 7 Rn. 42.

IV. Ergebnis

918 Das Abschleppen des Kfz war damit rechtmäßig.

Landesrechtliche Besonderheiten

919 **Baden-Württemberg:** Es ergeben sich keine Besonderheiten. Rechtsgrundlage ist zunächst weder die Sicherstellung nach § 32 PolG BW noch die Beschlagnahme nach § 33 PolG BW, da es der Polizei nicht auf die Inbesitznahme des BMW ankommt, sondern sich die Inbesitznahme lediglich als bloßer Reflex des Umsetzens des Kfz darstellt.

920 Abzugrenzen waren beim Abschleppen des Kfz die Ersatzvornahme gem. §§ 2, 25 BWVwVG von der unmittelbaren Ausführung gem. § 3 i.V.m. § 8 Abs. 1 PolG BW.

921 Die Ortspolizeibehörden sind nach § 66 Abs. 2 PolG BW sachlich und örtlich für die unmittelbare Ausführung zuständig.

922 **Bayern:** Vgl. Fall 5: „Schule aus". Bayern kennt sowohl die Ersatzvornahme wie auch die sofortige Vollziehung, die deshalb voneinander abzugrenzen sind.

923 **Niedersachsen:** In Niedersachsen ist das Instrument der unmittelbaren Ausführung nicht bekannt. Das Abschleppen des Kfz ist daher als Ersatzvornahme i.S.d. § 66 Nds SOG zu qualifizieren und im Wege des Sofortvollzugs nach § 64 Abs. 2 Nds SOG durchzusetzen. Bei der formellen Rechtmäßigkeit ergeben sich keine weiteren Besonderheiten. Es gilt auch hier der Grundsatz der Selbstvollstreckung. Im Rahmen der materiellen Rechtmäßigkeit sind die allgemeinen und besonderen Vollstreckungsvoraussetzungen zu prüfen. Bei den allgemeinen Vollstreckungsvoraussetzungen ist inzident die hypothetische Primärmaßnahme zu prüfen. Hier wäre dann zwischen Sicherstellung und Generalklausel als in Betracht kommende Befugnisnormen zu differenzieren. Im Ergebnis liegt auch hier keine Sicherstellung vor. Vielmehr würde sich die hypothetische Primärmaßnahme auf die Generalklausel stützen.

924 **Nordrhein-Westfalen:** Das PolG NRW kennt das Instrument der unmittelbaren Ausführung nicht, weshalb das Abschleppen des Kfz als Ersatzvornahme gem. § 52 Abs. 1 PolG NRW einzuordnen ist, die im Wege des Sofortvollzugs gem. § 50 Abs. 2 PolG NRW durchzusetzen ist. Bei den allgemeinen Vollstreckungsvoraussetzungen ist die hypothetische Grundverfügung inzident zu prüfen, wobei zwischen Sicherstellung und Generalklausel als in Betracht kommende Befugnisnormen zu differenzieren ist. Im Ergebnis liegt auch hier keine Sicherstellung vor. Vielmehr würde sich die hypothetische Primärmaßnahme auf die Generalklausel stützen.

Fall 20. Festliches Betteln*

Sachverhalt

Vom 1. 8. bis zum 7. 8. soll in der kreisfreien Stadt D wieder das jährliche Volksfest stattfinden. Da sich im vergangenen Jahr zahlreiche Besucher des Volksfestes durch die Vielzahl an Obdachlosen belästigt gefühlt haben, die auf dem Festgelände – vielfach auch aggressiv – gebettelt hatten, will der Stadtrat dieses Problem durch Erlass einer Volksfestverordnung beseitigen. Da die Polizeistatistik des letzten Jahres eine hohe Zahl an Fällen des Bettelbetrugs und der Bedrohung von Volksfestbesuchern durch Bettler aufweist, sieht insbesondere auch der in diesem Jahr zur Wiederwahl stehende Oberbürgermeister großen Handlungsbedarf.

In der Sitzung vom 6.6. berät der Stadtrat daher, was gegen das Betteln getan werden könne, kann sich aber nicht auf eine endgültige Fassung eines Verbots für die Volksfestverordnung einigen. Daher erlässt der Oberbürgermeister der Stadt am folgenden Tag die Volksfestverordnung mit der nach seiner Ansicht sinnvollsten Regelung, fertigt sie aus und verkündet sie im Amtsblatt der Stadt D.

Der Stadtrat ist über den Alleingang des Oberbürgermeisters nicht erfreut, insbesondere geht ihm das in der Volksfestverordnung getroffene generelle Verbot des Bettelns zu weit. Weiterhin glaubt der Stadtrat, dass der Oberbürgermeister zum Erlass der Verordnung unzuständig gewesen sei und stattdessen ein Beschluss des Stadtrates nötig gewesen wäre. Die Stadträte wenden sich daher geschlossen an Rechtsanwältin Stürmisch, damit diese ein Gutachten über die Rechtmäßigkeit der Verordnung erstellt.

Der Oberbürgermeister erklärt gegenüber dem Stadtrat hingegen, dass ein generelles Verbot des Bettelns nicht rechtswidrig sein könne, denn die schwere wirtschaftliche Not, die Menschen in früheren Zeiten zum Betteln zwingen konnte, existiere aufgrund der vielen Sozialleistungen des Staates nicht mehr. Darüber hinaus wäre, selbst wenn nicht alle Erscheinungsformen des Bettelns verboten sein sollten, eine Abgrenzung zwischen einzelnen Bettelformen – sowohl in der Praxis als auch in der Theorie – sowieso nicht möglich.

Bearbeitervermerk: Erstellen Sie das Gutachten der Rechtsanwältin Stürmisch. Dabei ist davon auszugehen, dass § 2 der Verordnung eine genaue Eingrenzung des Festbereichs trifft und die Verordnung auf der jeweils aktuellen Bekanntmachung des SächsPolG beruht. Straßenrechtliche Vorschriften bleiben außer Betracht. Die Volksfestverordnung enthält u. a. folgende Regelungen:

Volksfestverordnung der Stadt D als Kreispolizeibehörde
Aufgrund der §§ 1, 9, 14 und 17 des Polizeigesetzes des Freistaates Sachsen (SächsPolG)[377] in der Fassung der Bekanntmachung vom [...] erlässt der Oberbürgermeister der Stadt D folgende Polizeiverordnung:

---

* Gelöst nach dem Recht in Sachsen; Besonderheiten in anderen Ländern siehe unten Rn. 966 ff.

Fall 20. Festliches Betteln

§ 1 Zeitlicher Geltungsbereich
Diese Polizeiverordnung gilt vom 01.08.2011, 15 Uhr bis zum 07.08.2011, 24 Uhr.

§ 2 Räumlicher Geltungsbereich
Diese Polizeiverordnung gilt für den Bereich in folgenden Grenzen: […]

§ 3 Verbote
(1) Im räumlichen Geltungsbereich dieser Polizeiverordnung ist untersagt
1. das Betteln,
[…]

§ 4 Ordnungswidrigkeiten
Ordnungswidrig i. S. v. § 17 SächsPolG handelt, wer vorsätzlich oder fahrlässig
1. entgegen § 3 Abs. 1 Nr. 1 bettelt,
[…]

§ 5 Inkrafttreten
Diese Polizeiverordnung tritt am 31.07.2011 in Kraft.

Lösung

925   Die Volksfestverordnung ist rechtmäßig, wenn sie auf einer rechtmäßigen Rechtsgrundlage beruht sowie formell und materiell rechtmäßig ist.

I. Rechtsgrundlage

926   Aufgrund des Vorbehalts des Gesetzes (Art. 20 Abs. 3 GG) bedarf es zum Erlass einer Polizeiverordnung einer Rechtsgrundlage.[378] Hinsichtlich der einzelnen Regelungen der Volksfestverordnung sind verschiedene Rechtsgrundlagen einschlägig. Die Volksfestverordnung selbst nennt dabei zu Beginn u. a. die § 9 und § 17 SächsPolG.

927   § 9 Abs. 1 i. V. m. § 1 Abs. 1 SächsPolG ermächtigt zum Erlass polizeilicher Gebote und Verbote für eine unbestimmte Vielzahl an Fällen gegenüber einer unbestimmten Vielzahl von Personen und stellt daher die Rechtsgrundlage für die in § 3 Volksfestverordnung geregelten Verbote sowie den in § 1 Volksfestverordnung festgelegten zeitlichen Geltungsbereich der Verordnung dar.

928   **Hinweis:** Polizeilich i. S. d. § 9 Abs. 1 SächsPolG ist ein Gebot oder Verbot dann, wenn es der Abwehr einer Gefahr für die öffentliche Sicherheit oder Ordnung i. S. d. § 1 Abs. 1 SächsPolG dient.[379] Polizeiverordnungen sind Rechtsverordnungen, d. h. Gesetze im materiellen Sinn, haben Außenwirkung und binden die staatliche Gewalt gem. Art. 20 Abs. 3 GG.[380] Polizeiverordnungen ermöglichen eine zeitlich, örtlich und sachlich flexible Reaktion auf Gefahren und stellen damit ein anerkanntes und unverzichtbares Instrument der Polizeibehörden dar.[381] § 17 SächsPolG stellt eine akzessorische Ermächtigungsnorm dar, da § 9 Abs. 1 i. V. m. § 1 Abs. 1 SächsPolG nicht zum Erlass von Sanktionsnormen

---

[377] NRW: §§ 27 Abs. 1, 31 OBG NRW.
[378] *Knemeyer*, Polizei- und OrdnungsR, Rn. 452.
[379] *Elzermann/Schwier*, PolG Sachsen, § 9 Rn. 6 f.
[380] Zur Abgrenzung von Polizeiverordnungen zu Verwaltungsakten und Benutzungsordnungen, vgl. *Ruder/Schmitt*, PolizeiR BW, Rn. 362 ff.
[381] *VGH Mannheim*, VBlBW 2002, 292 (293).

ermächtigt. Die Festlegung von Ordnungswidrigkeiten ist jedoch die einzige Sanktionsmöglichkeit, die dem Verordnungsgeber zur Verfügung steht, d.h. Verstöße können nicht zu Straftaten i.S.d. StGB erklärt werden. Wird die Polizeiverordnung nicht aufgrund von § 9 Abs. 1 i.V.m. § 1 Abs. 1 SächsPolG, sondern auf Grundlage einer spezialgesetzlichen Ermächtigungsnorm i.V.m. § 9 Abs. 2 SächsPolG erlassen, so muss sich die Ermächtigung zur Sanktionierung mit Ordnungswidrigkeiten auch aus der jeweiligen Spezialermächtigung ergeben, da § 17 SächsPolG in solch einem Fall keine Anwendung findet.[382]

II. Formelle Rechtmäßigkeit

Die Verordnung müsste auch formell rechtmäßig sein. **929**

1. Zuständigkeit

Im Rahmen der Zuständigkeit zum Erlass einer Polizeiverordnung ist die Verbands- **930** und Organkompetenz zu prüfen.[383] Gem. § 9 Abs. 1 i.V.m. § 12 SächsPolG sind grds. die allgemeinen Polizeibehörden (aufgezählt in § 64 Abs. 1 SächsPolG) zum Erlass von Polizeiverordnungen für ihren Dienstbezirk oder Teile ihres Dienstbezirkes konkurrierend zuständig.[384] Im vorliegenden Fall war die kreisfreie Stadt D als Kreispolizeibehörde daher gem. §§ 9 Abs. 1, 12, 64 Abs. 1 Nr. 3 SächsPolG sachlich und örtlich zuständig.

Hinweis: Sofern sich durch verschiedene, von konkurrierend zuständigen allgemeinen Polizeibehörden **931** erlassene Polizeiverordnungen inhaltliche Widersprüche ergeben sollten, so hat gem. § 10 SächsPolG die von der höheren Polizeibehörde erlassene Polizeiverordnung Vorrang; widersprechende Polizeiverordnungen sind in solch einem Fall nichtig.[385]

Fraglich ist aber, ob auch das richtige Organ der Stadt D als Kreispolizeibehörde **932** gehandelt hat. Hinsichtlich der Organzuständigkeit differenziert das sächsische Polizeirecht nach der Geltungsdauer der Polizeiverordnung.[386] Nach § 14 Abs. 1 S. 1 SächsPolG, der auf Kreispolizeibehörden gem. § 14 Abs. 2 S. 1 SächsPolG entsprechend anwendbar ist, ist der Gemeinderat für den Erlass von Polizeiverordnungen funktionell zuständig, deren Geltungsdauer länger als einen Monat dauern soll. Für Polizeiverordnungen die weniger als einen Monat lang gelten sollen, liegt die Zuständigkeit hingegen beim Bürgermeister. Diese Regelung ist lex specialis gegenüber § 53 Abs. 3 SächsGemO, wonach der Gemeinderat immer für den Erlass von Verordnungen in Weisungsangelegenheiten zuständig ist.[387]

Nach § 1 Volksfestverordnung soll diese lediglich vom 1.8.2011, 15 Uhr bis zum **933** 7.8.2011, 24 Uhr Regelungswirkung entfalten, mithin weniger als einen Monat. Entgegen der Auffassung des Stadtrats der Stadt D war daher der Oberbürgermeister und nicht der Stadtrat selbst funktionell zuständig. Liegt die Zuständigkeit beim Bürgermeister, so bedarf er zum Verordnungserlass nicht der Zustimmung des Ge-

---

[382] *Elzermann/Schwier,* PolG Sachsen, § 17 Rn. 2 ff.
[383] *Würtenberger/Heckmann/Tanneberger,* PolR BW, § 7 Rn. 5 ff.; *Knemeyer,* Polizei- und OrdnungsR, Rn. 454.
[384] Vgl. *Ruder/Schmitt,* PolizeiR BW, Rn. 372 f.; *Elzermann/Schwier,* PolG Sachsen, § 9 Rn. 4.
[385] *Elzermann/Schwier,* PolG Sachsen, § 9 Rn. 5; vgl. *Schenke,* Polizei- und OrdnungsR, Rn. 620.
[386] *Knemeyer,* Polizei- und OrdnungsR, Rn. 454.
[387] Der Erlass von Verordnungen ist nach § 64 Abs. 2 SächsPolG Weisungsaufgabe.

meinderats; dieser hat auch kein förmliches Mitspracherecht, kann jedoch Anregungen geben.[388] Letzteres ist in der Sitzung des Stadtrats vom 6.6.2011 geschehen, in der sich der Stadtrat jedoch nicht auf einen Entwurf für die Volksfestverordnung einigen konnte. Eine unzulässige Umgehung der Zuständigkeit des Gemeinderats durch mehrmaligen Erlass von Polizeiverordnungen mit lediglich einmonatiger Geltungsdauer liegt nicht vor. Unbeachtlich ist, dass die Volksfestverordnung vom Oberbürgermeister bereits am 7.6.2011 erlassen worden ist, da es für die Berechnung der Monatsfrist nicht auf den Zeitpunkt des Erlasses, sondern des Inkrafttretens ankommt.[389] Dieser ist hier jedoch der 31.7.2011, womit die Frist gewahrt bleibt.

2. Verfahren

934 Kreispolizeibehörden sind nach § 15 Abs. 1 SächsPolG verpflichtet, Polizeiverordnungen der nächsthöheren Fachaufsichtsbehörde unverzüglich vorzulegen. Nach § 66 Abs. 1 Nr. 3a) SächsPolG führen das zuständige Staatsministerium und die oberen Verwaltungsbehörden (gem. § 82 SächsPolG die Landesdirektionen) die Fachaufsicht. Dabei handelt es sich um eine konkurrierende Zuständigkeit der verschiedenen Aufsichtsbehörden.[390] Zu beachten ist, dass die Vorlagepflicht keine Gültigkeitsvoraussetzung darstellt, die Polizeiverordnung also unabhängig davon in Kraft tritt, ob eine Vorlage erfolgt ist oder nicht.[391] Mangels Angaben im Sachverhalt ist hier jedoch davon auszugehen, dass die Volksfestverordnung einer der zuständigen Fachaufsichtsbehörden gem. § 15 Abs. 1 SächsPolG vorgelegt worden ist.

935 **Hinweis:** Gefahrenabwehr stellt keine Selbstverwaltungsaufgabe der Gemeinden, sondern nach § 64 Abs. 2 SächsPolG eine Weisungsaufgabe dar, weshalb sich die aufsichtliche Kontrolle nicht auf die reine Kontrolle der Rechtmäßigkeit (Rechtsaufsicht) beschränkt, sondern der Fachaufsicht unterliegt.[392] Eine Legaldefinition der Fachaufsicht, die auch im Rahmen des SächsPolG zu berücksichtigen ist, findet sich in § 111 Abs. 2 SächsGemO. Die Fachaufsicht beinhaltet demnach die Kontrolle der Gesetzmäßigkeit und Zweckmäßigkeit der Verwaltung.[393] Nach § 15 Abs. 2 SächsPolG besteht nach Vorlage der Polizeibehörde eine Pflicht der Fachaufsichtsbehörde zur Prüfung der Polizeiverordnung; sofern sie das Wohl des Gemeinwesens beeinträchtigt oder Rechte des Einzelnen verletzt, ist die Polizeiverordnung aufzuheben, verstößt sie gegen § 10 SächsPolG (Widerspruch zu Rechtsvorschriften höheren Rangs) und ist sogar für nichtig zu erklären.

3. Form

936 Die Volksfestverordnung müsste auch die Formerfordernisse für Verordnungen erfüllt haben.

a) Formerfordernisse des § 11 SächsPolG

937 Die Formerfordernisse des § 11 SächsPolG gelten für alle Polizeiverordnungen, die entweder auf Grundlage der Generalklausel des § 9 Abs. 1 i.V.m. § 1 Abs. 1

---

[388] *Elzermann/Schwier*, PolG Sachsen, § 14 Rn. 5.
[389] Der Bürgermeister kann daher auch eine Polizeiverordnung mit Geltungsdauer von bis zu einem Monat längere Zeit im Voraus erlassen, vgl. *Elzermann/Schwier*, PolG Sachsen, § 14 Rn. 4.
[390] *Elzermann/Schwier*, PolG Sachsen, § 66 Rn. 6.
[391] Vgl. *Würtenberger/Heckmann/Tanneberger*, PolR BW, § 7 Rn. 11; *Elzermann/Schwier*, PolG Sachsen, § 15 Rn. 2.
[392] *Schenke*, Polizei- und OrdnungsR, Rn. 623.
[393] *Elzermann/Schwier*, PolG Sachsen, § 66 Rn. 7.

SächsPolG oder aufgrund einer Spezialermächtigung des Landesrechts (§ 9 Abs. 2 SächsPolG) erlassen worden sind. Während § 11 Abs. 1 SächsPolG zwingende Formerfordernisse festlegt, beinhaltet Abs. 2 lediglich Soll-Voraussetzungen. Verstöße gegen § 11 Abs. 1 SächsPolG führen – außer in den Fällen von § 11 Abs. 1 Nr. 4 SächsPolG – zur Nichtigkeit der gesamten Polizeiverordnung.[394]

Hinweis: Stammt die Rechtsgrundlage zum Erlass der Polizeiverordnung hingegen aus dem Bundesrecht, so ist § 11 SächsPolG aufgrund mangelnder Regelungsbefugnis des Landesgesetzgebers nicht einschlägig.[395] **938**

Nach § 11 Abs. 1 Nr. 1 SächsPolG muss eine Polizeiverordnung ihre Rechtsgrundlage angeben.[396] Allein die Nennung der jeweiligen Rechtsgrundlage ist jedoch nicht ausreichend, stattdessen muss die genaue Gesetzesbezeichnung mit Datum und Fundstelle einschließlich der letzten Änderung genannt werden.[397] Enthält die Polizeiverordnung auch Bußgeldvorschriften, muss zusätzlich § 17 Abs. 1 SächsPolG als Rechtsgrundlage angegeben werden.[398] Die Eingangsformel der Volksfestverordnung erfüllt diese Erfordernisse vollständig. **939**

Die erlassende Behörde muss gem. § 11 Abs. 1 Nr. 2 SächsPolG in der Polizeiverordnung bezeichnet werden. Zwar ist nicht vorgeschrieben, an welcher Stelle dies in der Verordnung zu geschehen hat, regelmäßig erfolgt dies aber bereits in der Überschrift der Polizeiverordnung.[399] Die Überschrift der Volksfestverordnung erfüllt diese Anforderungen. **940**

Weiterhin muss gem. § 11 Abs. 1 Nr. 3 SächsPolG der örtliche Geltungsbereich der Polizeiverordnung festgelegt sein; dies ist auch dann erforderlich, wenn sich der örtliche Geltungsbereich der Polizeiverordnung auf den gesamten Bezirk der jeweiligen Polizeibehörde erstreckt.[400] Der örtliche Geltungsbereich wird in § 2 Volksfestverordnung – laut Bearbeitervermerk – ausreichend bestimmt festgelegt. Zudem nennt § 5 der Volksfestverordnung den 31.7.2011 als Zeitpunkt des Inkrafttretens, § 11 Abs. 1 Nr. 4 SächsPolG. **941**

Hinweis: Fehlt eine Regelung des Inkrafttretens, so führt dies – anders als bei Nr. 1 bis 3 – trotz des zwingenden Charakters der Formerfordernisse von § 11 Abs. 1 SächsPolG nicht zur Nichtigkeit der Polizeiverordnung; stattdessen greift Art. 76 Abs. 3 S. 2 SächsVerf ein, d.h. die Verordnung tritt mit dem 14. Tag nach Ablauf des Tages der Verkündung in Kraft.[401] **942**

Nach § 11 Abs. 2 Nr. 1 SächsPolG soll die Polizeiverordnung eine ihren Inhalt kennzeichnende Überschrift tragen; durch eine möglichst aussagekräftige Überschrift soll der Öffentlichkeit die Feststellung des Regelungsinhalts der Polizeiverordnung erleichtert werden. Mangels Angaben im Sachverhalt über weitere Re- **943**

---

[394] *Schenke*, Polizei- und OrdnungsR, Rn. 622; *Elzermann/Schwier*, PolG Sachsen, § 11 Rn. 2, 4.
[395] *Elzermann/Schwier*, PolG Sachsen, § 15 Rn. 3.
[396] Sofern eine Polizeiverordnung auf mehreren gleichrangigen Rechtsgrundlagen beruht, so sind diese alle anzugeben, *Ruder/Schmitt*, PolizeiR BW, Rn. 378.
[397] Vgl. *Würtenberger/Heckmann/Tanneberger*, PolR BW, § 7 Rn. 13.
[398] *Knemeyer*, Polizei- und OrdnungsR, Rn. 456; *Elzermann/Schwier*, PolG Sachsen, § 11 Rn. 11 f.
[399] Nicht notwendig ist hingegen die Nennung des Organs, das für die jeweils erlassende Behörde gehandelt hat (z.B. der Oberbürgermeister), vgl. *Elzermann/Schwier*, PolG Sachsen, § 11 Rn. 17, 19.
[400] *Elzermann/Schwier*, PolG Sachsen, § 11 Rn. 21.
[401] Um § 11 Abs. 1 Nr. 4 SächsPolG mit der sächsischen Verfassung in Einklang zu bringen ist vom Gesetzgeber daher geplant, die Regelung in eine Soll-Vorschrift nach Abs. 2 umzuwandeln, vgl. *Elzermann/Schwier*, PolG Sachsen, § 11 Rn. 22.

gelungsinhalte der Volksfestverordnung ist davon auszugehen, dass der Name den Anforderungen von § 11 Abs. 2 Nr. 1 SächsPolG genügt. Weiterhin würde auch ein Verstoß nicht zur Nichtigkeit der Volksfestverordnung führen, da es sich bei den Formerfordernissen des § 11 Abs. 2 SächsPolG um Soll-Vorschriften handelt.[402]

944 Ein Verstoß gegen § 11 Abs. 2 Nr. 2 SächsPolG liegt jedoch vor, da die Volksfestverordnung nicht „Polizeiverordnung" in der Überschrift trägt. Andere alleinige Bezeichnungen sind damit zwar nicht zulässig,[403] der Verstoß hat aber ebenfalls nicht die Nichtigkeit der Verordnung zur Folge.

b) Ausfertigung und Verkündung

945 Auch Polizeiverordnungen bedürfen der Ausfertigung. Dieses Erfordernis ergibt sich nicht ausdrücklich aus dem SächsPolG, sondern aus Art. 76 Abs. 2 SächsVerf, wonach Rechtsverordnungen aller Art (und damit auch Polizeiverordnungen) von der sie erlassenden Stelle ausgefertigt werden. Die Ausfertigung erfolgte hier durch den Oberbürgermeister der Stadt D, der hierfür auch zuständig war, § 4 Abs. 3 S. 1 SächsGemO.

946 **Hinweis:** Die Ausfertigung erfolgt durch handschriftliche Unterzeichnung des Originals der Polizeiverordnung unter Bezeichnung des Datums der Ausfertigung durch den Leiter (oder dessen Stellvertreter) de erlassenden Polizeibehörde. Nicht gesetzlich notwendig, aber in der Praxis üblich ist zudem die Angabe des Ausfertigungsortes und der Amtsbezeichnung des Ausfertigenden. Die Ausfertigung bestätigt, dass der ausgefertigte Text mit dem vom zuständigen Organ beschlossenen Text der Verordnung übereinstimmt (Authentizitätsfunktion) und bildet die Grundlage für die Verkündung. Erlass und Ausfertigung einer Verordnung können zudem auch in einem Akt erfolgen, sofern das erlassende und das ausfertigende Organ identisch sind.[404]

947 Eine weitere zwingende Wirksamkeitsvoraussetzung stellt die ordnungsgemäße Verkündung[405] der gesamten Polizeiverordnung einschließlich bestehender Anlagen dar. Wesentliche Mängel bei der Verkündung (z.B. falsches Verkündungsorgan) haben die Nichtigkeit der Polizeiverordnung zur Folge.[406] Nach § 14 Abs. 1 S. 2 i.V.m. Abs. 2 SächsPolG sind Polizeiverordnungen der Kreispolizeibehörden in der für die öffentliche Bekanntmachung von Satzungen der Gemeinde bestimmten Form zu verkünden. Der Oberbürgermeister hat die Volksfestverordnung im Amtsblatt der Stadt D verkündet; da wesentliche Mängel nicht ersichtlich sind, ist von einer ordnungsgemäßen Verkündung auszugehen. Die Volksfestverordnung war damit formell rechtmäßig.

III. Materielle Rechtmäßigkeit

948 Fraglich ist jedoch, ob die Volksfestverordnung auch materiell rechtmäßig war.

---

[402] *Schenke*, Polizei- und OrdnungsR, Rn. 622; *Elzermann/Schwier*, PolG Sachsen, § 11 Rn. 23f.
[403] Durch die ausdrückliche Bezeichnung als „Polizeiverordnung" soll die Rechtsnatur der Verordnung klargestellt werden, vgl. *Elzermann/Schwier*, PolG Sachsen, § 11 Rn. 25.
[404] *Ruder/Schmitt*, PolizeiR BW, Rn. 383; *Elzermann/Schwier*, PolG Sachsen, § 11 Rn. 28ff.
[405] Mittels Verkündung soll die Rechtsnorm der Öffentlichkeit dergestalt förmlich zugänglich gemacht werden, dass sie verlässlich Kenntnis von ihrem Inhalt erlangen kann, vgl. *BVerwG*, NJW 1987, 1346.
[406] *Elzermann/Schwier*, PolG Sachsen, § 11 Rn. 33.

1. Voraussetzungen der Rechtsgrundlage

§ 9 Abs. 1 i.V.m. § 1 Abs. 1 SächsPolG ermächtigt zum Erlass einer Polizeiverordnung zur Abwehr von Gefahren für die öffentliche Sicherheit oder Ordnung oder zur Beseitigung von Störungen der öffentlichen Sicherheit oder Ordnung, soweit dies im öffentlichen Interesse geboten ist. **949**

a) Störung der öffentlichen Sicherheit oder Ordnung

Fraglich ist, ob Betteln eine Störung der öffentlichen Sicherheit oder Ordnung darstellt, die im öffentlichen Interesse zu beseitigen ist. Öffentliche Sicherheit umfasst den Schutz von Leben, Gesundheit, Freiheit, Ehre und Vermögen, der Rechtsordnung, der wesentlichen Einrichtungen des Staates sowie dessen Funktionsfähigkeit.[407] Betteln im Wortsinne ist die an einen beliebigen Fremden gerichtete Bitte um eine Zuwendung.[408] Es ist daher zu klären, ob Betteln in all seinen Erscheinungsformen ein Verhalten darstellt, das typischerweise zu einer Verletzung der Schutzgüter der öffentlichen Sicherheit führt. **950**

Betteln ist generell nicht mehr strafbar, seitdem § 361 RStGB durch die Strafrechtsreform 1974 gestrichen wurde. Zwar sind einzelne Erscheinungsformen des Bettelns weiterhin strafbar, z.B. als „Bettelbetrug" gem. § 263 StGB, bei dem die tatsächliche Bedürftigkeit nur zur Täuschung des Opfers vorgespielt wird, oder als Nötigung gem. § 240 StGB, indem mit Gewalt oder mit Drohung mit einem empfindlichen Übel eine andere Person zu einem Tun veranlasst werden soll. Die normale Erscheinungsform des „stillen Bettelns" stellt jedoch kein strafbares Verhalten dar.[409] **951**

Fraglich ist aber, ob das stille Betteln eine Ordnungswidrigkeit gem. § 118 Abs. 1 OWiG darstellt. Dazu müsste eine grob ungehörige Handlung vorliegen, die geeignet ist, die Allgemeinheit zu belästigen oder zu gefährden und die öffentliche Ordnung zu beeinträchtigen. Grob ungehörig ist eine Handlung, wenn sie in Art und Weise gegen anerkannte Regeln von Sitte, Anstand und Ordnung verstößt.[410] Stilles Betteln kann zwar ein seelisches Unbehagen (u.a. schlechtes Gewissen) bei Passanten hervorrufen, ist jedoch nicht grob ungehörig, wie dies für § 118 Abs. 1 OWiG erforderlich wäre. **952**

Das stille Betteln stellt daher keine Störung der öffentlichen Sicherheit dar. **953**

Fraglich ist noch, ob das stille Betteln eine Störung der öffentlichen Ordnung sein könnte. Unter öffentlicher Ordnung sind alle Regelungen zu verstehen, deren Befolgung nach den jeweils herrschenden sozialen und ethischen Anschauungen als unentbehrliche Grundlage eines geordneten menschlichen Zusammenlebens innerhalb eines bestimmten Gebiets angesehen werden.[411] Stilles Betteln durch in Not geratene Menschen, die durch ihre Anwesenheit an das Mitgefühl und die Hilfsbereitschaft von Passanten appellieren, kann nicht als sozial abträglicher Zustand ge- **954**

---
[407] *Schenke*, Polizei- und OrdnungsR, Rn. 53.
[408] *VGH Mannheim*, NVwZ 1999, 560.
[409] *VGH Mannheim*, NVwZ 1999, 560 (561).
[410] *Krenberger/Krumm*, OWiG, § 118 Rn. 4; zur Vertiefung *Götz/Geis*, Allg. Polizei- u. OrdnungsR, § 5 Rn. 1 ff.
[411] *Schenke*, Polizei- und OrdnungsR, Rn. 63.

wertet werden und stellt daher keine Beeinträchtigung der öffentlichen Ordnung dar.[412]

955 Da stilles Betteln somit keine Störung der öffentlichen Sicherheit oder Ordnung darstellt, ist das in der Volksfestverordnung geregelte generelle Verbot des Bettelns ohne Unterscheidung zwischen dessen Erscheinungsformen nicht von der Rechtsgrundlage des § 9 Abs. 1 i.V.m. § 1 Abs. 1 SächsPolG gedeckt und dadurch materiell rechtswidrig.

956 Ob das Betteln in aggressiveren Erscheinungsformen eine Störung der öffentlichen Sicherheit oder Ordnung darstellt, kann daher offenbleiben.

b) Gefahr für die öffentliche Sicherheit oder Ordnung

957 Fraglich ist, ob Betteln eine Gefahr für die öffentliche Sicherheit oder Ordnung darstellt. Gefahr ist eine Sachlage, bei der die hinreichende Wahrscheinlichkeit besteht, dass in absehbarer Zeit eine Beeinträchtigung der öffentlichen Sicherheit oder Ordnung eintritt.[413] Aus den bereits gemachten Ausführungen zur Störung der öffentlichen Sicherheit oder Ordnung ergibt sich, dass zumindest das stille Betteln keine Gefahr für die öffentliche Sicherheit oder Ordnung ist. Zwar weist der Oberbürgermeister darauf hin, dass Einzelformen des Bettelns durchaus eine solche Gefahr darstellen können und eine Abgrenzung zwischen einzelnen Bettelformen schwierig sei. Dabei wurde allerdings verkannt, dass durch Polizeiverordnungen nur Handlungsweisen untersagt werden können, die hinreichend bestimmt sind und schon abstrakt als Störung oder Gefahr für die öffentliche Sicherheit oder Ordnung angesehen werden können.[414] Weiterhin ist ein polizeiliches Einschreiten gegenüber aggressiv auftretenden Bettlern im Einzelfall aufgrund der polizeilichen Generalklausel des § 3 Abs. 1 SächsPolG weiterhin möglich.

2. Maßnahmerichtung

958 Das Verbot des Bettelns in § 3 Nr. 1 Volksfestverordnung richtet sich an bettelnde Personen und somit direkt an den Verantwortlichen, § 4 Abs. 1 SächsPolG.

3. Bestimmtheit der Volksfestverordnung

959 Polizeiverordnungen müssen ausreichend bestimmt sein, damit der betroffene Personenkreis Gebote- und Verbote klar erkennen und sich dementsprechend verhalten kann. Hier könnte das Verbot des Bettelns in § 3 Nr. 1 Volksfestverordnung zu unbestimmt sein, da zwischen verschiedenen Arten des Bettelns unterschieden werden kann. Jedoch ist auch ein generelles Verbot des Bettelns (unabhängig davon, ob es von einer Rechtsgrundlage gedeckt ist) bestimmt genug, da jegliche Erscheinungsform des Bettelns damit klar erkennbar verboten ist.

960 Fraglich ist, ob die Sanktionsvorschrift des § 4 Volksfestverordnung die Verweisungsvoraussetzungen des § 17 Abs. 1 SächsPolG erfüllt. Neben einem Verweis in der Sanktionsvorschrift auf § 17 SächsPolG muss dazu eine qualifizierte Verweisung auf einen bestimmten Tatbestand vorliegen, d.h. der Tatbestand der Ordnungswid-

---

[412] *VGH Mannheim*, NVwZ 1999, 560 (561).
[413] *Götz/Geis*, Allg. Polizei- u. OrdnungsR, § 6 Rn. 3; *Elzermann/Schwier*, PolG Sachsen, § 1 Rn. 21.
[414] *VGH Mannheim*, NVwZ 1999, 560 (562).

rigkeit muss entweder vollständig ausformuliert sein oder durch Bezugnahme auf die jeweilige materielle Regelung der Polizeiverordnung eine kurzgefasste Umschreibung des Bußgeldtatbestandes aufgeführt werden. Bei unzureichender Bestimmtheit ist die Unwirksamkeit der gesamten Bußgeldvorschrift die Folge.[415]

Hinweis: Eine unbestimmte Blankett-Verweisung würde gegen das auch für Ordnungswidrigkeiten geltende Bestimmtheitsgebot des Art. 103 Abs. 2 GG verstoßen.[416] Beispiel für eine zu unbestimmte Verweisung ist: „wer gegen eine der in §§ 3 bis 8 dieser Polizeiverordnung enthaltene Gebots- oder Verbotsnorm zuwiderhandelt, [...]".[417] 961

Da die in § 4 Abs. 1 Nr. 1 Volksfestverordnung enthaltene Verweisung auf § 3 Abs. 1 Nr. 1 Volksfestverordnung ausreichend das darin geregelte materielle Verbot des Bettelns umschreibt, ist eine Verweisung auf einen bestimmten Tatbestand i. S. d. § 17 SächsPolG gegeben. 962

4. Verhältnismäßigkeit

Das Verbot des Bettelns in § 3 Nr. 1 Volksfestverordnung verfolgte einen legitimen Zweck, nämlich die Belästigung von Besuchern durch Bettler, insbesondere durch Bettelbetrug und andere Straftaten, zu vermeiden. Das generelle Verbot ist auch geeignet, dieses Ziel zu erreichen; allerdings stünde mit einer Differenzierung zwischen verschiedenen Erscheinungsformen des Bettelns, bei der stilles Betteln nicht vom Verbot eingeschlossen ist, ein milderes Mittel im Vergleich zu einem generellen Verbot zur Verfügung. Das mildere Mittel ist auch genauso effektiv wie das vorliegende generelle Verbot, da letzteres nicht von der Rechtsgrundlage des § 9 Abs. 1 i. V. m. § 1 Abs. 1 SächsPolG gedeckt ist, was wiederum die Nichtigkeit der Verordnung zur Folge hat. Dementsprechend kann gegen Betteln im Einzelfall nur aufgrund der Generalklausel des § 3 Abs. 1 SächsPolG vorgegangen werden. Die dazu nötige Entscheidung im Einzelfall entspräche aber im Wesentlichen einer differenzierten Verbotsregelung in der Volksfestverordnung. Daher ist die Volksfestverordnung nicht verhältnismäßig. 963

5. Ermessen

Der Erlass einer unverhältnismäßigen Verordnung ist ermessensfehlerhaft. 964

IV. Ergebnis

Die Volksfestverordnung ist daher rechtswidrig und damit unwirksam. 965

Landesrechtliche Besonderheiten

Baden-Württemberg: Rechtsgrundlage für den Erlass von Polizeiverordnungen ist § 10 Abs. 1 i. V. m. § 18 PolG BW. Zuständig danach ist die Stadt D, die als kreisfreie Stadt sowohl Kreis- als auch Ortspolizeibehörde ist, § 62 Abs. 3, 4 PolG BW i. V. m. § 15 Abs. 1 Nr. 2 LVG BW. Ihr steht diesbezüglich ein Wahlrecht zu, das sie 966

---

[415] *Elzermann/Schwier*, PolG Sachsen, § 17 Rn. 7 ff.; *Ruder/Schmitt*, PolizeiR BW, Rn. 389.
[416] *BVerfGE* 87, 399.
[417] *Elzermann/Schwier*, PolG Sachsen, § 17 Rn. 7, 9.

durch das Handeln als Ortspolizeibehörde ausgeübt hat. Die örtliche Zuständigkeit ergibt sich aus § 13 S. 1 i.V.m. § 68 Abs. 1 PolG BW, die Organzuständigkeit des Oberbürgermeisters ergibt sich aus § 13 S. 2 PolG BW.

967 Eine Zustimmung des Gemeinderats ist gem. § 15 Abs. 2 PolG BW nicht erforderlich. Die Verordnung wahrt auch die zwingenden Formerfordernisse des § 12 Abs. 1 PolG BW sowie bis auf § 12 Abs. 2 Nr. 2 auch die Soll-Erfordernisse gem. § 12 Abs. 2 PolG BW. Von der ordnungsgemäßen Ausfertigung und Verkündung, deren Erforderlichkeit sich aus Art. 63 Abs. 2 LV BW ergibt, ist hier auszugehen.

968 Bayern: Dieser Fall kann nicht ins bayerische Recht übertragen werden. Grund dafür ist, dass im bayerischen Sicherheitsrecht die Verordnungsermächtigungen abschließend geregelt sind. Eine spezielle Regelung für den Erlass einer Bettelverordnung ist aber nicht im LStVG vorgesehen. Der Erlass einer Bettelverordnung ist mithin nicht möglich. Das Bettelverbot wird daher teils über das bayerische Straßen- und Wegegesetz gelöst. Das aggressive Betteln wird dabei als unerlaubte Sondernutzung nach Art. 18a i.V.m. Art. 18 BayStrWG betrachtet, so dass die Behörde die erforderlichen Maßnahmen (eventuell über das PAG) treffen kann. Jedenfalls muss aber das stille Betteln anders zu behandeln sein, als das aggressive Betteln. Sieht man auch das stille Betteln als unerlaubte Sondernutzung an, ist zu fragen, ob der Grundsatz der Verhältnismäßigkeit gewahrt wurde. Hier können die oben angestellten Erwägungen entsprechend herangezogen werden.

969 Niedersachsen: Als Rechtsgrundlage kommt § 55 Abs. 1 Nr. 1 Nds SOG in Betracht. Die formelle Rechtmäßigkeit müsste gegeben sein. Die Stadt ist gem. § 55 Abs. 1 Nr. 1 Nds SOG sachlich und örtlich zuständig. Auch hier liegt die Organkompetenz aber nicht beim Oberbürgermeister, sondern beim Stadtrat, § 40 Abs. 1 Nr. 4 NGO. Die Verordnung war damit formell rechtswidrig. Die Formvoraussetzungen des § 58 Nds SOG müssten erfüllt sein. Hier kann auf die obigen Ausführungen entsprechend verwiesen werden. Die Verordnung müsste auch materiell rechtmäßig sein. § 55 Abs. 1 Nds SOG ermächtigt den Verordnungserlass für die Abwehr von abstrakten Gefahren. Ob eine abstrakte Gefahr (möglicherweise auch für die öffentliche Sicherheit oder Ordnung) vorliegt erscheint fraglich. Jedenfalls muss man wohl für das stille Betteln andere Maßstäbe anlegen wie für das aggressive Betteln. Die obigen Überlegungen können hier entsprechend herangezogen werden. Gem. § 57 Abs. 1 Nds SOG muss die Verordnung auch hinreichend bestimmt sein. Auch hier kann auf die gemachten Ausführungen verwiesen werden.

970 Nordrhein-Westfalen: Rechtsgrundlage ist generell §§ 27 Abs. 1, 31 OBG NRW. Die sachliche und örtliche Zuständigkeit der Stadt D als Ortspolizeibehörde ergibt sich aus §§ 27 Abs. 1 und 4, 4 Abs. 1, 5 Abs. 1 S. 1 OBG NRW. Funktionell war hingegen nicht der Oberbürgermeister, sondern der Stadtrat zuständig, vgl. § 41 Abs. 1 lit. f GemO NRW, weshalb die Volksfestverordnung formell rechtswidrig ist; eine § 14 Abs. 1 S. 1 SächsPolG entsprechende Vorschrift existiert nicht.

971 Hinsichtlich der Form ist § 30 OBG NRW zu beachten, der allein zwingende Formerfordernisse festlegt. Nach § 30 Nr. 1 trägt die Verordnung einen ihren Inhalt ausreichend kennzeichnende Überschrift, wenn man nach § 30 Nr. 3 im Eingang ihre Rechtsgrundlagen nennt. Nach § 30 Nr. 5 wird der örtliche Geltungsbereich und nach § 30 Nr. 7 die erlassende Behörde bezeichnet. Nicht erfüllt werden hingegen die Formerfordernisse der Nr. 2, 4 und 6. Zusätzlich zu 3. a) ist darauf hinzuweisen, dass § 32 Abs. 1 S. 1 OBG NRW die Soll-Formvorschrift enthält, wonach die Geltungsdauer der Verordnung angegeben werden soll; diese erfüllt § 1 Volksfestverordnung.

Die Ausfertigungs- und Verkündungspflicht ergibt sich aus § 33 Abs. 1 S. 2 OBG NRW.

Im Gegensatz zu § 9 Abs. 1 i.V.m. § 1 Abs. 1 SächsPolG ermächtigt § 27 Abs. 1 OBG NRW nur bei Vorliegen einer Gefahr für die öffentliche Sicherheit oder Ordnung, nicht bei Vorliegen einer Störung (III. 1. a)). Die zur Störung der öffentlichen Sicherheit oder Ordnung gemachten Ausführungen können aber auch zur Gefahr für die öffentliche Sicherheit oder Ordnung entsprechend gemacht werden. Das Bestimmtheitserfordernis ergibt sich aus § 29 Abs. 1 S. 1 OBG NRW. Auch die in § 4 Abs. 1 Nr. 1 Volksfestverordnung enthaltene Ordnungswidrigkeit erfüllt die Voraussetzungen des § 31 Abs. 1 OBG NRW.

Fall 21. Techno up your life (Versammlungsrecht)*

Sachverhalt

A ist ein begeisterter Anhänger der Technomusik und möchte diese einem breiteren Publikum nahebringen. Deshalb organisiert er seit Jahren gemeinsam mit Gleichgesinnten eine Technoparade durch Köln, deren Kernstück etwa 30 mit leistungsstarken Lautsprecheranlagen umgebaute LKW darstellen, von denen aus verschiedene DJs ihre Musik präsentieren. Dabei soll sich der Zug zunächst durch die Fußgängerzone bewegen, bis er schließlich an der Domplatte sein endgültiges Ziel erreicht. Dieses Jahr soll die Veranstaltung unter dem Thema „Techno up your life" stehen und etwa 100.000 Besucher anlocken. Am 25.4.2011 meldet A die Veranstaltung bei der Stadt Köln an.

Mit einem Schreiben vom 2.5.2011 erklärt die Stadt Köln, dass man beabsichtige, die Anmeldung der Veranstaltung zurückzuweisen, da es sich bei der geplanten Veranstaltung wohl nicht um eine Versammlung i. S. d. Versammlungsgesetz handeln könne.

Im Rahmen der Anhörung macht A seinem Ärger über das Verhalten der Stadt Luft. Auch wenn die Technoparade sich nicht direkt mit den typischen „Spießerthemen" von Versammlungen befasse, so sei sie doch eine Demonstration für ein alternatives Lebensgefühl und bringe genau das durch Musik und Tanz zum Ausdruck. Zudem sei geplant, Handzettel zu verteilen, die die Ziele der Veranstalter verdeutlichen.

Bei der Stadt Köln ist man von diesen Argumenten wenig beeindruckt. Bei der Veranstaltung des A handele es sich offensichtlich um eine reine Musikparty. Eine Versammlung könne schon deswegen nicht vorliegen, weil der Ausdruck eines vage definierten Lebensgefühls nicht den an eine Versammlung zu stellenden Anforderungen an eine kollektive Meinungsbildung und -äußerung gerecht werde. Daran änderten auch die Handzettel nichts, da diese von den feiernden Besuchern erfahrungsgemäß völlig ignoriert würden.

Da sich der zuständige Referatsleiter unsicher ist, wie nun weiter zu verfahren sei, bittet er den ihm zur Ausbildung zugewiesenen Referendar Ottfried Schmieder, umfassend zu prüfen, ob es sich bei der Veranstaltung des A nicht vielleicht doch um eine Versammlung i. S. d. VersG handelt.

Bearbeitervermerk: Erstellen Sie das Gutachten des Referendars!

Lösung

974 Die Veranstaltung des A ist eine Versammlung, wenn sie den Anforderungen an eine Versammlung gem. § 1 Abs. 1 VersG, Art. 8 Abs. 1 GG gerecht wird. Das

---

* Gelöst nach Bundesrecht; Besonderheiten in anderen Ländern siehe unten Rn. 991.

VersG differenziert im § 1 Abs. 1 zwischen Versammlungen und Aufzügen. Aufzüge sind sich fortbewegende Versammlungen.[418] Der Begriff der Versammlung hingegen ist im GG und im VersG nicht legaldefiniert und daher umstritten.[419] Während eine Versammlung bereits begrifflich eine Personenmehrheit[420] sowie eine gemeinsame Zweckverfolgung der Teilnehmer voraussetzt, können die Abgrenzungen im Einzelfall Probleme aufwerfen.

I. Teilnehmerzahl

Hinsichtlich der Teilnehmerzahl ist umstritten, ob nun zwei,[421] drei[422] oder in Anlehnung an § 56 BGB gar sieben Teilnehmer erforderlich seien.[423] Wenig überzeugend erscheint zunächst die Anlehnung an § 56 BGB, da dieser zum einen selbst im Vereinsrecht lediglich eine Soll-Vorschrift darstellt und zum anderen eine Verbindung zum Vereinsrecht nirgends erkennbar ist. Die wohl überwiegende Ansicht lässt heute aus Gründen des effektiven Grundrechtsschutzes zwei Teilnehmer genügen,[424] wobei diese Frage der genauen Grenzziehung im vorliegenden Fall nicht von Bedeutung ist, da ersichtlich eine weitaus größere Zahl von Teilnehmern erwartet wird.

975

II. Gemeinsame Zweckverfolgung

Fraglich ist jedoch, worin die gemeinsame Zweckverfolgung der Versammlungsteilnehmer liegen muss.

976

1. Weiter Versammlungsbegriff

Nach dem weiten Versammlungsbegriff ist die inhaltliche Ausfüllung des Versammlungszwecks irrelevant und enthält insbesondere kein Gebot, dass Versammlungen auf die Beteiligung an der öffentlichen Meinungsbildung abzielen müssen.[425] Auch könne aufgrund der Parallelität der Schutzgewährleistungen von Art. 8 Abs. 1 GG zur Meinungsfreiheit gem. Art. 5 Abs. 1 GG, die auch private und unterhaltende Äußerungen einschließt, eine Verengung des Versammlungsbegriffs als Korrektiv

977

---

[418] Vgl. *Dietel/Gintzel/Kniesel*, VersG, § 1 Rn. 214. Die Abgrenzung zwischen Aufzügen und Versammlungen kann sich im Einzelfall schwierig gestalten, etwa wenn wie hier der Aufzug in eine Abschlusskundgebung übergeht, die als Versammlung zu behandeln ist. Maßgeblich ist diese Frage jedoch nur im Rahmen der Verhältnismäßigkeit von Maßnahmen gegen die Versammlung, da von einem Aufzug regelmäßig eher Gefahren ausgehen als von einer ortsfesten Versammlung. In Bayern sind Aufzüge von der allgemeinen Versammlungsdefinition in Art. 2 Abs. 1 BayVersG mitumfasst.

[419] Wohl auch um an dieser Stelle Klarheit zu schaffen, enthalten die Versammlungsgesetze der Länder **Bayern, Niedersachsen und Sachsen** diesbezüglich ausdrückliche und nahezu wortgleiche Begriffsbestimmungen; vgl. Art. 2 Abs. 1 BayVersG, § 2 NVersG, § 1 Abs. 3 SächsVersG.

[420] Vgl dazu *Geis*, in: Friauf/Höfling, GG, Art. 8 Rn. 16.

[421] *Hoffmann-Riem*, in: Stein/Denninger/Hoffmann-Riem, GG, Art. 8 Rn. 18; *Epping*, Grundrechte, Rn. 32; *Schulze-Fielitz*, in: Dreier, GG, Art. 8 Rn. 23 Fn. 90 m.w.N.; *Dietel/Gintzel/Kniesel*, VersG, § 1 Rn. 18.

[422] *Schneider*, in: BeckOK GG, Art. 8 Rn. 3; *Höfling*, in: Sachs, GG, Art. 8 Rn. 13.

[423] *Depenheuer*, in: Maunz/Dürig, GG, Art. 8 Rn 44 f.; *Wächtler/Heinhold/Merk*, Bayerisches VersammlungsG, Art. 2 Rn. 8 f.

[424] Paradoxerweise wird sowohl für die Mindestzahl von zwei als auch für drei Teilnehmer die herrschende Meinung reklamiert; vgl. *Depenheuer*, in: Maunz/Dürig, GG, Art. 8 Rn. 44 f.; demgegenüber: *Schneider*, in: BeckOK GG, Art. 8 Rn. 3.

[425] *Depenheuer*, in: Maunz/Dürig, GG, Art. 8 Rn. 48; *Geis*, in: Friauf/Höfling, GG, Art. 8 Rn. 17.

nicht überzeugen.⁴²⁶ Nach dieser Ansicht wäre die Technoparade des A als Versammlung anzusehen, da es für einen gemeinsamen Versammlungszweck bereits ausreichen würde, dass die Besucher während der Veranstaltung bloßen Freizeitinteressen nachgehen.

2. Erweiterter und enger Versammlungsbegriff

978 Demgegenüber fordern die Vertreter des erweiterten Versammlungsbegriffs, dass der gemeinsame Zweck der Versammlungsteilnehmer gerade darin bestehen müsse, eine Meinung zu bilden oder zu äußern,⁴²⁷ wobei auch private Angelegenheiten ohne jeden Öffentlichkeitsbezug als verbindender Zweck ausreichen.⁴²⁸

979 Noch enger fasst unter anderem das Bundesverfassungsgericht den Versammlungsbegriff, indem es einen expliziten Bezug auf den Prozess der öffentlichen Meinungsbildung fordert.⁴²⁹ Der gegenüber der allgemeinen Handlungsfreiheit gesteigerte Schutz sei im Kontext der Bedeutung der Versammlungsfreiheit für die Demokratie zu sehen, für den irgendein beliebiger Zweck nicht ausreiche.⁴³⁰ Lediglich in Zweifelsfällen sei aufgrund des hohen Rangs der Versammlungsfreiheit die Veranstaltung doch als Versammlung zu behandeln.⁴³¹

980 Problematisch ist die Zuordnung regelmäßig bei sogenannten „gemischten" Veranstaltungen, bei denen die Teilhabe an der öffentlichen Meinungsbildung nur teilweise im Vordergrund steht. Nach der Rspr. des BVerfG und des BVerwG ist hier für die Einordnung als Versammlung entscheidend, ob diese "gemischte" Veranstaltung ihrem Gesamtgepräge nach eine Versammlung ist. Bleiben insoweit Zweifel, so bewirkt der hohe Rang der Versammlungsfreiheit, dass die Veranstaltung wie eine Versammlung behandelt wird.⁴³²

981 Für die Teilnahme an der (öffentlichen) Meinungsbildung spricht hier die Verteilung von Handzetteln und das Ziel, für ein alternatives Lebensgefühl einzutreten. Zwar kann es nicht darauf ankommen, ob die Handzettel tatsächlich gelesen werden, jedoch ist nicht jeder Ausdruck eines Lebensgefühls zugleich eine Teilnahme an der öffentlichen Meinungsbildung oder überhaupt auf Meinungsbildung gerichtet.

982 Die kollektive Zurschaustellung eines Lebensgefühls durch Musik und Tanz kann allenfalls dann als Versammlung angesehen werden, wenn diese Ausdrucksformen gerade dazu eingesetzt werden, auf die Meinungsbildung einzuwirken.⁴³³ Nicht aus-

---

⁴²⁶ *Depenheuer*, in: Maunz/Dürig, GG, Art. 8 Rn. 49 ff.
⁴²⁷ *Kunig*, in: Münch/Kunig, GG, Art. 8 Rn. 14.
⁴²⁸ *Geis*, in: Friauf/Höfling, GG, Art. 8 Rn. 19 ff.; *Wiefelspütz*, NJW 2002, 274 (275) m.w.N.
⁴²⁹ BVerfG, NJW 2001, 2459; NVwZ 2005, 1055; *Hoffmann-Riem*, NVwZ 2002, 257 (258); krit.: *Depenheuer*, in: Maunz/Dürig, GG, Art. 8 Rn. 48.
⁴³⁰ BVerfG, NJW 2001, 2459; NVwZ 2005, 1055; anders noch: BVerfGE 69, 315, (343) = NJW 1985, 2395 („Brokdorf"), als das BVerfG noch nicht von einer Verengung auf die Teilhabe an der öffentlichen Meinungsbildung ausging.
⁴³¹ BVerfG, NJW 2001, 2459 (2460).
⁴³² BVerwGE 129, 42, Rn. 16; BVerfG, NJW 2001, 2459 (2461); BVerfGE 143, 161, Rn. 112.
⁴³³ So sind musikalische Einlagen denkbar, solange sie einen Bezug zum meinungsrelevanten Thema der Veranstaltung aufweisen und nicht bloßer Selbstzweck sind, vgl. *Schneider*, in: BeckOK GG, Art. 8 Rn. 9; BVerfG, NVwZ 2005, 1055 (1056).

reichend ist dagegen eine mehr oder minder reine Unterhaltungsveranstaltung anlässlich derer es beiläufig auch zu Meinungsäußerungen kommt.[434] Vorliegend ist nicht ersichtlich, worin eine Meinungsäußerung liegen soll, die über die im Rahmen einer Massenparty übliche Musikuntermalung und das Tanzen selbst hinausgeht. Stattdessen steht der Vergnügungswert der Veranstaltung im Vordergrund.[435] Es ist im Gesamtbild naheliegender, dass hier das Feiern und gemeinsame gute Zeit verbringen gegenüber der Meinungsbildung im Vordergrund stehen.

Letztlich würde die Einordnung eines derartigen Veranstaltungstypus als Versammlung angesichts des hohen Schutzniveaus von Versammlungen auch massive Wertungswidersprüche aufwerfen, da letztlich nicht einzusehen wäre, warum Rechte Dritter (etwa Anwohner oder von der Veranstaltung betroffene Verkehrsteilnehmer) gegenüber einer bloßen Vergnügungsveranstaltung in derart erheblichen Maße zurücktreten sollten. **983**

Nach beiden Ansichten fehlt es bei der vorliegenden Technoparade des A am Erfordernis der Meinungsbildung und -äußerung. Sie fällt auch nach deren Verständnis nicht unter den Schutzbereich des Art. 8 Abs. 1 GG. **984**

3. Zwischenergebnis

Die Technoparade ist demnach nach den beiden letztgenannten Ansichten nicht als Versammlung i. S. v. § 1 Abs. 1 VersG, Art. 8 Abs. 1 GG anzusehen, während nach dem weiten Versammlungsbegriff eine Versammlung vorliegend zu bejahen wäre. Zwar kann der weite Versammlungsbegriff für sich reklamieren, einen besonders weitgehenden Grundrechtsschutz in Hinblick auf Versammlungen zu gewähren, jedoch ergeben sich in der Praxis dadurch erhebliche Abgrenzungsprobleme zwischen bloßen Menschenansammlungen ohne gemeinsame Zweckverfolgung der Teilnehmer und Ansammlungen, die – selbst mit banalsten gemeinsamen Zwecken – plötzlich das hohe Schutzniveau von Versammlungen genießen sollen.[436] **985**

Hinzu kommt, dass das Abhalten derartiger Veranstaltungen im Rahmen der Allgemeinen Handlungsfreiheit sowie gegebenenfalls der Meinungs- und Kunstfreiheit ohnehin Grundrechtsschutz genießt, der sich bei Würdigung aller Umstände auch besser mit den Rechten Dritter in Einklang bringen lässt als das „scharfe" Versammlungsrecht, das in dieser Ausgestaltung nur durch seine besondere Bedeutung im demokratischen Staat zu erklären ist. Soweit jedoch kein Bezug zur Meinungsbildung oder -äußerung erkennbar ist, besteht für ein derart hohes Schutzniveau keine Veranlassung. Somit ist der weite Versammlungsbegriff abzulehnen. Ob sich indessen die Meinungsrelevanz der Versammlung auf öffentliche Zwecke beziehen muss oder nicht, bedarf vorliegend keiner Entscheidung, da nach beiden Ansichten eine Versammlung ausscheidet. **986**

---

[434] *Dietel/Gintzel/Kniesel,* VersG, § 1 Rn. 10.
[435] *Geis,* in: Friauf/Höfling, GG, Art. 8 Rn. 25.
[436] Ob eine zu weite Ausdehnung des Schutzumfangs „zwangsläufig zur Folge [hat], dass der hohe Rang der Versammlungsfreiheit im Bewusstsein der Rechtsgemeinschaft verloren ginge" kann dahingestellt bleiben, vgl. aber: *OVG Berlin,* Beschl. v. 6.7.2001 – 1 S. 11.01.

III. Ergebnis

987 Die Veranstaltung des A ist somit nicht als Versammlung i. S. v. § 1 Abs. 1 VersG, Art. 8 Abs. 1 GG anzusehen.

988 **Hinweis:** Die genaue Abgrenzung einer Versammlung ist – wie die teils widersprüchlich reklamierten „herrschenden" Meinungen zeigen – noch immer nicht abschließend geklärt. Gerade im Grenzbereich zwischen den Ansichten kann es auf eine exakte und wertende Argumentation ankommen. Soweit die Klausurschwerpunkte nicht beim Versammlungsbegriff liegen, empfiehlt es sich, den Streit kurz darzustellen und das Vorliegen einer Versammlung anhand des engen Versammlungsbegriffs zu prüfen, da dieser in den beiden anderen Ansichten vollumfänglich enthalten ist.

989 Sollte eine Streitentscheidung erforderlich werden, erscheint der erweiterte Versammlungsbegriff vorzugswürdig, da sich eine Einengung auf öffentliche Zwecke der Meinungsbildung dem Art. 8 Abs. 1 GG nicht entnehmen lässt und in der Praxis wohl erhebliche Abgrenzungsprobleme aufwirft, da oftmals nicht klar zwischen rein privaten Zwecken (dann Schutzbereich nicht eröffnet) oder gemischt privat-öffentlichen Zwecken (dann aus Gründen des effektiven Rechtsschutzes Schutzbereich eröffnet) differenziert werden kann.

990 Eine Versammlung ist nach der hier vertretenen Auffassung eine Zusammenkunft von mindestens zwei Personen zur gemeinschaftlichen, überwiegend auf die Teilhabe an der Meinungsbildung gerichteten Erörterung oder Kundgebung.

Landesrechtliche Besonderheiten

991 Inzwischen haben einige Länder von der im Zuge der Föderalismusreform auf die Länder übergegangen Zuständigkeit für Versammlungsrecht Gebrauch gemacht und eigene Landesversammlungsgesetze erlassen.[437] In Art. 2 Abs. 1 BayVersG bzw. § 2 NVersG hat sich der Landesgesetzgeber für eine Mindestzahl von zwei Teilnehmern entschieden und fordert im Übrigen einen gemeinsamen Zweck, der auf die Teilhabe an der öffentlichen Meinungsbildung gerichteten Erörterung oder Kundgebung gerichtet ist. Angesichts dieser klaren Regelung könnte allenfalls in äußersten Grenzfällen noch über eine verfassungskonforme Auslegung der entsprechenden Regelungen nachgedacht werden, wenn das nach dieser Ansicht eng gefasste Kriterium der öffentlichen Meinungsbildung zu unbilligen und mit Art. 8 Abs. 1 GG unvereinbaren Ergebnissen führt.

---

[437] Bayern, Berlin (teilweise), Niedersachsen, Sachsen, Sachsen-Anhalt, Schleswig-Holstein.

Fall 22. Versammlung ante portas (Versammlungsrecht)*

Sachverhalt

Der Bundestag beabsichtigt, in seiner Sitzung am 8.7.2014 über das neue Zuwanderungsgesetz abzustimmen, das gegenüber der bisherigen Rechtslage insbesondere Erleichterungen beim Bleiberecht aus humanitären Gründen sowie verbesserte Integrationsprogramme vorsieht. Die erforderliche Mehrheit quer durch alle politischen Lager gilt als sicher.

Die nicht im Bundestag vertretene F-Partei schäumt angesichts dieses Vorhabens vor Wut, da sie eine „Zuwanderungsschwemme" befürchtet, die „deutsche Staatsbürger die Arbeitsplätze kostet". Aus diesem Grund möchte sie vom Donnerstagabend, 7.7. bis Freitagabend, 8.7.2014 eine Mahnwache auf dem Platz der Republik, direkt vor dem Westportal des Reichstagsgebäudes in Berlin, abhalten. Dazu erwartet sie je nach Tageszeit bis zu 900 Teilnehmer, wobei der „harte Kern" von etwa 30 Personen durchgehend anwesend sein soll. Die Teilnehmer beabsichtigen, mit Redebeiträgen sowie mit Trommeln und Trillerpfeifen die Abgeordneten und Passanten auf den Ernst der Lage aufmerksam zu machen.

Am 17.7.2014 meldet X die Veranstaltung ordnungsgemäß beim Polizeipräsidenten in Berlin als zuständige Versammlungsbehörde an. Mit Schreiben vom 27.7.2014 teilt ihm die Versammlungsbehörde mit, dass die Mahnwache vor dem Bundestag nicht stattfinden könne. Der Platz der Republik liege mitten in einem befriedeten Bezirk gem. dem BefBezG,[438] in dem grds. keine Versammlungen genehmigt werden könnten. Auch hätten sowohl das Bundesministerium des Inneren als auch der Präsident des Deutschen Bundestages eine Ausnahmegenehmigung mit Hinweis auf die Störung laufender Sitzungen durch eine lautstarke Veranstaltung direkt vor dem Reichstag verweigert.

Die Mahnwache könne dagegen ohne weiteres zugelassen werden, wenn sie an einem anderen Ort stattfinde. In Betracht kämen etwa der Alexanderplatz oder ein Teilstück im südlichen Tiergarten, gegenüber dem Brandenburger Tor. Hier sei von einer Störung der Arbeitsfähigkeit des Parlaments nicht mehr auszugehen und ein ungehinderter Zugang zum Reichstagsgebäude gewährleistet.

X will sich mit dieser Entscheidung nicht abfinden. Er ist der Auffassung, durch die Verlegung der Veranstaltung weg von der symbolträchtigen Kulisse des Reichstagsgebäudes werde seine Veranstaltung marginalisiert. Der Zweck der Veranstaltung sei es, gerade die Abgeordneten zu mahnen und sich bei ihnen bemerkbar zu machen. Dieser könne aber nicht erfüllt werden, wenn die Mahnwache woanders stattfinde.

Bearbeitervermerk: Ist die Verlegung der Versammlung rechtmäßig?

---

* Gelöst nach Bundesrecht; Besonderheiten in anderen Ländern siehe unten Rn. 1022.
[438] Gesetz über befriedete Bezirke für Verfassungsorgane des Bundes vom 8.12.2008 (BGBl. I S. 2366). Lesenswert dazu: BT-Drs. 14/ 1147.

Fall 22. Versammlung ante portas (Versammlungsrecht)

Lösung[439]

Die Entscheidung des Polizeipräsidenten in Berlin ist rechtmäßig, wenn sie auf einer tauglichen Rechtsgrundlage beruht und diese rechtsfehlerfrei angewandt wurde.

I. Rechtsgrundlage

992 Auf Bundesebene besteht für das Versammlungsrecht das BVersG als lex specialis. Seit der Föderalismusreform haben die Länder die Gesetzgebungskompetenz für das Versammlungsrecht. Berlin hat hiervon jedoch nur bezüglich Bild- und Tonaufnahmen bei Versammlungen unter freiem Himmeln Gebrauch gemacht, im Übrigen gilt hier weiterhin das BVersG.[440]

Fraglich ist zunächst der Regelungsgehalt der Entscheidung. Versammlungen sind zwar nach § 14 VersmmlG anzumelden, unterliegen aber grundsätzlich keinem Erlaubnis- oder Genehmigungsvorbehalt. Als behördliche Reaktion auf die Anmeldung einer Versammlung sieht § 15 VersammlG deshalb nicht die Genehmigung vor, sondern nur die Entscheidung über ein Verbot der Versammlung oder die Anordnung von Auflagen.

993 Bei Entscheidung, die Versammlung können nur bei einer örtlichen Verlegung stattfinden, könnte es sich um ein Verbot der Versammlung nach § 15 Abs. 1 Alt. 1 VersG oder eine Anordnung einer Auflage nach § 15 Abs. 1 Alt. 2 VersG handeln.

994 Ein Verbot ist die Untersagung einer konkret geplanten Versammlung mit dem Ziel, ihre Durchführung (insgesamt) zu verhindern.[441] Auflagen sind die Modifikation der vom Veranstalter beabsichtigten Gestaltung der Versammlung, insbesondere in Hinblick auf Ort, Zeit oder Art und Weise der Durchführung.[442] Vorliegend geht es der Versammlungsbehörde nicht darum, die Versammlung an sich zu verhindern, sondern lediglich darum, sie örtlich zu verlegen. Es ist damit von einer bloßen Beschränkung auszugehen. Rechtsgrundlage für die Auflage ist folglich § 15 Abs. 1 Alt. 2 VersG.[443]

II. Formelle Rechtmäßigkeit

1. Zuständigkeit

995 Zuständig für den Erlass der Auflage ist der Polizeipräsident in Berlin gem. § 2 Abs. 4 S. 1 ASOG BLN i. V. m. Nr. 23 Abs. 2 ZustKatOrd.[444]

---

[439] Lesenswert zum Schutz der Verfassungsorgane im Versammlungsrecht: *Dietrich*, DÖV 2010, 683 ff.
[440] Gesetz über Aufnahmen und Aufzeichnungen von Bild und Ton bei Versammlungen unter freiem Himmel und Aufzügen, vom 23. April 2013, GVBl. 2013, 103.
[441] Vgl. *Dietel/Gintzel/Kniesel*, VersG, § 15 Rn. 14.
[442] *Dietel/Gintzel/Kniesel*, VersG, § 15 Rn. 43; Auflagen i. S. d. VersG sind selbständige Verwaltungsakte und dürfen keinesfalls mit Auflagen als Nebenbestimmungen i. S. d. § 36 VwVfG verwechselt werden, die sich stets auf einen Haupt-VA beziehen.
[443] Vgl. für **Bayern:** Art. 15 Abs. 1 BayVersG; für **Niedersachsen:** § 8 Abs. 1 NVersG; für **Sachsen:** §§ 15 Abs. 1 SächsVersG.
[444] Allgemeines Sicherheits- und Ordnungsgesetz des Landes Berlin mit Anlage: Zuständigkeitskatalog Ordnungsaufgaben; Vgl. für **Bayern:** Art. 24 Abs. 2 S. 1 Hs. 1 BayVersG; für **Niedersachsen:** § 24 NVersG; für **Sachsen:** §§ 32 f. SächsVersG.

2. Verfahren und Form

Vor Erlass eines belastenden Verwaltungsaktes muss der Betroffene nach Art. 28 Abs. 1 LVwVfG angehört werden. Dies ist vorliegend unterblieben, die Voraussetzungen für ein Absehen von der Anhörung nach Art. 28 Abs. 2 LVwVfG sind vorliegend nicht ersichtlich. **996**

Im Versammlungsrecht besteht nach der Rechtsprechung zu Art. 8 Abs. 1 GG ein Kooperationsgebot, wonach die Verwaltungsbehörde kooperativ-einvernehmliche Lösungen gegenüber einseitig-hoheitlichen Auflagen vorziehen sollen.[445] Dies setzt notwendig eine vorherige Anhörung voraus. **997**

Der Verstoß gegen Art. 28 Abs. 1 LVwVfG führt zur Rechtswidrigkeit der Entscheidung. Die Anhörung kann jedoch nach § 45 Abs. 1 Nr. 3 LVwVfG bis zum Abschluss der letzten Tatsacheninstanz eines gerichtlichen Verfahrens nachgeholt und die Rechtswidrigkeit des Verwaltungsakts damit geheilt werden. **998**

Formfehler sind nicht ersichtlich. **999**

III. Materielle Rechtmäßigkeit

In materieller Hinsicht müssten die Voraussetzungen der Rechtsgrundlage vorliegen und die Maßnahme verhältnismäßig sowie ermessensfehlerfrei angeordnet worden sein. **1000**

1. Versammlung[446]

Dazu müsste die Veranstaltung des X eine Versammlung i. S. d. Versammlungsgesetzes sein. Der Begriff der Versammlung ist jedoch umstritten. Nach dem engen Versammlungsbegriff ist eine Versammlung eine Zusammenkunft von mindestens zwei Personen zur gemeinschaftlichen, überwiegend auf die Teilhabe an der öffentlichen Meinungsbildung gerichteten Erörterung oder Kundgebung.[447] **1001**

Vorliegend besteht die Mahnwache des X aus mindestens 30 Teilnehmern, die ihre Missbilligung über ein Gesetzesvorhaben der Bundesregierung durch Redebeiträge sowie durch lautes Trommeln und Pfeifen zum Ausdruck bringen möchte. Darin ist unproblematisch eine auf die öffentliche Meinungsbildung gerichtete Kundgebung zu sehen. Eine Versammlung liegt damit vor. **1002**

Nach dem erweiterten Versammlungsbegriff genügt demgegenüber jeder auf Meinungsbildung (jeglicher Art) gerichtete Zweck der Kundgebung, während der weite Versammlungsbegriff nur noch einen beliebigen gemeinsamen Zweck der Versammlungsteilnehmer erfordert. Da vorliegend selbst nach der engsten Ansicht eine Versammlung anzunehmen ist, kann eine Streitentscheidung dahinstehen, da nach allen Ansichten das Vorliegen einer Versammlung zu bejahen ist. **1003**

---

[445] *BVerfGE* 69, 315 (355 ff., 358 f.).
[446] Die Frage, ob eine Versammlung vorliegt oder nicht, wird teilweise auch bei der Anwendbarkeit des VersG im Rahmen der Rechtsgrundlage angesprochen.
[447] Vgl. zur Problematik des Versammlungsbegriffs Fall 21 Versammlungsrecht. Der Begriff der Versammlung ist in **Bayern** in Art. 2 Abs. 1 BayVersG, in **Niedersachsen** in § 2 NVersG, in **Sachsen** in § 1 Abs. 3 SächsVersG legaldefiniert (s. o.).

2. Öffentlich

1004 Diese Versammlung müsste ferner öffentlich sein. Eine Versammlung ist öffentlich, wenn prinzipiell jedermann die Möglichkeit hat, sich an ihr zu beteiligen.[448] Dies ist bei der Veranstaltung des X, die offen auf einem allgemein zugänglichen Platz stattfindet, ohne Weiteres anzunehmen, zumal es offensichtlich im Interesse des X liegt, seinem Anliegen möglichst große Aufmerksamkeit zu verschaffen.

3. Gefahr für die öffentliche Sicherheit

1005 Problematisch ist jedoch, ob nach den zur Zeit des Erlasses der Verfügung erkennbaren Umständen die öffentliche Sicherheit oder Ordnung bei Durchführung der Versammlung des X unmittelbar gefährdet ist, § 15 Abs. 1 VersG.

1006 Das Rechtsgut der öffentlichen Sicherheit umfasst nach der Rechtsprechung des BVerfG den Schutz zentraler Rechtsgüter, wie Leben, Gesundheit, Freiheit, Ehre und Vermögen sowie die Unversehrtheit der Rechtsordnung und der staatlichen Einrichtungen.[449]

1007 Eine unmittelbare Gefahr liegt vor, wenn die Verletzung des Rechtsguts so nahe ist, dass sie jederzeit eintreten kann.[450]

1008 Vorliegend ist eine Gefährdung der genannten zentralen Rechtsgüter aus der ex-ante Perspektive nicht anzunehmen, da eine solche nach dem geplanten Ablauf der Veranstaltung nicht zu befürchten steht. Auch ist eine Gefahr für die Unversehrtheit des Bundestags als staatlicher Einrichtung durch die vorliegende Versammlung noch nicht anzunehmen. Zwar ist nicht auszuschließen, dass die vorgesehene Veranstaltung hier einen gewissen mittelbaren Einfluss auf die Beratungen oder das Abstimmungsergebnis hat, jedoch ist sie qualitativ allenfalls als leichte Beeinträchtigung der Arbeitsfähigkeit des Bundestags anzusehen, wenn durch sie an einem von mehreren Eingängen Behinderungen entstehen und sich die Abgeordneten durch den Lärm belästigt fühlen sollten.

1009 In Betracht kommt jedoch eine Gefahr für die Unversehrtheit der Rechtsordnung, da eine Versammlung auf dem Platz der Republik möglicherweise gegen § 2 BefBezG verstößt.

a) Verstoß gegen § 2 BefBezG

1010 Das BefBezG ist mangels entgegenstehender Anhaltspunkte im Sachverhalt als verfassungsmäßige Schranke der Versammlungsfreiheit i.S.v. Art. 8 Abs. 2 GG anzusehen. Auch liegt eine öffentliche Versammlung i.S.d. § 2 BefBezG vor (s.o.). Diese soll nach den Planungen der Veranstalter auf dem Platz der Republik und mithin innerhalb eines befriedeten Bezirks nach § 1 BefBezG i.V.m. Anlage (BefBezG) Nr. 1 stattfinden. Ein Verstoß gegen § 2 BefBezG ist damit gegeben.[451]

---

[448] *Geis,* in: Friauf/Höfling, GG, Art. 8 Rn. 70 m.w.N.; *Götz/Geis,* Allg. Polizei- u. OrdnungsR, § 4 Rn. 1 ff.
[449] *BVerfG,* NJW 2001, 2072 (2073).
[450] *Dietel/Gintzel/Kniesel,* VersG, § 15 Rn. 28.
[451] Für **Baden-Württemberg** vgl. §§ 1, 2 Bannmeilengesetz des Landes Baden-Württemberg, für **Bayern** vgl. Art. 17, 18 S. 1 Bay VersG, für **Nordrhein-Westfalen** vgl. §§ 1, 2 Bannmeilengesetz des Landtags Nordrhein-Westfalen, für **Niedersachsen** vgl. §§ 18, 19 NVersG. Der Freistaat **Sachsen** hat keine befriedeten Bezirke festgelegt.

b) Keine Zulassungsfähigkeit § 3 Abs. 1 BefBezG

Angesichts des hohen Rangs der Versammlungsfreiheit könnte eine Gefahr für die Rechtsordnung jedoch abzulehnen sein, wenn die Voraussetzungen für eine Zulassung der Versammlung gem. § 3 Abs. 1 S. 1 BefBezG vorliegen und sie danach zuzulassen wäre. Da die Versammlung laut Sachverhalt an einem Sitzungstag des Deutschen Bundestags stattfinden soll, greift die Regel des § 3 Abs. 1 S. 2 BefBezG nicht. 1011

Voraussetzung für die Zulassung der Versammlung des X wäre, dass die Tätigkeit des Bundestags und seiner Fraktionen sowie seiner Organe und Gremien nichtbeeinträchtigt und der freie Zugang zum Gebäude gewährleistet wäre. Eine solche Beeinträchtigung kann nicht nur in physischen Störungen, sondern in jeglichem Verhalten liegen, das geeignet ist, den demokratischen Willensbildungs- und Entscheidungsprozess zu stören.[452] 1012

Vorliegend ist davon auszugehen, dass die Versammlung des X ihrem Gesamtgepräge nach darauf ausgerichtet ist, die parlamentarische Meinungsbildung zu beeinflussen. Insbesondere ist davon auszugehen, dass der von den Teilnehmern vorgesehene Einsatz von Trommeln und Pfeifen auch innerhalb des Reichstagsgebäudes deutlich hörbar sein wird und damit ungebührliche Aufmerksamkeit auf sich ziehen würde. 1013

Der demokratische Prozess der Willensbildung im Parlament soll sich aber nach Kriterien der Nützlichkeit und Sachdienlichkeit, nicht jedoch nach den am lautesten geäußerten Partikularinteressen richten. Insbesondere wollte der Gesetzgeber – wohl auch aufgrund der historischen Erfahrungen der späten Weimarer Republik[453] – keinen durch Versammlungen und Demonstrationen vermittelten „Druck der Straße" in unmittelbarer Nähe der Verfassungsorgane dulden.[454] Angesichts dessen ist vorliegend von einer Beeinträchtigung der Tätigkeit des Deutschen Bundestages auszugehen. Die Versammlung wäre folglich auch nicht nach § 3 Abs. 1 BefBezG zuzulassen gewesen. 1014

c) Zwischenergebnis

Eine unmittelbare Gefahr für die öffentliche Sicherheit ist damit gegeben, da nach den verfügbaren Informationen die Durchführung der geplanten Versammlung des X eine Verletzung des § 2 BefBezG darstellen würde. 1015

4. Verhältnismäßigkeit

Die Verlegung der Versammlung des X müsste weiter verhältnismäßig sein. Mit dem Schutz der Tätigkeit des Deutschen Bundestags vor Beeinträchtigungen dient die Verlegung einem legitimen Zweck. Sie ist auch geeignet, diesem Ziel zu dienen, indem sie die unmittelbaren akustischen und psychologischen Einwirkungen auf die parlamentarische Arbeit beseitigt. 1016

Problematisch ist aber, ob die Verlegung der Versammlung das relativ mildeste unter den geeigneten Mitteln und damit erforderlich war. In Betracht kommen 1017

---

[452] *Wiefelspütz*, NVwZ 2000, 1016 (1017).
[453] Zu den Hintergründen und historischen Bezügen der Bannmeilenregelung vergleiche *Dietel/Gintzel/Kniesel*, VersG, § 16 Rn. 9 ff.
[454] Vgl. *Geis*, in: Friauf/Höfling, GG, Art. 8 Rn. 106; *Wiefelspütz*, NVwZ 2000, 1016.

etwa Auflagen hinsichtlich eines einzuhaltenden Mindestabstands zum Reichstagsgebäude. Hierzu ist allerdings festzustellen, dass der Gesetzgeber durch die genauen räumlichen Grenzen in der Anlage zum BefBezG eine abschließende Entscheidung über diese Frage getroffen hat. Außerdem ist davon auszugehen, dass bei einer Versammlung dieser Größenordnung die Einhaltung einer solchen Auflage nicht ohne erhebliche Polizeipräsenz zu gewährleisten ist. In jedem Fall verbleibt aber das psychologische Moment, das sich auch gerade aus umfangreichen polizeilichen Sicherheitsmaßnahmen ergeben kann. Ein milderes Mittel ist damit nicht ersichtlich. Die Verlegung war erforderlich.

1018 Auch in Hinblick auf das Übermaßverbot begegnet die Verlegung keinen Bedenken. So sind die Funktionsfähigkeit des Parlaments und die Gewährleistung eines freien demokratischen Willensbildungs- und Entscheidungsprozesses in einer Demokratie von hoher Bedeutung und wiegen ohne weiteres die Frage nach dem Ort einer Versammlung als einer bloßen Modalität auf.

1019 Zudem hat der Polizeipräsident in Berlin mit dem Alexanderplatz und einem Teil des Tiergartens nahe dem Brandenburger Tor zwei Alternativorte benannt, die eine ähnlich herausgehobene Lage aufweisen wie der Platz der Republik und als Kulisse für eine Versammlung vergleichbar attraktiv sind. Die Verlegung der Versammlung ist damit verhältnismäßig.

5. Ermessen

1020 Ermessensfehler sind vorliegend nicht ersichtlich.

IV. Ergebnis

1021 Die Verlegung der Versammlung ist rechtmäßig.

Landesrechtliche Besonderheiten

1022 Bannmeilen existieren (u. A.) in **Baden-Württemberg,** in **Niedersachsen** sowie in **Nordrhein-Westfalen** nach den jeweiligen Bannmeilengesetzen. **Bayern** hat die Bannmeile um den Landtag in Art. 17–19 BayVersG geregelt.[455] In **Berlin** gibt es sowohl eine Bannmeile beim Abgeordnetenhaus als auch bei Erinnerungsorten gem. dem Berliner Gedenkstättenschutzgesetz.

Versammlungsrecht und Rechtsprechung:

1023 Das Versammlungsrecht ist eine stark von der Rechtsprechung (vor allem) des BVerfG geprägte Materie, so dass es sinnvoll ist, sich mit den zentralen Leitentscheidungen vertraut zu machen, um die Entwicklung des Versammlungsrechts in der praktischen Anwendung nachzuvollziehen. Gerade angesichts der infolge der Föderalismusreform ausgelösten und in verfassungsrechtlicher Hinsicht nicht immer unbedenklichen Tätigkeit der Landesgesetzgeber ist es von besonderer

---

[455] Vgl. hierzu auch: *Wächtler/Heinhold/Merk,* Bayerisches VersammlungsG, Art. 17–19.

Bedeutung die zentralen Grundsätze des Versammlungsrechts sicher zu beherrschen.[456]

Das BVerfG hat anlässlich des G8-Gipfels in Heiligendamm am 5.6.2007 zu räumlichen Auflagen Stellung genommen[457] und sich in einer weiteren Entscheidung mit der Frage befasst, inwieweit öffentlich beherrschte Unternehmen in Privatrechtsform an Grundrechte (insbesondere die Versammlungsfreiheit) gebunden sind.[458]

1024

In einer Entscheidung aus dem Jahr 2012 hat das BVerfG festgehalten, dass unter Berücksichtigung der Bedeutung der Versammlungsfreiheit eine Behörde auch beim Erlass von Auflagen keine zu geringen Anforderungen an die Gefahrenprognose stellen darf. Als Grundlage der Gefahrenprognose sind konkrete und nachvollziehbare tatsächliche Anhaltspunkte erforderlich; bloße Verdachtsmomente oder Vermutungen reichen hierzu nicht aus.[459]

1025

Aktuell hat sich das BVerfG mit der Notwendigkeit einer versammlungsfreundlichen Auslegung versammlungsrechtliche Auflagen befasst.[460]

1026

---

[456] Eine Kurzzusammenfassung der wichtigsten Judikate findet sich bei *Geis*, in: Friauf/Höfling, GG, Art. 8 Rn. 142 ff.; zur Rechtmäßigkeit versammlungsrechtlicher Auflagen *Leist*, NVwZ 2013, 1300 ff.
[457] *BVerfG*, NJW 2007, 2173.
[458] *BVerfG*, BVerfGE 128, 226.
[459] *BVerfG*, NVwZ 2013, 570.
[460] *BVerfG*, NVwZ 2014, 1453.

Fall 23. Chaostage in Stuttgart (Versammlungsrecht)*

Sachverhalt

Der Ministerpräsident von Baden-Württemberg (M) ist Spitzenkandidat seiner Partei bei der Bundestagswahl, die dieses Mal gute Aussichten hat, gemeinsam mit ihrem Koalitionspartner die Wahl zu gewinnen. Allerdings ist er wegen seiner wirtschaftsfreundlichen Politik und seiner harten Linie bei Fragen der inneren Sicherheit im Rest der Republik nicht unumstritten.

H ist Vorsitzende der Gemeinschaftsaktion gegen Arbeiterausbeutung (GAgA) und vertritt die Auffassung, M richte im „Ländle" schon genug Schaden an und dürfe deshalb nie Bundeskanzler werden. Deshalb plant sie mit Gleichgesinnten aus der ganzen Bundesrepublik eine Großveranstaltung unter dem Motto „Krieg dem Kapital – Stoppt M!", die sich zum Ziel setzt, die Menschen gegen Ms Kanzlerkandidatur zu mobilisieren. Erwartet werden zu der ordnungsgemäß angemeldeten Großkundgebung auf dem Stuttgarter Schlossplatz etwa 50.000 Teilnehmer aus dem linken und linksautonomen Spektrum, die aus der ganzen Bundesrepublik anreisen. Die Polizei ist angesichts dieser Konstellation alarmiert, da sie aus mehreren einschlägigen Internetforen Hinweise bekommen hat, dass zahlreiche potentielle Versammlungsteilnehmer beabsichtigen, ihrem Ansinnen auch mit Waffengewalt Nachdruck zu verleihen. Dabei kommt es erfahrungsgemäß zu ganz erheblichen Sach- und Personenschäden. Die Polizei richtet deshalb an allen Autobahnen rund um Stuttgart Kontrollposten ein, um gewaltgeneigte Versammlungsteilnehmer frühzeitig zu identifizieren und Waffen rechtzeitig vor der Demonstration „aus dem Verkehr zu ziehen".

Am Tag der Veranstaltung gerät H in eine dieser Polizeikontrollen und wird von den anwesenden Polizisten zunächst angehalten und aufgefordert, sich auszuweisen. H kommt dieser Aufforderung widerwillig nach. Während sie den Beamten erklärt, unterwegs zur Demonstration in Stuttgart zu sein, fällt PM Walthers auf dem Armaturenbrett des Wagens ein großer Schlagstock auf, wie er auch von Einsatzkräften der Polizei verwendet wird.

Auf den Schlagstock angesprochen meint H, es sei ihr gutes Bürgerrecht, sich vor „den unverhältnismäßigen Gewaltakten der Landespolizei" zu schützen. In der Vergangenheit habe diese schließlich auch bei der Auflösung von Demonstrationen immer wieder Schlagstöcke gegen Demonstranten eingesetzt. Es könne doch nicht sein, dass der Bürger letztlich schutzlos den Maßnahmen der Polizei ausgeliefert werde. Die Beamten sind davon wenig beeindruckt und nehmen ihr unter Verweis auf das Waffenverbot bei Versammlungen gem. § 27 VersG den Schlagstock ab. Dabei übergeben sie ihr eine Bescheinigung über die Wegnahme, auf der eine ordnungsgemäße Rechtsbehelfsbelehrung abgedruckt ist. Sodann erlauben sie der H, ihre Fahrt fortzusetzen.

Einige Tage nach der Veranstaltung trifft H in der Kneipe einen Bekannten, den Rechtsanwalt R. Immer noch ohnmächtig vor Wut möchte sie von ihm wissen, ob die Maßnahmen der Polizei rechtlich in Ordnung waren.

---

* Gelöst nach dem Recht in Baden-Württemberg.

Bearbeitervermerk: Erstellen Sie die Antwort des Rechtsanwalts! Fragen des Prozessrechts sowie der Strafverfolgung bleiben außer Betracht.

Lösung

Die Maßnahmen der Polizei waren rechtmäßig, wenn sie auf tauglichen Rechtsgrundlagen beruhen und diese rechtsfehlerfrei angewandt wurden. Zu unterscheiden sind hier das Anhalten, die Aufforderung sich auszuweisen sowie die Wegnahme des Schlagstocks.

A. Rechtmäßigkeit der Personenfeststellung

Die Aufforderung anzuhalten und sich auszuweisen ist eine Identitätsfeststellung (Personenfeststellung), mittels der sich die Polizei Gewissheit über die Identität der betroffenen Person verschaffen möchte. Als belastende Maßnahme bedarf sie einer Rechtsgrundlage.

1027

I. Rechtsgrundlage

Die Ermächtigung der Polizei zur Personenfeststellung das Anhalten und das Vorzeigen der Ausweispapiere zu verlangen folgt in Baden-Württemberg aus § 26 Abs. 2 S. 2 PolG BW. Vorliegend steht die Maßname jedoch auch aus Sicht der handelnden Polizeibeamten im Kontext einer Versammlung, sodass hier möglicherweise die versammlungsrechtlichen Vorschriften lex specialis und deshalb vorrangig anzuwenden sind. Baden-Württemberg hat kein eigenes Versammlungsgesetz erlassen, sodass hier das BVersammlG nach Art. 125a Abs. 1 GG fortgilt.

1028

Fraglich ist danach zunächst, ob der Anwendungsbereich des BVersammlG überhaupt eröffnet ist und wie sich dessen Verhältnis zum PolG BW bestimmt.

1029

1. Versammlung

Das BVersammlG ist überhaupt nur anwendbar, wenn es sich bei der geplanten Veranstaltung um eine öffentliche Versammlung[461] handelt. Nach dem engen Versammlungsbegriff ist eine Versammlung die Zusammenkunft von mindestens zwei Personen zur gemeinschaftlichen, überwiegend auf die Teilhabe an der öffentlichen Meinungsbildung gerichteten Erörterung oder Kundgebung. Hier kommen die Teilnehmer zusammen, um gegen die Politik des Ministerpräsidenten und seine Kanzlerkandidatur zu demonstrieren. Darin ist ein auf die öffentliche Meinungsbildung gerichteter Versammlungszweck zu sehen. Auch hinsichtlich der Mindestzahl der Teilnehmer bestehen angesichts der erwarteten 50.000 Personen keinerlei Bedenken.

1030

Da insofern bereits nach dem engen Versammlungsbegriff eine Versammlung zu bejahen wäre, kommt es auf einen Streitentscheid zwischen diesem und dem gleich-

1031

---

[461] Vgl. zur Problematik des Versammlungsbegriffs Fall 21 Versammlungsrecht. Der Begriff der Versammlung ist in **Bayern** in Art. 2 Abs. 1 BayVersG, in **Niedersachsen** in § 2 NVersG, in **Sachsen** in § 1 Abs. 3 SächsVersG legaldefiniert (s. o.).

falls vertretenen erweiterten bzw. dem weiten Versammlungsbegriff nicht an, da diese den engen Versammlungsbegriff jeweils vollständig mitumfassen.

1032 Diese Versammlung müsste ferner öffentlich sein. Eine Versammlung ist öffentlich, wenn prinzipiell jedermann die Möglichkeit hat, sich an ihr zu beteiligen. Dies ist hier anzunehmen. Eine öffentliche Versammlung liegt damit vor.

2. Verhältnis des BVersammlG zum PolG BW

1033 Grundsätzlich ist das BVersammlG innerhalb seines Anwendungsbereichs als abschließende[462] Regelung für öffentliche Versammlungen unter freiem Himmel anzusehen. Als lex specialis des besonderen Polizeirechts sperrt es damit den Rückgriff auf das allgemeine Polizeirecht.[463] Zwar können die Länder nunmehr nach Art. 125 Abs. 1 GG das BVersammlG durch Landesrecht ersetzen. Eine entsprechende Regelung hat Baden-Württemberg jedoch noch nicht erlassen.

1034 Der Anwendungsvorrang des bundesrechtlichen lex specialis greift aber nur soweit, wie das BVersammlG abschließende Regelungen getroffen hat. Dies ist insbesondere bezüglich solcher Maßnahmen streitig, die das sogenannte Vorfeld einer Versammlung betreffen. Darunter fallen zeitlich und räumliche diejenigen Lebenssachverhalte, in denen eine Versammlung im Sinne des Art. 8 Abs. 1 GG noch nicht begonnen hat. Dies trifft auch hier zu. Die H war im Zeitpunkt des Anhaltens auf dem Weg zu Versammlung. Die Anreise ist zwar vom Schutzzweck des Art. 8 Abs. 1 GG erfasst, jedoch nicht Teil der Versammlung im Sinne des BVersammlG.

3. Vorfeldmaßnahmen

1035 Nach der h. M. sieht das BVersammlG mit der Möglichkeit Versammlungen zu Bieten oder Auflagen anzuordnen nur Vorfeldmaßnahmen hinsichtlich der Versammlung als Ganzes vor. Gegenüber einzelnen Teilnehmern kann nur ein Verbot der Teilnahme nach § 17a Abs. 4 BVersammlG ausgesprochen werden. Nach Beginn der Versammlung ist nach § 18 Abs. 3 BVersammlG ein Ausschluss von der Versammlung möglich. Fraglich ist daher, ob für Maßnahmen gegen künftige Teilnehmer einer Versammlung vor dem Beginn dieser Versammlung auf das jeweilige Landespolizeirecht zurückgegriffen werden kann.[464]

1036 Soweit ersichtlich wird nicht vertreten, dass § 17a Abs. 4 BVersammlG eine abschließende Regelung für Vorfeldbefugnisse beinhaltet. Entsprechend kommt eine unmittelbare Anwendung des allgemeinen Polizeirechts auf Maßnahmen im Vorfeld von Versammlungen in Betracht.[465]

---

[462] Dazu krit.: *Sigrist*, Die Polizei 2002, 132 (134).
[463] Vgl. *Kötter/Nolte*, DÖV 2009, 399 ff. m. w. N.; *Dietel/Gintzel/Kniesel*, VersG, § 15 Rn. 4 ff.; nach *Turnit*, NVwZ 2012, 1079 ff. kommt ein Rückgriff auf das allgemeine Polizeirecht nur dann in Betracht, wenn das maßgebliche Versammlungsgesetz die Vorfeldmaßnahmen fragmentarisch regelt.
[464] Zu den konzeptionellen Schwächen des VersG im Bereich der Vorfeldmaßnahmen vgl. *Geis*, Die Polizei 1993, 293 ff.; *Kniesel/Poscher*, in: Lisken/Denninger, PolR-HdB, Kap. K Rn. 40 ff.
[465] *Kniesel/Poscher*, in: Lisken/Denninger, PolR-HdB, Kap. K Rn. 40 ff.; *Kingreen/Poscher*, Polizei- und OrdnungsR, § 19 Rn. 15.

Soweit entsprechende polizeilichen Maßnahmen gezielt auf künftige Teilnehmer **1037** einer durch Art. 8 Abs. 1 GG geschützte Versammlung gerichtet sind, muss das jeweilige Polizeigesetz das Zitiergebot gem. Art. 19 Abs. 1 S. 2 GG beachten: Bereits der Weg zur Versammlung unterfällt unstreitig dem grundrechtlichen Schutz des Art. 8 Abs. 1 GG.[466] Dieser wird aber gem. § 4 PolG BW nicht als eingeschränkt zitiert, so dass insoweit ein Verstoß gegen das Zitiergebot vorliegt.

Eine Ansicht sieht solche Maßnahmen, die dem „Schutz" der Versammlung dienen, **1038** schon nicht als zitierpflichtigen Eingriff in die Versammlungsfreiheit an.[467] nach anderer Auffassung handelt es sich nur um mittelbare Eingriffe in die Versammlungsfreiheit, für die das Zitiergebot nicht gelte.[468] All diese Ansichten überzeugen nicht.[469] Die Landesgesetzgeber sind dazu aufgerufen, ihre Polizeigesetze entsprechend zu ändern und dabei die Frage nach den Eingriffsbefugnissen der Landespolizeibehörden im Vorfeld von Versammlungen zu entscheiden. Soweit hier eine gesetzgeberische Entscheidung nicht getroffen wurde, sind gezielt gegen Versammlungsteilnehmer gerichtete Polizeiliche Maßnahmen auf Grundlage eines Gesetzes, welches Art. 8 Abs. 1 GG nicht zitiert, wegen Verstoßes gegen das Zitiergebot rechtswidrig.

4. Zwischenergebnis

Trotz fehlender spezialgesetzlicher Rechtsgrundlage kann aufgrund des Verstoßes **1039** gegen das Zitiergebot das Anhalten zur Personenfeststellung nicht auf § 26 Abs. 1, Abs. 2 S. 2 PolG BW gestützt werden.

Es fehlt mithin bereits an einer tauglichen Rechtsgrundlage. Das Anhalten ist be- **1040** reits deshalb rechtswidrig.

II. Formelle Rechtmäßigkeit

1. Zuständigkeit

Sachlich zuständig für die Personenfeststellung und das Anhalten zu diesem Zweck **1041** ist nach § 60 Abs. 3 PolG BW der Polizeivollzugsdienst neben den allgemeinen Polizeibehörden. Der Polizeivollzugsdienst ist nach § 75 PolG BW im gesamten Landesgebiet örtlich zuständig.

2. Verfahren

Verfahrensfehler sind nicht ersichtlich. Insbesondere konnte die grds. erforderliche **1042** Anhörung gem. § 28 Abs. 2 Nr. 1 LVwVfG unterbleiben, da eine Anhörung vor dem Anhalten nicht möglich erscheint.

---

[466] Vgl. *BVerfGE* 69, 315 (348 ff.); 84, 203 (209); *Kniesel*, NJW 2000, 2857 (2862 f.); *Deger*, NVwZ 1999, 265 (266).
[467] *Dietel/Gintzel/Kniesel*, VersG, § 15 Rn. 5 f.; krit.: *Mayer*, JA 1998, 345 (349 f.); vgl. zum Streit auch *Turnit*, NVwZ 2012, 1079 ff. In **Bayern** dürfte sich dieser Streit erledigt haben, da der Art. 74 PAG seit der letzten Änderung durch das Gesetz vom 22.7.2008 (GVBl. S. 421) nunmehr auch die Versammlungsfreiheit als eingeschränkt zitiert. In Art. 13 Abs. 1 Nr. 4 BayPAG ist ferner die polizeiliche Kontrollstelle als typische Vorfeldmaßnahme sogar ausdrücklich im PAG geregelt. Dazu krit.: *Wächtler/Heinhold/Merk*, Bayerisches VersammlungsG, Art. 15 Rn. 40, der von einer nicht überzeugenden legislatorischen Billigung der bisherigen bayerischen Verwaltungspraxis spricht.
[468] Vgl. zu dieser Konstruktion *BVerfG*, NJW 1999, 3400; *Brenneisen*, DÖV 2000, 278.
[469] *Trurnit*, NVwZ 2012, 1081; *Kniesel/Poscher*, in: Lisken/Denninger, PolR-HdB, Kap. K Rn. 155.

3. Form

1043 Die Polizeiverfügung ist an keine besondere Form gebunden und bedarf, soweit sie mündlich ergeht, keiner Begründung, § 39 Abs. 1 LVwVfG.

III. Materielle Rechtmäßigkeit

1. Voraussetzungen der Rechtsgrundlage

1044 Da ein Anhalten nach § 26 Abs. 2 S. 2 PolG BW nur zum Zwecke der Personenfeststellung zulässig ist, müsste zunächst eine Tatbestandsalternative des § 26 Abs. 1 PolG BW gegeben sein.

a) Personenfeststellung zur Abwehr einer konkreten Gefahr

1045 Nach § 26 Abs. 1 Nr. 1 PolG BW ist die Personenfeststellung zulässig, wenn hierdurch eine konkrete Gefahr abgewehrt werden kann.

aa) Konkrete Gefahr

1046 Dazu müsste nach den zur Zeit des Erlasses der Verfügung erkennbaren Umständen eine unmittelbare Gefahr für die öffentliche Sicherheit oder Ordnung bestanden haben. Die öffentliche Sicherheit ist die Unversehrtheit von Leben, Ehre, Freiheit und Vermögen der Bürger, weiter die Unverletzlichkeit des Staates, seiner Einrichtungen und Veranstaltungen sowie die Unversehrtheit der Rechtsordnung.[470] Die öffentliche Ordnung umfasst die Gesamtheit der ungeschriebenen Regeln, deren Befolgung nach den jeweils herrschenden und mit dem Wertgehalt des Grundgesetzes zu vereinbarenden sozialen und ethischen Anschauungen als unerlässliche Voraussetzung eines geordneten Zusammenlebens innerhalb eines Gebiets angesehen wird.[471]

1047 Eine Gefahr ist eine Sachlage, die bei ungehindertem Geschehensablauf in absehbarer Zeit mit hinreichender Wahrscheinlichkeit zu einem Schaden für die geschützten Rechtsgüter führen würde.[472] Vorliegend hat die Polizei bereits vor der Versammlung aus einschlägigen Internetforen Erkenntnisse darüber erlangt, dass gewaltbereite Personen auf dem Weg zur Versammlung sind, die Ausschreitungen herbeizuführen beabsichtigen. Insofern droht die Verletzung der Rechtsgüter der Gesundheit und des Vermögens. Vernünftige Zweifel daran, dass es spätestens mit Versammlungsbeginn zu Ausschreitungen kommen wird, bestehen nicht. Im maßgeblichen Zeitpunkt liegen damit hinreichende Erkenntnisse für eine konkrete Gefahr vor.

bb) Tauglichkeit zur Abwehr einer Gefahr

1048 Die Personenfeststellung müsste auch zur Gefahrenabwehr tauglich sein. Das dahinterstehende Ziel der Maßnahme ist die Abschreckungswirkung durch Beseitigung der Anonymisierung. Dies ist grundsätzlich auch im vorliegenden Fall denkbar.

cc) Maßnahmenrichtung

1049 Die Personenfeststellung nach § 26 Abs. 1 Nr. 1 PolG BW muss sich grundsätzlich gegen polizeirechtlich Verantwortliche nach §§ 6, 7 PolG BW richten. Im Zeit-

---

[470] Vgl. *VGH Mannheim*, NVwZ 2001, 1299.
[471] *BVerfGE* 69, 315 (352).
[472] Vgl. *Götz/Geis*, Allg. Polizei- u. OrdnungsR, § 6 Rn. 3.

punkt des Anhaltens ist jedoch der Polizei bezüglich der H nichts bekannt. Sie kann deshalb unter keinen Umständen Verhaltens- oder Zustandsverantwortlich sein. Ihre Inanspruchnahme käme also nur nach § 9 PolG BW als Nichtstörer in Betracht. Die Abschreckung eines Nichtstörers ist jedoch nicht Gegenstand des § 26 Abs. 1 Nr. 1 PolG BW.

dd) Zwischenergebnis

Das Anhalten der H zur Personenfeststellung zur Abwehr einer konkreten Gefahr ist mangels polizeirechtlicher Verantwortlichkeit der H rechtswidrig. 1050

b) Verdachtsunabhängige Personenfeststellung an einer Kontrollstelle

Verdachtsunabhängige Personenkontrollen sind nach § 26 Abs. 1 Nr. 2–6 PolG BW nur an bestimmten Orten und Kontrollstellen zulässig. Die Errichtung einer Kontrollstelle zur Abwehr der Begehung von Straftaten nach dem Versammlungsgesetz lässt sich unter keine dieser Varianten subsumieren. Anders ist die Rechtslage bspw. in Bayern, dort ist die Errichtung solcher Kontrollstellen in Art. 13 Abs. 1 Nr. 4 BayPAG explizit vorgesehen. 1051

c) Zwischenergebnis

Damit ist die Maßnahme auch deshalb rechtswidrig, weil der Tatbestand des § 26 Abs. 1 PolG BW nicht erfüllt ist. 1052

2. Ermessen

Ermessensfehler sind nicht ersichtlich, § 3 PolG. 1053

3. Verhältnismäßigkeit

Soweit man annimmt, die Einrichtung einer solchen Kontrolle wäre durch eine taugliche Rechtsgrundlage gesichert, müsste die Maßnahme des Weiteren verhältnismäßig, also geeignet, erforderlich und angemessen sein. Hier ist die Identitätskontrolle bei allen Autofahrern an Autobahnen um Stuttgart zweifellos ein geeignetes Mittel zur Abwehr der durch gewaltgeneigte Teilnehmer und Waffen drohenden Gefahren bei der Versammlung, da vernünftigerweise zu erwarten ist, dass durch die Identitätsfeststellung die Wahrscheinlichkeit gewalttätiger Ausschreitungen verringert werden kann. In Ermangelung milderer Mittel ist sie auch erforderlich. 1054

Im Rahmen der Angemessenheit ist wegen des Versammlungsbezugs der Identitätsfeststellung die Versammlungsfreiheit besonders zu berücksichtigen. Vorliegend könnte sich insbesondere aus der Identitätskontrolle ein psychologisches Hindernis für die Teilnahme an der Versammlung ergeben. Teilnehmer, die damit rechnen müssten, vor dem Zugang zu einer Versammlung kontrolliert zu werden, könnten von einer Teilnahme abgeschreckt werden. Dem ist jedoch im vorliegenden Fall entgegenzuhalten, dass angesichts der Größenordnung der Veranstaltung und konkreter Hinweise der Polizei auf einen möglichen unfriedlichen Verlauf der Versammlung mit massiven Gefahren für die Gesundheit der Teilnehmer und der Passanten sowie mit ganz erheblichen Sachschäden zu rechnen ist. 1055

Zudem handelt es sich bei einer Identitätsfeststellung um einen vergleichsweise milden Eingriff, der die angesprochenen Gefahren für die genannten Rechtsgüter 1056 auch unter Berücksichtigung der Bedeutung der Versammlungsfreiheit keinesfalls aufzuwiegen vermag. Dieses Ergebnis entspricht auch der Wertung des § 17a Abs. 2 Nr. 1 VersG, der gerade kein Recht auf anonyme Teilnahme an einer Versammlung einräumt. Nach alledem ist die Identitätsfeststellung angemessen und mithin verhältnismäßig.

IV. Ergebnis

1057 Das Anhalten zur Personenfeststellung und die Personenfeststellung waren rechtswidrig.

B. Rechtmäßigkeit der Wegnahme des Schlagstocks

I. Rechtsgrundlage

1058 Rechtsgrundlage für die Wegnahme des Schlagstocks könnt hier die Sicherstellung nach § 32 PolG und die Beschlagnahme nach § 33 PolG sein.[473] Die Sicherstellung ist die Begründung eines öffentlich-rechtlichen Verwahrungsverhältnisses, das auf den Schutz von individuellen Eigentumspositionen abzielt.[474] Letztlich dient sie dem Schutz der Sache selbst. Demgegenüber ist die Beschlagnahme regelmäßig allgemein auf die Abwehr von Gefahren gerichtet, die durch die Sache oder ihre missbräuchliche Benutzung drohen.[475] Vorliegend geht es den Beamten nicht um die Abwehr von Gefahren, die für den Schlagstock drohen, sondern um Gefahren, die durch diesen selbst drohen. Rechtsgrundlage für die Wegnahme ist damit § 33 PolG.

II. Formelle Rechtmäßigkeit

1. Zuständigkeit

1059 Sachlich zuständig für die Beschlagnahme ist nach § 60 Abs. 3 PolG BW der Polizeivollzugsdienst neben den allgemeinen Polizeibehörden. Der Polizeivollzugsdienst ist nach § 75 PolG BW im gesamten Landesgebiet örtlich zuständig.

2. Verfahren

1060 Verfahrensfehler sind nicht ersichtlich. Insb. haben die Beamten den Grund der Wegnahme genannt und eine ordnungsgemäße Rechtsbehelfsbelehrung erteilt, § 33 Abs. 3 PolG analog. Die bei belastenden Verwaltungsakten grds. erforderliche Anhörung wurde hier eingehalten.

3. Form

1061 Die Beschlagnahme ist an keine besondere Form gebunden und bedarf, soweit sie mündlich ergeht, keiner Begründung, § 39 Abs. 1 LVwVfG.

---

[473] Davon streng zu trennen sind die entsprechenden Maßnahmen der StPO, die sich teilweise mit den Begriffen des Polizeirechts decken, aber rechtlich völlig eigenständig sind.
[474] *Würtenberger/Heckmann/Tanneberger*, PolR BW, § 5 Rn. 215.
[475] *Ruder/Schmitt*, PolizeiR BW, Rn. 624.

III. Materielle Rechtmäßigkeit

1. Voraussetzungen der Rechtsgrundlage

In materiell-rechtlicher Hinsicht müsste eine unmittelbare Gefahr für die öffentliche Sicherheit oder Ordnung bestanden haben (s.o.). Vorliegend sehen die Beamten den Schlagstock auf dem Armaturenbrett. Auch nach den Angaben der H gegenüber den Beamten ist sicher davon auszugehen, dass sie den Schlagstock auf die Versammlung mitzunehmen beabsichtigt. Soweit darin ein Verstoß gegen § 27 Abs. 1 S. 2 VersG zu sehen sein sollte, wäre darin eine Verletzung der Rechtsordnung und damit eine Störung der öffentlichen Sicherheit zu sehen, zu deren Beseitigung der Schlagstock beschlagnahmt werden könnte. **1062**

a) Verstoß gegen § 27 Abs. 1 VersG

Dazu müsste H eine Waffe auf dem Weg zu einer öffentlichen Versammlung mit sich geführt haben. Waffen i.S.d. § 27 Abs. 1 VersG sind alle Waffen im technischen Sinne, also Gegenstände, die ihrer Natur, ihren Konstruktionsmerkmalen oder ihren besonderen Eigenschaften nach von vornherein dazu bestimmt sind, als Waffe zu dienen.[476] Vorliegend bestehen bei einem Schlagstock keine Zweifel, dass dieser seiner Natur und seiner Konstruktion nach ausschließlich zum Gebrauch als Waffe gedacht ist. Eine Waffe liegt damit vor. Diese Waffe hat H auch in ihrem Wagen auf dem Weg zu einer öffentlichen Versammlung (s.o.) mit sich geführt. **1063**

b) Zwischenergebnis

Ein Verstoß gegen § 27 Abs. 1 VersG und mithin eine Gefahr für die öffentliche Sicherheit liegen damit vor. **1064**

2. Maßnahmerichtung

Die Beschlagnahme ist gegen die Person zu richten, die im Zeitpunkt der Maßnahme die tatsächliche Sachherrschaft über den Gegenstand hat. Mithin ist die Beschlagnahme gegen H zu richten. **1065**

3. Ermessen

Ermessensfehler sind nicht ersichtlich, § 3 PolG. **1066**

4. Verhältnismäßigkeit

Die Maßnahme müsste des Weiteren verhältnismäßig, also geeignet, erforderlich und angemessen sein. Hier ist die Beschlagnahme des Schlagstocks ein geeignetes Mittel zur Beseitigung der durch den Verstoß gegen § 27 Abs. 1 VersG geschaffenen Störung für die öffentliche Sicherheit. Mangels milderer Mittel ist sie auch erforderlich. Im Rahmen der Angemessenheit ist die Versammlungsfreiheit gem. Art. 8 Abs. 1 GG besonders zu berücksichtigen. Hier macht H geltend, dass der Bürger bei Versammlungen nicht schutzlos den Maßnahmen der Polizei ausgeliefert werden dürfe. Dabei ist jedoch zu beachten, dass die Maßnahmen der Polizei keineswegs willkürlich sind, sondern wegen des verfassungsrechtlich verankerten Rechts- **1067**

---

[476] *Dietel/Gintzel/Kniesel*, VersG, § 15 Rn. 15f.; *Wächtler/Heinhold/Merk*, Bayerisches VersammlungsG, Art. 20 Rn. 1ff.

1068 staatsprinzips an eine gesetzliche Grundlage gebunden sind. Zudem unterliegen sie gerade in grundrechtssensiblen Bereichen einer besonders strengen Verhältnismäßigkeitsprüfung.

1068 Indessen ergibt sich aus Art. 8 Abs. 1 GG, dass die Versammlungsfreiheit an das Kriterium der Friedlichkeit gebunden ist, das durch das Mitführen von Waffen durch die Teilnehmer in Frage gestellt wird. Soweit tatsächlich von staatlicher Seite rechtswidrige Maßnahmen vorgenommen werden sollten, ist der Grundrechtsträger auf den Rechtsweg zu den Gerichten verwiesen. Ein Recht zur Selbstjustiz lässt sich in Hinblick auf das staatliche Gewaltmonopol keiner denkbaren Auslegung des Art. 8 Abs. 1 GG entnehmen.

1069 Die Maßnahme stellt vorliegend auch qualitativ keinen besonders schwerwiegenden Eingriff in die Rechte der H dar, da ihr die (nunmehr waffenlose) Teilnahme an der Versammlung nicht verwehrt wurde und sie kein schützenswertes Interesse daran haben konnte, ihren Schlagstock auf der Versammlung mit sich zu führen. Die Beschlagnahme ist somit angemessen und verhältnismäßig.

IV. Ergebnis

1070 Die Beschlagnahme war rechtmäßig.

Klausurprobleme

1071 **Vorfeldmaßnahmen:** Die Vorfeldmaßnahmen gehören seit langem zu den umstrittensten Problemen des Versammlungsrechts und haben in den letzten Jahrzehnten eine schier unüberblickbare Differenzierung von Untermeinungen hervorgebracht, sodass sich diese Darstellung aus Gründen der Übersichtlichkeit auf die beiden wesentlichen Hauptströmungen beschränken muss. In der Klausur empfiehlt es sich, der überwiegenden Ansicht zu folgen, auch wenn die Konstruktion der Rechtsfolgenverweisung in das allgemeine Polizeirecht zunächst ungewöhnlich erscheinen mag.

1072 Aufgrund der Föderalismusreform ist die Gesetzgebungskompetenz im Versammlungsrecht nunmehr auf die Länder übergegangen. Soweit die Länder noch keine eigenen Landesversammlungsgesetze erlassen haben, gilt das bisherige VersG fort, Art. 125a Abs. 1 GG. Teils könnte diese Tätigkeit des Gesetzgebers zu einer Änderung der dogmatischen Grundlagen der Vorfeldmaßnahmen beitragen: So wird in Bayern die Versammlungsfreiheit im allgemeinen Polizeirecht als eingeschränkt zitiert. Im Lichte der nunmehr einheitlichen Gesetzgebungskompetenz der Länder könnte dies einen ersten Schritt in Richtung einer direkten Anwendung des allgemeinen Polizeirechts auf Vorfeldmaßnahmen darstellen.

1073 **Versammlungsverbot wegen Gefahr für die öffentliche Ordnung:**[477] Ein Dauerthema in der Diskussion um Versammlungsverbote und -auflösungen ist die Frage, ob ein Versammlungsverbot allein auf eine Gefahr für die öffentliche Ordnung gestützt werden kann.

---

[477] Zum Thema vgl. *Hoffman-Riem*, NJW 2004, 2777; *Dietel/Gintzel/Kniesel*, VersG, § 15 Rn. 213 ff.

Im Brokdorf-Beschluss ist das BVerfG davon ausgegangen, dass eine Gefahr für die **1074** öffentliche Ordnung in der Regel eine Verbots- oder Auflösungsverfügung nicht zu tragen vermag.[478] Diese Linie wurde in der Folge relativiert. Zwar könne unter Berufung auf die öffentliche Ordnung die Meinungsfreiheit und insoweit auch die Versammlungsfreiheit nicht eingeschränkt werden; Gründe der öffentlichen Ordnung berechtigten aber dann zum Erlass eines Versammlungsverbots, wenn Gefahren nicht aus dem Inhalt, sondern aus der Art und Weise der Durchführung der Versammlung drohen, sofern Auflagen zur Gefahrenabwehr nicht ausreichen.[479]

Besonders häufig taucht das Problem im Kontext von Versammlungen mit rechts- **1075** radikalem Hintergrund auf, wo sich eine spezifische Provokationswirkung gerade aus dem äußeren Ablauf der Veranstaltung (paramilitärisches Auftreten o. Ä.) oder aus sonstigen Umständen (z. B. Versammlung am Tag des Gedenkens an die Opfer des Nationalsozialismus) ergeben kann. Soweit durch die Teilnehmer einer Versammlung nicht gegen Strafgesetze (insbesondere § 130 StGB) oder besondere versammlungsrechtliche Verbote (z. B. Uniformierungs- und Militanzverbot, Art. 7 BayVersG) verstoßen und damit wiederum die öffentliche Sicherheit gefährdet wird, ist deshalb in Klausurarbeiten im Rahmen der Gefahr für die öffentliche Ordnung unter Berücksichtigung dieses Spannungsverhältnisses sorgfältig abzuwägen, ob der betroffene Belang wirklich unerlässlich für ein geordnetes Zusammenleben ist. Wenn der Gesetzgeber nämlich eine Regelung durch Rechtssätze nicht vornimmt, drängt sich die Frage nach der Unerlässlichkeit geradezu auf.[480]

---

[478] *BVerfGE* 69, 315 (353) = NJW 1985, 2395; einschränkend auch *BVerfG*, NVwZ 2006, 585 ff.
[479] *BVerfG*, NVwZ 2014, 883; *BVerfGE* 111, 147 (156).
[480] Für eine umfassende Vertiefung hierzu vgl.: *Denninger*, in: Lisken/Denninger, PolR-HdB, Kap. K Rn 98 ff. m. w. N.

Fall 24. Unser Bahnhof soll schöner werden (Bundespolizeirecht)*

Sachverhalt

Der Zuständigkeitsbereich der Bundespolizeidirektion München umfasst auch einen großen Rangierbahnhof der Deutschen Bahn AG, den die Münchener Graffiti-Szene in letzter Zeit zum Mittelpunkt ihres künstlerischen Schaffens gemacht hat. Sprayer hinterließen an Zügen, den Wänden und an Einrichtungsgegenständen des Bahnhofsgebäudes farbenfrohe Tags, deren Beseitigung der Deutschen Bahn bereits hohe Kosten verursacht hat.

Um dieser Entwicklung entgegenzuwirken sind die Bundespolizisten POM Maier und PHM Bock der Bundespolizeidirektion München zu nächtlicher Stunde als Doppelstreife auf dem Gelände des Güterbahnhofs unterwegs. Kurz vor zwei Uhr fällt der aufmerksamen POM Maier im hellen Mondlicht eine männliche Person mit Rucksack auf, die über die Gleise auf eine nahe stehende Güterabfertigungshalle zuläuft. Als sie sich der Person unbemerkt nähern, erkennt PHM Bock den Mann als den bereits polizeibekannten G. Rafitty wieder, der schon für zahlreiche „Werke" auf dem Güterbahnhof verantwortlich gewesen und dafür mehrfach zu hohen Geldstrafen verurteilt worden ist. Nachdem G. Rafitty mehrere Spraydosen aus dem Rucksack geholt und zum Besprühen der Seitenwand der Güterabfertigungshalle angesetzt hatte, gingen POM Maier und PHM Bock nahe an ihn heran und forderten ihn auf, das Bahngelände zu verlassen. G. Rafitty brachte dieser unliebsamen Störung seines Künstlerdaseins nur wenig Verständnis entgegen und schrie stattdessen: „Ich gehe nirgendwo hin, sondern bleibe hier! Was ich hier mache, ist Kunst! Dieser hässliche Bahnhof muss vollgesprayt werden, damit er endlich gut aussieht!" Nachdem er auch eine Spraydose in Richtung von PHM Bock geworfen und diesen damit am Oberkörper getroffen hatte, forderte ihn POM Maier erneut dazu auf, das Bahngelände zu verlassen, da sie ihn ansonsten zwangsweise in Gewahrsam nehmen würden. G. Rafitty ließ sich davon aber ebenfalls nicht beeindrucken. Als er Anstalten machte, einen Stein aufzuheben, um ihn auf die Polizisten zu werfen, nahm ihn PHM Bock in den Polizeigriff und führte ihn zum Dienstfahrzeug. Dabei begründete POM Maier die Maßnahme gegenüber G. Rafitty mit der Notwendigkeit, zu Vermeidung der Begehung von Straftaten durch G, diesen gegen seinen Willen vom Bahnhofsgelände entfernen und sein sofortiges Zurückkehren unterbinden zu müssen, und belehrte ihn über mögliche Rechtsbehelfe.

Die restliche Nacht verbrachte G. Rafitty im Gewahrsam der Bundespolizei. Auf Nachfrage von PHM Bock, ob er jemanden benachrichtigen möchte, reagierte G. Rafitty nur mit Schweigen. Entsprechend der von POM Maier eingeholten richterlichen Entscheidung über die Ingewahrsamnahme des G. Rafitty wurde dieser am nächsten Morgen wieder aus der Haft entlassen. Er will nun von seinem Rechtsanwalt wissen, ob das Verhalten der Polizei rechtmäßig gewesen ist.

Bearbeitervermerk: Erstellen Sie das Gutachten des Rechtsanwalts.

---

* Lösung folgt Bundesrecht.

Fall 24. Unser Bahnhof soll schöner werden (Bundespolizeirecht)

Lösung

Der Polizeigriff zur Durchsetzung der Ingewahrsamnahme des G. Rafitty (G) greift in dessen Fortbewegungsfreiheit nach Art. 2 Abs. 2 S. 2 GG ein. Aufgrund des Vorbehalts des Gesetzes ist die Maßnahme rechtmäßig, wenn sie auf einer tauglichen Rechtsgrundlage beruht und diese formell und materiell rechtmäßig angewandt wurde. 1076

Hinweis: Im Unterschied zu den Polizeigesetzen der Länder regelt das BPolG die Anwendung von Zwang nicht. Deswegen ist auf die diesbezüglich bestehenden allgemeinen Regeln zur Zwangsanwendung im BVwVG zurückzugreifen und – sofern einschlägig – auf die Spezialregelungen des (lückenhaften) UZwG einzugehen. 1077

I. Rechtsgrundlage

Rechtsgrundlage sind hier §§ 6 Abs. 1, Abs. 2, 9 Abs. 1 lit. c VwVG i.V.m. § 12 Abs. 1 VwVG, wonach ein Verwaltungsakt, der auf Vornahme einer Handlung gerichtet ist, mithilfe unmittelbaren Zwangs durchgesetzt werden kann, wenn andere Zwangsmittel nicht in Betracht kommen. 1078

II. Formelle Rechtmäßigkeit

Die Anwendung unmittelbaren Zwangs müsste formell rechtmäßig gewesen sein. 1079

1. Zuständigkeit

Nach § 7 Abs. 1 BVwVG wird ein Verwaltungsakt von der Behörde vollzogen, die ihn erlassen hat. Die Aufforderung, mit zur Wache zu kommen, ist der hier zu vollziehende Verwaltungsakt und wurde von den Bundespolizisten POM Maier und PHM Bock erlassen. Zuständig ist danach die Bundespolizeidirektion München i.S.d. § 57 Abs. 1 BPolG, die hier durch ihre Bundespolizisten auch gehandelt hat. Die Zuständigkeit für die Vollstreckung ist unabhängig davon, ob diese auch für den Erlass des zu vollstreckenden Verwaltungsakts tatsächlich zuständig waren. 1080

Eine Anhörung des G war gem. § 28 Abs. 2 Nr. 5 VwVfG entbehrlich. 1081

2. Verfahren und Form

Nach § 13 Abs. 1 VwVG ist ein Zwangsmittel schriftlich unter Fristsetzung anzudrohen. Im Sachverhalt liegt zwar eine Androhung vor, diese erfolgte aber lediglich mündlich und ohne Fristsetzung. Auch an einer gem. § 13 Abs. 7 BPolG nötigen Zustellung der Androhung fehlt es entsprechend. 1082

In vielen Landespolizeirechten ist eine Androhung nicht nötig, wenn die Umstände sie nicht zulassen, insb. wenn die sofortige Anwendung des Zwangsmittels zur Abwehr einer gegenwärtigen Gefahr notwendig ist (vgl. z.B. § 56 Abs. 1 S. 3 PolG NRW; Art. 76 Abs. 1 S. 3, 81 Abs. 1 S. 2 BayPAG). Eine entsprechende Regelung für den Normalvollzug fehlt in § 13 Abs. 1 VwVG. Die Androhung ist hier nur im Falle des Sofortvollzugs gem. § 6 Abs. 2 VwVG entbehrlich. 1083

1084 Demgemäß ist zu prüfen, ob die Voraussetzungen des § 6 Abs. 2 VwVG gegeben sind. Die Zwangsmaßnahme müsste dazu u. a. zur Verhinderung einer rechtswidrigen Tat, die einen Straftatbestand erfüllt, notwendig sein. Der Begriff der Notwendigkeit ist als zeitliche Notwendigkeit zu verstehen, d. h. die Verhinderung der rechtswidrigen Tat darf nicht im gestreckten Verfahren möglich sein.[481] G wollte hier den Straftatbestand der Sachbeschädigung gem. § 303 Abs. 2 StGB begehen. Die zwangsweise Durchsetzung der Ingewahrsamnahme war auch notwendig, da eine Androhung unter Einhaltung der Voraussetzungen im gestreckten Verfahren zu lange gedauert hätte (s. o.). Eine Androhung war damit entbehrlich. Somit kommt es auch nicht mehr darauf an, ob die Androhung auch ausreichend bestimmt i. S. d. § 13 Abs. 3 S. 1 VwVG[482] gewesen ist.

1085 Die formelle Rechtmäßigkeit ist damit gegeben.

III. Materielle Rechtmäßigkeit

1086 Grundsätzlich müssten die Voraussetzungen des sog. Normalvollzugs (gestreckten Vollstreckungsverfahrens) vorgelegen haben und die Vollstreckungsmaßnahme ordnungsgemäß durchgeführt worden sein, § 6 Abs. 1 BVwVG.[483] Da hier jedoch wegen der Eilbedürftigkeit auf die Androhung verzichtet wurde, handelt es sich vorliegend nicht um ein gestrecktes Verfahren, sondern um einen Sofortvollzug nach § 6 Abs. 2 BVwVG.

1087 Nach § 6 Abs. 2 BVwVG muss die Behörde dabei im Rahmen ihrer gesetzlichen Befugnisse handeln. Der Zwang dient hier der Vollstreckung der Ingewahrsamnahme. Diese wiederum dient der Durchsetzung der Aufforderung, das Bahngelände zu verlassen, was eine Platzverweisung darstellt.

1. Rechtmäßigkeit der Ingewahrsamnahme

a) Rechtsgrundlage

1088 Als Rechtsgrundlage kommt hier § 39 Abs. 1 Nr. 1 BPolG in Betracht, wonach eine Person in Gewahrsam genommen werden kann, wenn dies unerlässlich ist, um eine Platzverweisung durchzusetzen.

1089 Hinweis: Um die in §§ 1 ff. BPolG enthaltenen Aufgaben zu erfüllen, stehen der Bundespolizei die in den §§ 21 ff. BPolG geregelten besonderen polizeilichen Befugnisse zu. Neben der Ingewahrsamnahme umfasst das BPolG viele der auch in den Landespolizeigesetzen enthaltenen Standardmaßnahmen, z. B. den Platzverweis (§ 38 BPolG) oder die Durchsuchung von Personen, Sachen und Wohnungen (§§ 43 ff. BPolG). §§ 15 und 16 BPolG regeln den Grundsatz der Verhältnismäßigkeit, das Ermessen sowie die Wahl der Mittel und die §§ 17 bis 20 BPolG die Maßnahmerichtung. Das BPolG folgt damit ebenfalls der strikten Trennung zwischen Aufgabe und Befugnis.[484]

b) Formelle Rechtmäßigkeit

1090 Die Ingewahrsamnahme des G müsste auch formell rechtmäßig gewesen sein.

---

[481] *Walter*, in: Drewes/Malmberg/Walter, BPolG, § 6 VwVG Rn. 18 f.
[482] Vgl. hierzu *Engelhardt/App/Schlatmann*, VwVG/VwZG, § 13 VwVG Rn. 4.
[483] *Walter*, in: Drewes/Malmberg/Walter, BPolG, § 6 VwVG Rn. 2 ff.
[484] *Knemeyer*, Polizei- und OrdnungsR, § 3 Rn. 33.

aa) Zuständigkeit

Die sachliche Zuständigkeit ergibt sich aus §§ 3 Abs. 1 Nr. 1 Alt. 2, 1 Abs. 2 BPolG i.V.m. § 1 Abs. 1 BPolGZV, § 58 Abs. 1 BPolG, da POM Maier (M) und PHM Bock (B) hier zum Schutz der eine Bahnanlage i.S.d. § 4 Abs. 1 EBO darstellenden Güterabfertigungshalle[485] gegen Verschmutzung durch G tätig wurden. Dies geschah auch auf dem Gebiet der Bahnanlagen, womit die räumliche Beschränkung der sachlichen Zuständigkeit nach § 3 Abs. 1 BPolG[486] eingehalten wurde.

1091

Hinweis: Die Wahrnehmung bahnpolizeilicher Aufgaben unterlag früher der Bundesbahnpolizei als eigenständiger Polizei des Bundes.[487] Durch Gesetz vom 21.6.2005[488] wurde der Bundesgrenzschutz in Bundespolizei umbenannt und ihm neben seinen früheren Zuständigkeiten (insb. dem Grenzschutz) auch die Gefahrenabwehr auf dem Gebiet der Bahnanlagen nach § 3 BPolG übertragen. Auch wenn die Kompetenzen der Bundespolizei schon zu Zeiten des Bundesgrenzschutzes zugenommen haben,[489] handelt es sich bei der Bundespolizei nicht um eine allgemeine Bundespolizei,[490] was aus dem in §§ 1 ff. BPolG klar abgegrenzten, im Vergleich zu Landespolizeigesetzen deutlich engeren Aufgabenbereich ersichtlich ist.

1092

bb) Verfahren

(1) Anhörung

Die Ingewahrsamnahme greift in die Fortbewegungsfreiheit des G gem. Art. 2 Abs. 2 S. 2 GG ein und könnte einen einen belastenden Verwaltungsakt darstellen, dessen Erlass einer Anhörung bedarf, § 28 Abs. 1 VwVfG. G wurde mitgeteilt, dass er bei fortgesetzter Weigerung zu gehen in Gewahrsam genommen würde. Darin ist eine ausreichende Gelegenheit zur Stellungnahme zu sehen.

1093

(2) Richterliche Entscheidung

Gem. § 40 Abs. 1 BPolG hat die Bundespolizei bei einer Ingewahrsamnahme nach § 39 Abs. 1 BPolG unverzüglich eine richterliche Entscheidung über Zulässigkeit und Fortdauer der Freiheitsentziehung einzuholen. Laut Sachverhalt ist dies geschehen; G wurde entsprechend dieser Entscheidung am nächsten Tag wieder freigelassen.

1094

(3) Weitere Verfahrensvorschriften

G wurden der Grund der Ingewahrsamnahme sowie die ihm zur Verfügung stehenden Rechtsbehelfe bereits auf dem Weg zum Dienstfahrzeug und damit unverzüglich mitgeteilt, § 41 Abs. 1 BPolG. Zudem wurde G laut Sachverhalt auch die Möglichkeit gegeben, Angehörige oder eine Person seines Vertrauens zu benachrichtigen, was er ausschlug; § 41 Abs. 2 BPolG ist damit ebenfalls eingehalten. Hinsichtlich der Anforderungen des § 41 Abs. 3 BPolG, u.a. des Verbots der gemeinsamen

1095

---

[485] *Malmberg*, in: Drewes/Malmberg/Walter, BPolG, § 3 BPolG Rn. 24.
[486] Für weitere Hinweise zum umstrittenen Merkmal der räumlichen Begrenzung vgl. *Malmberg*, in: Drewes/Malmberg/Walter, BPolG, § 3 BPolG Rn. 33 ff.
[487] *Knemeyer*, Polizei- und OrdnungsR, § 3 Rn. 30.
[488] BGBl I, 1818 f.
[489] *Kingreen/Poscher*, Polizei- und OrdnungsR, § 2 Rn. 39 f. und § 4 Rn. 1 ff.
[490] Hinsichtlich der verfassungsrechtlichen Grenzen einer Übertragung von Kompetenzen auf die Bundespolizei, vgl. *BVerfG*, NVwZ 1998, 495 ff.; zur bahnpolizeilichen Zuständigkeit der Bundespolizei auf Bahnhofsvorplätzen vgl. *Gnüchtel*, NVwZ 2015, 37 ff.

Unterbringung mit Straf- und Untersuchungsgefangenen, ist mangels Angaben im Sachverhalt davon auszugehen, dass sie auch eingehalten wurden.

cc) Zwischenergebnis

1096 Die Ingewahrsamnahme des G war damit formell rechtmäßig.

c) Materielle Rechtmäßigkeit

1097 Die Ingewahrsamnahme des G müsste auch materiell rechtmäßig gewesen sein.

aa) Voraussetzungen der Rechtsgrundlage

1098 Eine Ingewahrsamnahme gem. § 39 Abs. 1 Nr. 1 BPolG setzt voraus, dass sie unerlässlich ist, um einen Platzverweis durchzusetzen.

(1) Platzverweis

1099 Voraussetzung ist hier ein rechtmäßiger Platzverweis, der hier inzident zu prüfen ist. Rechtsgrundlage hierfür ist § 38 BPolG. Für die Zuständigkeit gilt hier dasselbe wie für die Ingewahrsamnahme. Hinsichtlich der formellen Rechtmäßigkeit bestehen keine Bedenken, G wurde mehrmals zum freiwilligen Gehen aufgefordert, worin eine ausreichende Anhörung zu sehen ist. Materiell setzt die Platzverweisung eine konkrete Gefahr voraus. Diese bestand hier in der zu erwartenden Begehung von Straftaten durch G.

1100 Im Sachverhalt wollte G die Wand der Güterabfertigungshalle mit einer Spraydose besprühen, was den Straftatbestand der Sachbeschädigung gem. § 303 Abs. 2 StGB erfüllt. Als er von M und B angesprochen wurde, hatte G die Spraydose bereits in der Hand und wollte mit dem Besprühen der Wand beginnen, weshalb die Begehung einer Straftat unmittelbar bevorstand.

1101 Damit ist der Tatbestand des § 38 BPolG erfüllt. Bedenken hinsichtlich des Ermessens und der Verhältnismäßigkeit bestehen nicht.

(2) Unerlässlichkeit der Ingewahrsamnahme

1102 Fraglich ist aber, ob die Ingewahrsamnahme des G auch unerlässlich war, um die Platzverweisung durchzusetzen. Unerlässlichkeit liegt nur dann vor, wenn der Schadenseintritt nicht auch durch eine andere Maßnahme, deren Eingriff in die Rechte des Betroffenen geringer ausfällt, mit hinreichender Wahrscheinlichkeit abzuwenden ist.[491] Laut Sachverhalt ist G bereits mehrfach wegen Sachbeschädigung verurteilt worden, was ihn nicht davon abgehalten hat, zu weiteren Sachbeschädigungen anzusetzen. Zudem zeigte er sich gegenüber M und B wenig einsichtig und schmiss sogar seine Spraydose auf B. Daher war davon auszugehen, dass G schon des Platzverweises nicht nachkommen oder jedenfalls alsbald auf das Gelände des Güterbahnhofs zurückkehren würde.

1103 **Hinweis:** Aufgrund der Gesetzesformulierung kann der Prüfungspunkt der Unerlässlichkeit auch erst auf der Rechtsfolgenseite i. R. d. Verhältnismäßigkeit geprüft werden.

bb) Maßnahmerichtung

1104 Die Maßnahme war gem. § 39 Abs. 1 Nr. 1 BPolG gegen G zu richten.

---

[491] *Malmberg*, in: Drewes/Malmberg/Walter, BPolG, § 39 BPolG Rn. 16.

cc) Verhältnismäßigkeit

Die Maßnahme war geeignet, den verfolgten Zweck (Durchsetzung des Platzverweises zur Verhinderung der Sachbeschädigung) zu erreichen. Die Erforderlichkeit ist ebenfalls gegeben, da ein milderes Mittel nicht zur Verfügung stand (siehe Prüfung der Unerlässlichkeit bei den Voraussetzungen des § 39 Abs. 1 Nr. 1 BPolG). Bei der Angemessenheit ist die hohe Bedeutung der Freiheit der Person gem. Art. 2 Abs. 2 S. 2 GG zu beachten, die nur aus wichtigem Grund angetastet werden darf. Aufgrund der zahlreichen Verurteilungen des G wegen Sachbeschädigung war hier aber nicht davon auszugehen, dass G sich ohne Ingewahrsamnahme von seinem Tatentschluss hätte abbringen lassen. Bei einer Abwägung zwischen der Freiheit des G und dem Schutz des Eigentums der Deutschen Bahn AG überwiegt hier daher Letzteres. Die Maßnahme war somit verhältnismäßig gem. § 15 BPolG. 1105

dd) Ermessen

Ermessensfehler sind nicht ersichtlich; die Polizei hat das bestehende Ermessen daher pflichtgemäß gem. § 16 BPolG ausgeführt. 1106

d) Zwischenergebnis

Die Ingewahrsamnahme des G war rechtmäßig. 1107

2. Maßnahmerichtung

G war richtiger Adressat der Zwangsanwendung, da gegen ihn auch die Grundverfügung zu richten war. 1108

3. Rechtsstaatliche Handlungsgrundsätze

Ermessensfehler sind nicht ersichtlich; die Polizei hat das bestehende Ermessen daher pflichtgemäß gem. § 16 BPolG ausgeführt. 1109

Nach § 12 VwVG ist unmittelbarer Zwang nur dann anzuwenden, wenn eine Ersatzvornahme oder ein Zwangsgeld untunlich sind; unmittelbarer Zwang ist daher als „ultima ratio" im Vergleich zu Ersatzvornahme und Zwangsgeld anzusehen.[492] Eine Ersatzvornahme scheidet schon deshalb aus, da keine vertretbare Handlung vorlag. Aufgrund der mehrfachen Verurteilung wegen Sachbeschädigung war zudem davon auszugehen, dass auch ein Zwangsgeld keine Durchsetzungskraft gegenüber G entfalten würde. Somit konnte unmittelbarer Zwang angewendet werden. 1110

Hinweis: § 12 VwVG unterscheidet zwischen zwei Arten von unmittelbarem Zwang: Der physischen Gewalt („Pflicht zur Handlung, Duldung oder Unterlassen zwingen") und der Selbstvornahme („zur Handlung selbst vornehmen").[493] 1111

Unmittelbarer Zwang ist gem. § 2 Abs. 1 UZwG die Einwirkung auf Personen oder Sachen durch körperliche Gewalt, ihre Hilfsmittel und durch Waffen. § 2 Abs. 2 UZwG definiert körperliche Gewalt als jede unmittelbare körperliche Einwirkung auf Personen oder Sachen. Indem B den G gegen dessen Willen in einen Polizeigriff 1112

---

[492] *Engelhardt/App/Schlatmann*, VwVG/VwZG, § 12 VwVG Rn. 7.; zur Vertiefung *Götz/Geis*, Allg. Polizei- u. OrdnungsR, § 13 Rn. 9 ff.
[493] *Sadler*, VwVG/VwZG, § 12 VwVG Rn. 1.

genommen hat, wendete er demnach unmittelbaren Zwang an. Dieser war auch geeignet, die Ingewahrsamnahme durchzusetzen. Fraglich ist jedoch, ob körperliche Gewalt auch erforderlich war, denn gem. § 4 Abs. 1 UZwG ist bei der Anwendung unmittelbaren Zwangs unter mehreren möglichen und geeigneten Maßnahmen diejenige zu treffen, die den Einzelnen und die Allgemeinheit am wenigsten beeinträchtigt. Da körperliche Gewalt jedoch die mildeste Stufe des unmittelbaren Zwangs darstellt (im Vergleich zu u.a. der Fesselung und dem Schusswaffengebrauch) ist die Erforderlichkeit gewahrt. Auch gegenüber der Angemessenheit bestehen keine Bedenken. Der Schutz des Eigentums der Deutschen Bahn AG überwiegt bei einer Interessenabwägung der körperlichen Unversehrtheit des G, die durch den zeitlich befristeten Polizeigriff lediglich in Form von kurzfristigen, vorübergehenden Schmerzen beeinträchtigt werden konnte.

IV. Ergebnis

1113 Die Maßnahme war daher insgesamt rechtmäßig.

Fall 25. Picknick in Gefahr*

Sachverhalt

Die bayerische Polizei erhält aus der Bevölkerung Hinweise auf den in Nürnberg wohnhaften Deutschen Detlef D., der sein Leben in jüngerer Zeit massiv gewandelt hat. Nach einer Reise in den Nahen Osten sei er als neuer Mensch zurückgekommen. Er besuche seitdem eine strenge Koranschule, kleide sich nach muslimischer Tradition und äußere sich sehr antiimperialistisch. Darauf von der Polizei angesprochen, verteidigt sich D, seine Religiosität sei Privatangelegenheit und die staatliche Aufdringlichkeit empfinde er als diskriminierend.

Als D von seinem besorgten Imam dabei beobachtet wird, wie er mehrere Tüten aus dem Baumarkt, Supermarkt und einer Apotheke in den Kofferraum seines Autos packt und sich dabei mehrfach umschaut, alarmiert dieser die Polizei. Als diese eintrifft, wartet D noch immer im Auto. Die Polizeibeamten der Polizeidirektion Nürnberg bitten D, den Kofferraum zu öffnen und ihnen einen Blick in die Tüten zu gewähren. Sie wollen D zwar nichts unterstellen, halten es aber aufgrund seines jüngeren Lebenswandels doch für denkbar, dass D Material erworben habe, welches neben einer harmlosen Verwendung künftig auch für eine Art Anschlag zweckentfremdet werden könnte.

D fällt aus allen Wolken und sieht all seine Befürchtungen einer imperialistischen, allem Fremden gegenüber argwöhnischen Staatsmacht bestätigt. Entrüstet erwidert er, er habe lediglich für ein romantisches Picknick eingekauft und warte noch auf die Rückkehr seiner Frau aus einer nahegelegenen Arztpraxis. Er bittet in Ruhe gelassen zu werden und weigert sich den Kofferraum zu öffnen. Die Polizeibeamten halten die Geschichte des D zwar ebenfalls für möglich, befürchten aber doch, eine einmalige Chance verstreichen zu lassen, einen möglichen Anschlag rechtzeitig zu verhindern. Sie belehren D darüber, dass sie den Kofferraum durchsuchen möchten, fordern ihn erneut zum Öffnen desselben auf und kündigen an, den Kofferraum notfalls gewaltsam zu öffnen.

D ahnt, welchen ärgerlichen Verlauf der Tag noch nehmen könnte, fürchtet die Reaktion seiner Frau über ein ausfallendes Picknick und gibt schließlich nach. Er öffnet zwar den Kofferraum, widerspricht aber der Durchsuchung. Die Polizei durchsucht den von D geöffneten Kofferraum. Sie findet lediglich diverse Leckereien, einen neuen Camping-Kocher und Arzneimittel gegen Heuschnupfen und Insektenstiche.

Peinlich berührt entschuldigen sich die Polizeibeamten und verlassen rasch den Ort. D möchte von Ihnen wissen, ob die Durchsuchung seines Kofferraums rechtmäßig war.

---

* Geprüft nach der Rechtslage in Bayern; Besonderheiten in anderen Ländern siehe unten Rn. 1140 ff.

Fall 25. Picknick in Gefahr

> **Lösung**

Die Durchsuchung war rechtmäßig, wenn sie auf einer tauglichen Rechtsgrundlage beruhte und diese rechtsfehlerfrei angewandt wurde.

I. Rechtsgrundlage

1114 Rechtsgrundlage für eine Durchsuchung von Sachen durch die Polizei ist in Bayern die Standardmaßnahme nach Art. 22 Abs. 1 BayPAG.

II. Formelle Rechtmäßigkeit

1. Zuständigkeit

1115 Sachlich zuständig ist nach Art. 22 Abs. 1 BayPAG die Polizei. Nach Art. 1 BayPAG ist Polizei im Sinne des BayPAG der bayerische Polizeivollzugsdienst. Dieser ist nach Art. 3 Abs. 1 BayPOG im gesamten bayerischen Staatsgebiet örtlich zuständig.

2. Verfahren

1116 Die Aufforderung, den Kofferraum zu öffnen, ist ein belastender Verwaltungsakt i.S.d. Art. 28 Abs. 1 BayVwVfG. D hatte Gelegenheit, sich hierzu zu äußern, die erforderliche Anhörung hat hier im Rahmen der Unterhaltung mit der Polizei stattgefunden. Es kann insoweit dahingestellt bleiben, ob eine Anhörung auch dann erforderlich gewesen wäre, wenn die Polizei den Kofferraum unmittelbar selbst hätte öffnen wollen. Dies würde einen Realakt darstellen, sodass Art. 28 Abs. 1 BayVwVfG nicht anwendbar wäre. Eine Notwendigkeit der vorherigen Anhörung könnte sich hier aus dem allgemeinen Rechtsstaatsprinzip und dem Verhältnismäßigkeitsprinzip ergeben, Art. 4, 5 BayPAG.

1117 Nach Art. 22 Abs. 2 S. 1 BayPAG hat der Betroffene das Recht, bei der Durchsuchung anwesend zu sein. Dieses Recht wurde hier gewahrt.

3. Form

1118 Die Durchsuchung ist als Realakt nicht an eine Form gebunden.

III. Materielle Rechtmäßigkeit

1119 Die Durchsuchung war materiell rechtmäßig, wenn der Tatbestand der Rechtsgrundlage vorlag, dessen Rechtsfolgen eingehalten wurden und auch sonst kein Verstoß gegen höherrangige Normen vorlag.

1. Voraussetzungen der Rechtsgrundlage

1120 Die Tatbestandsvoraussetzungen des Art. 22 Abs. 1 BayPAG sehen unterschiedliche Konstellationen vor, in denen eine Durchsuchung von Sachen zulässig sein kann. Vorliegend kommt in erster Linie die Variante des Art. 22 Abs. 1 Nr. 3 BayPAG in Betracht. Danach darf eine Sache durchsucht werden, wenn Tatsachen die Annahme rechtfertigen, dass sich in ihr eine andere Sache befindet, die sichergestellt werden darf. Sicherstellung ist die polizeiliche Inbesitznahme einer Sache unter Begründung eines neuen amtlichen Gewahrsams unter Ausschluss der Einwirkungsmöglichkeiten anderer Personen. Hier hält es die Polizei für möglich, dass Material für einen möglichen Anschlag gefunden werden könnte. Dieses würde die Polizei sicherstellen, um deren Verwendung durch D auszuschließen.

a) Voraussetzungen der Sicherstellung

Aus den nach Art. 25 Abs. 1 BayPAG möglichen Gründen für eine Sicherstellung kommt hier nur Art. 25 Abs. 1 Nr. 1 BayPAG in Betracht. Danach kann eine Sache zur Abwehr einer Gefahr sichergestellt werden. Art. 25 Abs. 1 Nr. 1 BayPAG verschärft die Anforderungen jedoch. **1121**

aa) Gegenwärtige Gefahr

Nach lit. a müsste es sich um eine gegenwärtige Gefahr handeln. Gegenwärtig ist eine Gefahr, wenn die mögliche Rechtsgutverletzung unmittelbar bevorsteht. Eine enge zeitliche Nähe eines Anschlags vermutet die Polizei hier aber nicht einmal. Selbst wenn entsprechende Mittel gefunden würden, die für einen Anschlag benutzt werden könnten, gibt es keine Anhaltspunkte dafür, dass diese in nächster Zeit auch für einen Anschlag genutzt würden. **1122**

bb) Konkrete Gefahr für bedeutendes Rechtsgut

Nach lit. b genügt für die Sicherstellung auch eine konkrete Gefahr, wenn diese für ein bedeutendes Rechtsgut besteht. Bei einem Anschlag ist regelmäßig auch Leib und Leben in Gefahr, sodass ein bedeutendes Rechtsgut betroffen wäre. Allerdings ist fraglich, ob hier auch eine konkrete Gefahr vorlag. Hierfür müsste eine hinreichende Wahrscheinlichkeit für einen geplanten Anschlag vorliegen. Zwar ist für diese Prognose auf den Zeitpunkt ex-ante abzustellen, also die Situation am Auto. Da die Sicherstellung „hypothetisch" zu beurteilen ist, müssen auch die Annahmen der Polizei zugrunde gelegt werden, die das Öffnen des Kofferraums provoziert haben; hier also die Annahme, Mittel zu finden, die neben ihrer harmlosen Nutzung auch der Vorbereitung eines Anschlags dienen können. Hinsichtlich der Anforderungen an die Wahrscheinlichkeit gilt allgemein im Polizeirecht die **„je-desto-Formel"**. Je größer der mögliche Schaden, desto geringer die Anforderungen an die Wahrscheinlichkeit. Nach diesem Maßstab dürften bei einem konkreten Anlass zur Annahme eines möglichen Anschlags die Anforderungen an dessen Wahrscheinlichkeit nicht zu hoch angesetzt werden. Danach würde vorliegend ausreichen, dass auch nur eine geringe Wahrscheinlichkeit vorliegt. **1123**

Aber selbst in diesem Fall wäre die Polizei nicht von der Wahrscheinlichkeit eines möglichen Anschlags überzeugt, sondern hielte diesen nur für möglich. Schließlich könnten die Mittel ja auch harmlos verwendet werden. Hält die Polizei aber das Vorliegen einer Gefahr für ungewiss, handelt es sich nicht um eine konkrete Gefahr, sondern einen sogenannten Gefahrenverdacht. **1124**

Es ist umstritten, ob die Polizei im Falle eines bloßen Gefahrenverdachts in die Rechte Dritter, hier des D, eingreifen darf. Nach einer Auffassung umfasst die konkrete Gefahr auch den Gefahrenverdacht, nach anderer Auffassung sind zumindest die jeweiligen Rechtsgrundlagen teleologisch so auszulegen, dass sie auch belastende Maßnahmen zur Erforschung eines Gefahrenverdachts zulassen. Nach der strengs- **1125** ten Auffassung kann eine Rechtsgrundlage, die eine konkrete Gefahr voraussetzt, im Falle eines Gefahrenverdachts nicht angewandt werden.[494]

cc) Drohende Gefahr

1126 Der Streit kann dahinstehen, wenn hier die zweite Alternative des Art. 25 Abs. 1 Nr. 1 lit. b, eine drohende Gefahr für ein bedeutendes Rechtsgut vorliegt. Die Rechtsfigur der drohenden Gefahr wurde in Bayern im Jahr 2017 neu eingeführt und in Art. 11 Abs. 3 BayPAG legaldefiniert. Das Ziel war die Schaffung einer Rechtsgrundlage für Gefahrenabwehrmaßnahmen im Vorfeld einer konkreten Gefahr. Dabei sollte die drohende Gefahr das Institut des Gefahrenverdachts nicht ersetzen oder kodifizieren, sondern unberührt lassen. In Politik und Schrifttum wird der Begriff gleichwohl recht kontrovers diskutiert, Namentlich die Bestimmtheit der Tatbestandsvoraussetzungen und die Abgrenzung zur konkreten Gefahr und zum Gefahrenverdacht sind im Einzelnen noch umstritten.[495]

1127 Vorliegend könnte dessen erste Alternative greifen. Danach können Maßnahmen zur Sachverhaltsaufklärung getroffen werden, wenn ein individuelles Verhalten einer Person die konkrete Wahrscheinlichkeit begründet wonach in absehbarer Zeit Angriffe von erheblicher Intensität oder Auswirkung für bedeutende Rechtsgüter zu erwarten sind.

1128 Vorliegend fehlt es jedenfalls nicht an einem individuellen Verhalten des D und der Möglichkeit eines Anschlags. Fraglich ist gleichwohl, welche Voraussetzungen an die Sicherheit der Prognose und die Konkretheit des drohenden Geschehens zu stellen sind. Hinsichtlich des zu erwartenden Geschehensverlaufs soll die Anforderung nach dem Willen des Gesetzgebers gegenüber der konkreten Gefahr abgesenkt sein. Es ist demnach nicht erforderlich, dass die Polizei bereits genauere Vorstellungen darüber gewonnen hat, wie wo und wann ein Anschlag erfolgen könnte. Fraglich bleiben die Anforderungen an die Wahrscheinlichkeit der Prognose. Nach einer Auffassung beschränkt sich die Abweichung zur konkreten Gefahr auf den eben dargestellten geringeren Anspruch an die Konkretheit der Tat.[496] Nach der wohl überwiegenden Auffassung sind auch die Anforderungen an die Wahrscheinlichkeit abgesenkt.[497]

1129 Danach sind bei der drohenden Gefahr gegenüber der konkreten Gefahr sowohl die Anforderungen an die Konkretisierung des zu erwartenden Kausalverlaufs, als auch die Anforderungen an die Wahrscheinlichkeit dieses noch offenen Kausalverlaufs abgesenkt.

---

[494] Vgl. die Darstellung des Streits bei *Götz/Geis*, Allg. Polizei- u. OrdnungsR, § 6 Rn. 30 ff.; sowie bei *Schoch*, in: Schoch, Besonderes VerwaltungsR, Kap. 1 Rn. 295 ff.

[495] BayLT-Drs. Nr. 17/16229, S. 9 f.; gegen das Gesetz wurde eine Popularklage mit dem Vorwurf erhoben, die drohende Gefahr sei wegen ihrer inhaltlichen Unbestimmtheit und der mit ihr verbundenen Vorverlagerung der Eingriffsbefugnisse verfassungswidrig; der entsprechende Antrag auf Erlass einer einstweiligen Anordnung gegen das PAG wurde vom BayVerfGH mit Beschluss vom 7.3.2019 – Vf. 15-VII-18 abgelehnt. Aus dem Schrifttum vgl. *Leisner-Egensperger*, DÖV 2018, 677, und *Möstl*, BayVBl. 2018, 156, einerseits und *Löffelmann*, BayVBl. 2018, 145 sowie *Enders*, DÖV 2019, 205, andererseits.

[496] In diesem Sinne wohl *Möstl*, BayVBl. 2018, 156 (159).

[497] *Waechter*, NVwZ 2018, 458 (460); *Holzner*, DÖV 2018, 946 (948).

Unterstellt, die Polizei fände tatsächlich Material, das für einen Anschlag zweckentfremdet werden kann, so wäre in Verbindung mit dem Verhalten des D zwar noch immer keine hinreichende Wahrscheinlichkeit (i. S. d. konkreten Gefahr) eines Anschlags anzunehmen, sie läge aber immer noch über einer – bei zweckentfremdbarem Material stets gegebenen – ganz entfernten Möglichkeit. 1130

Nach alledem kann hier – bei der Annahme des Auffindens entsprechender zweckentfremdbarer Mittel – vom Vorliegen einer drohenden Gefahr i.S.d. Art. 11 Abs. 3 BayPAG für ein bedeutendes Rechtsgut ausgegangen werden. Danach dürfte eine Sicherstellung erfolgen.[498] 1131

b) Tatsachen, die die Annahme der Sicherstellbarkeit rechtfertigen

Nach dem Vorgesagten bestünde dann die Möglichkeit der Sicherstellung nach Art. 25 Abs. 1 Nr. 1 lit. b BayPAG, wenn in dem Kofferraum zweckentfremdbare Materialien aufgefunden werden.[499] Dies hat die Polizei angenommen, als sie die Durchsuchung veranlasst hat. 1132

Nach Art. 22 Abs. 1 Nr. 3 BayPAG müsste diese Annahme durch Tatsachen gerechtfertigt gewesen sein. Danach müssen konkrete Tatsachen vorliegen, die den Schluss nahelegen, dass der Betroffene Sicherstellungsgut mit sich führt. Bloße Vermutungen reichen nicht aus. Die Formulierung „die Annahme rechtfertigen" zeigt aber auch, dass nicht sicheres Wissen erforderlich ist, sondern auf einen durch konkrete Tatsachen gestützten Verdacht hin durchsucht werden darf.[500] 1133

Die Polizei kennt hier die Beobachtungen des Imams über das Einladen der Taschen sowie das Umblicken des D. Sie kennt weiterhin die Beobachtungen des Lebenswandels des D. Zusammen ergibt dies selbstverständlich kein sicheres Wissen. Sie können aber den Schluss auf die Annahme der Beschaffung von zweckentfremdbarem Material rechtfertigen.[501] 1134

Damit lagen auch die Voraussetzungen des Art. 22 Abs. 1 Nr. 3 BayPAG vor. 1135

2. Maßnahmenrichtung

Aus der maßgeblichen ex-ante Sicht der handelnden Beamten war D als Anscheins-Verhaltensverantwortlicher nach Art. 7 Abs. 1 BayPAG zulässiger Adressat der Maßnahme. 1136

3. Rechtsstaatliche Handlungsgrundsätze

Ausgehend von der bereits ausführlichen Beschränkung der polizeilichen Handlungsbefugnisse nach Art. 22, 25 BayPAG bestehen für darüberhinausgehende Erwägungen im Rahmen des Ermessens und der Verhältnismäßigkeit nur noch geringe Ansätze. 1137

---

[498] Angesichts der Umstrittenheit der drohenden Gefahr sowie der verfassungsmäßigen Zulässigkeit einer solche Vorverlagerung, ist hier auch die gegenteilige Auffassung vertretbar.
[499] Nach Art. 28 BayPAG ist die Sicherstellung zu beenden und sichergestellte Gegenstände wieder herauszugeben, sobald die Voraussetzungen der Sicherstellung entfallen sind.
[500] So die Definition von „Tatsachen die Annahme rechtfertigen" von *Grünewald*, in: BeckOK PolR Bayern, Art. 21 Rn. 16.
[501] A. A. bei entsprechender Argumentation vertretbar.

1138 Offensichtliche Ermessensfehler sind nicht ersichtlich. Die Maßnahme müsste auch verhältnismäßig gewesen sein. Zugunsten der handelnden Polizei ist hier die vermutete Schwere der in letzter Konsequenz zu verhindernden Rechtsgutsverletzung zu berücksichtigen. Auf der anderen Seite generiert so die Vorstellungskraft der Beamten die Rechtfertigung für die Eingriffsmaßnahme. Gleichwohl ist hier zu berücksichtigen, dass die Eingriffsintensität bei der Durchsuchung von Einkaufstüten in einem Kofferraum nicht über die Maße hoch ist. Die Verhältnismäßigkeit der Maßnahme kann hier gerade noch bejaht werden.[502]

IV. Ergebnis

1139 Die Durchsuchung war damit rechtmäßig.

Landesrechtliche Besonderheiten

1140 Der Begriff der „drohenden Gefahr" hat außerhalb Bayerns noch keinen Einzug in die Landespolizeigesetze erhalten.[503] Insoweit muss auf die bestehenden Kategorien der konkreten Gefahr und des Gefahrenverdachts zurückgegriffen werden.

1141 **Nordrhein-Westfalen:** Auch in NRW ist nach § 40 Abs. 1 Nr. 3 PolG NRW die Durchsuchung einer Sache zulässig, wenn Tatsachen die Annahme rechtfertigen, das sich darin eine Sache befindet, die sichergestellt werden darf. Eine Sicherstellung kommt nach § 43 PolG NRW in den relevanten Varianten nur zur Abwehr einer gegenwärtigen Gefahr in Betracht. Da die Polizisten selbst für den Fall, dass sich im Kofferraum zweckentfremdbare Materialien befinden, nicht annehmen, dass von dem Kofferraum in unmittelbarer zeitlicher Nähe eine Gefahr ausgeht, kommt hier weder die Sicherstellung und damit auch nicht die Durchsuchung in Betracht. Eine entsprechende Durchsuchung wäre folglich rechtswidrig.

1142 **Niedersachsen:** Die Rechtslage in Niedersachsen entspricht der Rechtslage in Nordrhein-Westfalen, vgl. §§ 23, 26 Nds SOG. Weil die Polizei auch im schlimmsten Fall nicht von einer gegenwärtigen Gefahr ausgeht, ist weder die Sicherstellung noch die Durchsuchung rechtmäßig.

1143 **Sachsen:** In Sachsen ist die Durchsuchung einer Sache ebenfalls dann möglich, wenn Tatsachen die Annahme rechtfertigen, dass sich darin Sachen befinden, die beschlagnahmt oder sichergestellt werden dürfen, § 24 Nr. 3 SächsPolG. Hier wäre nicht die Sicherstellung, sondern die Beschlagnahme nach § 27 SächsPolG einschlägig. Auch diese ist jedoch nach § 27 Abs. 1 Nr. 1 SächsPolG nur zur Abwehr unmittelbar bevorstehender Störungen zulässig. Es fehlt also auch insoweit an den Voraussetzungen einer Beschlagnahme und damit auch an den Voraussetzungen einer Durchsuchung.

---

[502] Auch hier ist eine a. A. vertretbar. Der Fall zeigt die Ambivalenz der ausgeweiteten Eingriffsbefugnisse und die damit verbundene Absenkung der Eingriffsschwellen.

[503] In NRW war die drohende Gefahr zunächst im Entwurf einer Änderung des PolG NRW enthalten, sie wurde jedoch nach erheblichen Protesten vor dem Landtagsbeschluss wieder aus dem Gesetz herausgenommen.

Baden-Württemberg: In Baden-Württemberg entspricht die Rechtslage der in Nie- **1144**
dersachsen, vgl. §§ 33, 30 PolG BW.

Stichwortverzeichnis

Die Zahlenangaben verweisen auf die jeweilige Randnummer.

A

Abschleppen von Fahrzeugen 201
allgemeines Persönlichkeitsrecht 176
Allgemeinverfügung 401
Androhung 1082
Androhung des unmittelbaren Zwangs 723
Androhung eines Zwangsmittels 391
Anhörung 224, 486, 684
Aufenthaltsverbot 86
Aufgabenzuweisung 28
aufschiebende Wirkung 509
Aufzüge 974
Ausweispapier 596

B

Bahnpolizei 1092
Befriedeter Bezirk 1010
Befugnisnorm 2, 29, 437
Behörde
– Fachaufsichtsbehörde 934
– Kreispolizeibehörde 934
Beschlagnahme 1058
Betteln
– Bettelbetrug 951
– Betteln 950
Blankett-Verweisung 961
Brokdorf-Beschluss 1074

D

Datenerhebung 151
– offene 155
– verdeckte 157
Durchsuchung 100

E

Eigentumsgarantie 325, 527
Eilkompetenz 913
Ermessen
– Ermessen 565
– Ermessensausübung 648
Ersatzvornahme 373, 513, 722, 901

F

faktisches Handeln 3
finaler Rettungsschuss 751, 772
Fortbewegungsfreiheit 1076, 1093
Freiheitsbeschränkung 71
Freiheitsentziehung 71, 96, 99

G

Gefahr 10, 589
– abstrakte 83
– Anscheinsgefahr 19, 284, 458
– drohende 245
– ex-ante Sicht 458, 494
– Gefahrenverdacht 20, 458, 494
– Gefahrerforschungseingriff 20, 494
– Gefahrprognose 43
– gegenwärtige 61, 453, 482, 492, 635, 694, 726
– gegenwärtige erhebliche 593
– konkrete 17, 158, 562, 589, 914
– objektiver Gefahrenbegriff 458
– Putativgefahr 458, 494
– tatsächliche 458
gefährdetes Objekt 48
Gefahrerforschungseingriff 20
gefährlicher Ort 46, 94
Generalklausel 2
gestrecktes Vollstreckungsverfahren 715
Gewahrsam
– Beseitigungsgewahrsam 80
– Ingewahrsamnahme 165
– Schutzgewahrsams 165
– Verhinderungsgewahrsam 80
Gewaltschutzgesetz 668
GPS-Trackers 136
Grundrecht
– Eingriffsrechtfertigung 177
Grundverfügung 717

H

Handlungsgrundsätze 546, 565
häusliche Gewalt 640

I

Identitätsfeststellung 14, 37, 256, 1049
Individualrechtsgüter 914
informationelle Selbstbestimmung 143, 152, 167
Ingewahrsamnahme 14, 71, 680, 1094, 1098

K

Konnexität 404, 763
Kostenbescheid 199, 373

M

Maßnahmerichtung 3, 161

N

Normalvollzug 1086

O

Obdachlosigkeit 590
Öffentliche Ordnung 9, 62, 454, 531, 1046
öffentliche Sicherheit 62, 454, 1046
Onlinedurchsuchung 136, 170

P

Passivlegitimation 269, 370
personenbezogene Daten 149
Platzverweis 86, 614, 1089
Primärmaßnahme 903

R

Realakt 2
Rechtsbehelfsbelehrung 59, 1060
Rechtsgrundlage 37, 71
Rechtsträgerprinzip 370
repressives polizeiliches Handeln 57
richterliche Entscheidung 76, 450, 685
Richtervorbehalt 574

S

sachliche Zuständigkeit 108
Schusswaffeneinsatz 741, 744
Schutz privater Rechte 530, 619
Sekundärmaßnahme 384, 439, 903

Selbstschädigung 482
Selbsttötung 455
Sicherstellung 481
Sofortvollzug 474
staatlicher Schutzauftrag 635
Standardmaßnahme 2, 438
Stilles Betteln 951
Störer
– Nichtstörer 439, 580, 593
– Störer 439, 561

U

unbestimmter Rechtsbegriff 126
Unerlässlichkeit 1102
unmittelbaren Ausführung 474
unmittelbarer Zwang 374, 438, 709, 721, 744, 745
Unverletzlichkeit der Wohnung 527
Unversehrtheit der Rechtsordnung 1009

V

Verfahren 40
Verhältnismäßigkeit 54
– Angemessenheit 67, 500, 565
– Erforderlichkeit 85, 129, 547, 650
– Geeignetheit 128
– Übermaßverbot 648
– Verhältnismäßigkeit 771
Vernichtung 354
Verordnung
– Ausfertigung der Verordnung 945
– Form 112
– örtliche Zuständigkeit 110
– Polizeiverordnung 106, 925, 937
– Verfahren 111
Versammlung
– Auflagen 994
– Bannmeile 1022
– Enger Versammlungsbegriff 979
– Erweiterter Versammlungsbegriff 978
– Öffentlichkeit der Versammlung 1004
– Provokationswirkung der Versammlung 1075
– Teilnehmerzahl 975
– Verbot der Versammlung 994, 1073

– Verlegung der Versammlung 993
– Versammlung 974
– Versammlungszweck 977
– Vorfeldmaßnahmen 1035, 1071
– Weiter Versammlungsbegriff 977
– Zulassung der Versammlung 1011
Vertraulichkeit und Integrität informationstechnischer Systeme 175
Vertretbare Handlung 375
Verwahrung 482
Verwaltungsakt 399
– aufschiebende Wirkung 96
– Rechtsbehelfsbelehrung 415
– Unanfechtbarkeit 719
Vollstreckungsverfahren
– Grundsatz der Selbstvollstreckung 923
Vollstreckungsvoraussetzungen 396
Vorbehalt des Gesetzes 584

W

Wohnung 539
Wohnungsdurchsuchung 438, 526
Wohnungsverweisung 616

Z

Zitiergebot 1037
Zuständigkeit
– Eilzuständigkeit 621, 753
– örtlich 7
– sachlich 7, 15
Zwangsgeld 513, 722
Zwangsmaßnahme 384, 510